Benvenuto Cellini

The Autobiography of Benvenuto Cellini

切里尼自傳

西方經典叢書必收錄書目

十六世紀藝術家的精采生活；文藝復興時期的社會及文化

本韋努托·切里尼 著　王憲生 譯

目 錄

切里尼自傳

譯　序：西方世界最著名的傳記

　　西方人寫自傳的歷史可以追溯到古羅馬時期。但早期的自傳多側重於內心世界的描寫，對於事件的記述較少。如基督教教父奧古斯丁的《懺悔錄》，羅馬皇帝安東尼的《沉思錄》，這些與其說是自傳作品，不如說是哲學作品，而且內容枯燥無味，沒有耐心的一般讀者很難將其讀完。

　　從文藝復興時期開始，自傳作品不但在數量上大大增加，在形式上也發生了很大的變化，不但有內心世界的描寫，更有對外部世界複雜事件的記述，可讀性有了很大的提高，先後出現了英國海軍軍官佩皮斯的《日記》、法國哲學家盧梭的《懺悔錄》、美國政治家佛蘭克林的《自傳》等著名的作品。但論精彩程度和在文化史上的價值，沒有一部能夠趕得上切里尼的自傳。

　　切里尼是義大利文藝復興後期著名的雕塑家和金匠，也是世紀歐洲風格主義的代表人物之一。他的作品設計複雜，主題多變，追求高超繁細的技巧，風格典雅華麗，其代表作是為科西莫大公制作的珀爾修斯像（現存佛羅倫斯）和為法蘭西國王弗朗索瓦一世製作的鹽盒（現藏維也納藝術史博物館，被譽為「雕塑界的蒙娜麗莎」，2003年被盜，博物館開出5300萬英鎊的天價懸賞捉拿盜賊，2006年終於找回）。毫無疑問，

切里尼雖然比不上米開朗基羅等第一流的藝術家，憑他的作品也會青史留名。但真正使他名滿天下的倒不是他的藝術品，而是他那著名的自傳。換言之，在西方文化史上，他的自傳的價值超過了他的藝術品的價值，這種現象在名人之中是很少見的。

　　切里尼的自傳是他在 58 歲功成名就之後開始寫，歷時 4 年後擱筆，後來又進行了一些局部的修改和補充。自傳的大部分是由切里尼一邊幹活一邊口授，一個 14 歲的抄寫員記錄，只有最後一小部分是由切里尼親筆撰寫。自傳寫好以後沉寂了一百多年，直到1728年才在那不勒斯出版問世。1771年，英國人紐根特將其譯成英語，並將其獻給了剛成立不久的英國皇家美術院的創建人和首任院長雷諾茲。1796年，著名詩人歌德將其譯成德語，1822年法譯本問世。這時正值歐洲文學藝術的浪漫主義時期，切里尼的自傳以其不同尋常的人生經歷和鮮活的語言贏得了人們的普遍讚揚，對當時的浪漫派文學藝術家產生了影響，如英國小說家司各特、法國小說家大仲馬、音樂家柏遼茲等人，都從切里尼的自傳中獲益匪淺。歌德在他的德譯本出版之際這樣寫道：「我從這個人的憂慮之中看到的整個世紀，要比最清晰的歷史記載還要真實。」從歌德說這句話至今已有兩百年了。兩百年來，《切里尼自傳》暢銷不衰，新的譯本不斷出現，僅英譯本就有多種。公認的標準英譯本是由英國著名的文藝復興研究專家和傳記作家西蒙茲譯成，自1888年問世以來多次重印，深受好評。多年來，《切里尼自傳》一直被譽為西方最優秀的紀實文學作品。

三十年前去世的美國著名學者杜蘭特，在他十卷本的皇皇巨著《人類文明史》（最後一卷獲普利茲獎）中，專門辟出一章介紹切里尼及其自傳。二十世紀初，在美國出版的五十卷本《哈佛經典叢書》中，《切里尼自傳》是其中的第 31 卷。另外，它還被很多的傳記叢書所收錄。

《切里尼自傳》廣受歡迎的原因，主要是作者以生動的語言描寫了自己豐富多彩的人生經歷。切里尼寫自傳的動機與別人有所不同。奧古斯丁、盧梭、佛蘭克林寫自傳主要是為了懺悔自己的過錯，並通過懺悔來警示世人，因而是屬於說教性的。佩皮斯寫日記純粹是為了自娛，根本就沒有打算讓別人看（原作是用他自己發明的速記符號寫成）。而切里尼寫自傳是為了向世人顯示其藝術成就，表白自己的人品，傾訴自己的苦難經歷，以便在他死後讓人們知道他是個什麼樣的人，在什麼樣的情況下做了什麼樣的事。由於這一原因，我們在他的自傳中看不到什麼新思想，也聽不到多少說教，他偶爾談到的一些體會和教訓也沒有什麼新意。但讀者會對切里尼這個人感興趣，對他的經歷感興趣，因為切里尼這個人太有個性了，其經歷也太離奇了，故事也講得太精彩了。

切里尼於 1500 年出生於佛羅倫斯，一生在義大利和法蘭西各地闖蕩江湖幾十年，既結交了無數的朋友，又得罪了無數的仇人，其中既有顯赫的王公貴族，也有地痞無賴。他性情暴烈，好勇鬥狠，疾惡如仇，動輒發火，對人非打即罵，殺死的人足有幾十個（包括在保衛聖天使城堡的戰鬥中擊斃的人數）。他還致傷致殘多人，多次被人追殺，多次遭人暗

算，多次被捕入獄，多次險些喪命。他生活放蕩，是個少有的雙性戀者，不知玩弄了多少女人，也不知玩弄了多少男人，私生子的數目恐怕連他本人也說不清楚。他自高自大，目空一切，在他接觸到的人中，除了他的家人和他欽佩的米開朗基羅之外，全都被他罵得一無是處，不是「蠢驢」便是「無賴」。他心靈手巧，多才多藝，喜愛藝術，雖歷盡坎坷，對藝術的追求卻始終未變。為了追求藝術，他不惜和父親鬧翻，和自己的師父鬧翻，和自己的保護人鬧翻，甚至不惜自己的生命。他俠肝義膽，古道熱腸，為了給弟弟報仇他不惜殺人，為了照料妹妹和外甥女，他不惜拋棄在法蘭西的榮華富貴而返回佛羅倫斯，他還多次照料那些向他求助的人。他鐵嘴鋼牙，能言善辯，說起話來頭頭是道，教皇和君主都喜歡和他談話。他講故事繪聲繪色，以鮮活的佛羅倫斯方言把自己豐富多彩的經歷描繪得活靈活現。這樣一個人，將自己不同尋常的經歷毫不隱諱地和盤托出，怎能不讓人對他感興趣呢？

《切里尼自傳》除了具有極強的可讀性之外，它的價值還在於它折射出了文藝復興時期的文化生活。文藝復興時期的義大利產生出一大批著名的文學家和藝術家，但切里尼是其中唯一留下自傳的人，因而顯得更加珍貴。他的描述涉及眾多的歷史人物和當時生活的方方面面，可以說是反映了當時義大利的全景，其中關於很多人物和事件的描寫是獨一無二的，因而又具有重要的史料價值，成為每一個研究義大利文藝復興歷史的人都要參考的重要資料。

概括起來，《切里尼自傳》反映出義大利文藝復興的以下幾個特點。

文藝復興時期的人文主義者都是多才多藝的人。切里尼早年跟隨父親學習音樂，長笛吹得很漂亮，後來又學習繪畫、金銀飾品製作、珠寶鑲嵌著色、衝壓硬幣像章、上瓷釉、石雕、銅像澆鑄等技術，各種手工藝活無所不精。尤其是金銀飾品製作和雕塑更是出眾，被公認為當時義大利最優秀的金匠和米開朗基羅之後佛羅倫斯最傑出的雕塑家。另外，他還是一個優秀的劍客，一個能百步穿楊的神槍手，一個善寫十四行詩的詩人，一個故事大王。他在自傳中信心十足地說：「一種自得其樂的天性和才華橫溢的資質，使我能夠隨心所欲地完成我樂於接受的任何作業」，他要「竭盡全力地爭取在所有的門類中應付自如」。文藝復興造就了許許多多像切里尼這樣多才多藝的人，當時的很多傳記除了在書中提到傳主的主要成就之外，還談到他在其他方面的研究。從但丁、薄伽丘，到達文西、米開朗基羅，無不如此。

當時義大利最有才能的人逐步拋棄了狹隘的鄉土觀念，喜愛到外面去闖蕩。恰如但丁所說：「我的國家是全世界」，「難道我在別處就不能享受日月星辰的光明麼？」切里尼從青年時代起便經常漂泊在外，先後到過比薩、羅馬、錫耶納、曼圖亞、那不勒斯、威尼斯、巴黎。在巴黎期間，法國國王弗朗索瓦一世特許他加入法國國籍。他在自傳中說：「我知道無論我走到何處都不會缺衣少食。」研究文藝復興文化的權威學者

布克哈特認為，這一世界主義「就是個人主義的較高階段」。吉貝爾蒂說：「只有那個學識淵博的人才能四海為家；他雖然被剝奪了財產，沒有朋友，但他是每一個國家的公民，並且能夠無所畏懼地蔑視命運的變化。」這些學者和藝術家的自由流動促進了學術交流和人文主義精神的傳播，打破了中世紀的封建枷鎖對人的束縛。

當時的人文主義者幾乎人人都愛吹牛，切里尼也是一個吹牛大王。他在自傳中把自己的每一項成就都極力誇大，誇一個人好簡直完美無缺，說一個人壞便一無是處，他周圍的朋友對他的讚譽幾乎達到了無以復加的程度。如著名學者和詩人瓦爾基聽說切里尼病死了，便寫了一首十四行詩悼念他，其中有這麼幾句：「君生為藝術家蓋世無雙／到如今撒手去直升天堂／就是在先賢中亦無其匹／塵世間再無人與君頡頏。」把切里尼抬到了至高無上的地位。這些人愛吹牛大概和義大利人的性格有關，其他國家的人文主義者似乎沒有這種習慣。但切里尼的誇張並不破壞讀者對他的印象。他所說的事情給人的感覺都是真實的，只不過是他渲染得有些過分而已。讀者反而覺得這是一個有血有肉的人，一個有人性的弱點但也不乏可愛之處的人，一個張揚個性、敢說敢為、徹底擺脫了中世紀禁慾主義束縛的人。恰如布克哈特對切里尼的評價那樣：「無論我們喜歡他或不喜歡他，他依然如故地作為一個近代精神的重要典型而活下去。」

義大利人不僅愛吹牛，而且還善諷刺。但丁詩歌中的嘲笑語言有目共睹。佛羅倫斯人個個都像切里尼一樣說話尖酸刻薄。一些人捕風捉影式的誹謗中傷使切里尼吃盡了苦頭，當然，切里尼本人的伶牙俐齒也沒少挖苦貶損別人。當時義大利流行一種以諷刺為主的三行連環押韻詩，切里尼在獄中便寫這種詩來諷刺獄中的生活和他的仇人。他還常將諷刺與他善於描寫的特長結合起來，往往三言兩語便能將一個人物刻畫得栩栩如生。如他這樣描寫一個幫他建房的人：「這個乾癟的矬子手伸出來如同蜘蛛，說起話來像蚊子叫，辦起事來似蝸行牛步一般。他總算在一個倒楣的時刻給我送來了石頭、沙子和石灰，如果精打細算的話，大概夠用來建一個鴿子窩。」像這樣的語言在他的自傳中俯拾即是。

　　人文主義者對名譽的追求也是非常強烈的。但丁說，人應該追求知識和不朽。佩脫拉克承認，他寧願名傳後世也不願聲聞當時。實際上當時傳記文學的發展和這一對名譽的追求是分不開的，切里尼寫自傳的動機也是如此。他在自傳中開宗明義：「世間各色人物，如果他們真誠，只要做出過業績，或類似於業績的東西，都應該親筆為自己立傳。」為了追求名譽，他不斷學習、創新，既要超越古人，也要超越自己。為了追求名譽，他克服重重困難，一定要製成珀爾修斯像，以便證明自己不但是個優秀的金匠，而且也是個優秀的雕塑家。他在自傳中說：「我的珀爾修斯像一旦完成，所有的這些痛苦都將轉化為齊天的洪福。」他不停地接活兒，接過來馬上就開始做，用他自己的話說，他這樣做「既為名，也為利」。

切里尼的自傳生動地反映了文藝復興時期藝術家的處境和地位。從切里尼的描述中可以看出，當時歐洲的藝術家已不再依附於教會，藝術保護人制度已經形成，藝術家接受宮廷貴族特權階層的委託已成普遍現象。切里尼先是跟著幾個師父當徒弟，學成之後先後為一些樞機主教、貴族、教皇，以及法國國王和佛羅倫斯大公效力。作為一個藝術家，他享有很高的聲譽，收入也相當可觀，但社會地位並不高。用他的話說，像他那樣的人「可以和教皇、皇帝和偉大的國王在一起侃侃而談」，但那是僕人和主子之間的交談，雙方的地位絕對不是平等的。當時的藝人依附於有權勢的保護人，主要是為了得到穩定的收入和承擔大型工程。切里尼在法國為弗朗索瓦一世效力時，曾與畫家「博洛尼亞」爭奪戰神瑪爾斯像的製作權；在佛羅倫斯時，又與班迪內羅爭奪尼普頓像的製作權，因為只有君主才有財力製作這麼大的像，藝術家只有成為他的保護對象，才有機會施展自己在這方面的才能。像切里尼這樣一個恃才傲物的人，居然在他的保護人面前畢恭畢敬，竭力討好，正說明他當時社會地位的低下。但我們還可以看出，保護人對他的藝術家僕人也要儘量籠絡，給他們各種小恩小惠，以便使他們忠心耿耿地為自己效力而不至於改換門庭。所以，藝術保護人之間對於有名望的藝術家也進行爭奪，互相挖牆腳。切里尼走到哪裡，都有達官顯貴竭力挽留他，勸他為自己效力。他之所以離開羅馬到法蘭西，實際上是弗朗索瓦國王把他從教皇那裡挖走的。當然，不少保護人雇傭藝術家是因為喜愛藝術，但不可否認

的是，還有些是在附庸風雅，對藝術並無什麼鑒賞能力，他們雇藝術家是為了顯示自己的實力和地位，用藝術來裝潢門面，同時也是為了交際的需要。教皇保羅三世在迎接神聖羅馬帝國皇帝查理五世時，不但把切里尼製作的禮物送給了他，而且還把切里尼本人也送給了他。這個例子不但說明了藝術家的地位，也說明了藝術家的作用。

《切里尼自傳》生動地反映了當時道德觀念的墮落和社會治安狀況的混亂。文藝復興時期是歐洲歷史上從中世紀到現代的一個過渡時期，當時中世紀的舊觀念已被打破，新觀念尚未完全建立起來，造成了社會的腐敗墮落和暴力事件層出不窮。另外，義大利人特殊的復仇性格和族間仇殺傳統，也是一個重要原因。實際上在文藝復興初期，這種狀況便已出現。如羅馬每天夜裡都有人被謀殺，其中包括主教和高級教士。教皇英諾森八世的侄子是在光天化日之下，在大街上被人刺殺的。那個時代給人的感覺是人命很不值錢，殺人如同兒戲。切里尼提到，有人對拉斐爾的畫說了一些難聽話，拉斐爾的學生便打算將他殺掉。著名傳記作家瓦薩里夜裡撓癢時，不小心從睡在旁邊的一個工匠腿上劃拉下來一塊皮，這個工匠便存心將他殺掉。如果不是有人勸阻，切里尼殺死的人恐怕更多。教皇聽說切里尼殺人之後甚至說，像切里尼這樣的人是應該超越法律之上的。可見當時的法律是個什麼概念。

切里尼由於長年為教皇效力，對教廷神職人員的腐敗十分瞭解。當時歐洲的宗教改革剛剛開始，廣大教徒反對教會腐敗的呼聲很高，按說教

會應有所收斂，但從切里尼的描述中可以看出，教會依然是我行我素。教會的肥缺照樣隨便送人，教皇擁有私生子，很多僧侶染上梅毒（值得注意的是，梅毒是十五世紀末才在歐洲出現的）。修道士淪為最不受歡迎的階層，當修道士成為屢教不改的遊手好閒者和沒出息的人的當然歸宿。

　　文藝復興時期，城市裡的性關係混亂是非常普遍的現象。在歐洲的其他地方，大多數人還都是以土地為生，因而早婚早育盛行，性關係較為穩定。而在城市裡，早婚則對為事業而奮鬥的人不利，結果造成老夫少妻現象增加，而這樣一種婚姻模式則是性關係混亂的一個重要根源。切里尼本人的經歷很能說明這一問題。他年輕時跟著幾個師父學手藝，雖收入豐厚卻一直單身，這就為他過放蕩的生活創造了條件。他直到60多歲才結婚，56歲時還因搞同性戀而入獄。從他的自傳中可以看出，他特別喜愛招收年輕漂亮的小夥子做徒弟，這些小夥子到頭來大都成為他的同性戀夥伴。他還喜歡在作品中表現神話傳說中的同性戀題材，如宙斯和該尼墨得斯、阿波羅與雅辛托斯等。當時像切里尼這樣搞同性戀的決不是個別現象，在法國，性關係更是混亂。切里尼在法蘭西期間曾指責他的女友與別的男人有染，他的女僕聽到後對他「嗤之以鼻，回答說，那種事何足掛齒──那不過是法蘭西的風俗，她敢肯定，在法蘭西，沒有哪個丈夫是不戴綠帽子的」。

　　除此之外，切里尼在自傳中不經意地提到的一些事情，也都有重要的參考價值，如司法程式、經濟收入狀況、義大利人對待外國人的態

度、宗教習俗、醫療水準、社交聚會、教皇的影響力、巫術、政治鬥爭、郵政通信、鑄造工藝、喪葬禮俗、實物交易等。可以毫不誇張地說，《切里尼自傳》就是關於十六世紀義大利的一部百科全書。

切里尼的原著是用佛羅倫斯方言寫成，中譯本依據西蒙茲（John Addington Symonds）的標準英譯本譯出。為了再現原作的風格，中譯本主要用的是口語體，有些地方用了較為通俗的北方方言。譯者歷經一寒一暑，在翻譯過程中一會兒被逗得捧腹大笑，一會兒被感動得熱淚盈眶，這一經歷在翻譯界恐怕也是不多見的，由此可見《切里尼自傳》的感染力。至於拙譯是否再現了原作的風采，就讓專家和讀者去評判吧。

王憲生

這一本自傳中充滿痛苦，
我寫它是為了感謝天主。
他給我帶來了生命靈魂，
期待我建功業大展宏圖。

是天主為我把厄運征服，
使人生多榮耀仁厚誠樸；
他讓我表現出如此美德，
和我比人人都相形見絀。

而當我意識到年華虛度，
志不堅禁不住浮名引誘，
這時候才感到無限悽楚。

我知道悔恨也於事無補，
在這個美麗的托斯卡納，
來去都受歡迎心滿意足。

——本韋努托·切里尼

卷·一

卷・一

1

　　世間各色人物，如果他們真誠，只要做出過業績，或類似於業績的東西，都應該親筆為自己立傳，但不要指望在 40 歲以前能搞出什麼名堂來。我之所以想到要做這件事是因為我已年過 58，現在就在我的出生地佛羅倫斯城。許多不幸遭遇我仍記憶猶新，事實上每個人都遇到過麻煩。可就現在來說，我所遇到的麻煩要比以往任何時候都要少得多——不僅如此，我覺得現在是我一生中身心最健全的時候。我仍能回想起一些愉快的往事和巨大的災難，這些災難我想起來就不寒而慄。可我居然大難不死，活到 58 歲還精力不衰，真是托了天主的福。

2

　　當然，那些有所建樹的人已經名聲遠揚，這對他們來說足夠了，我是說他們已盡顯英雄本色並功成名就。而人的活法都差不多，所以在這本書中到處都有炫耀的地方。炫耀的種類很多，第一種就是告訴人家你出身好而且門第悠久。

　　我名叫本韋努托・切里尼，父親是喬瓦尼師父，祖父是安德莉亞，曾祖父是克里斯托法諾・切里尼，母親是伊莉莎白夫人，她是斯特凡諾・格拉納奇之女。父母都是佛羅倫斯人。

　　據我們的佛羅倫斯祖先的編年史記載，佛羅倫斯城顯然是仿照美麗的羅馬城建造的。先祖家世悠久，言而有信，甚至喬瓦尼・維拉尼[1] 也是這樣記載的。圓形劇場和豪華浴廳的遺跡仍依稀可辨，就在靠近聖克羅切教堂的

地方。朱庇特神廟就位於現在的老市場。圓形廳完好無損，原是為戰神瑪爾斯建的廟宇，現在則供奉著我們的聖約翰[2]。這些建築物有目共睹，毋庸置疑，但比起羅馬的要小得多。創建者據說是凱撒大帝和一批高貴的羅馬人，他們在菲耶索萊被攻陷後在此建造新城，每人負責一幢建築物。

凱撒手下有一名勇敢的最高級的軍官叫菲奧里諾，來自離蒙特菲亞斯科內二里[3]遠的切利諾村。菲奧里諾在菲耶索萊山下現在的佛羅倫斯一帶安營紮寨，以便靠近阿爾諾河，為其軍隊提供方便。所有的士兵以及與該軍官有往來的人當時常這樣說：「到菲奧倫澤去。」一是由於該軍官叫菲奧里諾，二是由於他的軍營一帶盛產鮮花。[4]凱撒覺得這一約定俗成的名稱既好聽又恰當，而且鮮花本身又能帶來好運，所以就將這一城市命名為佛羅倫斯。他還希望以此向他的勇敢的軍官致意，由於將這名軍官從一個卑賤的位置提拔上來，並親手將其培養成一名出類拔萃的人物，凱撒對他倍加喜愛。

那些有學問的詞源發明家和研究者考證說，佛羅倫斯因坐落在「流動的」阿爾諾河畔而得名，[5]這種說法是站不住腳的。比如說，羅馬在「流動的」臺伯河畔，費拉拉在「流動的」波河畔，里昂在「流動的」索恩河畔，巴黎坐落在「流動的」塞納河畔，但所有這些城市的名稱都不一樣，看來它們的名稱是依照別的方法確定下來的。

1. 喬瓦尼·維拉尼（1275—1348），佛羅倫斯著名歷史學家，著有《佛羅倫斯編年史》。（附註裡凡無說明者，均係中譯者所加。）
2. 聖約翰為佛羅倫斯的保護聖徒。
3. 本書中的「里」、「尺」、「寸」均為英里、英尺、英寸。
4. 在義大利語中，「菲奧倫澤」（Fiorenze）與「菲奧里諾」（Fiorino）和「花」（fióre）發音相似，與「佛羅倫斯」（Florence）發音也相似。
5. 在義大利語中，「佛羅倫斯」（Fluenzia, 該城早期的名稱）與「流動的」（fluente）一詞諧音。

由此我們找到了答案。我們認為我們的祖先是一傑出人物。我們還發現，在義大利最古老的城市拉文納，也有我們切里尼家族的後裔，那裡的很多人都出身高貴。在比薩也有一些，在基督教世界的許多地方，我都發現過他們的蹤跡。這裡當然也有，都是些職業軍人。幾年前，一個叫盧卡·切里尼的小夥子乳臭未乾，就和一個叫弗朗切斯科·達·維柯拉蒂的軍人進行決鬥。維柯拉蒂經驗豐富，勇猛過人，過去經常與人捉對廝殺。盧卡手握利劍，憑藉自己的勇敢戰勝並殺死了對手，其膽量與威力令旁觀者咋舌，因為他們本以為會有相反的結果。所以，我對自己是勇士的後裔深感自豪。

　　以我目前盡人皆知的生活條件，以我的藝術，我為家族贏得了一些微不足道的榮譽。儘管它們無關緊要，我還是要在適當的場合一一講述。我對自己出身貧寒卻為家庭打下榮譽的根基感到驕傲，這比出身顯赫卻以自己的醜行給祖宗臉上抹黑要強得多。那麼，現在我就從我是如何順乎天意而降生開始講述吧！

3

　　我的祖上住在瓦爾達姆布拉，他們在那裡有大量的產業，過得像小貴族一般，但因適逢亂世而深居簡出。他們個個勇猛尚武。

　　當時他們的一個幼子名叫克里斯托法諾，與鄰居中的某人結下深仇大恨。雙方的家長都介入其中，仇恨的火焰極其可怕，大有摧毀對方全家之勢。在這種情況下，幾位元長者與我的祖上將克里斯托法諾遣送出去，與之爭鬥的年輕人也被打發走。他們將那個年輕人送到錫耶納。我們的人將克里斯托法諾送到佛羅倫斯，在靠近聖奧爾索拉修道院的基亞拉路給他買了一座小房子，還在里夫雷迪橋附近給他買了上好的地產。

　　這位克里斯托法諾在佛羅倫斯娶妻並生兒育女。幾個女兒先後出嫁，兒子們就在父親去世後分了家。其中一個叫安德莉亞的兒子分得了在基亞拉路

的房子和其他一些東西。他也成了家，生了四個男孩。老大叫吉羅拉莫，老二叫巴爾托洛梅奧，老三叫喬瓦尼，後來成為我父親，老四叫弗朗切斯科。

這位安德莉亞‧切里尼擅長建築並以此為職業。喬瓦尼，也就是我父親，比他幾位兄弟對這一行當更感興趣。維特魯威[1]說過，要想成為一個好的建築師就要懂點音樂並善於繪畫。因此喬瓦尼就在掌握了繪畫之後開始學習音樂，後來不但學會了音樂理論，還能熟練地演奏維奧爾琴[2]和長笛。他學習歷來勤奮，幾乎是足不出戶。

他們有一個鄰居名叫斯特凡諾‧格拉納奇，他有幾個女兒，個個如花似玉。也是天意如此，喬瓦尼看中了其中一個叫伊莉莎白的姑娘，對她一往情深，後來便向她求婚。由於兩家是近鄰，雙方的家長彼此熟識，要確定這樁婚事太容易了，而且雙方都覺得自己的安排十分妥當。

兩位老人同意這門婚事，隨後就商量嫁妝問題，但在這件事上雙方產生了一點小摩擦。安德莉亞對斯特凡諾說：「我兒子喬瓦尼是佛羅倫斯，也是整個義大利最棒的小夥子。我要是早一點安排他成婚，我就能得到佛羅倫斯城像我這樣的人家所得到的最像樣的嫁妝。」斯特凡諾則回答說：「你有一千個理由，但我有五個女兒，還有五個兒子，我一旦算出個數目，也就只能拿出恁多。」

一直在外面偷聽的喬瓦尼這時突然闖進來說：「父親，我所求的、所愛的是那姑娘，不是她家的錢財。那些想用妻子嫁妝來填滿自己腰包的人非倒楣不可！你也誇耀我是個有才幹的人，難道你就沒有想過，即使我拿不到你所期望的那麼多，我也能養活妻子，滿足她的需要嗎？現在我對你說清楚，女人是我的，嫁妝你就拿走吧。」安德莉亞本來就生性靦腆，聽了這話頗為

---

1. 維特魯威，古羅馬建築師，所著《建築十書》成為文藝復興時期古典建築的經典。
2. 文藝復興時期流行的弓絃樂器。

不快。但幾天以後喬瓦尼就完了婚，再沒有向女方要更多的嫁妝。

婚後夫婦一雙兩好，共同度過了十八年的歲月，一直巴著能生養個一男半女。在此期間，由於醫生呆笨無能，喬瓦尼的妻子流產了兩個男孩，後來她再次懷孕並生下一女，以我奶奶的名字給小女孩取名為科薩。兩年後，她又一次懷孕。孕婦都會引起別人的議論。這一次與上次一樣，大家認定她還會再生個女孩，並商定以我姥姥的名字給小孩取名為雷帕拉塔。

碰巧她在1500年萬聖節過後的夜裡 4 點半分娩。[1] 接生婆知道，大家都以為會生個女孩。她把嬰兒洗了洗，用上好的白亞麻布包好，輕手輕腳地來到我父親跟前，說：「我給你送來一份你意想不到的厚禮。」我父親本是個樂天知命的人，他踱步說道：「只要是天主的禮物我都珍惜。」他打開繈褓，出乎意料地看到一個男嬰。他雙掌合攏高高舉起，望空禱告說：「天主啊，我衷心感謝您，這禮物對我太珍貴了，讓他受歡迎吧。」在場的眾人樂不可支，問他該給孩子起個啥名。喬瓦尼答道：「讓他受歡迎——就叫本韋努托[2]。」於是大家散去，後來洗禮時就這樣給我取了名。承蒙天恩，這個名字我一直使用至今。

4

我大約 3 歲的時候，安德莉亞·切里尼還在世，他已年滿百歲。有一天，人們正在改建一條通向池塘的渠，誰也沒注意一條大蠍子從池塘邊爬上來，又偷偷鑽到一條板凳下面。我看到後跑過去用手去拿。蠍子很大，我把它握在手裡，一頭伸出蠍子尾巴，一頭露出蠍子張開的鉗子。人們講述說，我欣喜若狂地跑向爺爺，喊道：「爺爺，看我的小螃蟹。」當他看清那是一條蠍子時，差點兒沒有嚇昏過去——他太替我擔心了。他連哄帶求，要我

---

1. 當時義大利是以日落時分為零點。如果按現在的計時法推算，作者應出生在1500年萬聖節（11 月 1 日）的 22 點半左右。

2. 本韋努托（Benvenuto），義大利語「受歡迎」之意。一英譯注

把那東西給他。可他越求我，我握得越緊，哭喊著誰也不給。父親當時在屋裡，聽到我的哭喊聲跑了出來。他也慌了神兒，非常擔心這條毒蟲傷害我。就在這時，他一眼看到一把剪刀，於是就一邊哄著我撫摸著我，一邊剪掉蠍子的尾巴和鉗子。一場災難過去之後，他認為這是一個好兆頭。

　　大約 5 歲時，一次父親在我們家的地下室，裡面有幾個人在洗東西，還有一大堆櫟樹柴火在燃燒。父親手握維奧爾琴，一個人站在火堆旁邊拉邊唱。天氣很冷。他漫不經心地往火堆望去，突然發現大火中央燃燒最旺的地方有一個蜥蜴狀的東西在玩耍。他馬上就明白了這是什麼東西，於是就讓人把我和姐姐喊來。他指著那東西給我們看，然後狠狠地打了我一耳光，我頓時號啕大哭。他卻若無其事地哄著我，對我說了如下的話：「乖孩子，我打你不是因為你犯了錯，只是叫你記住，你在火裡面看到的那個蜥蜴是條火蛇[1]。據我所知，這種東西以前從來就沒有人見到過。」說到這兒，他吻了我，還給了我一些錢。

5

　　父親開始教我吹長笛和唱歌。儘管我正值一般兒童喜歡用吹笛子一類的玩意兒來娛樂的年齡，卻對這類東西有說不出的反感，吹長笛也好，唱歌也好，只不過是順從父親而已。

　　父親製作了當時人們所能見到的最漂亮、最完美的木管風琴、斯皮奈琴[2]、維奧爾琴、魯特琴[3]和豎琴。他是個技師，在製造吊橋和磨坊操作工具以及類似的機械方面有精湛的技藝。在象牙工藝方面，他是第一個技術真正過硬的人。但在他愛上那個命中註定要成為我母親的女人之後——也許使他們走到一起的是那支長笛，他對那小玩意兒給予了十二萬分的關注——執政

---

1. 西方傳說中一種生活在火裡的爬行動物。據亞里斯多德的說法，它不僅能避火，而且能滅火，因此有時被當作「火」的象徵。
2. 一種小型的羽管鍵琴，與現代鋼琴的發音原理不同。
3. 一種類似琵琶的撥絃樂器，當時流行於歐洲和阿拉伯一帶。

團[1]的笛手們就把他請去與他們一起演奏。這樣，他與樂手們在一塊兒玩了一段時間，後來架不住他們軟纏硬磨，終於加入了他們的樂隊。

洛倫佐‧麥地奇[2]和他的兒子皮耶羅本來很喜歡他，後來發現他一心撲到笛子上而埋沒了他那天賦很高的工程與藝術才能，就把他從樂隊中除名。父親對此非常生氣，覺得自己受到了極大的侮辱。但他馬上就重新投入他的藝術創作，用骨頭和象牙製作了一面直徑大約一肘尺[3]的鏡子，上面雕刻有設計與製作俱佳的人像和葉子。鏡子呈車輪形，中間是玻璃鏡，四周七個圓形部件上面有「七種美德」[4]，用象牙和黑骨雕成並聯結在一起。整個鏡子連同「七種美德」處於平衡狀態，這樣輪子轉動時「七種美德」也都隨著動，其底部放置的重物使它們保持垂直。由於他粗通拉丁語，他又在玻璃鏡四周寫上一句拉丁銘文，大意是——「命運之輪隨意轉，美德之軀卓然立」：

Rota sum: semper, quoquo me verto, stat Virtus.

此後不久，他又回到笛手之中。

這些事情有的發生在我出生之前，但我對它們已耳熟能詳，感歎之餘便將其記錄在此。那時，執政團的音樂家全都從事著最體面的職業，其中有些人屬於較大的絲綢和羊毛行會[5]。由於這個原因，父親對幹這一行絕無小視

---

1. 佛羅倫斯共和國的最高行政機構，由九名成員組成，以抽籤方式選擇產生，任期為兩個月，執政團首領稱正義旗手。

2. 洛倫佐‧麥地奇（1449－1492），佛羅倫斯實際的統治者（1469—1492），文藝保護人。

3. 古代西方的一種長度單位，指從肘至中指端的長度，約合五十八釐米。

4. 指中世紀基督教法規中的三種「神學美德」（「信仰」、「希望」、「博愛」）和柏拉圖的四種「自然美德」（「公正」、「剛毅」、「智慧」、「節制」）。

5. 當時佛羅倫斯自由民按其職業分屬等級不同的行會，絲綢與羊毛行會在當時地位極為尊貴。一英譯注

之意；他對我最大的願望一直是讓我成為一個偉大的長笛演奏家，而我卻討厭聽他談這個偉大的計畫，討厭聽他告訴我他發現了我的天賦，如果我願意就可以成為世界上最傑出的人之類的話。

6

如前所述，我父親是麥地奇家族的忠實僕人和親密朋友。皮耶羅被流放時，將許多當時可能是最重要的事情委託給他辦。[1] 後來，尊貴的皮耶羅·索德里尼[2] 當選時，我父親繼續著他的音樂生涯。索德里尼發現了他的天才，開始任命他為許多重要工程的技師。只要索德里尼在佛羅倫斯，他就對我父親極為友好。

那時我還很小，父親帶著我，讓我吹長笛。我經常和宮裡的音樂家們一起為執政團演奏，我看著譜子吹最高音部。一名差役喜歡讓我騎在他肩膀上。行政長官，即我剛才提到的索德里尼，很喜歡逗我說話，給我糖果。他常對我父親說：「喬瓦尼師父，除了音樂，你還要教孩子其他的給你帶來那麼多榮譽的藝術。」父親回答說：「除了演奏和作曲以外，我不想讓他從事別的藝術。如果天主能讓他活得長，我希望在音樂這一行使他成為世界上最偉大的人。」聽了這話，一名老顧問官說道：「喬瓦尼師父！照行政長官的話去做！除了做一名優秀的音樂家以外，他為啥不能幹點別的呢？」

過了一段時間，麥地奇家族捲土重來。[3] 他們到達後，樞機主教，即後來的教皇利奧[4] 很友好地接見了我父親。在他們流亡期間，麥地奇邸宅的盾

---

1. 皮耶羅於1494年被逐出佛羅倫斯。

2. 索德里尼於1502年當選為佛羅倫斯共和國行政長官（終身正義旗手），1512年被免職。—英譯注

3. 1512年，皮耶羅的兩個兄弟在西班牙軍隊的幫助下重返佛羅倫斯。—英譯注

4. 重返佛羅倫斯的皮耶羅兩兄弟之一，後成為教皇利奧十世。

徽上面的球畫被抹掉，然後又在上面畫上一個大紅十字，成為佛羅倫斯市政府的徽記。他們一回來，紅十字理所當然地被擦掉，又重新畫上紅球和金黃底色，做工極為精美。我父親生來就有些詩才，另外還有些預言家的稟賦，毫無疑問這是他的天資。這個盾徽揭幕時，父親在其下面寫了四行詩：

> 盾徽藏在十字下面，
>
> 那是天主仁慈象徵，
>
> 從此仰起勝利笑臉，
>
> 希冀榮披彼得斗篷。[1]

這首小詩傳遍了整個佛羅倫斯。

幾天以後，教皇尤利烏斯二世駕崩。德·麥地奇樞機主教去了羅馬，隨後當選為教皇，這出乎所有人的意料。他號稱利奧十世，為人大度，尊貴高雅。父親將他的四行預言詩送給他，教皇即派人召他到羅馬，說這樣對他有好處。但他不想去，結果不但沒有得到好處，而且在雅科波·薩爾維亞蒂[2]一當選行政長官時就解除了他在宮中的職務。

由於這一原因，我開始成為一名金匠，從此我很不情願地一邊學藝，一邊演奏樂器。

---

1. 詩中提到的彼得系指耶穌的十二門徒之長、羅馬教會的首位教皇聖彼得，在西方藝術作品中常被描繪成一個身披金黃色斗篷的憨厚老人，所以詩的最後一句就是預言麥地奇家族要有人登上教皇寶座。
2. 此人為新任教皇的姐夫。

7

父親對我說了前面敘述的那番話時，我求他每天給我留出一段固定的時間，其餘的時間我都用到音樂上來滿足他的願望。於是他問我：「這麼說你是不喜歡演奏了？」我回答說：「不喜歡。」因為這種藝術與我腦子裡想的東西相比顯得太低劣了。

我的這一成見使仁慈的父親無可奈何，不得已他把我送到了騎士班迪內羅[1]的父親開的作坊。他叫米凱爾・阿尼奧洛，是來自平齊蒙特的金匠，一位傑出的大師。他沒有顯赫的出身，父親是個賣炭商。這並不是班迪內羅的過錯，是他為家庭贏得了榮譽——他要是靠誠實手段做到這些該多好！不管怎麼說，我現在沒有理由談論他。我在米凱爾・阿尼奧洛那裡待了一段時間之後，父親就把我領走了，他感到沒有我在他跟前就無法活下去。因此，我繼續從事音樂直到 15 歲時為止，心裡一直感到不痛快。如果我要描述這一時期我全部的不尋常經歷和遭遇到的全部危險，諸位看官一定會驚歎不已。但為了避免囉唆，而且要講的事情很多，這些事件我就不再提了。

我 15 歲時，在違背父親意願的情況下跟一個叫安東尼奧的人從事金匠業。他是桑德羅的兒子，大家都稱呼他金匠馬爾科內。他是個非常優秀的工匠，也是一個大好人，精神飽滿，處處顯示出真誠。父親不讓他像對待其他的徒弟那樣發給我工錢。他滿足我的要求，讓我從事這門藝術，希望我的繪畫興致得到最充分的發揮。我很樂意幹這一行，我那真誠的師父對我的工作極為滿意。他有一獨子，是個私生子，他經常對其發號施令以免除我的差事。我對這門藝術極為喜愛，或者說得更準確些，我對它有天生的癖好，這

---

1. 班迪內羅（1493—1560），16 世紀佛羅倫斯最著名的雕刻家之一，切里尼與米開朗基羅的競爭對手，所以作者在本書中對他多有不敬之詞。一英譯注

兩者使我在幾個月之內就趕上了這一行之中優秀的，甚至可以說是最優秀的年輕工匠，並開始收穫自己的勞動果實。

但我也沒有忘記不時地演奏長笛或短號來取悅我那仁慈的父親。每次他聽我演奏都潸然淚下，並由於滿足而欷歔不已。我的孝心使我經常給他這一滿足，讓我裝出也喜歡音樂的樣子。

8

那時我有一個弟弟，他比我小兩歲，性情極為魯莽暴躁，後來成為科西莫公爵之父、傑出的將領喬瓦尼諾‧德‧麥地奇的學校裡一名優秀的軍人。那時他大約 14 歲，我比他大兩歲。

一個星期天的傍晚，就在夜幕降臨之前，他正好來到聖高盧門和平蒂門之間，在此與一個 20 歲左右的年輕人決鬥。兩人都拿著劍。我弟弟極其勇敢，重創他之後就要窮追不捨地擴大戰果。當時有一大群人在場，其中很多都是弟弟對手的親屬。眼看形勢對他們的人不利，他們就拿出彈弓，其中一支彈弓發出的石子擊中了我那可憐的弟弟的頭。他立即倒在地上昏死過去。

碰巧我當時就在場，可手裡沒有武器，於是就想辦法使他離開這是非之地。我衝著他喊道：「快走！已經夠本了。」而不幸的是，就像我剛才所說，他倒在地上已經半死。我馬上跑過去，拿起他的劍站在他跟前，頂住了幾劍的攻擊和一陣石子的襲擊。我一直沒有離開他身邊，直到一些勇敢的士兵從聖高盧門過來救我們離開那憤怒的人群，當時他們對這麼年輕的一個人表現出來的勇氣驚歎不已。

我以為弟弟已經死了，就把他抱回家。費了好大的工夫他才甦醒過來。待他痊癒之後，八人公安委員會判我們流放到離佛羅倫斯十里遠的地方六個月。而在此之前，我們的對手已經被判流放數年。我對弟弟說：「跟我走吧！」於是我們向父親告別。父親沒有給我們錢，他沒有錢，只能給我們祝福。

我去了錫耶納，想去找一位叫弗朗切斯科·卡斯楚師父的大好人。以前我曾從父親那裡跑出去，找到這位好人，在他那裡幹了一段時間的金匠活兒，直到父親派人把我叫回去。這次我找到他，他一眼就認出了我，於是就給我找活兒幹。找到活兒以後，他給我一間房讓我在錫耶納逗留期間居住。我和弟弟一塊兒搬進來住，然後幹了幾個月的活兒。弟弟的拉丁語已經入門，但他還太小，品嘗不出正當勞動的滋味，時間都讓他遊蕩過去了。

9

　　德·麥地奇樞機主教，即後來的教皇克萊門特七世[1]，在我父親的請求下把我們召回佛羅倫斯。我父親的一個學生受其邪惡本性的驅使，向樞機主教建議把我送到博洛尼亞的一個大師那裡學藝，以提高我的演奏水準。這位大師名叫安東尼奧，確是音樂界一位很有能力的人。樞機主教告訴我父親，如果把我送到那裡，他會給我寫推薦信並給予支持。父親對這一天賜良機高興得要死，於是就把我送走。我也很想見見世面，也就欣然上路。

　　抵達博洛尼亞之後，我投靠了一個叫埃爾科萊·德爾·皮費羅師父的人，並開始用手藝掙錢。同時我每天都要去上音樂課，幾個星期之後，那可惡的學業竟有了很大的進展。但我在金匠手藝上的進步更大。樞機主教沒給我什麼幫助，我就和一個叫希皮奧內·卡瓦萊蒂的博洛尼亞書稿裝飾匠住在一起（他的房子位於巴拉甘聖母街）。在此期間我專注於繪畫，並為一個叫格拉齊亞迪奧的猶太人幹活兒，從他那裡掙了不少錢。將近六個月後，我回到佛羅倫斯。我父親原來的學生、那個叫皮耶里諾的傢伙對我的歸來感到很丟面子。為取悅父親，我到皮耶里諾家裡去，和他的一個叫吉羅拉莫的弟弟一塊兒演奏短號和長笛。吉羅拉莫比那個皮耶羅[2]小幾歲，是個很可敬的人，與他哥哥大不一樣。

---

1. 此人為上文提到的教皇利奧十世的堂兄弟。
2. 即皮耶里諾。

一天，父親來到皮耶羅家裡聽我們演奏，對我的表演感到欣喜萬分。他讚歎道：「我要不顧所有人或任何想阻止我的人的反對，一定讓你成為一個優秀的音樂家。」對此皮耶羅倒是說出了實話：「你的本韋努托如果能獻身於金匠業，將比吹笛子能贏得更大的名利。」這話使我父親很生氣，因為他發現我的觀點與皮耶羅的一樣。父親動了肝火，衝著他吼道：「難道我不知道？是你在我的希望之路上設置重重障礙，是你使我丟掉了在宮中的職位，對我恩將仇報。我升了你的職，你卻讓我丟了職。我教你盡心去演奏，你卻不讓我兒子聽我的話。你記住我的預言：用不了幾年，也用不了幾個月，我敢說用不了幾個星期，你的忘恩負義就會把你毀了。」皮耶里諾回答說：「喬瓦尼師父，多數人一老都會發瘋，你也是這樣。我對此並不感到驚奇，因為你的所有財產已經揮霍一空，你一點也不考慮你的子女對它的需要。我要做的恰恰相反。我留給子女的東西足以使他們能救濟你的子女。」父親反駁道：「壞樹從來不結好果，而只能結出壞果。我再告訴你，你這個人壞，你的子女也會發瘋，會成為乞丐，會卑躬屈膝地向我那又有德行又富有的兒子乞求施捨。」

　　這樣我們離開了他家，雙方都嘟嘟噥噥地說了些氣話。我站在了父親一邊。我們一塊兒來到街上以後，我告訴他，我隨時準備報復那惡棍對他的侮辱，只要他允許我從事設計藝術。他回答說：「親愛的孩子，我以前也曾經是個優秀的設計工。但你在繁重的勞動之後為了消遣，為了我這個父親對你的愛，我生了你、養了你，給了你許多令人羨慕的才華，哪怕是為了消遣，你就不能答應有時會摸一摸笛子和富有魅力的短號，痛痛快快地吹它一陣子，享受一下音樂的樂趣？」我答應會這樣做，為了他的愛我會很樂意。於是我那慈祥的父親說，我所擁有的傑出才華就是對仇人羞辱的最有力的報復。

　　這件事過後還不到一個月，正好趕上那個皮耶里諾在大學路上他家的一幢房子裡建地窖。一天，一群人圍著他站在剛建的地窖上面一層樓的房間裡，他開始談論起他師父，即我父親。他正重述著我父親說過的有關他要毀

掉的話，此話剛一出口，他所站的地板（或者是因為地窖建得差，或者是由於天主的力量，他老人家在星期六並不總是光發工錢的）突然塌陷。和他一齊掉下去的石頭和磚塊砸斷了他的雙腿。和他在一起的朋友都站在塌陷處的邊緣，一點也沒有受到傷害。大家對此現象驚歎不已，尤其是他剛剛以輕蔑的語氣重述過那一預言。

我父親聽到這一消息後拿著劍去看他，在那裡當著他父親——執政團的小號手尼古拉奧·達·沃爾泰拉的面說道：「噢，皮耶羅，我親愛的學生，我對你的不幸深感悲痛。但你應該還記得，不久前我是提醒過你的，而且我那時說過的話總有一天還會發生在你我孩子的身上。」

不久以後，忘恩負義的皮耶羅就病死了。他撇下一個壞脾氣的妻子和一個兒子，這個兒子在幾年以後就到羅馬去找我乞求施捨。我給了他一些東西，一是因為我生性慈善，二是因為我含著淚回想起皮耶里諾當時優裕的生活狀況，那時父親就預言皮耶里諾的孩子要向他自己的有德行的孩子求援。

關於這件事也許說得足夠了。但願任何人都不要嘲笑一個他不該侮辱的好人做出的預言，因為那不是他在說話，而是他在替天主代言。

10

這一時期我一直當金匠，並能幫助我那善良的父親了。如前所述，他的另一個兒子，即我的弟弟切基諾，已經掌握了拉丁語的基礎知識。父親的願望是想讓我這當哥哥的成為一名大音樂家和作曲家，而讓弟弟成為一名博學的大法官。但他無法改變我們的秉性，結果我投身於設計藝術，儀表堂堂的弟弟則成為一名軍人。

切基諾還是個毛頭小夥子，剛從了不起的喬瓦尼諾·德·麥地奇的學校裡上完第一課回來。他到家的那天剛好我不在。他缺少合適的衣服，就找到姐姐妹妹，幾個人瞞著父親，把我的又新又好的斗篷和緊身上衣給了他。我

還要說一句，我除了幫助父親和我那幾個又出眾又誠實的姐妹之外，那些漂亮的衣服都是我用自己攢的錢買來的。

　　我發現自己被矇騙、衣服被弟弟拿走以後，就質問父親既然我總是樂意幫助他，他為啥能容忍這樣嚴重的錯事發生。他回答說，我是他的好兒子，但另外一個他原以為丟失的兒子又重新找到了。他又說，自己有就應該幫助那些沒有的人，這不僅是義務，而且還是天主的戒律。他還說，看在他的面子上我應該容忍這一不公，因為天主會給我錦上添花的。我真是一個不懂事的年輕人，反駁了我那可憐的父親，然後拿著我剩下的粗劣衣服和錢向城門走去。由於我不知道哪個門通向羅馬，結果來到了盧卡，又從盧卡來到比薩。

切里尼看到火堆中的火蛇
by Salvador Dalí

　　到比薩以後（那時我大約16歲），我在中央橋旁邊一個叫魚石的市場附近一家金匠作坊門前停了下來，然後認真地觀看師父的一舉一動。他問我是誰，是幹啥的。我告訴他，我也是幹他這一行的。這位大好人讓我進了他的作坊，並馬上給我找活兒幹。他說：「你英俊的儀表使我相信你是一個正派老實的小夥子。」然後他給我講解金、銀和寶石。第一天的活兒幹完以後，晚上他

弗朗索瓦一世
Françis I, King of France
1537
Lead medal Fitzwilliam Museum,
Cambridge

把我帶回他家。他家裡有
端莊的妻子和孩子，居住
條件很不錯。

　　想起父親會為我感到
悲傷，我就寫信告訴父親，我正與一位叫烏利維耶里‧德拉‧基奧斯特拉的
師父住在一起，他是位了不起的老實人，我正與他一起製造很多漂亮而又珍
貴的東西。我希望他振作起來，我一定要學這一行，以我的技能很快就會給
他帶回收益和榮譽。

　　仁慈的父親馬上就回了信：「我的孩子，我對你的愛足以使我馬上就動身
去找你，若不顧忌我最珍視的家族榮譽的話。我要是不能像以前那樣每天都
見到你，就會感到二目無神。我一定履行我的職責，將全家都培養成具有誠實
美德的人。你也一定要在你的藝術上建功立業。我希望你能記住這兩句簡單
的話並遵照執行，永遠也不要忘記：無論你身居何處，不要偷，誠實做人。」

11

這封信落到了我師父烏利維耶里手中，他瞞著我看了一遍。後來他承認讀過這封信，並說：「如此看來，我的本韋努托，你好看的外表並沒有欺騙我，落到我手裡的你父親的這封信使我確信不疑，它證實你父親是個相當誠實可敬的人。你就在這裡住下去吧，就像在你父親家裡一樣。」

在比薩逗留期間，我參觀了公墓，在那裡見到許多漂亮的古董，即石棺。在比薩的其他一些地方我也見到不少古文物，只要我有幾天或幾小時不在作坊裡幹活，我就去認真地觀看。師父很喜歡到我的小房間裡去看我。當他發現我把所有的時間都用來勤奮學習時，就開始像父親一樣地喜愛我。我在那裡的一年中進步很大，完成了好幾件精美貴重的金銀製品，這對我鼓舞很大，我立下雄心壯志，決心在藝術道路上勇往直前。

與此同時，父親不斷地給我寫信，以乞求的口氣讓我回去，而且在每一封信中都囑咐我不要荒廢了他煞費苦心教我的音樂。一看到這兒，我就會突然放棄一切回去的願望，我恨透了那可惡的音樂。我感到在比薩的整整一年的確像生活在天堂裡，在那裡我從來沒有吹過長笛。

到了年底，我師父烏利維耶里要到佛羅倫斯去賣他的一些金銀廢料。由於比薩的壞天氣，我身上有些發燒，燒還沒有退，我就陪著師父上路了。到了佛羅倫斯，我父親極其熱情地接待了他，並瞞著我懇求他不要再把我帶回比薩。我病了大約兩個月，在這期間父親給了我最精心的照料和治療，嘴裡不停地說著，他好像要過一千年才能見我的病好，然後就可以聽我演奏音樂了。他粗通醫道和拉丁文化，與我談論音樂時他就用手指把著我的脈；但他一涉及這個話題就感到我的脈相大變，這使他經常感到沮喪，於是就含著眼淚離我而去。看到他那大失所望的樣子，我就讓我的一個姐妹把長笛拿來，儘管我的燒一直沒有退，但吹吹簡單的長笛對我是不會有什麼妨礙的。我吹奏時手和舌頭運用自

如。父親聽後擁抱著我，一千遍地為我祝福，說他已料到我走了以後會大有長進的。他還要我繼續幹下去，不要放棄如此精湛的一門技藝。

12

我的身體康復以後就回到老朋友馬爾科內那裡，就是那個領我走上掙錢之路的可敬金匠，我用這些錢支援了父親和全家。

大約在那時，有一個叫皮耶羅‧托里賈尼[1]的雕刻家在英格蘭待了許多年以後回到佛羅倫斯。他與我師父關係密切，每天都到師父家裡去。他看到我的繪畫和製作的物品後對我說：「我來到佛羅倫斯要招收很多年輕人，能招多少招多少。我為國王[2]承擔了一項大工程，所以要找一些佛羅倫斯老鄉來幫忙。我看你的工作方法和設計更適宜做一個雕刻家而不是金匠。我要做一件很大的銅製品，與此同時我也會讓你成為一個富有又能幹的藝術家。」此公一表人才，神態高傲，樣子更像一個軍人而不是一個雕刻家。尤其是他那風捲殘雲般的手勢和洪亮的嗓門兒，再加上那緊鎖眉頭的習慣，足以使任何勇士望而生畏。他每天都喋喋不休地大談他在那幫畜生般的英國人之中的豪行壯舉。

談話中，我根據一幅最具天才的畫家米開朗基羅‧博納羅蒂的一幅草圖所作的畫引起他提到這位畫家。這幅草圖是米開朗基羅向世人展示的第一件傑作[3]，足以證明其無與倫比的才能。他作這畫是與另一畫家李奧納多‧達文西競爭的。達文西也創作有一幅草圖。兩幅草圖都是為執政團宮殿的會堂準備的，它們代表著佛羅倫斯人對比薩的佔領。[4]令人欽佩的李奧納多選擇

---

1. 托里賈尼（1472—1528），佛羅倫斯雕刻家，曾在英格蘭為英王室服務多年，是在英國傳播文藝復興藝術最早的外國人之一。—英譯注

2. 指英國國王亨利八世。

3. 指米開朗基羅的《卡希納之戰》，該畫原作已散失，僅有摹本存世。—英譯注

4. 佛羅倫斯早就有征服比薩之意。1509年，佛羅倫斯軍隊三面包圍了比薩，城內糧食又奇缺，最終迫使比薩人簽訂城下之盟。

了描繪一個騎兵作戰的場面，並有繳獲的一些旗幟，其風格之神聖令人歎為觀止。米開朗基羅在草圖中描繪了一些步兵在夏季的阿爾諾河中洗澡。他畫的是警鐘響起時赤身裸體的男人紛紛跑去拿武器那一瞬間的情景，其場面壯觀無比，從古至今的藝術品無一達到如此高超的水準。如上所述，偉大的李奧納多的設計也是精美絕倫。

這兩幅草圖一幅在麥地奇的宮殿裡，另一幅在教皇的大廳裡。只要它們完好無損，就是全世界的楷模。後來，天才的米開朗基羅為教皇尤利烏斯建成了那座偉大的教堂[1]，但其功力尚不及原來的一半，他的才華後來再也沒有達到他早年習作的水準。

13

現在我們再回頭說皮耶羅‧托里賈尼。他手拿我的畫說道：「我和米開朗基羅在小的時候，經常到卡爾米內教堂所屬的馬薩喬[2]禮拜堂裡學繪畫。米開朗基羅喜歡逗弄在那裡繪畫的人。有一天，他像往常那樣纏磨我，我火氣發得大了一些，握緊拳頭一下子打到他鼻子上，我感到指關節下面的骨頭和軟骨陷了進去。我給他留下的這一印記他要一直帶到墳墓裡去。」[3]這些話使我對皮耶羅仇恨至極，因為我一直很欣賞天才的米開朗基羅的傑作。所以我雖然很想和他一塊兒到英格蘭去，但此時再也不想看見他了。

我在佛羅倫斯期間一直都在學習米開朗基羅的高雅風格，對此我從來就沒有放棄過。大約在那個時候，我與一個同歲的可愛的小夥子建立起親密無間的友誼。他也幹金匠這一行，名叫弗朗切斯科，是菲利波的兒子、最傑出

1. 即梵蒂岡的西斯廷教堂。─英譯注
2. 馬薩喬（1401—1428），佛羅倫斯文藝復興繪畫的早期代表人物，新透視法的宣導者。
3. 米開朗基羅的側面像可證實這一說法。畫像顯示他的鼻樑下陷，好像已經斷裂。─英譯注

的畫家修士菲利波‧利皮的孫子[1]。通過相互交流，我們之間的友誼與日俱增，後來到了不分白天黑夜都形影不離的地步。他住的房子裡仍放滿他父親的優秀作品，都是畫的羅馬最好的古物，他將其裝訂成幾個畫冊。看到這些畫我就興致勃勃。大約有兩年的時間我們一直住在一起，情同手足。

那時，我做了一個像小孩手那樣大的銀浮雕，是為一個男人做的腰帶扣，當時男人們的腰帶扣就有那麼大。我用古代的風格在上面刻了幾片葉子打成的結，還有一些兒童像和其他好看的人面裝飾像。這件物品我是在一個叫弗朗切斯科‧薩林貝內的作坊裡製作的。當我向同行們展示時，他們稱讚我是這一行當中最好的年輕工匠。

有一個叫焦萬‧巴蒂斯塔的木雕匠，人稱塔索[2]，正好和我同歲。一天，他對我說，如果我願意去羅馬，他很樂意與我同行。這話是我們剛吃過午飯時說的。還是由於音樂的原因，我正生著父親的氣，於是就對塔索說：「你是個只說空話不辦實事的人。」他回答說：「我也在生著母親的氣。如果我的錢夠我到羅馬，我就再也不回去鎖我那可憐的小作坊門了。」我對他說，如果那就是使他待在佛羅倫斯的原因，我口袋裡的錢足夠我們兩人到羅馬了。

我們邊說邊往前走，不知不覺地來到了聖皮耶羅‧加托利尼大門前。我說：「塔索朋友，我們兩人來到這裡完全是天意。既然我到了這裡，我的旅程似乎已經過半了。」這樣我們兩人攜手並肩，一起上了路，說：「今天晚上還不知道我們的親友會咋說哩。」於是我們兩人就商量好，不到羅馬不再想他們。我們把圍裙繫到後背上，幾乎一言不發地向錫耶納走去。

到了錫耶納，塔索說（他的腳傷了）他不想再往前走了，要我借給他錢往回返。我回答說：「那樣的話我自己也沒有足夠的錢往前走了。離開佛羅

---

1. 菲利波（1457—1504），佛羅倫斯文藝復興時期第三代畫家中的代表人物，著名作品有《多比的歷程》等。菲利波‧利皮（1406—1469）為第二代畫家中的代表，擅長畫聖母聖子，著名作品有《聖母領報》等。

2. 塔索也是當時一個很有名的藝術家，很受科西莫公爵的賞識。—英譯注

倫斯時你就應該想到這一點。如果你是因為腳痛才半途而廢，那我們就找一匹返程的馬到羅馬去，這樣你就沒有藉口了。」於是我就雇了一匹馬。看到他一言不發，我就向羅馬的城門走去。他看出我是下決心要去，就在我後面大老遠的地方一瘸一拐地慢慢磨蹭，嘴裡還嘟嘟嚕嚕地說著什麼。

到了城門，我很可憐這位同伴，就等著他，把他扶到馬鞍上，說：「如果我們要去羅馬而沒有勇氣走過錫耶納，明天咱的朋友會咋說哩？」好心的塔索說，我說的是實話。他是個可愛的小夥子，又是笑又是唱。這樣在歌聲和笑聲中我們一路來到羅馬。那年我剛 19 歲，正好與世紀同齡。

到了羅馬，我投靠了一個人稱費蘭左拉人的師父，他名叫喬瓦尼，來自倫巴第的費蘭左拉，是一個最擅長製作大容器和金銀餐具一類物品的工匠。我把在佛羅倫斯薩林貝內的作坊里製作的腰帶扣模型的一部分拿給他看，他看了以後極為高興。他旁邊還有一個工匠名叫詹諾托‧詹諾蒂，已經跟著他幹了好幾年，是個佛羅倫斯人。他轉身對詹諾托說：「這個小夥子是個心裡有數的佛羅倫斯人，而你心裡啥也沒有。」我馬上就認出了詹諾托，他去羅馬之前我們常在一起繪畫，曾經是很要好的夥伴。可是他被師父的話激怒了，乾脆就說不認識我，不知道我是誰。我對此很生氣，衝他喊道：「詹諾托，你這老朋友——難道我們不是曾在某某地方一塊兒畫畫、吃飯、喝酒，一塊兒在你鄉下的房子裡睡覺嗎？我並不是要你替我向這位可敬的人、你的師父作證，我希望我的雙手會向人顯示我是個啥人，根本不需要你的幫助。」

14

我說完這話，血氣方剛的喬瓦尼師父就對詹諾托說：「你這混蛋，這樣對待你的老朋友，你不感到羞恥嗎？」然後他又轉過臉來和氣地對我說道：「歡迎你到我的作坊來。就照你說的去做：讓你的雙手證明你是啥樣的人。」

他給我一件很漂亮的銀器讓我加工，這是做給一位樞機主教的，是個橢

圓形的小盒子，是從圓形廳門前的石棺上臨摹下來的。除了臨摹之外，我又加上了許多自己創作的優美的人面裝飾像。師父高興得拿著它四處給同行們看，向人誇耀說，這麼好的一件物品出自他的作坊。它的大小約有半肘尺，可以放在桌子上用作鹽盒。這樣，我在羅馬掙了第一筆錢，我把一部分寄給了我那善良的父親，剩下的留作自己用，作為我到羅馬各處學習古文物的費用。錢花完以後，我還得回到作坊幹活兒。而我的夥伴巴蒂斯塔·德爾·塔索在羅馬沒停多久就回佛羅倫斯了。

我又接了一些新活兒之後，突然心血來潮，想把活兒幹完以後就改換門庭。事實上是一個叫帕格羅·阿薩格的米蘭人唆使我這樣做的。我的第一個師父喬瓦尼因此與阿薩格大吵一架，並當著我的面辱罵了他。這時我就護著我的新師父。我說我生來是自由的，也就是自由地生活，沒有理由怪罪阿薩格，更不該怪罪我，他還欠我幾克朗的工錢；另外是我自己想走，就像一個自由的工匠一樣想到哪裡就到哪裡，我對誰也沒做過不公平的事。我的新師父也插進來辯解說，他並沒有讓我到他那裡去，我應該和喬瓦尼一起回去以滿足他的願望。我回答說，我並不知道怎樣得罪了喬瓦尼；既然我幹完了活兒，我就能自己做主而不是聽別人擺佈；誰想要我，誰就應該向我請求。喬瓦尼喊道：「我不想求你，我和你的關係到此為止，以後你再也別到我這裡來。」我提醒他欠我的錢，他就當面嘲笑我。我說，既然我能像他看到的那樣熟練地使用手工藝器具，我也能同樣熟練地用劍來要求支付我的正當勞動報酬。

我們正在鬥嘴，一個老人走過來，他叫安東尼奧師父，聖馬利諾人。他是羅馬金匠之首，曾經是喬瓦尼師父的師父。聽完我的表白──我當然留意讓他聽明白──他馬上表示支持我，並讓喬瓦尼付給我錢。爭論更加激烈了，因為喬瓦尼師父是一個了不起的劍客，遠勝過他當一名金匠。但理智還是占了上風。我寸步不讓，直到他付了我錢。

後來，我和喬瓦尼又成了朋友，在其請求下，我做了他一個孩子的教父。

15

我繼續在帕格羅‧阿薩格那裡幹活兒，掙了很多錢，大部分我都寄給了我那善良的父親。到兩年頭上，經我父親請求，我回到了佛羅倫斯，再一次投到弗朗切斯科‧薩林貝內的門下。我在他那裡掙了很多錢，不停地下苦功提高技藝。我與弗朗切斯科‧迪‧菲利波重敘舊情。儘管那該死的音樂使我行樂過度，但我從來沒有忘記在白天或夜裡抽出幾個小時學習。

那時，我製作了一個銀的被稱之為心形鑰匙的東西。這是一種三寸寬的帶子，做成半浮雕狀，圓面上有一些小人物像，通常是為新娘準備的。這件活兒是一個叫拉法埃洛‧拉帕奇尼的人委託的。付給我的工錢很少，但它給我帶來的榮譽卻遠遠超過了我理應得到的報酬。

這時，我已經跟很多佛羅倫斯人在一塊兒幹過活兒，認識了一些像我第一個師父馬爾科內那樣值得尊敬的金匠。我也遇到一些據說很老實但實際上千方百計地毀掉我、大肆掠奪我的人。一旦我發現這種人，我就與他們分道揚鑣，把他們當成小偷和惡棍。

一個名叫焦萬巴蒂斯塔‧索利亞尼的金匠很友好地讓我住進他的作坊，該作坊位於蘭迪銀行附近新市場的一側。我在那裡做了幾件漂亮活兒，收入十分可觀，因而對家庭幫助很大。這引起了我前任師父中兩個壞蛋的妒忌，也就是薩爾瓦多雷和米凱萊‧瓜斯孔蒂。他們在金匠行會中擁有三家大作坊，家家生意興隆。我意識到他們對我不懷好意，就向一些好朋友講述了這事，說他們曾經披著偽善的外衣盜竊我的東西，也該知足了。這話傳到了他們的耳朵裡，他們就威脅我，要我對說過的話好好地懺悔。但我這個人根本就不知道啥是害怕，也就沒有理他們。

16

一天，我碰巧倚在他們之中一人的作坊旁。他馬上喊叫起來，對我又斥責，又威嚇。我回答說，如果他們對我盡了義務，我肯定會說他們的好話；但他做的恰恰相反，所以他們應該抱怨自己而不是我。

我正站在那裡說話，他們的堂兄弟蓋拉爾多·瓜斯孔蒂也許是受他們的唆使，埋伏著等待一頭馱東西的牲口走過。當牠到達我跟前時，蓋拉爾多突然將磚頭推到我身上砸傷了我。我猛轉身看到他在笑，就一拳打到他太陽穴上，他立即昏倒在地，如死人一般。然後我轉向他的兩個堂兄弟說：「對付你們這號膽小如鼠的竊賊就得這樣。」他們依仗人多還想對我動手，熱血沸騰的我拿出一把小刀喊道：「誰要是走出作坊，另一個就快去找神父來聽懺悔，醫生到此已無能為力了。」這話果然鎮住了他們，誰也不敢再去幫他們的堂兄弟。

我剛走，他們家的老少爺們兒就跑去找八人公安委員會，聲稱我拿著劍在他們的作坊裡攻擊了他們，這種事以前在佛羅倫斯還從來沒見過。法官們把我傳了去。我來到他們面前，他們開始訓斥我，對我大吼大叫——我想部分的原因是他們看見我穿著斗篷[1]，而其他人則像公民那樣穿著長袍戴著兜帽。但另外還有一個原因，我的對手曾到這些官員的家裡去過，和他們私下裡交談過；而我在這方面毫無經驗，和誰也沒談過，只相信自己有理。我說，我受到蓋拉爾多如此猛烈的攻擊和凌辱，只是在盛怒之下打了他一耳光，我覺得不應該受到這麼嚴厲的訓斥。

耳光二字我剛出口，八位法官之一的普林齊瓦萊·德拉·斯圖法就打斷了我的話：「你打了他一拳，不是一耳光。」這時鈴響了，我們都被叫了出

---

1. 當時的佛羅倫斯公民如果在白天只穿斗篷會被認為是生活放蕩的表現。—英譯注

去，普林齊瓦萊轉向他的同事為我辯護說：「注意，先生們，這個可憐的年輕人很單純，他承認自己打了一耳光，他是覺得這沒有一拳嚴重。而在新市場，打一耳光要罰款 25 克朗，打一拳則沒有什麼處罰。這個年輕人有令人欽佩的才能，他以自己不懈的勞動來供養其貧困的家庭。願天主保佑我們的城市有很多這樣的人，而不是像現在缺少這樣的人。」

17

這些法官之中有一些頭戴翻卷過來的兜帽的激進分子，他們受了我的仇人的請求和誹謗的影響，因為他們都是修士吉羅拉莫派的人[1]。他們想草率地將我投入監獄並加以懲罰。但好心的普林齊瓦萊阻止了他們。結果他們判罰我四蒲式耳麵粉，施捨給一個崇尚蟄居的女修道院。我又被喊了進去。普林齊瓦萊要我不要說話，以免惹他們不高興，服從他們的判決就是了。隨後他們又訓斥我一通，就把我們交給了大法官。我嘴裡一直咕噥著「那是一耳光，不是一拳」，然後就大笑著離開了八人公安委員會。

大法官要我們雙方都要出保釋人，但只有我被判罰四蒲式耳麵粉。儘管我感到自己挨了宰，還是讓人去找我的一個表兄弟，他叫安尼巴萊師父，是個外科醫生，利布羅多羅。利布羅多利先生的父親。我想讓他做我的保釋人，但遭到他的拒絕。我氣得七竅生煙，肚皮鼓得老大，就決定鋌而走險。

這時，人們可以注意到，星象與其說是影響我們的行動，不如說是強迫我們採取行動。一想起這個安尼巴萊欠了我們家那麼多的情，我就氣不打一處來。我起了邪念，再加上我生性有些暴躁，就一直等到法官們去吃飯。只剩我一個人了，我發現沒有人在注意我，就氣衝衝地離開了大殿，跑回我的作坊拿起一把匕首，然後就沖向我仇人家裡，他們的家和作坊是連在一塊兒的。我發

1. 吉羅拉莫派是當時佛羅倫斯具有民主思想傾向的反對麥地奇的一些人，因而作者對他們很反感。—英譯注

現他們正在吃飯，那個挑起事端的蓋拉爾多向我猛撲過來。我照他的胸部刺了過去，刺穿了他的馬甲和緊身上衣，一直刺到襯衫，但絲毫沒有傷到他的皮肉。我感到手在往裡推進，並聽到了衣服的撕裂聲，我以為把他殺死了。看到他癱倒在地上，我喊道：「逆賊們，今天我要把你們統統殺光。」他的爹、娘和姐妹幾個就跪到地上聲嘶力竭地求饒。我看他們並沒有抵抗，蓋拉爾多四肢張開躺在地上一動不動，心裡想，再碰這幾個人實在太不光彩了。

我飛快地跑下樓梯來到街上，發現這一家其餘的人共有十好幾個，有的拿著鐵鍬，有的拿著粗鐵管，有的拿著鐵砧，還有的拿著錘子和棍棒。我來到他們中間，像一頭發瘋的野牛一樣將四五個人打翻在地，我自己也倒在地上，不停地揮舞手中的匕首，一會兒對準這一個，一會兒對準那一個。那些沒有倒下的人拼命地向我揮舞著錘子、棍棒和鐵砧。但仁慈的天主有時會干預的，他命令我們雙方誰也不要傷害誰。我只不過把帽子丟了，我的仇人先是把它扔到一旁，然後又把它奪走並用所有的武器打擊它。後來他們檢查了一下自己人，發現沒有一個人受傷。

18

我向新聖馬利亞的方向走去，正好碰見修士阿萊西奧·斯特羅齊。這個人我並不認識，我求這位元好心的行乞修士看在天主的分上救我一命，因為我做了一件大錯事。他叫我不要害怕，即便是做了世界上的任何錯事，在他的密室[1]裡都是絕對安全的。

大約一個小時以後，八人公安委員會召開了特別會議，對我作出了我所經歷的最可怕的處罰之一，並宣佈嚴懲那些包庇我或知道我下落的人，不管我在哪兒，也不管保護我的人是誰。

---

1. 修道院裡供修士居住的斗室。

我那可憐的父親找到八人公安委員會，雙膝跪倒在地，求他們寬恕他那不幸的年輕的兒子。這時，一個激進分子站了起來，搖晃著他那翻卷過來的兜帽對我父親說了如下難聽的話：「起來起來，快滾，明天就把你兒子交給武裝人員押送到鄉下去。」我那可憐的父親仍斗膽答道：「天主是咋裁決的，你們就咋做，不得有一絲一毫的過分之處。」那個人又回答說，天主肯定是像他剛才所說的那樣裁決的。父親說：「你肯定不知道天主的意志，我就放心了。」然後他就離開了那裡去看我。和他一起來的還有一個與我同歲的年輕人，名叫皮耶羅‧迪‧喬瓦尼‧蘭迪，我們兩人簡直親如兄弟一般。

　　小夥子的斗篷下面帶了一把上好的劍和一副漂亮的鎧甲。他們找到我之後，勇敢的父親向我訴說了事情的經過和法官對他說過的話。然後他吻了我的前額和雙眼，給了我衷心的祝福，說：「願天主的力量和仁慈保佑你。」他把劍和鎧甲遞給我，親手給我佩帶好，然後又說：「好孩子，有了這套裝備，你可要寧為玉碎不為瓦全。」在場的皮耶羅‧蘭迪不住地流淚。他給了我十個金克朗，我讓他從我下巴上拔掉幾根毛，那是我這個男子漢初生的短須。修士阿萊西奧將我裝扮成一個行乞修士，並讓一個隨從與我同行。

　　我離開了修道院，從普拉托門出了城，沿著城牆一直走到聖高盧廣場。然後我上了蒙圖伊斜坡，在我路過的第一片房子裡見到一個叫格拉蘇喬的人，他是貝內代托‧達‧蒙特‧瓦爾基先生[1]的親兄弟。我甩掉修士服，又成為一個普通人。我們騎上早已等候在那裡的兩匹馬連夜趕往錫耶納。格拉蘇喬又返回佛羅倫斯找到我父親，告訴他我已安全逃走的消息。父親欣喜若狂，他感到好像過了一千年才再次見到那個侮辱過他的法官。父親碰到他時對他說：「你看，安東尼奧，只有天主才知道我兒子會有啥事，而不是你。」那個傢伙回答說：「等他下一次落到我們手裡再說！」父親說：「那我就等著感謝天主救我兒子免遭此難。」

---

1. 瓦爾基是當時佛羅倫斯著名的詩人和學者，與作者交往甚密。一英譯注

19

我在錫耶納登上去羅馬的郵車，路過帕利亞時遇到一位信使，他帶來了新教皇克萊門特七世即位的消息。到羅馬以後，我到金匠大師桑蒂的作坊去幹活。桑蒂已經去世，但他的一個兒子繼承了父業。他自己不幹，而是把所有的活兒都交給了一個來自耶西、名叫盧卡諾羅的年輕人。這是個鄉下小夥子，從小就在桑蒂家幹活。他個頭不高，但身材很勻稱，是我到那時為止所見到的技術最熟練的工匠，手藝高超、設計精美。他只做大件物品，也就是極精美的花瓶和盆之類的物品。

我到那裡之後，開始為一個西班牙人薩拉曼卡主教製作一些燭臺。在工藝許可的情況下，燭臺雕刻得富麗堂皇。拉斐爾的一個學生名叫吉安·弗朗切斯科，人稱法托雷，是一個很有才能的畫家。他與這位主教有交情，就把我介紹給主教，這樣我就從主教那裡接到很多活兒，掙的錢相當可觀。

當時我常出去繪畫，有時在米開朗基羅的禮拜堂，有時在錫耶納的阿戈斯蒂諾·基吉家裡收藏有很朵拉斐爾大師的無與倫比的繪畫。一般我逢節日去，因為當時這座房子是由阿戈斯蒂諾的兄弟吉斯蒙多先生居住著。他們一見到像我這樣的年輕人到那裡去繪畫就盛服華妝。吉斯蒙多的妻子波爾齊亞夫人待人彬彬有禮，長得花顏玉貌。她發現我經常在那裡，有天她來到我跟前看我的畫，問我是個雕刻家還是畫家。我回答說是個金匠。她說，我的畫遠非一個金匠所能為。她讓一個侍女拿來一個鑲嵌在金子上的精美絕倫的鑽石百合花給我看，讓我估量一下它的價值。我估價為八百克朗。她說我的估價很準確，並問我能不能將寶石鑲嵌好。我說我很樂意這樣做，然後就當著她的面開始畫草圖。我幹得異常賣力，與這樣一位美麗動人的淑女交談使我感到心情舒暢。

草圖完成後，另一位長得很美的羅馬女士來到我們這裡。她本來在樓上，這時下來問波爾齊亞夫人在這兒幹啥。波爾齊亞夫人微笑著答道：「我在欣賞這位能幹的年輕人繪畫。他不但長得漂亮，心眼也好。」我已有了一點自信，

但還夾雜著一些靦腆。我紅著臉說：「不才在此，願隨時為夫人效勞。」波爾齊亞夫人也微露羞色地說道：「你當然知道我想讓你為我效勞。」她把百合花遞給我讓我拿走，又從袋子裡拿出二十金克朗給我，然後說：「就照你畫的那樣給我嵌寶石，同時保留原來嵌寶石的金子。」這時，那位羅馬女士說道：「如果我是那個年輕人，我就不辭而別。」波爾齊亞夫人回答說，美德與邪惡幾乎是無法並存的，如果他那樣做的話，實在與他那老實人的美好形象格格不入。然後她轉過身拉著那位羅馬女士的手，面帶甜美的微笑對我說：「再見，本韋努托。」我又待了一會兒畫我的畫，那是臨摹的拉斐爾的朱庇特像。

我畫完了畫離開那裡以後，就開始製作一個小小的蠟模型來顯示寶石嵌好以後的樣子。我把它拿給波爾齊亞夫人看，她還是和那位羅馬女士在一起。兩人對我的作品極為滿意，對我也非常友好，我不知從哪兒來了勇氣，當場表示寶石完成以後會比模型好一倍。於是我就著手幹，並在十二天以後完工。如前所述，作品呈百合花形，上面裝飾有人面像、兒童和動物圖像，上彩也極為精美，因而構成百合花的鑽石看上去效果倍增。

20

我製作此物品期間，盧卡諾羅表現出相當的不滿，關於他的才能我前面已經說過。他一而再再而三地對我說，如果我像開始時那樣幫他製作大件物品會得到更多的名和利。我回答說，只要我願意，我任何時候都能製作大件銀器，但像我目前正幹的這件活兒並不是每天都能接到的；這樣的活兒帶來的榮譽也不比大件銀器少，而且掙的錢會更多。他當面嘲笑我說：「等著瞧吧，本韋努托。你幹完你的活兒時我也能趕做出來這個容器，我接到它時你正好接到那個寶石。到時候你就會知道，我的容器能掙多少，你的裝飾品又能掙多少。」我回答說，我確實很樂意與像他這樣的優秀工匠一比高低，最後結果會顯示我們兩個到底是誰錯。這樣，我們兩人都面帶輕蔑的微笑，極其認真地投入工作

並渴望完成它。大約十天以後,雙方都以精湛的技巧完成了各自的活計。

　　盧卡諾羅製作的是一件很大的銀器,用來放在教皇克萊門特的餐桌上,供他在吃飯時放置碎骨頭和各種水果皮,與其說是一件必需品,不如說是一件奢侈品。容器上裝飾有兩個漂亮的把手,另外還有很多人面像,有的大有的小,還有很多好看的樹葉,風格高雅無比。看了以後我說道,這是我親眼見到的最漂亮的容器。盧卡諾羅覺得我已信服,就回答說:「你的作品看起來並不比我的差,但我們很快就會看出兩者的不同來。」他把容器帶給教皇,教皇見了非常高興,立即吩咐按正常的大件器皿價錢支付給他報酬。

　　與此同時,我也帶著我的活計來到波爾齊亞夫人那裡。她看了以後極為驚訝,對我說,我做的已遠遠超過了我的承諾。然後她讓我要個價,想要多少要多少。在她看來,我應得到一筆巨額的酬金,我要是索要一座城堡的話她就要支付不起了。但由於她手裡沒有城堡,她笑著說,我應該先問問她的支付能力。我回答說,我對自己的勞動所要求的最大回報就是使她得到滿足。然後我也笑了,說這就足夠了。我向她點了點頭就要告辭。她轉身對那位羅馬女士說:「你看,我們在他身上看到的才能所伴隨的是美德而不是邪惡。」兩人都表達了讚美之意,然後波爾齊亞夫人繼續說道:「本韋努托朋友,你難道沒有聽人說過,窮人送物給富人時,魔鬼也要發笑嗎?」我回答說:「聽說過!但魔鬼已身陷困厄,這次我倒願意看他笑。」我告辭時,她說這一次她不願意讓他這麼做。

　　我回到作坊時,盧卡諾羅的容器酬金放在一個紙袋裡。看到我回來他就喊道:「過來把你的寶石酬金和我的容器酬金比一比。」我說,一切要等到明天再說。既然我的活兒並不比他的差,我覺得我也一定能夠拿出來一個好價錢。

21

第二天，波爾齊亞夫人派她的大管家來到我的作坊。他把我叫出來，塞給我一個紙袋，裡面是他的女主人送的錢。他告訴我，她不想讓魔鬼開懷大笑，以此暗示她送給我的錢並不是我的勞動理應得到的全部報酬，另外還有一些配得上如此謙恭有禮的一位夫人的話。

盧卡諾羅火燒火燎地闖進了作坊要與我比比錢袋，他要當著十二個工匠和一些鄰居的面看這次較量的結果。他抓起他的錢袋，輕蔑地喊了三四聲：「呵！呵！」嘰哩呱啦地把錢倒在櫃檯上。一共 25 個銀克朗。他認為我的不過是四五個克朗。而我則被他的叫喊聲和旁觀者的神情與微笑搞得茫然不知所措。我先往袋子裡瞅了瞅，發現裡面全是金幣，就退到櫃檯的一端，耷拉著眼皮一聲不吭。我突然用雙手將袋子舉過頭頂，像漏斗一樣地將其倒空。我的錢是他的兩倍。圍觀者本來以嘲笑的目光看著我，這時突然轉向他說：「盧卡諾羅，本韋努托的錢全是金幣，是你的兩倍，比你強多了。」

我以為盧卡諾羅肯定會由於忌妒和羞愧當場死在那裡。儘管他抽走了我掙的三分之一，因為我是個雇工（這是我們這一行的規矩，收入的三分之二歸工匠，三分之一歸作坊的師父），可他的自私和忌妒要大於貪婪。這本來應該顛倒過來，他畢竟是耶西的一個農民的兒子。他詛咒了他的手藝和教他手藝的人，發誓再也不做大件物品了，以後要全力製作那些破爛小玩意兒，那些東西太來錢了。我也同樣窩著一肚子火。我回答說，狗嘴裡吐不出象牙來，他一張嘴就知道是一個茅舍裡爬出來的鄉巴佬；我敢保證，我做他的大家什能輕而易舉地成功，而他做我的破爛小玩意兒卻沒有一點希望。說完我就怒氣衝衝地走了，並告訴他我的話不久就會驗證。旁觀者公開地指責他，把他當成一個小丑，實際上他就是個小丑；而把我當成一個男子漢，事實上我已向人們證實了這一點。

22

第二天，我去感謝波爾齊亞夫人。我告訴她，她所做的與她的願望適得其反，因為我想讓魔鬼發笑，她則使他再一次拒絕相信天主。我們兩個都會心地笑了。她還給了我其他的精細且極有價值的活兒讓我做。

與此同時，我還通過拉斐爾的一個學生搞到了薩拉曼卡主教的一件活兒，為他製作一個大船模型放在餐具櫃上作為裝飾品。他想做同樣大小的一對，他把其中的一個交給了盧卡諾羅，另一個交給了我。前面提到的畫家焦萬·弗朗切斯科[1] 為我們設計。於是我十分樂意地著手幹這件活兒，並與一個名叫焦萬·皮耶羅·德拉·塔卡師父的米蘭人同住在他的作坊裡。一切準備就緒之後，我計算了一下自己需要用多少錢，剩餘的我就全寄給了我那可憐的父親。

就在我給父親往佛羅倫斯寄錢的前後，父親偶然碰見了我當初惹禍時八人公安委員會中的一個激進成員，就是那個粗野地侮辱他並發誓要把我押送到鄉下去的那個傢伙。這個傢伙有幾個道德敗壞、名聲很臭的兒子，因此我父親對他說：「任何人都可能有不幸，尤其是那些得理不饒人的人，甚至我的兒子也是這樣。但他以後的歲月則可以顯示我是如何教子有方。為了你好，願天主讓我們的兒子以同樣的方式對待我們，誰也不比誰強，誰也不比誰差。天主讓我將兒子撫養成人，在我無能為力的時候，是他老人家救他們免遭你的毒手，你乾氣沒法兒。」

兩人分手以後，父親就給我寫信把這事從頭至尾講了一遍，還讓我看在天主的分上抽空練練音樂，不要把他費盡心血教給我的精湛技藝荒廢了。這封信洋溢著人世間最為溫情脈脈的父愛，讓我這做兒子的柔腸百轉，熱淚盈眶，決心在他的有生之年完全滿足他對我在音樂方面的願望。這樣，天主就會毫不含糊地按照我們在禱告中的要求賜福給我們。

---

1. 即吉安·弗朗切斯科，拉斐爾的學生。

23

　　我在製作薩拉曼卡主教的活計時只有一個小男孩做幫手，他是在我朋友的請求下，我不太情願地接收下來的。他大約 14 歲，名叫保利諾，是一個羅馬市民的兒子，其父以房地產收入為生。保利諾是我一生中所見到的最有禮貌、最誠實、最漂亮的男孩。他謙恭的舉止和行為，加上他那絕頂的美貌和對我的忠誠，使我對他寵愛至極。這一強烈的愛促使我經常為他演奏音樂，因為我觀察到只要我拿起短號，他那張略帶傷感的俊俏面龐便露出喜色，其笑容之甜美可愛足以使希臘人描寫的天神黯然無光。的確，如果這個男孩生長在那個年代，他恐怕會使希臘人更加神魂顛倒。他有個姐姐名叫福斯蒂娜，我深信她比那個古書上所描述的福斯蒂娜[1]更漂亮。有時他帶我到他家的葡萄園，據我個人的判斷，保利諾的善良的父親像對待女婿一樣地歡迎我。這使我比以前演奏得更勤了。

　　正好在這個時候，切塞納的詹賈科莫（教皇樂隊的優秀演奏家）通過洛倫佐（盧卡的小號手，現為我們的公爵效力）來詢問我是不是願意和他們一道歡慶教皇的八月節，他們想讓我吹奏短號，在他們精選的極為優美的聖歌中擔任最高音部。儘管我極想完成已經開始製作的活兒，但由於音樂自有其迷人的魅力，另外還由於我想取悅我那年邁的父親，我還是同意參加他們的活動。在節日之前的八天時間裡，我們每天在一起練習兩個小時。

　　到了 8 月 1 日，我們來到望臺。教皇克萊門特坐在桌子旁，我們演奏著認真練習過的聖歌。演出極為成功，教皇陛下聲稱，他從來沒聽到過演奏得如此美妙、各聲部如此和諧的音樂。他找到詹賈科莫，問他是如何找到這麼出色的一個短號來擔任最高音部的，並特別問到我是誰。詹賈科莫把我的全名告訴了他。然後教皇說：「這麼說他是喬瓦尼師父的兒子了？」經過

---

1. 指西元二世紀時羅馬皇帝馬爾庫斯之妻，多次隨夫出征打仗，人稱「軍隊之母」。

確認之後，教皇表達了他想讓我與其他的樂隊隊員一起為他效力的願望。詹賈科莫回答說：「最神聖的教皇，我可不能裝假說你能夠得到他，他的職業是個金匠，他為此而刻苦努力，取得了奇跡般的成就，掙的錢要比演奏多得多。」教皇接著說：「既然我發現他擁有的才能超過了我的想像，那我就更想得到他了。一定要讓他得到與你們各位同樣的報酬。以我的名義告訴他來為我效力，我會給他找到足夠的按日計酬的活兒讓他從事另一職業。」說完他伸出一隻手，將包在手帕裡的教廷財政署的一百金克朗交給詹賈科莫，說道：「把這些錢分一分，也有他的一份兒。」

詹賈科莫離開了教皇來到我們中間，把教皇的話詳細地講述了一遍。他把錢給我們八個人分了分，把我的一份兒給了我，對我說道：「現在我要招收你為我們中的一員。」我回答說：「今天就算了，明天我再給你答覆。」

回去以後，我一直在考慮是不是接受這一邀請，我要是放棄了我那高尚的藝術研究必然要受損失。第二天夜裡我夢見了父親，他眼含熱淚，求我看在天主和他的分上接受這一邀請。我好像回答說，誰也無法讓我這麼做。他頓時顏色大變，嚇得我不知所措。他喊道：「如果你不接受，父親我要咒罵你；如果你接受，我會永遠祝福你！」我醒來後嚇得拔腿就跑去簽名登記。然後我就給老父親寫信告訴他這一消息，他得知後狂喜不已，結果突然發病，險些把老命丟了。他在給我的回信中說，他也做了一個幾乎和我完全一樣的夢。

24

這時，我已滿足了父親的真誠的願望，我開始覺得自己會一帆風順，到頭來必定揚名顯貴，頭角崢嶸。因此，我以不知疲倦的勁頭去完成接過來的薩拉曼卡主教的活兒。這位主教是個不尋常的人物，極為富有，但也很難討好。他每天都派人來瞭解我的動靜。若來的人發現我不在家，他就勃然大怒，聲稱要把活兒從我手裡拿走交給別人去幹。這都是我從事那該死的音樂造成的後果。

我仍然夜以繼日地拼命幹，終於有一天我的活能拿出手了，我把它呈送給主教檢驗。主教看了以後更想使它完成，我又後悔不該拿出來讓他看。將近三個月以後終於完工了，上面的小動物、樹葉和人面像要多漂亮有多漂亮。一做好，我就讓我的工匠保利諾拿給那個能幹的盧卡諾羅看，我在前面已講過他。生得優雅而又英俊的保利諾說：「盧卡諾羅先生，本章努托讓我告訴你，他讓你看看他的許諾和做好的大家什，另外想看看你做的小玩意兒。」話一說完，盧卡諾羅就拿起我做的活兒仔細觀看，然後對保利諾說：「漂亮的小夥子，告訴你師父，他是個了不起的能工巧匠，我請他接受我成為他的朋友，不要再講別的了。」

　　那個善良出眾的小夥子的一番使命使我高興萬分，然後我把活計送給薩拉曼卡主教，他讓人給評估一下。盧卡諾羅參加了評估，他對作品的估價和讚美遠超過我本人的看法。薩拉曼卡主教將它高高舉起，像一個地道的西班牙人那樣喊道：「我向天主起誓，他的製作拖延多久，我對他的報酬支付也要拖延多久。」我聽到這話後極為憤怒，開始大罵整個西班牙和所有祝它好運的人。

　　除了其他的漂亮裝飾之外，這件物品上還有一個把手，用一整塊料做成，其機械裝置最為精密，一按動一個彈簧，它就豎立在口上。一天，主教向跟隨他的一些西班牙侍從炫耀這一物品。主教閣下剛一離開屋，其中的一個侍從就開始毛手毛腳地玩弄物品的把手。移動把手的彈簧極為纖弱，哪能架得住他那笨手瞎折騰，結果壞在了他手裡。他知道闖了大禍，就請掌管主教器物的管家去拿給製作它的師父修理，並答應要多少錢都行，只要能馬上修好。

　　這樣它又一次到了我手裡，我答應很快就修好。事實確實如此。東西是午飯前拿來的。到 22 點[1] 的時候，管家又滿頭大汗地回來了，他是一路跑來的，主教閣下又要拿它給別的紳士看。管家不容我開口就喊道：「快，快，

---

1. 當時義大利的計時法參見第三章的注釋。22 點即日落前兩小時。

把東西拿來。」我則不慌不忙，不想把東西給他，說我不打算慌這麼緊。管家大怒，看樣子他要一隻手去抓劍，另一隻手要把作坊砸開。我馬上用自己的武器制止了他，說話也帶上了火藥味：「我就是不給你！去告訴你的主人，先付工錢，然後才能把東西拿走。」

這傢伙一看來硬的不行就開始求我，就像在十字架前祈禱一樣，聲稱如果我把東西交出來，他一定關照讓我得到報酬。這些話沒能使我改變主意，我還是重述著那句老話。最後他絕望了，發誓要帶來足夠多的西班牙人把我撕成碎片，然後就拔腿走了。

我還是有些相信他們的報復心理，就下決心鼓起勇氣自衛。我準備好一杆上乘的槍，那是我用來打獵的，喃喃自語道：「那些奪我財產和勞動成果的人也會要我的命，那就讓他們來吧。」我腦子裡正想著這個問題，一群西班牙人來到了。為首的是他們的大管家，他以西班牙人的剛愎自用和魯莽，吩咐那些人進來拿走那件作品並痛打我一頓。聽到這話，我向他們亮出了槍口並準備開火。我大聲喊道：「變節的猶太人、叛徒，在羅馬市你們就這樣破門而入嗎？你們這些賊就隨便來吧。誰要是再往門口走近一步，我的槍就會叫他腦袋開花。」然後我把槍口對準他們的大管家，做出要開火的樣子喊道：「你這個賊頭兒，都是你在後面煽風點火，我先把你殺了。」他一聽這話拍馬就走。

我們這一番折騰驚動了四鄰，他們圍攏過來，另外還有一些路過的羅馬紳士。他們喊道：「一定要殺掉這些叛徒，我們站在你一邊。」這些話還真嚇唬住了那些西班牙人。他們撤走了，被迫將整個事情經過告訴了主教閣下。

主教本是個極其傲慢無禮的人，他大罵了家人一通，一是由於他們的行為粗暴，二是由於他們只挑起了頭而沒有收場。就在這個時候，與整個事情有關聯的畫家來了。主教讓他告訴我，如果我不把東西馬上拿來，他就要把我剁成肉餡；如果拿來的話他就當場付給我錢。他的威脅根本嚇不住我，我

給他捎話說，我要馬上把這一事件提交給教皇。

在此期間，他的怒氣和我的擔憂都減退了。另外，一些羅馬顯貴向我保證主教不會傷害我，我也確信我能得到報酬，我就帶上一把大匕首，穿上我的護身鎧甲前往他的邸宅，他已把家人全部集合起來。我進了門，保利諾拿著銀器也跟了進去，那陣勢恰似走進天上的黃道十二宮[1]一樣，不多也不少。有一個人長著獅子臉，另一個是蠍子臉，還有一個蟹臉。我們徑直來到那個無賴主教面前，從他嘴裡冒出來的話只有神父和西班牙人才能說出口。我連眼皮也不抬一下，對他的話愛答不理。這好像往他的火上澆了油。他讓人拿給我一張紙，讓我寫一份證明，承認我很滿意地得到了全部報酬。這時我抬起了頭，說，如果我拿到了錢就會很樂意這樣做。主教的火氣更大了，威脅與斥責馬上接踵而來。但錢還是付了，我也寫了收據，然後就興沖沖地離開了那裡。

25

教皇克萊門特聽到這件事以後——他以前曾見到過那件銀器，但不知道是我的作品——感到很高興並對我大加讚賞，公開說他非常喜歡我。這使得薩拉曼卡主教很後悔他對我的無禮。為了與我言歸於好，他又讓那個畫家來告訴我，他打算給我很多的活兒讓我做。我回答說，我很樂意接這些活兒，但要求預先付酬。這話又傳到教皇克萊門特耳朵裡，他聽了以後開懷大笑。樞機主教奇博[2]當時在場，教皇就向他講述了我與那位元主教爭端的全部經過。然後教皇轉向一個手下人，命他繼續為我提供教廷的活計讓我做。

1. 西方人想像天空中有一條黃道帶，幾乎所有的主要行星均在帶內，這些行星被分為十二個星座或十二宮，每一宮都有一個代表，大部分都是動物，如蠍子、蟹、獅子、公牛等。所以切里尼在這裡是形容這幫人兇神惡煞的樣子。
2. 奇博為熱那亞大主教，麥地奇的外甥，極為富有，也是一位著名的文學藝術保護人。—英譯注

樞機主教奇博派人把我找去與他進行了一次愉快的談話，然後交給我一件大活兒，比薩拉曼卡的還要大。同樣，我還從樞機主教科爾納羅和樞機主教團的其他成員，尤其是里多爾菲和薩爾維亞蒂那裡接到不少活兒。[1]他們提供的活計使我一直忙個不停，因此我掙了很多錢。

這時，波爾齊亞夫人建議我自己開一個作坊。我照辦了。我一直沒有停止為那位傑出的貴婦人效力，她支付我的報酬極為豐厚，也許就是通過她我才開始聞名於世的。

我與加布里埃羅·切塞里諾閣下建立了親密的友誼。當時他是羅馬行政長官，我為他做了不少活兒，其中的一個值得一提。那是一個戴在帽子上的大金徽章。我在上面刻了勒達與天鵝[2]。切塞里諾閣下對做工非常滿意，說要讓人估一下價，以便付給我適當的報酬。由於徽章做得巧奪天工，本行的評估者估出的價格之高大大出乎他的預料。這樣徽章我就留下了，辛苦一場分文未得。在這種情況下，我就經歷了像做薩拉曼卡主教的銀器那樣的遭遇。但這樣的事情我就一筆帶過，以免妨礙我講述更重要的事情。

26

由於我是在寫傳記，我就必須不時地離開我的職業話題，簡要地描述一些與我的藝術家生涯無關的事件，如果不是詳細描述的話。

聖約翰節[3]的早上，我碰巧與幾位老鄉在一起吃飯，有畫家、雕刻家和金匠，其中最有名的是羅索和拉斐爾的學生詹弗朗切斯科。我邀請他們不拘

1. 科爾納羅是賽普勒斯王后卡泰麗娜的兄弟，里多爾菲和薩爾維亞蒂均是教皇利奧十世的外甥。—英譯注

2. 勒達是希臘神話中的斯巴達王后，宙斯愛上她後變成一隻天鵝與她親近，生下一對孿生兄弟和美人海倫，達文西曾有這一題材的繪畫。

3. 聖約翰節是佛羅倫斯的盛大節日，屆時所有的行會都要組織壯觀的遊行隊伍穿過市區。—英譯注

禮節地來到我們的聚會地點，大家在一起有說有笑，這對於一群人聚集到一起歡慶如此盛大的節日來說是很自然的事情。

這時，正好有一個輕狂自大的年輕人路過，是李恩佐‧達‧切里手下的一名軍人。他聽到了我們的聲音，就對我們這些佛羅倫斯人發出一陣無禮的嘲笑聲。作為這些大藝術家和高貴人物的東道主，我把這當成是對我本人的侮辱。我神不知鬼不覺地溜出來朝他走去。那個傢伙正和一個妓女在打情罵俏。我來到他跟前，問他是不是那個辱罵佛羅倫斯人的魯莽傢伙。他馬上回答：「那就是我。」於是我一巴掌打到他臉上，說：「這就是我。」我們各自精神抖擻地拔出劍來，但衝突剛開始就來了一群人勸阻。他們都偏向我，因為他們看出來我有理。

第二天，有人挑動我與那個人決鬥。我很高興地接受了挑戰，說我很希望能儘快了結這件事，這要比完成我從事的藝術工作快得多。於是我馬上去請教一位了不起的老人，他叫貝維拉誇，據說是義大利第一劍客，曾經歷過二十多次真格的決鬥，而且每次都得勝而歸。這位傑出的人物是我的好朋友。我是作為藝術家與他相識的，他也曾在我與別人的一些激烈的爭執中充當過調解人。因此，他在瞭解了事情經過之後笑著對我說：「我的本韋努托，你就是惹了戰神瑪爾斯，我相信你也能夠打敗他，我認識你恁多年了，還從來沒見你無理取鬧過。」

於是他同意做我的副手，我們就拿著劍一起到了指定的地點。但決鬥的結果是兵不血刃，我的對手中途罷手了，我也就頗為體面地收了場。進一步的詳情我就不再講了，儘管這些細節都很精彩，我還是想把篇幅和文字留給我的藝術，那是我寫作的主要動機，關於藝術我要說的話實在太多了。

一種為榮譽而競爭的意識促使我再拿出一件傑作，這一作品應該與我前面提到的能工巧匠盧卡諾羅的作品不相上下，甚至超過他的作品。但我並不因此而荒廢我的珠寶手藝，所以兩者都給我帶來了很多的利益和更多的

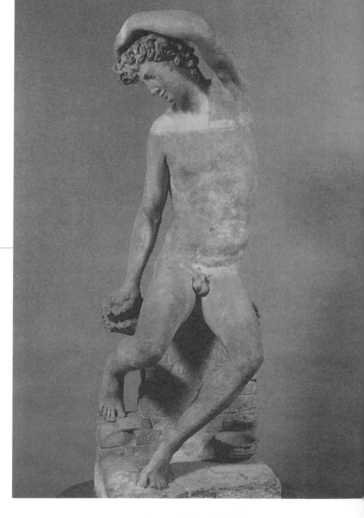

那喀索斯
Narcissus
1540s
Marble, height 149 cm
Museo Nazionale del Bargello,
Florence

榮譽，在這兩個領域裡我
都有極具獨創性的作品問
世。

　　當時，羅馬有一個來
自佩魯賈[1]的能幹工匠名叫
勞蒂齊奧，他只從事一種
藝術領域的製作，並在這
一領域中蓋世無雙。你要
知道，在羅馬，每個樞機
主教都有一枚圖章，上面刻著他的頭銜，其大小相當於一個約 12 歲兒童的
手。圖章上除了我剛才提到的樞機主教的頭銜之外，還有很多的裝飾圖像。

1.　位於義大利中部的一個城市。

這樣一個製作精美的圖章可賣到一百或超過一百克朗。這個優秀的工匠雖然從事的手藝與金匠業的其他分支相去甚遠，而且他除了能熟練地製作圖章以外對其他的工藝不甚了了，但他像盧卡諾羅一樣，還是激起了我真誠的競爭意識。我開始專心學習他的手藝，儘管我發現很難；我沒有被困難嚇倒，滿腔熱情地去賺錢和提高技藝。

在羅馬，還有一位傑出的能工巧匠，是一位叫卡拉多索先生的米蘭人。他以金屬板為原料，以鑿子為工具製作小像章一類的東西，別的什麼也不做。我見過他的一些用半浮雕刻成的聖像牌，一些用最薄的金板製作的巴掌大小的耶穌像，做工精湛無比。他堪稱是我所見過的製作同類工藝品的最偉大的大師，我羨慕他超過了羨慕其他所有的人。還有其他的製作鋼雕徽章的大師，都可以稱作是那些想製作完美像章者的楷模和真正的導師。所有這些種類的工藝，我都堅持不懈地努力學習。

我不應該遺漏高雅的上瓷釉藝術，在這一領域中，除了我的一個名叫阿梅里戈的佛羅倫斯老鄉之外，我不知道還有無別的傑出人物。我並不認識他，[1]但我很熟悉他那無與倫比的傑作，其巧奪天工的技藝舉世無雙，我所見過的任何工匠都望塵莫及。對這一工藝我也傾注了全部的心血，儘管它極難掌握，主要是由於火的問題。在其他工序上花了很長時間，費了老大的勁兒之後最終還要用到火，而由於用火不當導致整件作品毀於一旦的現象時有發生。儘管困難很大，我仍然樂此不疲，而且以苦為樂。這來自我的特殊天賦，也就是說，一種自得其樂的天性和才華橫溢的資質，使我能夠隨心所欲地完成我樂於接受的任何作業。

我所描述過的各個不同門類的藝術之間差別很大，所以，一個在某一門類出類拔萃的人如果涉足別的門類，幾乎不可能取得同樣的成功。而我卻竭

---

1. 阿梅里戈死於1491年，切里尼不可能認識他。—英譯注

盡全力地爭取在所有的門類中應付自如，在適當的地方，我會證實我實現了自己的目標。

27

大約在我 23 歲那一年，一場來勢兇猛的瘟疫席捲羅馬，每天都有成千上萬的人因此喪命。對這場災難我有些害怕，於是就想去搞一些娛樂活動，其原因我馬上就要講述。

那時，我養成了一個習慣，逢節日到古建築物去，用蠟或鉛筆將其中的一些部分臨摹下來。這些建築物都是廢墟，裡面住著無數的鴿子，我就想用槍去打它們。於是，出於對瘟疫的恐懼而避免與所有的人交往，我就把一支鳥槍放在我的助手帕戈利諾的肩上，兩人一塊兒到廢墟去，回家的時候常常是滿載著最肥的鴿子。我不喜歡在槍裡面裝一料以上的彈丸，所以我豐碩的斬獲全憑的是技術。我有一支自己製作的鳥槍，從裡到外光亮如鏡。我還常製作一種上好的火藥，並在製作過程中發現了一些祕密的製作方法，與已知的方法均不相同。為簡略起見，在這個問題上我只舉出一個細節就足以使所有的神槍手咋舌。那就是，我往槍裡裝的火藥重量只有彈丸的五分之一，它就能直線平射二百步遠。

當然，我這樣玩槍取樂可能會使我偏離藝術與研究；但在另一方面，它給予我的要多於它奪走我的，因為每一次打獵歸來，我的健康狀況都有很大的改善，戶外活動對我的身體大有好處。我天生的氣質為憂鬱型，而當我從事這些娛樂活動時心胸會豁然開朗，工作起來也比整天搞研究和手工操作時更加得心應手。這樣，在狩獵活動結束的時候，我的槍給我帶來的好處要多於損失。

我也因此而結識了一些獵奇的人，他們常跟隨著那些在一定的季節到羅馬去耕種葡萄園的倫巴第農民。農民們在挖地的時候常挖出來古代的徽章、瑪

瑙、綠玉髓、光玉髓和浮雕寶石,有時也有綠寶石、藍寶石、鑽石和紅寶石一類的東西。農民們常以微不足道的價格把這類東西賣給商人。我遇到這些人時,就以他們付出的幾倍的價錢從他們手裡買回某件物品。通過這一交易我獲得的利潤先不說,估計至少有十倍,它還使我與羅馬幾乎所有的樞機主教建立起融洽的關係。

這些珍品之中,我只提一提幾件最著名、最罕見的。我搞到手的很多零碎

切里尼懲罰路易吉
By Salvador Dalí

之中有一個海豚頭像,大約相當於一個用來投票的豆粒那麼大,不僅這個頭像的風格極為優美,而且大自然的造化在這裡遠勝過人工。這是一塊綠寶石,顏色非常好看,一個人從我這裡以幾十克朗的價錢買走以後把它加工成一枚戒指,然後又以幾百克朗的價錢賣了出去。

我還要提一下另一種寶石。這是一塊光彩奪目的黃玉,在它身上人工與大自然的造化不分軒輊。它有榛子那麼大,上面刻有密涅瓦[1]的頭像,風格華麗無比。我記得還

1. 羅馬神話中的智慧女神,相當於希臘神話中的雅典娜。
2. 赫拉克勒斯是羅馬神話中的大力士,主神朱庇特的私生子,因在狂亂中殺死自己的

有一塊寶石與這些都不一樣。那是一塊浮雕寶石，上面雕刻有赫拉克勒斯捆綁三頭犬刻耳柏洛斯的像，[2]作品之美妙、工藝之精湛使我們偉大的米開朗基羅都斷言，他從來沒見過如此奇妙的作品。

在許多銅像章中，我得到一枚朱庇特的頭像。那是人們見到的最大的一枚，頭像的製作完美無瑕，像章的背面有些同樣風格的小人物像，設計極為精美。關於此珍品我能長篇大論地詳述，但為了避免囉唆，我還是要到此擱筆。

28

如前所述，羅馬爆發了一場瘟疫。儘管我要把話題拉回來一些，我還是不能放棄我人生歷程的主流。

羅馬來了一位最有名的外科醫生，名叫賈科莫·卡爾皮師父[1]。這位大能人除了從事別的業務之外，開始著手醫治所謂的法蘭西病[2]，這是一種最為難治的絕症。在羅馬，這種病對僧侶們情有獨鐘，尤其是那些最富有的僧侶。所以，賈科莫師父的名聲傳播出去以後，他就表示要用薰蒸法來治好這種病。但他是先說定價錢再治病，他的要價不是幾十，而是幾百克朗。

他還是一位設計藝術的大鑒賞家。一天，他正好從我的作坊門前路過，看到了很多我擺放在櫃檯上的畫，其中有幾幅小器皿的設計圖，風格自由奔放，是我自己畫著玩兒的。這些設計與當時人們見到的任何樣式都不一樣。他很想讓我照著圖用銀子給他做一兩件。我做了，是完全按照我個人的審美觀做的，所以感到極為滿意。這位聰明的醫生非常慷慨地付了我報酬，但這

孩子而被迫去做十二件工作，其中最後一件就是到陰間去捉拿冥府的三頭看門犬刻耳柏洛斯·赫拉克勒斯猛卡它的咽喉，終於降服了它。此類題材在 16 世紀意大利的藝術作品中極為常見。

1. 著名的醫生和解剖學者，據說是第一個用汞來治療梅毒的人。他大約死於1530年，將其大量的錢財遺贈給了費拉拉公爵。—英譯注

2. 即梅毒。

些作品給我帶來的榮譽要比這筆金錢高出百倍，因為金匠行業中最好的工匠都說，他們從來沒有見過製作得比這更美或更好的作品。

我剛把東西做好，他就拿給了教皇看，第二天他就離開了羅馬。他學識淵博，對醫學常有高談闊論。教皇很想把他留在身邊效力，但他回答說，他不願為世界上的任何人幫傭，誰要是需要他的話可以去找他。他是個很有遠見的人，非常明智地離開了羅馬，因為幾個月以後他醫治過的所有病人都加重了病情，比他沒來之前要嚴重百倍。他要是留下來的話，肯定會遭人暗算。

他把我的容器拿給幾個顯要人物看，其中有最傑出的費拉拉公爵。他編瞎話說，這些東西他是從羅馬的一個大貴族那裡得到的。他告訴這個貴族，如果他想治好病就得把這兩個容器給他。他說貴族告訴他這都是古董，讓他再看看別的東西，只要方便都可以給他，就是這兩個東西得留下。但據他自己說，賈科莫師父裝出不給他治病的樣子，這樣就把它們搞到手了。

這些都是阿爾貝托‧本代迪奧先生在費拉拉告訴我的，他極為炫耀地讓我看了他的一些陶器。[1] 我對此只是一笑，什麼話也沒說。目中無人的阿爾貝托‧本代迪奧先生勃然大怒，說道：「你在笑這些陶器，是嗎？我告訴你，在過去的一千年裡，還沒有哪一個人能夠仿製它們。」我並不想抹殺這些作品的好名聲，於是就保持沉默，陶醉在對它們的讚美之中。在羅馬，許多顯貴都對我說過，其中有些是我的朋友，在他們看來那兩件容器精美絕倫，是地道的古董。他們的讚美給了我勇氣，於是我就吐露說，這些東西都是我製作的。他們都不信。由於我想證明我說的是實情，我必須拿出證據，所以又為這些容器繪製出新圖。我光空口說白話是不夠的，當初狡猾的賈科莫師父硬是把原來的圖都拿走了。這一小差事又使我掙了一些錢。

29

1. 關於這一事件的詳細描述可參見卷二第 8 章。—英譯注

瘟疫持續了好幾個月，但我還是設法避開了。我的好幾個夥伴都死了，我還活得自由自在。

　　一天傍晚，我的一個好朋友把一個名叫福斯蒂娜的博洛尼亞妓女領回家吃飯。她長得很漂亮，但已有 30 歲上下，帶著一個十三、四歲的小女僕。福斯蒂娜是我朋友的，無論如何我也不會動她一指頭。她聲稱她狂熱地愛著我，我還是不為所動。但他們上床以後，我偷偷地把那個小女僕拐走了。她還是個黃花閨女，如果她的女主人知道了這件事，她可要倒楣哩！結果我一夜如魚得水，可比與福斯蒂娜過夜強多了。

　　早晨我起床後感到有些累，就好像那一夜我走了很長的路。我正想吃點東西，突然感到頭痛劇烈，左胳膊上長出了幾個癤子，左手掌與手腕的聯結處也出現了一個紅斑。屋子裡的每個人都驚恐萬狀，我的朋友、那個浪婆娘和小妞兒一個個溜之大吉。只剩下我和我那可憐的小徒弟了，他不願意棄我而去。我心如死灰一般，心想這下可完了。

　　正在這時，小徒弟的父親打這兒路過，他是樞機主教亞科巴齊的醫生，與主教的家人住在一起。小徒弟喊道：「快來，父親，來看看本韋努托，他在床上，有點兒不舒服。」這位醫生也不問我是咋回事兒，馬上就來到我跟前。他號了我的脈，發現了某種他非常不願意見到的東西。他轉身對兒了說：「你這個孽種可把我毀了！你這叫我咋回去見樞機主教哩？」他兒子回答說：「父親，我師父這個人可比羅馬所有的樞機主教都金貴得多。」於是醫生又對我說：「我既然來了就給你治一治。但有一件事我要警告你：你要是玩了女人可就沒治了。」我回答說：「我夜裡剛玩過。」他又問道：「跟誰？玩兒到啥程度？」我說：「昨夜裡和一個剛開竅的黃毛丫頭。」他發覺剛才說的話有點傻氣，就趕快補充說：「你的瘡剛長出來，還沒開始發臭，治療還來得及。你不要太擔心了，我有很大的把握治好你。」

　　他給我開好藥方走了以後，我的一個很要好的朋友喬瓦尼・里戈利進來

了。他對我的巨大痛苦和被朋友拋棄深表同情，說：「振作起來，我的本韋努托，我不看到你恢復健康就決不離開你的身邊。」我讓他不要離我太近，因為我的病症已蔓延全身。我只是懇求他從我床邊的小盒子裡拿出一筆數目可觀的錢，在天主召喚我歸天時把它送給我那可憐的父親，並像我以前所做的那樣寫信寬慰他，如果那可怕的瘟疫期容許的話。[1] 我那可愛的朋友說，他根本不打算離開我，無論發生什麼事情，不管生死存亡，他都清楚地知道對待一個朋友的職責。就這樣，天主保佑我們大難不死，我服用過的藥物也開始大發神威，不久我就基本上把那可怕的疾病治好了。

但是瘡口還沒有癒合，裡面塞了一塊軟布，外面敷上一貼膏藥。我就這樣還騎著一匹小野馬外出。這匹馬長著四指長的毛，和一頭成年的熊一樣大，事實上它看起來就像一頭熊。我騎著它朝著奇維塔－韋基亞的方向走去，到安圭拉拉伯爵的一個叫做切爾韋泰拉的地方去拜訪畫家羅索，他當時正住在鄉下。我找到了這位朋友，他見到我很高興。我說：「我來為你要做的，就是好幾個月以前你為我做過的事情。」他聽了大笑，擁抱並親吻了我，要我看在伯爵的分上不要聲張。我在那裡心滿意足地住了大約一個月，享受著美酒佳餚和伯爵最盛情的款待。我每天都一個人騎著馬到海灘，然後下馬往口袋裡裝各種各樣珍奇精美的卵石、蝸牛殼和海貝殼。

最後一天（從此以後我就不再到那裡去了），我遭到一幫人的攻擊。他們化了裝從一條摩爾人的私掠船上下來，把我趕到一條小路上，滿以為我無法逃出他們的手心。這時我突然上了馬，心裡想，在這種危險的境地要麼被火烤要麼被水煮，已經沒有什麼希望逃脫這兩者之一的命運了。[2] 但是按照天主的意志，我的那匹前面已描述過的馬令人難以置信地飛身一跳使我安全

---

1. 英譯者西蒙茲對這句的翻譯感到沒有把握。另一位英譯者將它譯為「如果我在這場可怕的瘟疫中不能倖免」。
2. 即逃脫被淹死或被射殺的命運。—英譯注

脫身，為此我真是由衷地感謝天主。我把這件事告訴了伯爵，他馬上就跑過去拿武器，但我們發現船已經下了海。第二天我就安然自得地返回了羅馬。

30

這時瘟疫幾乎已經過去，所以倖存者一聚到一塊兒便熱乎得難捨難分。這樣就形成了一個畫家、雕刻家和金匠俱樂部，其成員全是羅馬一流的人物，創辦者是一個名叫米凱爾‧阿尼奧洛的雕刻家。他是錫耶納人，非常精明強幹，可以和任何工匠抗衡，但首先他是世上頭一號的大活寶和大好人。他在俱樂部裡年齡最大，但從體力和精力上來說又最年輕。我們常見面，每週最少兩次。我不應該遺漏俱樂部裡的另外兩員大將：畫家朱利奧‧羅馬諾和吉安‧弗朗切斯科，兩人都是偉大的拉斐爾的高足。

很多次愉快的聚會之後，我們可敬的主席想讓我們大家在下個星期天到他家裡吃晚飯，而且每個人都要帶上他的烏鴉（這是米凱爾‧阿尼奧洛給俱樂部的婦女起的外號），誰要是不帶就罰他請全體成員吃一頓飯。那些與城裡的婦女不熟識的人不得不花費不少的工夫和錢來請客，這樣才能在藝術家的盛宴上保全自己的面子。

我本來指望著帶上一個相當漂亮的年輕婦女，她名叫潘塔西里亞，非常愛我。但我還是把她讓給了我的一位最親密的朋友巴基亞卡，事實上他一直神魂顛倒地愛著她。這一轉讓惹得佳人犯了小性兒。她看到巴基亞卡一求我，我就把她拋棄了，就以為我不大珍重她對我的一片癡情。後來這一誤解導致了一個很嚴重的事件，那是由於她想報復我對她的當眾侮辱。這件事我到適當的時候再講。

每個人帶著他的烏鴉[1] 參加英才大聚會的時刻就要來到了。我的搭檔還

---

1. pazza cosa 在這裡是指晚宴或烏鴉。─英譯注

沒有著落，我覺得這樣一件喧騰事兒弄不好實在有些窩囊，但我考慮得更多的是，我不打算讓某個醜八怪禿尾巴烏鴉沾了我那神聖殿堂的靈光。考慮到這些，我就想出了一個花花點子來活躍晚會的氣氛。

打好主意以後，我就讓人去找一個 16 歲的小夥子，他是我的鄰居，一個西班牙銅匠的兒子。這個年輕人把時間都花在拉丁語學習上，非常勤奮用功。他名叫迪耶戈，長得線條清秀，膚如凝脂，其頭和臉型之美使古代的安蒂努斯[1] 相形見絀。我經常臨摹他的形象，這些作品為我贏得不少榮譽。小夥子沒有熟人，所以不為人所知，衣著粗劣而又毛糙，一門兒心思用到學習上了。

我把他帶到屋裡以後，求他穿上我找人做好的女裝。他爽快地同意了，馬上就穿上衣裳。我給他精心地梳了頭，為他的漂亮臉蛋錦上添花。我往他耳朵上安了兩個耳環，上面嵌有兩顆又大又美的珍珠。耳環是斷開的，只是夾在他耳朵上，但看起來好像是穿透了一樣。然後我給他戴上黃金和珠寶項鏈，給他漂亮的手上戴上戒指。

我開玩笑地揪住他的一隻耳朵，把他拽到一個大鏡子前面。他看到自己的尊容後興奮得大叫起來：「天啊！這是迪耶戈嗎？」我說：「這是迪耶戈。在此之前我從來沒有求他幫過忙，可現在我只求他滿足我，為我做一件無害的事。是這樣一件事——我想讓他穿著這身衣服去參加一個藝術家的晚宴，那些人他經常聽我講起。」這個又老實、又善良、又聰明的年輕人沉下了臉，耷拉著眼皮看著地，站在那裡沉默了一會兒。然後他突然抬起頭說：「我願意和本韋努托一起去，現在就走吧。」

我用一大塊頭巾包著他的頭，這東西在羅馬被稱為夏布。我們到達聚會的地點一看，人們已經聚齊，大家都過來和我打招呼。米凱爾·阿尼奧洛站在朱利奧和吉安·弗朗切斯科之間。我揭掉我的美人頭上的面罩。我在前

---

1. 安蒂努斯（110—130），羅馬皇帝哈德里安的同性戀夥伴，古代著名的美男子。

面說過，米凱爾·阿尼奧洛是世上最幽默的大活寶。他把一隻手放在朱利奧的肩上，另一隻手放在吉安·弗朗切斯科的肩上，用盡全身力氣壓著他們鞠躬，而他自己則雙膝跪倒在地大聲呼叫，並對大夥兒說道：「請看天堂裡的天使是個什麼樣子！儘管他們叫做天使，現在你們會看到他們並不都是男性。」然後他又高聲說道：

> 天使美，天使佳，
>
> 保佑我，福無涯。

我的佳人一聽笑了，舉起右手給了他一個教皇式的祝福，還說了很多好聽的話。於是米凱爾·阿尼奧洛站了起來，說依照習慣要吻教皇的腳和天使的臉。他吻了迪耶戈的臉，小夥子臊得滿臉通紅，這使他顯得更加光彩照人。

歡迎儀式結束之後，我們發現滿屋子裡都是十四行詩，這是我們每人寫好以後交給米凱爾·阿尼奧洛的。我的「美人」大聲朗讀起來，讀得極為優美動聽，更為他無窮的魅力增添了語言難以描述的風采。接下來就是風趣的交談，我就不再詳述了，這不關我的事。只是有一句妙語值得一提，那是令人欽佩的畫家朱利奧說的。他意味深長地望著四周的人，尤其把目光落到那些女士們身上，轉身對米凱爾·阿尼奧洛說：「我親愛的米凱爾·阿尼奧洛，你起的烏鴉這個外號非常適合今天的各位女士，她們站在人們所能想像的最美的孔雀旁邊時，顯得連烏鴉都不如。」

宴席擺好，準備停當以後，我們正要入座，朱利奧請求允許他為我們排座位。人們同意了，他就拉著女士們的手，把她們都安排在裡邊一側，我的「美人」居中而坐。然後他把男士們都安排到外側，我坐在中間，他說對我的獎賞無論再大都不為過分。女士們身後的背景是一個展開的令人賞心悅目的素馨花掛毯，將各位女士尤其是迪耶戈襯托得千嬌百媚、美不可言。接著，我們就

開始品嘗主人的豐盛宴席。飯後是一段動聽的音樂，人聲與樂器珠聯璧合。看到他們都照著本子演唱和演奏，我的「美人」就請求允許他唱一段。他的表演幾乎壓倒了所有的人，在場者無不感到萬分驚奇。朱利奧和米凱爾・阿尼奧洛原來那開玩笑的語氣沒有了，取而代之的是由衷的、恰如其分的讚美之詞。

音樂結束以後，以善於即興賦詩而聞名的奧雷利奧・阿斯柯拉諾便錦心繡口地為女士們大唱讚歌。在他吟詩的過程中，我的「美人」兩邊的兩位女郎一直在唧唧喳喳地說個不停。一個講她如何做錯了事，另一個問我的「美人」情況如何，她的朋友是誰，在羅馬居住了多久以及很多類似的問題。當然，如果我想描述像這樣可笑的事情的話，我能講出好幾個由於潘塔西里亞對我的嫉恨而引起的怪事，但它們不在我的計畫之列，我就把它們一帶而過。這兩個潑婦的談話終於惹惱了我的「美人」，我們暫且稱其為波摩娜。波摩娜不想聽她們冒傻氣，如坐針氈似的在椅子上輾轉騰挪。朱利奧帶來的女伴問她是不是感到不舒服。波摩娜回答說是的，她已感到懷孕有一個月左右，這給了她們機會來撫摸她的軀體，以驗明其女兒身。她們立即把手縮了回去並離開座位站了起來，嘴裡說著通常是針對美男子的嘲笑話語。整個屋子裡頓時爆發出笑聲和驚歎聲，米凱爾・阿尼奧洛裝出怒氣衝衝的樣子要求給我適當的處罰。得到同意之後，他在大夥兒的喧鬧聲中把我高高舉起，高喊著：「斯人萬歲！斯人萬歲！」還說這就是我開了如此精彩的玩笑以後所應得的懲罰。

那個最令人愉快的宴會就這樣結束了，每個人到很晚的時候才回到家裡。

31

我為形形色色的人物製作了五花八門的工藝品，要詳細地描述需要太多的時間。現在我要說的是，我以不懈的勤奮努力來掌握我在前面列舉出的幾類手藝。我鍥而不捨地在這些領域中埋頭苦幹，但由於沒有機會講述我的拿手絕活兒，我只好等到不久以後有了適當的時機再一一縷陳。我前面提到

的錫耶納雕刻家米凱爾‧阿尼奧洛當時正在為已故的教皇阿德里安製作紀念碑。朱利奧‧羅馬諾去為曼圖亞侯爵繪畫。俱樂部的其他成員也各奔東西自謀營生，所以我們的藝術社團幾乎解體。

　　大約在這個時候，我得到一些土耳其短劍。劍柄、劍身和劍鞘都是鐵制的，上面用鐵制的工具刻上極為優美的土耳其風格的植物葉形，然後天衣無縫地填上金子。看到這些劍以後，我產生了一種強烈的願望，想在這一門手藝中一試身手，它與我所從事的其他手藝太不一樣了。結果我成功了，然後我就做了幾把。

　　我做的遠比土耳其的更美、更耐用。這有多種原因。一是我在鋼上刻的槽更深更寬，這在土耳其劍上是不多見的。另一個是土耳其式的圖案只有海芋葉和為數不多的小向陽花，雖然看上去也不錯，但沒有我們的圖案耐人尋味。當然，在義大利，我們有好幾種設計花葉圖案的方法。比如說，倫巴第人[1] 模仿瀉根葉和常春藤葉的優美曲線設計出的漂亮圖案看起來賞心悅目。托斯卡納[2] 人和羅馬人更有高招，他們仿效的是老鼠　的葉子，這種植物俗稱熊掌，它的葉柄和花呈現出各種各樣的波浪線。在這些圖案中可以巧妙地插進去小鳥和各種動物的圖形，借此藝術家可充分展示自己的才華。關於這種圖案，人們可以從自然界的野花中得到一些啟示，比如說金魚草和其他一些植物，然後再由聰明的設計人員借助其豐富的想像力對它們進行組合和加工。外行人稱這些圖案為怪誕藝術。這一名稱是現代人根據古物研究人員在羅馬的一些地下室裡的發現給起的，這些地下室曾經是寢室、浴室、書房、會堂和套間一類的建築物。在這些地方發現這些東西讓人們感到奇怪（由

1.　西元586年征服義大利北部的一支條頓民族的後裔。
2.　在義大利的中西部地區。

於地面逐漸升高而建築物原封不動，還由於在羅馬這類的拱狀建築俗稱洞室），所以怪誕藝術這個詞就用到了我剛才提到的圖案上。[1]但這一叫法並不正確，因為古代人喜歡刻畫一些羊、牛、馬拼湊起來的假想的混合物並將其稱為怪物；我剛才說到的現代工匠根據他們模仿的花葉製作出了類似的怪物，所以它們的正確名稱應該是怪物而不是怪誕藝術。好，現在言歸正傳。我設計了這樣的圖案，像我說過的那樣填上金子，比土耳其的好看多了。

當時我偶然得到一些罐子和古代的小骨灰缸，骨灰裡有一些鑲金的鐵戒指（古代人也用這一工藝），每一個戒指上都嵌有一個小浮雕貝殼。我請教了一些有學問的人，他們告訴我說，這些戒指是那些希望自己寵辱不驚的人所戴的護身符。後來，經我幾位貴族朋友的請求，我也製作了幾枚這樣的小戒指。但我用的是純鋼，經過精心雕刻並鑲上金子，看起來非常漂亮。有時一枚戒指只能掙四十多克朗，不過是工本費而已。

那個時候人們習慣戴金徽章，每個貴族或顯要人物的徽章上都刻有自己獨特的圖案或自己喜愛的任何想像物。這些徽章都是戴在帽子上的。我做了很多這樣的徽章，做起來感到非常困難。我已提到過令人欽佩的工匠卡拉多索，他就常做這種裝飾品。由於一個徽章上不止一個人物像，他索價最少一百個金克朗。這樣——不過不是因為他的要價太高，而是他做工太慢——我開始為一些貴族做活兒，其中我做的一枚徽章是與那個偉大的工匠競爭的。它有四個人物像，為此我耗盡了心血。這些顯貴把我的作品與著名的卡拉多索的作品比較之後，認為我的製作更好更美，然後問我想要啥作為我的勞動報酬；我已讓他們心滿意足，他們也想讓我滿意。我回答說，我最大的報酬和最大的願望就是趕上了一個這麼優秀的藝術家的傑作，如果各位爵爺

---

1. 在義大利語中，「怪誕藝術」（grottésco）與「洞室」（grotto）發音相近。

認為我趕上了，我就得到了最滿意的報答。說完我就告辭，他們立即給了我這樣一個慷慨的禮物，我感到非常滿意。我立下雄心壯志，一定要幹出名堂來。事實上後面將要講到的我取得的進步，就是歸功於這一事件。

32

我的話題要稍微離開一下我的藝術生涯，要不然我就要遺漏我那坎坷生涯中的一些令人煩惱的事件。我要描述其中的一個，它把我帶到我一生中遇到的最大的險境中。

我已經講過藝術家俱樂部的事，還講過由於那個我提到的名叫潘塔西里亞的婦女而發生的鬧劇，她對我的愛情是那樣的虛假和令人討厭。我帶迪耶戈參加宴會這件事使她大為惱火，她發誓要對我進行報復。

她的報復行動與一個年輕人的經歷攪和在一起。他剛到羅馬，名叫路易吉·普爾奇，是普爾奇家的兒子，其父由於和女兒亂倫而被斬首。這個年輕人極具詩才，又有札實的拉丁語知識，文筆漂亮，舉止優雅，相貌出眾。他剛剛結束了服侍一位主教的差事，這位主教的名字我已記不起來了，渾身染上了一種可惡的疾病。這位年輕人少年時住在佛羅倫斯，那時該城一些地方的人喜歡在夏季的夜晚聚集在公共街道上。他在那裡吟詠，是最好的即興詩人之一。他的朗誦令人歎為觀止，以致那位天才的雕刻與繪畫王子米開朗基羅·博納羅蒂只要一聽說他到哪裡去，馬上就以最大的熱情和興致趕去洗耳恭聽。有一個名叫皮洛托的金匠，也是一個能工巧匠，我和他常與米開朗基羅在這種情況下碰到一塊兒。這樣，我與路易吉·普爾奇就相互認識了。

許多年以後，在我前面提到的困境之中，他又到羅馬找到我，請求我看在天主的分上幫他一把。他的天才以及我的愛國之情和天生的軟心腸觸動了我的惻隱之心，我把他接到家裡並找人給他醫治，由於年輕，他很快就恢復健康。他在治療期間從來沒有耽誤過學習，我在力所能及的情況下為他提供

書籍。他清楚地知道從我這裡得到的巨大好處，所以經常對我感激涕零，表示如果以後天主讓他交了好運，就一定報答我的好意。我回答說，我不過是做了一些力所能及的事，還很不能令人滿意，再說相互幫助也是每個人的本分。我只不過向他提議，以後要像我幫助他那樣幫助別的需要幫忙的人，如果他能做到這一點，就算是報答我了。

這個年輕人開始光顧羅馬教廷，不久就在那裡謀到了一份差事，成為一名主教的隨從。這位主教已年屆八十，頭銜是古爾科[1]主教。他有一個侄子名叫喬瓦尼先生，是威尼斯的一個貴族。這位喬瓦尼先生十分賞識路易吉·普爾奇的才能，結果兩人好得不分彼此。路易吉·普爾奇向喬瓦尼先生談到我，談到我對他的大恩大德，於是喬瓦尼就表示希望與我結識。

後來發生了這樣一件事。一天晚上，我邀請了那位潘塔西里亞吃晚飯，並聚集了一批很有才能的人，他們都是我的朋友。大家剛入座，喬瓦尼先生和路易吉·普爾奇來到了。相互寒暄了幾句以後，他們兩個就留下來和我們一起吃飯。那個不要臉的婊子被路易吉的美貌所吸引，就想打他的主意。這沒有逃過我的眼睛。

晚飯愉快地結束以後，我把路易吉拉到一旁，求他看在他所說的欠我人情的分上，千萬不要與她有任何來往。他回答說：「天啊，本韋努托！你把我當成瘋子了嗎？」我說：「不是瘋子，是個年輕小夥子。」我對著天主向他起誓：「我絲毫也不把那個女人放在心上，但假如你為了她而折頸致死，我會為你感到非常難過。」他聽了這話以後對天主又發誓又禱告，聲稱如果他與她說一句話，就會立馬折頸而死。

我認為這個可憐的小夥子對天主發的誓是真心的，因為他的確折頸而死，這我馬上就會講到。有跡象可以看出，喬瓦尼先生對他的情誼很不光

---

1. 今奧地利的一個地方。

彩，因為我們開始注意到，路易吉每天上午都穿著用絲綢和天鵝絨做的新衣服，還知道他已完全墮落了。他荒廢了他的才華，假裝沒有看見或沒有認出我來，因為我曾經訓斥過他，說他正在逐漸地喪盡天良，這會使他折斷頸骨，就像他起誓的那樣。

33

喬瓦尼先生送給他的紅人兒一匹漂亮的黑馬，那是他花了 150 克朗買來的。這個畜生被馴得服服帖帖，所以路易吉每天都騎上它，在那個婊子潘塔西里亞的住宅附近溜達。我知道有這回事，但沒有把它放在心上，只是說一切事情都會順應自然，同時把整個心思都用到了學習上。

後來，一個星期天的晚上，我們應邀與那位錫耶納雕刻家米凱爾・阿尼奧洛一起吃晚飯，當時正值夏天。我前面提到的巴基亞卡出席了晚宴，他把老相好潘塔西里亞也帶來了。大家入座時，她坐在我和巴基亞卡中間。宴會正在進行時，她站了起來，聲稱要出去方便一下，並說很快就會回來。同時我們邊吃邊談，氣氛十分融洽。

可她一出去老半天不見回轉。這時，我感到我那保持警覺的耳朵聽到了一種很輕的竊笑聲從下面的街道上傳來。我手拿著一把餐刀，那是我在餐桌上用的。我的座位離窗戶很近，我一站起來就看到了路易吉在街上，另外還有潘塔西里亞。我聽到路易吉說：「噢，要是那個魔鬼本韋努托看見，我們可要遭殃了！」她回答說：「不要怕，聽聽他們的喧鬧聲就知道了，他們早把我們忘得一乾二淨了。」聽到這話，我算是把他倆看透了。我從窗戶跳出去，一把抓住了路易吉的斗篷。我本來應該用手裡的餐刀把他殺掉，可是他當時騎著一匹白馬，於是就拍馬逃命而去，將斗篷留在了我手裡。潘塔西里亞拔腿朝附近的一個教堂跑去。正在吃飯的諸位馬上離開座位走了過來，異口同聲地勸我不要為了一個婊子而讓我和大家都感到不便。我對他們說，我

並不是為了她而動肝火，我是要懲罰那個臭男人，他太不把我放在眼裡了。

於是，我沒有聽從那些優秀人物的規勸，拿著劍一個人朝普拉蒂走去——我要說我們在裡面吃飯的那一座房子靠近卡斯泰洛門，這個門就通向普拉蒂。我走在通往普拉蒂的路上，沒走多遠太陽就落了，我慢悠悠地重進羅馬城。夜幕已經降臨，到處是一片黑暗，但羅馬城門並沒有關閉。

日落將近兩個小時以後，我走近了潘塔西里亞的住宅，心裡想，如果路易吉‧普爾奇也在這裡，我就要讓他們兩人都不愉快。結果我發現只有一個名叫卡尼達的女僕在屋裡。我把斗篷和劍鞘扔到一邊，又回到屋裡來。那座房子位於臺伯河畔的班基[1]後面。房子的正對面是一個花園，其主人名叫羅莫洛，是一個客棧老闆。花園的四周圍著茂密的荊棘樹籬，我就隱藏在那裡，筆挺地站著等待那女人和路易吉回來。

我在那裡守候了一會兒，我的朋友巴基亞卡躡手躡腳地朝我走了過來。是他自己願意來的還是別人讓他來的我說不準。他壓低了聲音對我喊道：「夥計」（這是我們之間的戲稱），然後他就祈求天主保佑我，帶著哭腔對我說了如下的話：「親愛的夥計，我求你不要傷害那個可憐的姑娘，至少她在這件事上沒有錯——沒有，一點也沒有。」聽到他的話以後，我回答說：「你要是不馬上離開這裡，我就用劍砍你的頭。」我那可憐的夥計嚇得突然感到肚子疼，於是退到一邊方便去了。確實，他也只能服從自然的召喚。

當時的夜空滿天星斗，燦爛的星光足以使人看清周圍的東西。突然我聽到許多馬匹的聲音，它們從兩邊向我走來。原來是路易吉和潘塔西里亞，旁邊跟著佩魯賈的本韋納托先生，他是教皇克萊門特的名譽侍從，後面跟著四個佩魯賈的威武的軍官和一些年輕氣盛的士兵，算起來一共有十二個人以上。看到這個場面，我知道很難走脫，於是就蹲下身子拼命地往樹籬裡鑽。可是荊棘扎得

---

1. 很可能是當時的一個商號或行會的名稱。

我疼痛難忍，我簡直瘋狂得像一頭野牛，這時我真有點想跳出去冒險逃走。

正在這時，我看見路易吉摟著潘塔西里亞的脖子，只聽他說道：「我要再吻你一次，偏要氣氣那個逆賊本韋努托。」這樣，刺扎著我，年輕人的話激著我，我再也無法忍受了。我跳出來把劍高高舉起，大喝一聲：「你們都去死吧！」我一劍砍到了路易吉的肩上，儘管這個色情狂用鐵鎧甲一類的玩意兒把身子護了個嚴嚴實實，但他還是沒有招架住我這銳不可當的一擊。我又把劍鋒一轉，將潘塔西里亞打了個滿鼻子滿臉。她和路易吉趴在地上，而巴基亞卡的褲子脫到腳後跟上，鬼哭狼嚎一般地逃走了。然後我又拿著劍勇敢地迎對其他的人。那些剽悍的傢伙突然聽到客棧裡一陣騷亂，以為來了千軍萬馬。儘管他們抖起精神拔出劍來，兩匹受驚的馬把他們攪得陣形大亂，結果有幾個好騎手跌下馬來，其餘的便落荒而逃。我一看形勢變得對我有利就沒命地跑，總算是體面地結束了這一場衝突，別的也不再抱非分之想了。

在這場騷亂中，一些士兵和軍官用武器傷了自己人，教皇的名譽侍從本韋納托先生受到了他自己的騾子的踢蹬和踐踏。一個拔劍在手的僕人也與其主子一起摔倒，並把他的手弄成重傷。本韋納托疼得發瘋，扯著嗓門兒用佩魯賈方言發誓：「天主作證，本韋納托一定要讓本韋努托知道咋活著。」然後他委託和他在一起的一個軍官（也許比別的勇敢，但不那麼沉著，他畢竟還年輕）把我找出來。

這個傢伙到我隱藏的地方去找我。那是一個那不勒斯大貴族的邸宅，這個貴族是通過我的藝術與我認識的，他還對我的尚武精神非常賞識，他本人也很好鬥。我看到自己如此受人青睞，而且這又完全在我的勢力範圍之內，我就對這個軍官說了一些使他感到後悔不該來找我的話。

幾天以後，路易吉以及那個婊子和其他人的傷勢逐漸好轉，那位那不勒斯大貴族收到了本韋納托先生傳來的資訊。這位教士的怒氣已經平息，所以提議我和路易吉以及士兵們和解，這些士兵與我並無糾葛，所以很想與我

結識。於是我的這位貴族朋友回答說，他願意把我帶到他們指定的地點，而且很樂意看到雙方握手言和。他要求雙方都不要互相指責，這對他們沒啥好處，只要坐到一塊兒喝兩杯親熱親熱也就行了。他本人願意從中說合，並保證在顧全他們面子的前提下使問題得到解決。

這一安排得到了落實。星期四晚上，我的保護人帶著我到了本韋納托先生家，所有參與騷亂的士兵都已到齊併入了座。我的這位貴族由三十位勇士護衛著，個個全副武裝，這個陣勢是本韋納托先生沒有料到的。步入大廳時，我的貴族朋友走在前，我隨其後。他講話的大意如下：「天主保佑諸位先生們。我和本韋努托來看望你們，我愛他如同兄弟一般。我們會滿足你們提出的任何要求。」本韋納托先生看到大廳裡有那麼多的人就喊道：「我們只要求和好，別的啥也不要求。」然後他許諾，羅馬行政長官及其助手不會找我的麻煩。這樣我們就和解了。我回到我的作坊，不出一個小時那個那不勒斯貴族就會來看我一次，或是派人來看我一次。

在此期間，路易吉‧普爾奇的傷已痊癒，他每天都騎著那匹訓練有素的黑馬。一天，剛下過一場小雨，他又在潘塔西里亞的門前信馬由韁。他滑倒了，馬壓在他身上。他的右大腿折斷，幾天以後他就死在了潘塔西里亞的住所，這樣就兌現了他指天誓日許下的諾言。由此可以看出，天主的帳上好壞分明，因而每個人的命運天主自有合理的安排。

34

這時，整個世界都陷入了戰爭狀態[1]。教皇克萊門特曾派人向喬瓦尼‧德‧麥地奇要一些軍隊，他們到來以後把羅馬攪得雞犬不寧[2]，平時作坊簡直不敢

---

1. 指神聖羅馬帝國皇帝查理五世與法蘭西國王弗朗索瓦一世之間爆發的戰爭。本章開始時正是1526年，當時帝國軍隊在波旁統帥的指揮下正向羅馬進軍。—英譯注
2. 這批軍隊於1526年10月進入羅馬，1527年3月被遣散。—英譯注

開門。由於這一緣故，我搬到了班基後面一座非常整潔的小房子裡，在那裡為我結識的所有的朋友做活兒。這一時期，我沒有製作什麼重要的物品，所以沒必要花時間來談論這些。我很有興致地從事著音樂和類似的娛樂活動。

　　喬瓦尼·德·麥地奇在倫巴第遇難後，教皇根據雅科波·薩爾維亞蒂的建議遣散了他雇用的五支隊伍。波旁統帥得知羅馬沒有軍隊後，就率領隊伍全力向羅馬城推進。於是，整個羅馬都拿起了武器。我正好與亞歷山大相熟，他是皮耶羅·德爾·貝內的兒子，曾在科隆納家族佔領羅馬時請我為他家看守過宅院[1]。由於這一次形勢更嚴峻，他讓我招五十個人來保護宅院，並任命我為首領，就像上一次科隆納家族來時那樣。於是我挑選了五十個渾身是膽的年輕人住進了他的邸宅，享受著優厚的報酬和良好的生活條件。

　　這時，波旁的軍隊已抵達羅馬城下，亞歷山大讓我和他一起去偵察一下。我們帶了一個護院隊伍中最虎勢的小夥子，半路上一個名叫切基諾·德拉·卡薩的年輕人也加入了我們的行列。到了公墓旁的城牆邊，我們看到了那支著名的軍隊，他們正用各種辦法向城裡進攻。在我們駐足的城牆邊的壁壘上躺著好幾個被攻城士兵殺死的年輕人，那裡的戰鬥空前激烈，煙霧濃得令人難以想像。我轉身對亞歷山大說：「咱們還是趕快回去吧，在這兒也是無能為力，你看敵人在壓過來，我們的人在敗退。」亞歷山大驚恐地喊道：「我們真不該到這裡來！」然後轉身發瘋似的就要竄。我有點不客氣地頂撞了他：「既然你帶我來了，我就要做出個男子漢的樣子來。」我端起火繩槍對著人最密集的地方，瞄準了一個看起來比別人高的傢伙，由於煙霧太大，我看不清他是騎馬還是步行。然後我轉向亞歷山大和切基諾讓他們開槍，並告訴他們如何避開圍城士兵的火力。我們每人開了兩槍以後，我小心地爬到城牆上，看到敵人亂作一團，後來我發現我們開的一槍射死了波旁統帥。後

---

1. 切里尼在這裡是指1526年 9 月科隆納家族在蓬佩奧的率領下攻佔羅馬一事。—英譯注

來我還聽說，他就是我一開始發現的那個高人一頭的傢伙。[1]

我們離開了壁壘，穿過公墓，從聖彼得教堂旁進了城，出來時正好到達聖天使教堂。我們費了老大的勁兒走向那個城堡的大門，因為李恩佐‧迪‧切里[2]和奧拉齊奧‧巴廖尼兩位將軍正在拷打和屠殺那些逃避守城的人。我們到達大門時，部分敵人已經進了羅馬，就在我們的後面。城堡主命令放下吊閘，為此人們騰出一塊地方，這使得我們四個進到了裡面。

我剛進去，一個軍官帕洛內‧德‧麥地奇就說我是教皇家的人，非讓我離開亞歷山大不可。我不得不這樣做，儘管我很不願意。我登上城堡的主樓，與此同時，教皇克萊門特也穿過走廊進入城堡。在此之前他曾拒絕離開聖彼得大教堂，他不相信敵人能進入羅馬。

我進入城堡以後喜歡上了幾門大炮，那是由一個名叫朱利亞諾‧菲奧倫蒂諾的炮手使用的。他倚著城垛，看著他的家被洗劫，老婆孩子被凌辱，簡直五內俱裂。他不敢開炮，害怕打著自己人，就把點著的導火線扔到地上號啕大哭，用兩隻手去抓自己的臉。[3]其他一些炮手也有類似的舉動。

看到此情此景，我拿起一根火繩，找幾個沒有被感情沖昏了頭的人過來幫忙。我把幾門旋轉炮和小輕便炮對準我認為有效的地方，結果炸死了很多敵人。要不是我這兩下子，那天上午攻進羅馬並直奔城堡的軍隊很可能已經輕而易舉地進去了，因為大炮沒有對他們造成傷害。我在幾個樞機主教和貴族的關注之下繼續開火，他們一直為我祝福，給予我最熱誠的鼓勵。我來了

---

1. 所有研究洗劫羅馬問題的歷史學家都認為，波旁是在往週邊工事上放梯子時被射死的，那個地方就在切里尼講到的地方附近。但開槍射殺他的榮譽很難歸功於哪一個人。關於這一點有不同的說法。－英譯注

2. 此人曾在前面第 26 章第一段提到。－英譯注

3. 切里尼的這一部分描述在拉法埃洛‧達‧蒙泰盧波的簡短自傳中得到了證實，此人當時也在城堡裡擔任炮手。－英譯注

精神，於是就努力去做不可能做到的事情。我這樣說也就夠了：是我在那天上午挽救了城堡，並促使其他炮手重新履行自己的職責。[1]

那一天，我一直忙個不停。傍晚時分，軍隊從特拉斯泰韋雷進入羅馬。當時，教皇克萊門特任命一個名叫安東尼奧·聖克羅切的羅馬大貴族為所有炮手的首領。此人做的第一件事就是來到我跟前最親切地向我致意，然後在城堡的最高處為我安放了五門上好的大炮，城堡的這一位置就叫「天使」。這個圓形的制高點環繞整個城堡，俯瞰著普拉蒂和羅馬城。首領給了我足夠的人手來幫我操作大炮。除了預先支付給我的報酬以外，他還給了我麵包和一點酒，讓我一如既往地幹下去。也許我生性更適合從軍而不是從事我已經選擇的藝術，我從履行軍事職責中得到極大的樂趣，幹得比我從事的藝術活動還要漂亮。

夜幕降臨了，敵人已經進入羅馬，我們這些在城堡裡的人（尤其是我，總是喜歡看不尋常的景象）一直凝視著下面街道上難以形容的混亂和大火。除了我們之外，別處的任何人都難以想像那是個什麼樣子。但我不願意描寫那一災難，我還是繼續寫我個人的經歷以及與此有關的情形吧。

35

我們在城堡裡被圍困了整整一個月，在此期間，我從來沒有中斷指揮操作我的大炮，另外我還遇到了很多值得講述的驚人事件。但我並不想太囉唆，也不想展示我在職業範圍以外的活動，所以大部分事件我都略去不提，只講那些我不能忽略的事情，這些事情為數不多，同時又最精彩。

我要講的第一件事是這樣的：安東尼奧·聖克羅切先生讓我從天使城樓

---

1. 這是切里尼誇張的一個例子。毫無疑問，他當時發揮了非常重要的作用，但我們不能相信沒有他城堡就會陷落。—英譯注

上下來向附近的幾座房子開火，因為有人發現裡面進去了一些圍攻的敵人。我正在開火，一發炮彈向我打來，擊中了一個城垛的角並炸掉一大塊。炸掉的那一大塊東西整個地打在了我的胸膛上，我頓時呼吸停止，倒在地上如死人一般，但能聽見周圍人說的話。只聽人群之中安東尼奧·聖克羅切先生極為悲痛地呼喊道：「哎呀！哎呀！我們失去了最好的防禦者。」

　　我的一個夥伴聽到喧鬧聲後跑了過來。他名叫詹弗朗切斯科，是個樂隊隊員，但他在醫學方面的天賦要遠超過音樂。他看了現場後飛奔而去，大叫著要一壺最好的希臘葡萄酒。然後他把一塊瓦燒紅，在上面撒一大把蒿，再往上噴希臘葡萄酒。等到蒿浸透以後，他把它放到我胸膛上被擊中的那個地方。這蒿真是有奇效，我馬上恢復了失去的身體功能。我想張口說話，但說不出來，原來一些愚蠢的士兵把我嘴裡塞滿了土，以為這樣就算給我做聖[1]了。實際上他們這樣做更像是要把我開除教籍，這對我的復甦造成很大困難，比擊中我那一下還厲害。但我還是脫離了危險，然後就盡我最大的努力履行自己的職責，我的大炮又重新怒吼起來。

　　這時，教皇克萊門特已派人向烏爾比諾公爵求援，公爵這時正在威尼斯軍中。教皇委託特使轉告公爵大人，每天晚上在聖天使城堡的最高處點燃三堆烽火，並伴之以重複三遍的三聲響炮；只要這一信號持續下去，他就可以理所當然地認為城堡沒有失守。為此我被指派點燃烽火和發射火炮。這一期間，我每天都把炮口對準可以殺傷敵人的地方。結果我更受到教皇的青睞，

---

1. 天主教會認為每個教徒一生中要做七件聖事，作為接受神賜恩惠的行為。這裡所說的聖事顯然是指人在臨終前所做的「終傅」，也就是所謂的「塗油禮」，大概士兵們沒有油而以土代之，實在是一種令人哭笑不得的惡作劇。

在他看來，我能隨機應變地完成自己的任務。烏爾比諾公爵的援軍一直沒有來，關於這個問題我不作進一步的評論，這不關我的事。[1]

<h1 style="text-align:center">36</h1>

我在幹殺人勾當的這一段時間裡，有幾位被圍困在城堡裡的樞機主教時常來看我，最常來的是拉文納樞機主教和德·加迪樞機主教。我常勸他們不要拋頭露面，他們戴的那可惡的紅帽子是豎給敵人的活靶子。他們一出現，我們就要冒很大的風險，因為附近有一些建築物，例如比尼塔。後來我把他們關起來了，結果他們對我非常不滿。

奧拉齊奧·巴廖尼將軍也常來看我，他對我很有好感。一天，他正與我談話，發現城堡門外一個名叫巴卡內羅的酒館裡有動靜。這個酒館的兩個窗戶之間有一個招牌，上面畫著一個鮮紅的太陽。窗戶是關閉的，奧拉齊奧閣下斷定有一夥士兵正在窗戶之間和太陽後面喝酒。於是他對我說：「本韋努托，如果你能用你的小炮擊中那堵距離太陽一厄爾[2]的牆，我相信你就是幹了一件很合算的事。那裡人聲嘈雜，屋子裡肯定有重要人物。」我回答說，我完全可以擊中太陽的中心，但離炮口不遠的一筐石頭可能會被發射的聲音和大炮的氣浪所震倒。他說：「別浪費時間，本韋努托。首先，炮的氣浪不可能將石頭掀倒。再說，即便是它倒了，教皇本人在下面，造成的傷害也沒

---

1. 烏爾比諾公爵當時統領著一支大軍在威尼斯，但帝國軍隊進攻羅馬時，他既不采取牽制措施，城陷之後他又不去解救，個中緣由誰也說不清楚。一般人都認為，部分的原因是他對麥地奇家族心懷不滿，當年利奧十世曾剝奪了他的公爵頭銜並將其授予一個麥地奇家族的成員。切里尼在這裡的謹慎措辭很可能指的就是這件事。一英譯注

2. 英國舊時量布的長度單位，等於 45 英寸。

有你想像的那麼大。開炮吧，只管開炮！」

　　我不再多想了，正像我說的那樣一炮擊中了太陽的中心。果不出我所料，筐被震飛了，正好從樞機主教法爾內塞和雅科波・薩爾維亞蒂先生之間穿過。它本來會使兩人的腦袋搬家的，只不過在那一瞬間，法爾內塞正指責薩爾維亞蒂導致了羅馬遭到洗劫，就在兩人拉開架勢對罵的時候，筐飛了過去而沒有傷到他們。

　　好心的奧拉齊奧閣下聽到下面院子裡的吵鬧聲，就急忙跑了過去。我伸著頭去看落下去的筐，只聽有人說道：「真該殺了那個炮手！」聽到這話，我把兩門小炮對準樓梯，心裡想，誰要是先上來就叫他嘗嘗厲害。樞機主教法爾內塞的家人肯定是接到了命令要來收拾我一頓，我就手拿一根點燃的火繩恭候他們。我聽到有人走近就大喊起來：「你們這幫廢物，要是不趕快滾開，要是哪個小子敢碰一碰樓梯，我這兩門炮都裝好了，要把你們炸成粉末。去告訴樞機主教，我不過是執行了上司的命令，我們所做的，我們正在做的，都是為了保護那些教士而不是傷害他們。」

　　他們趕快走了，隨後奧拉齊奧・巴廖尼閣下跑了上來。我讓他往後站，否則我就殺了他。我很清楚他是個啥人。他不無膽怯地往後退了一下，喊道：「本韋努托，我是你的朋友！」我回答說：「閣下，過來，但就你一個人，你自己隨便過來。」這位高傲的將軍一動不動地站了一會兒，然後憤怒地說道：「我現在不想過去了，我現在對你要做的正好與我原來的打算相反。」我回答說，就像我在那裡保護別人一樣，我也同樣能保護我自己。他說就他一個人過來，他上到樓梯頂的時候，我發現他的五官挪移得很不正常。因此我的手一直握著劍，站在那裡橫眉怒目地瞪著他。看到我這個架勢他笑了，臉色也逐漸地恢復正常。他以最文雅的態度對我說：「本韋努托朋友，我對你的愛佔據了我的整個心房，在適當的時候我會向你證明這一點。你要是殺了那兩個無賴該多好！其中一個傢伙是這場災難的禍首，說不定有

一天還會發現另一個傢伙是一場更嚴重的災難的罪魁。」然後他求我說，萬一有人問我，希望我不要說我開炮的時候他在場，至於其餘的事就請我放心好了。

這一事件引起的混亂非常大，而且持續了很長時間。但我不想再詳細談它了，唯一需要補充的是，我差一點替我父親向雅科波・薩爾維亞蒂先生報了仇，我父親說過這個人曾嚴重地傷害過他。[1]實際上我稀裡糊塗地把這個傢伙嚇了一大跳。至於法爾內塞，我這裡不再說啥，到適當的時候我們會看到，要是我當初殺了他該有多好。

37

我繼續幹著炮手的差事，每天都有斬獲，由此而得到的教皇的讚譽和寵愛實在難以形容。每天我都能消滅一兩個圍攻的敵人。

一次，教皇在圓頂樓上散步時看到一個西班牙軍官在普拉蒂，他是從某些跡象上認出這個人的，因為這個軍官曾經為他效過力。他眼睛盯住這個人，一直不停地談論他。我在上面的天使樓上，對這一切全然不知，但發現下面有一個傢伙手拿著一支投槍在壕溝裡忙個不停，他穿著一身玫瑰色的衣服。於是我就琢磨如何能狠狠地收拾他。我選了一門矛隼炮[2]，這種炮比旋轉炮又大又長，和一門小重炮大小差不多。我先把它倒空，然後再裝滿粗細混合在一起的炸藥。我瞄準了那個穿紅衣服的人，拼命地將炮口抬高，因為很難指望這麼大口徑的一門炮從這麼遠的距離打准目標。我開了火，正好打在那個人身上。他本來是把劍佩帶在前面的，顯示出西班牙式的狂妄自大。結果我一炮正好打在他的劍刃上，把這個傢伙從中間一切兩段。

---

1. 這件事在第 6 章的結尾部分已有描述。
2. 早期的大炮常以動物命名。矛隼是產於北極附近的一種大鳥。

教皇完全沒有料到這一著，見此情景驚喜不已，一是由於他認為不可能從這麼遠的地方擊中目標，二是由於他弄不清楚那個人是如何一劈兩半的。他派人來找我詢問這件事。我向他解釋了我打炮所用的方法，但又告訴他，我也和他一樣，不知道那個人被一切兩段的原因。然後我雙膝跪倒在地，求他寬恕我殺了那個人，還求他寬恕我在城堡為教廷效力期間所有的殺人行為。聽到這話，教皇舉起手對著我的臉畫了一個大十字，然後對我說他為我祝福，還說只要是為羅馬教會效力，無論是我以前的殺人行為還是以後的殺人行為，他都會寬恕的。

我離開他的時候趾高氣揚，隨後繼續不停地大開殺戒，幾乎是彈無虛發。我的繪畫，我的美術研究，我那美妙的音樂，全一股腦兒地淹沒在隆隆的炮聲之中。我要是詳細地講述我全部的殺人傑作會使所有的人都目瞪口呆，但為了避免囉唆只好將它們略去。我只講幾個最精彩的，那可以說是我被迫幹出來的。

那麼我就開始講。我日夜都在盤算著如何為捍衛教廷盡自己的力量。我發現敵人換班後穿過聖靈大門，該門仍在有效射程之內，我就把注意力轉到那個地方。但由於要斜向一側發射，其殺傷力就不能達到我希望的程度，儘管我每天的戰果都很可觀。結果敵人發現他們的通道被我的大炮所控制以後，就在一天夜裡在一個房頂上擺放了三十只筐，這樣就擋住了我原來的視線。我對整個形勢進一步考慮之後，就把我所有的五門炮都對準那些筐，然後就一直等到傍晚敵人換班的時間。

敵人以為已經安全了，走起路來更加放心大膽，相互之間也擠得更緊了。這時我就點了火。不僅擋住我視線的筐被炸飛，更可喜的是一下子還幹掉三十多個人。這樣的著數我反覆用過兩次，結果敵軍陣腳大亂，再加上洗劫所獲贓物的拖累，一些人很想嘗嘗戰利品的滋味，所以敵人常有反心並想離開羅馬。但他們後來還是屈服於勇敢的軍官吉安·迪·烏爾比諾，被迫在換班時改走另

外一條極為不方便的路。這樣一來他們要走三里路,而原來只走半里。

被圍在城堡裡的所有顯要人物都對我的這一功績大加讚賞。我認為這件事情很重要,值得一提,然後就不再講述藝術領域之外的事情,而藝術才是我寫作的真正物件。當然,我要是想用這一類的事情來點綴我的傳記的話,我要講的東西就太多了。不過還有一件事正趕到點兒上,我還是把它記述下來吧。

38

我要略去一些插曲,講述教皇克萊門特為了搶救三重冠[1]和教廷財政署的全部珠寶藏品,就派人把我喊了去,把我和另外一個騎士連同他自己一塊兒關到一間屋子裡。這個騎士曾是菲利波・斯特羅齊[2]家馬廄裡的一個馬夫,是個法國人,出身最為低賤。但他是一個最忠實的僕人,因而教皇給了他很多錢,並把他看作自己的心腹。這樣我和教皇、騎士就被關在了一起,他們把教廷的三重冠和珠寶擺在我面前,教皇陛下命我把所有的寶石都從它們鑲嵌的金底座上取下來。這我照辦不誤,然後我用小紙片把它們分別包起來,大家又一起動手,把它們縫進教皇和騎士衣服的襯裡。隨後他們把所有的金子都給了我,一共約有二百磅重,讓我盡可能祕密地熔化掉。

我登上我居住的天使樓,這樣我可以把門一鎖以避免打擾。我在那裡用磚建了一個小抽風爐,底部放了一個盤子狀的大鍋。我把金子倒在煤上,慢慢熔化以後就滴到了鍋裡。爐子燃燒期間,我一直不停地算計著咋騷擾敵人。他們的壕溝就在我們下面不到一箭之遙的地方,這樣我就可以用一些廢棄的投射物來狠狠地打擊他們。這些投射物有好幾堆,是城堡裡以前的軍用

---

1. 代表教皇權威的頭上飾物,象徵著「三位一體」。
2. 一個麥地奇專制主義的反對者,早年曾與皮耶羅・德・麥地奇的一個女兒結婚,1539年在獄中自殺身亡。—英譯注

品。我挑了一門旋轉炮和一門小輕便炮，兩門炮的炮口都有點損傷，然後裝上我剛才提到的投射物。我一點火，投射物就發瘋一樣地飛到壕溝裡，其殺傷力之大簡直出乎預料。於是我在熔化金子的過程中一直不斷地打炮。

就在天擦黑兒以前，我發現有個人騎著騾子沿著壕溝邊走來，騾子吧嗒吧嗒地走得很快，那個人不停地與溝裡的士兵說著什麼。我小心翼翼地就在他剛要轉過身來正對著我的一瞬間開了炮。由於瞄得准，結果打了個正著。一個碎片打在了他臉上，其餘的散射在騾子身上，騾子頓時倒地而亡。壕溝裡一陣大亂。我又點了另一門炮，再次重創了敵人。那個人原來是奧蘭治親王，他從壕溝裡被抬到附近的一家旅館，不一會兒軍中的要人都聚集到了那裡。

教皇克萊門特聽到這件事之後，馬上就派人去找我瞭解情況。我把整個經過講述了一遍，然後又說，此人肯定是最重要的人物，因為他所在的那家旅館馬上就擠滿了所有的軍官，現在至少我能看出這一點。精明的教皇派人去找安東尼奧‧聖克羅切先生，這個貴族我曾提到過，他就是炮手的首領和指揮官。教皇吩咐他命令所有的炮手把我們所有的炮（炮的數量非常大）都集中起來對準那座房子，然後看到火繩槍發出的信號後一齊開火。據他判斷，如果我們消滅掉軍官，本來就行將崩潰的軍隊馬上就會逃竄。也許天主聽到了他們持續不斷的禱告，所以就想用這種方式來驅走那些大不敬的壞蛋。

我們按照聖克羅切的指揮，把大炮擺好等待信號。但樞機主教奧爾西尼聽到動靜後就去勸教皇千萬不要這樣做，因為眼看就要達成和解了，要是軍官一死，剩下的烏合之眾會直搗城堡，那樣他們就把一切都毀了。結果，他們堅決不肯執行教皇的計畫。可憐的教皇感到自己內外受敵，絕望之中說了句就讓他們看著辦吧，結果命令被撤銷了。

我這個人偏要在老虎頭上蹭癢。我一聽說他們就要命令我停止開炮，馬上點著了一門小炮，擊中了那座房子門前院子裡的一根柱子，我看到柱子周圍聚集了一群人。這一炮打得敵人損失慘重，很可能促使他們撤出那座房子。樞機主教奧爾西尼非要把我吊死或處決不可，而教皇則堅決支持我的行動。他們說的難聽話我知道得一清二楚，但我在這裡就不講了，我不是專門寫歷史的。我只寫自己的事情就足夠了。

39

我把金子熔化完以後拿給教皇。他對我表示了真誠的感謝，然後吩咐那位騎士給我二十五克朗，並為不能給我更多向我道歉。

幾天以後簽訂了和平協議。我隨著奧拉齊奧・巴廖尼閣下的一支三百人的隊伍開往佩魯賈，到那裡以後，他想任命我為這支隊伍的首領，但我當時很不願意接受，說我想先去看望父親，並請求解除在佛羅倫斯對我仍然有效的禁令。奧拉齊奧閣下告訴我，他已被任命為佛羅倫斯的將軍，佛羅倫斯的使者皮耶爾・馬里亞・德爾・洛托先生和他在一起，他特意向洛托介紹說我是他的夥計。

後來，我在幾位同伴的陪同下來到佛羅倫斯，當時瘟疫猖獗得難以形容。我在家裡見到了我那好心的父親，他本以為我要麼在羅馬遭劫時被殺，要麼淪為乞丐回來。但我完全出乎父親的預料。我還活著，又有錢，還有一個服侍我的僕人和一匹好馬。見了老人家我欣喜若狂，看到他對我又擁抱又親吻的樣子，我樂得簡直就要當場死過去。我從頭至尾向他講述了那場惡魔般的洗劫，又給了他很多我從軍所掙的錢。

兩人互敘款曲之後，他就去找八人公安委員會，請求解除對我的禁令。正好當年判決我的那個法官還仍然在位，就是那個傢伙盛氣淩人地告訴我父親他要把我押送到鄉下去。父親仰仗著我得寵於奧拉齊奧・巴廖尼，就趁機

向那人說了些帶刺兒的話，總算出了一口惡氣。

　　事情既然如此，我就告訴父親，奧拉齊奧閣下已任命我為首領，我必須開始考慮招募軍隊的問題。老人家聽了這話感到非常不安，他求我看在天主的分上不要考慮這樣的事情。他知道我適合幹這件事，甚至能幹比這更大的事，並說他的另一個兒子，也就是我弟弟，已經成為一個最勇敢的軍人，但他還是認為我應該繼續從事我為之奮鬥了多年的藝術。我答應聽他的話，可他作為一

個通情達理的人心裡很清楚，只要奧拉齊奧閣下回到佛羅倫斯，我就無法逃脫從軍的命運，其中一個原因是我曾經起過誓，另外還有別的原因。於是，他就給我想了個好辦法，也就是把我送走，說：「噢，親愛的兒子，這裡的瘟疫勢頭正盛，我老是想著你會感染上病回到家。我記得我年輕的時候曾到過曼圖亞[1]，在那裡受到熱情的接待，並住了好幾年。我看你要是愛我就到那裡去，我還想叫你今天就去而不是明天。」

切里尼在聖天使城堡上炮擊敵人
By Salvador Dalí

---

1. 義大利北部的一個城市。

弗朗索瓦一世的金鹽盒
Saltcellar of Françis I
1539 ~ 1543
Gold with enamel, 26 × 333 cm
Kunsthistorisches Museum, Vienna

40

　　我總是喜歡到外面去闖蕩。我從來沒有去過曼圖亞，就非常樂意地到那裡去了。我把帶到佛羅倫斯的錢大部分都留給了我那好心的父親，我答應他不管我走到哪裡都會幫助他的，並把他托給我姐姐照料。她名叫科薩，一直不願意結婚，就在聖奧爾索拉被錄取為一名修女。可她推遲了就職來替年邁的父親管理家務並照料我妹妹。妹妹嫁給了一個名叫巴爾托洛梅奧的外科醫生。這樣，經父親同意，我離開了家，跨上我那匹好馬直奔曼圖亞。

　　路途中的艱辛難以詳述。到處都密佈著瘟疫與戰爭的陰雲，一路之上我吃盡了苦頭。但最終我還是到了那裡。我四處找活兒幹，最後在曼圖亞公爵的金匠、米蘭的尼科洛師父那裡謀到了差事。找到活兒兩天之後，我就去拜訪朱利奧‧羅馬諾先生，也就是我曾提到的那位最優秀的畫家，同時也是我的好朋

友。他以最親切的擁抱歡迎我，對我沒有直接到他家裡去而感到很不滿意。他日子過得像個貴族一般，當時正在城外一個叫德爾泰的地方為公爵建造一項大工程。這一工程規模巨大，我想誰要是到那裡去的話仍然可以見到它。[1]

朱利奧先生馬上讚不絕口地向公爵介紹了我。公爵委託我做一個聖物盒模型，這個盒可用來盛耶穌的聖血，此血據說是朗吉努斯帶給他們的。[2]然後他轉向朱利奧，讓他給我畫一張設計圖。朱利奧回答說：「大人，本韋努托是不需要別人為他畫圖的，您見了他的模型以後就知道了。」我開始著手幹，先為聖物盒畫了一張圖，使其正好能夠裝下那個聖血瓶，然後又用蠟做了蓋子的模型。蓋子是一個坐著的耶穌，他用左手高高地支撐著那個巨大的十字架，身體好像是倚著它，又用右手的手指去打開身體一側的傷口。作品完成以後，公爵見了非常滿意，對我大加讚揚，並表示願留我為他效力，給我的待遇足以使我養尊處優。

在此期間，我還向他的樞機主教兄弟[3]表示了敬意，他求公爵讓我為他製作一枚圖章。於是我就開始幹。但正幹著，我患上了三日瘧。每次瘧疾發作我都胡言亂語，我咒罵曼圖亞，咒罵它的主人，誰願意待在那裡我就罵誰。這些話由那位米蘭金匠傳到公爵的耳朵裡，他已察覺到公爵想雇用我。公爵得知我的瘋話以後對我大為惱火，我則對曼圖亞不滿，雙方於是反目成仇。四個月以後圖章做成，另外還有幾件以樞機主教的名義為公爵製作的小玩意兒。主教給了我豐厚的報酬並讓我回羅馬去，我倆就是在那座了不起的城市認識的。

我把錢袋裝得滿滿的，離開了曼圖亞來到戈韋爾諾，也就是最勇敢的將軍喬瓦尼遇難的地方。在那裡，我的瘧疾又有一次輕微發作，但並沒有耽誤

---

1. 這座建築被稱為德爾泰宮，建於1523至1535年間，約有兩層樓高，至今仍完好無損。—英譯注
2. 關於聖物的傳說自中世紀以來時有所聞，但都缺乏有力的證據。
3. 埃爾科萊·貢札加於1527年任樞機主教，公爵去世後統治曼圖亞達十六年之久，是個著名的文學藝術保護人。—英譯注

我的路程，好了以後就再也沒有犯過。

到佛羅倫斯以後，我想去看望親愛的父親。可我一敲門，一個怒氣衝衝的駝背女人從窗戶裡露出一張臉來，吆五喝六地將我轟走，號叫著說看見我就像看到肺癆一樣。我沖著這個母夜叉吼道：「喂，你這個老妖駝子，告訴我這裡除了你這張驢臉以外就沒有別的人了嗎？」「沒有，你這揹運的傢伙。」我大聲回答說：「不出兩個小時，你這張驢臉就再也不會在這裡噁心我了。」

一個鄰居聽到吵鬧聲以後探出頭來，從她嘴裡我才聽說，我父親及家裡所有的人都已死於瘟疫。事實上我事先已有些預感，所以悲痛並不是特別的大。那個女人又告訴我說，只有我妹妹利佩拉塔倖免於難，她已躲在一個名叫莫納·安德莉亞·德·貝拉齊的好心女人那裡。[1]

我離開那裡到旅館去，正好碰到我的一位好朋友喬瓦尼·里戈利。到他家下了馬我們又去了市場，在那裡又聽說我弟弟還活著，於是就到他的一個名叫貝爾蒂諾·阿爾多布蘭迪尼的朋友家裡去找他。見面以後，我們親熱得難解難分，在此之前他聽說我死了，我聽說他死了，所以我們這時就發了瘋似的擁抱在一起。隨後他放聲大笑，對我說道：「哥哥，我要把你帶到一個你永遠也想不到的地方去！你知道我又把妹妹利佩拉塔嫁了出去，她絕對以為你已經死了。」一路上我們談論著各自不尋常的經歷。

到了妹妹家以後，她看到我還活著，驚得她頓時昏倒在我的懷抱裡。要不是我弟弟在場，她那目瞪口呆的樣子和突然的昏厥，肯定會使她丈夫以為我不是她哥哥而是另外一個人——事實上一開始他就是這樣認為的。幸好弟弟說明了情況並趕快照料妹妹，她才很快醒了過來。她為父親、姐姐、前夫和兒子的去世而抽搭了一陣子，然後就去準備飯。在整個晚上的歡聚中，我們不再提死去的親人，而是愉快地談論著婚事。這樣我們的晚宴就在歡快的氣氛中結束。

1. 據記載，在 1527 年 5 月至 11 月期間，佛羅倫斯約有四萬人死於瘟疫。—英譯注

41

經我弟弟妹妹挽留，我在佛羅倫斯住了下來，儘管我很願意回羅馬去。我前面提到的曾在我的早年幫助過我的一位好朋友（我是指喬瓦尼·蘭迪的兒子皮耶羅）也勸我留在佛羅倫斯一段時間，因為麥地奇家的人正流放在外，也就是伊波利托閣下和亞歷山大閣下，後來他們分別成為樞機主教和佛羅倫斯公爵[1]，所以他認為我最好能待在這裡靜觀其變。

當時，佛羅倫斯來了一個名叫吉羅拉莫馬雷蒂的錫耶納人，他曾長期住在土耳其，是個聰明活躍的人物。他來到我的作坊，委託我做一個戴在帽子上的金徽章，其主題是赫拉克勒斯用力掰開獅子的嘴巴。[2] 我做這件活兒期間，米開朗基羅·博納羅蒂經常來觀看。我在設計上煞費苦心，所以人物的姿態和野獸的狂暴製作得與任何涉足過這一題材的工匠的作品都不一樣。由於這一原因，再加上米開朗基羅對這一藝術門類一竅不通，這個天才的大師對我的作品拍案叫絕。我因此備受鼓舞，決心繼續努力下去。但我除了鑲嵌寶石以外幾乎無事可做。儘管我在這一行當上收入最多，可仍然感到不滿意，我寧願接更高檔的活兒而不願鑲嵌寶石。

就在這時，我遇到了費代里戈·吉諾里，一個情操高尚的年輕人。他曾在那不勒斯住過幾年，由於長相出眾風度迷人而成為一個那不勒斯公主的情人。他想找人做個徽章，要求上面刻著阿特拉斯[3]用肩扛著整個世界，並請米開朗基羅進行設計。米開朗基羅回答說：「你去找位名叫本韋努托的年輕金匠，他

---

1. 這兩個麥地奇家的統治者都是私生子，教皇克萊門特七世也是私生子。後來，亞歷山大毒死了伊波利托，之後又被其家族的另一個遠親謀害，這樣洛倫佐·麥地奇便無後嗣。—英譯注

2. 關於赫拉克勒斯請參閱第 27 章的注。赫拉克勒斯與獅子搏鬥是他十二件工作中的第一件。

3. 希臘神話中的大力神。

會完全滿足你的要求，當然他不會需要我為他畫圖。但你不要以為我怕麻煩，不想為你幹這微不足道的差事，我很願意為你畫張圖。但同時你要告訴本韋努托，讓他也做個模型，然後從這兩個設計方案中選出一個好的進行製作。」

費代里戈·吉諾里找到我談了他的要求，又談到米開朗基羅對我的讚揚，以及他如何建議我做一個蠟模型而他畫一張草圖的事。那位偉人的話對我鼓舞極大，我立即著手製作模型。我做好以後，一位與米開朗基羅關係密切的名叫朱利亞諾·布賈爾迪尼的畫家給我帶來了畫有阿特拉斯的草圖。我也讓朱利亞諾看了我做的小蠟模型，它與米開朗基羅繪的圖大不一樣。費代里戈與布賈爾迪尼一致同意，我應該按我的模型進行製作。這樣我就接下了活兒。米開朗基羅看了以後對我讚不絕口。如前所述，這是一個在金板上雕刻的人物像。阿特拉斯背著用水晶球製成的天，在天青石色的背景上刻著黃道帶。整個作品看上去妙不可言，下面還用拉丁語刻著銘文 Summa tulisse juvat[1]。費代里戈看了後極為滿意，因而十分慷慨地支付了我報酬。路易吉·阿拉曼尼[2] 當時在佛羅倫斯，與他很要好的費代里戈·吉諾里經常帶他到我的作坊，通過他的介紹我們混得很熟。

42

這時，教皇克萊門特對佛羅倫斯宣戰，於是全城進入防禦狀態，各個地區都組織起民兵，我也接到了服役的命令。我全身披掛整齊，與佛羅倫斯最高層的貴族一起出沒於各地，大家同仇敵愾，要為捍衛自由而戰。與此同時，各地的人們都在談論著在這種時候常說的話題，年輕人更加頻繁地聚會，到處都在議論著這件事。

---

1. 大意是「是他背過來」。
2. 路易吉·阿拉曼尼，當時反對麥地奇暴政的一位詩人，後來流亡到法國，受到國王弗朗索瓦一世的禮遇，1556年去世。—英譯注

一天中午，一大群人高馬大、全城第一流的青壯年聚集到我的作坊，這時我收到一封來自羅馬的信。寫信人名叫賈科皮諾·德拉·巴爾卡師父，其真名是賈科波·德拉·肖里納，但在羅馬，人們都稱他德拉·巴爾卡，因為他在西斯托橋和聖天使橋之間的臺伯河上擺一隻渡船。[1]他極有才能，以幽默健談著稱，曾經為佛羅倫斯的織布工設計過圖案。此人與教皇關係密切，教皇很喜歡聽他談話。有天，在談話中他們提到了洗劫羅馬與保衛城堡的事，這使得教皇想起了我，於是就對我大加讚揚，還說若他知道我的下落就很想把我召回去。賈科波師父就說我在佛羅倫斯，教皇就叫他給我寫信讓我回去。我剛才提到的這封信的大意是說我還是應該回去為克萊門特效力，這樣肯定對我有好處。

在場的年輕人非常好奇地想瞭解信的內容，因此我就盡可能地祕而不宣。隨後我給賈科波師父寫信，求他無論如何也不要再給我寫信了。可他反而越來越好管閒事，又給我寫了一封措辭更加露骨的信，要是讓別人看見了，我非惹大禍不可。信的主要意思是，教皇要求我馬上就來幹最重要的事，如果我要走正道就要拋棄一切，千萬不要與那些愣頭愣腦的激進分子串通一氣來反對教皇。

我看了這封信以後嚇得魂不守舍，馬上就去找我的好朋友皮耶羅·蘭迪。他兩眼直盯著我，問啥事把我嚇成這樣子。我告訴我的朋友說，我不可能向他解釋我的想法和事情的緣由，我只求他保管好我給他的鑰匙，讓他把我抽屜裡的這塊寶石給某某人，那塊金子給某某人，這些人的名字我都寫在備忘錄上，他一看就知道了。然後我又求他把我屋裡的傢俱收拾起來，並以他平時善待我的好心腸將它們保管好，幾天以後他就會知道我的下落。

這個精明的年輕人大概看出了事情的一些眉目，於是就回答說：「老兄，快走，然後給我寫信，不必掛念你的東西。」我馬上照他說的去做。他

---

1. 在義大利語中，「巴爾卡」（bàrca）即是「船」的意思，「德拉·巴爾卡」就是「划船的」。

是我所認識的最忠實的朋友，最明智、最可敬、考慮問題最周到，也最富有人情味。我離開了佛羅倫斯直奔羅馬，到那裡以後我就給他寫了信。[1]

43

我一到羅馬就找到幾位以前的朋友，他們盛情款待了我。我馬上就著手幹活兒掙錢，但這些活兒並不值得一提。有一個優秀的老金匠名叫拉法埃洛・德爾・莫羅，在他的行當中很有名氣，也是一個很值得尊敬的人。他讓我進他的作坊，他有一些重要的活兒要做，可掙到大筆的錢，於是我就很樂意地接受了他的請求。

十幾天過去了，我仍然沒有和賈科皮諾・德拉・巴爾卡師父見面。有一天，我們偶然相遇，他對我表示熱烈歡迎，並問我來羅馬多久了。我告訴他，我已來此大約兩個星期了，他聽了以後非常生氣，說我一點也沒有把教皇放在眼裡，教皇已迫不及待地催他給我寫了三封信。看到他在這件事上一意孤行，我的氣比他還大，我沒有回答他的話，只是把火氣壓下去。這個伶牙俐齒的傢伙便鼓其如簧之舌，有一搭沒一搭地嘮叨起來。最後我看他累了，就說了句他可以在他認為適當的時候帶我去見教皇。他說他隨時都可以奉陪，我說我每刻都在恭候。於是我們就向教廷走去。那一天是濯足節[2]，我們來到教皇的邸宅，那裡的人認識他，也正等著我，我們馬上就被准許進去。

教皇躺在床上，他有點不舒服，和他在一起的有雅科波・薩爾維亞蒂先生和卡普阿大主教。教皇看到我以後極為高興。我吻了他的腳，然後以最謙

---

1. 切里尼由於在這一時刻離開佛羅倫斯去為教皇效力而一直受到指責，實際上他本人也為此感到有愧。但我們不應忘記，他從來沒有在政治上起過決定性的作用，只不過同情麥地奇家族而已。許多最優秀的佛羅倫斯人都承認得到了麥地奇政府的好處，一個藝術家當然就對其有更高的期望。—英譯注

2. 也叫聖星期四，即復活節前的星期四，紀念耶穌在受難之前的最後晚餐上為十二使徒洗腳。

卑的方式靠近他，讓他明白我有要事回稟。於是教皇揮了揮手，兩位教士便退到一旁。我馬上說道：「最神聖的教皇，從洗劫羅馬直到現在，我一直無法懺悔或受聖餐，因為他們不肯赦免我的罪過。事情是這樣的。我熔化金子和去掉鑲嵌的寶石的時候，您曾囑咐騎士付給我適當的勞動報酬，可我什麼也沒有拿到手，反而受到他的辱罵。後來，我回到熔化金子的房間去清洗灰渣，發現有大約一磅半重如小米粒大小的碎金子。由於我沒有足夠的錢體面地回家，我就想先把這些金子拿來用，以後有了機會再歸還。現在我來求見您，您才是唯一真正的懺悔神父。我求您為我免罪，以便使我能夠懺悔和受聖餐，並借助您的恩典來重新得到我主的恩典。」

教皇聽到這裡發出一聲幾乎令人難以察覺的歎息，大概他又想起了過去的那場災難。他對我說道：「本韋努托，我完全相信你的話。我有權力寬恕你的任何不端行為，而且我還願意這麼做。你就放心大膽地說出來吧，即便你拿的東西相當於整個三重冠的價值，我也會馬上寬恕你。」我回答說：「最神聖的教皇，除了我剛才供認的之外，我別的什麼也沒拿。它的價值不到 140 達克特[1]，這就是我從佩魯賈的鑄幣局得到的數目，我把它拿回家去安慰我那可憐的老父親。」教皇說：「你父親是一個最正直、最善良、最值得尊敬的人，你並沒有為他丟臉。我很遺憾，那筆錢太少了，既然你這麼說，我就把它送給你，並完全寬恕你。如果你沒有做過別的對不起我的虧心事，就把我的話告訴你的懺悔神父。你懺悔過並受過聖餐之後再到我這裡來，這對你有好處。」

我離開了教皇以後，賈科波先生和大主教走了過去，教皇用推崇備至的語言向他們講到了我。他說他聽取了我的懺悔並赦免了我的罪過，然後他讓卡普阿大主教派人去找我，問我除了這件事之外是不是還有別的需要，並授予他全權為我免罪，而且還囑咐他要以最仁慈的態度對待我。

---

1. 當時歐洲許多國家通用的金幣名。

我與賈科皮諾師父往回走的時候，他非常好奇地打聽我與教皇說了半天的悄悄話都是些啥內容。他連問了好幾遍，我說我不想告訴他，因為這些事與他毫不相干，所以他就不必再問了。然後我就按照與教皇談妥的方案去做。

兩個節日[1]過完以後，我又去晉見教皇。他待我比以前更好，說：「如果你早一點到達羅馬，我就會讓你修復我的兩個三重冠了，那是在城堡的時候拆掉的。不過除了上面的寶石之外，這些東西並沒有多大的藝術價值，所以現在我想讓你做一件極為重要的東西，你可以充分發揮你的聰明才智。這是我法衣上的一個嵌寶金扣，要做成圓盤形的，其大小也相當於一個小圓盤，三分之一肘尺寬。上面我要你刻上聖父的半浮雕像，中間鑲嵌上那顆精美的大鑽石，這個你知道，另外還有其他幾顆最珍貴的寶石。卡拉多索已開始為我製作一枚，但還沒有完成。我讓你很快就給我做好，這樣我不久就可以戴上。好吧，去給我好好做個模型吧。」他把所有的寶石都拿給我看，然後我就飛也似的趕回去開始幹起來。

44

佛羅倫斯被圍期間，費代里戈·吉諾里死於肺癆，我曾經為他製作一枚阿特拉斯徽章，於是那枚徽章就落到了路易吉·阿拉曼尼先生的手裡。不久，他把那枚徽章連同他自己的一些傑作親自送給了法蘭西國王弗朗索瓦。國王對這件禮物極為滿意，路易吉先生就趁機向他大談我的人品和藝術，把我誇得天花亂墜，撩得國王很想與我結識。

在此期間，我全力以赴地製作金扣模型，其大小正好符合那顆寶石的要求。這在金匠業之中引起了一些人的妒忌，他們自以為也能做這樣的活兒。一位名叫米凱萊托的人剛到羅馬，他善於雕刻光玉髓，而且還是一個最精

---

1. 指前文提到的濯足節和三天以後的復活節。

明的珠寶匠，一位大名鼎鼎的老人。他被雇來修復教皇的三重冠。我在製作模型期間一直沒有拜訪過他，他對此大惑不解，覺得自己智慧超人，又是教皇的大紅人，咋會是這樣？最後他看我一直不去找他，就來找我，問我在幹啥。「教皇讓我幹啥我就幹啥，」我回答說。接著他說：「教皇讓我監管為他製作的一切物品。」我只是說，我要問問教皇才能答覆他。他對我說我要後悔的，然後就怒氣衝衝地去找本行之中所有的師父商量對策。經過商議，他們委託米凱萊托全權處理這件事。像他這樣的人能幹出啥事是可想而知的。他命令為教皇委託製作的那件物品畫三十多張各不相同的設計圖。

向教皇稟報了之後，他又找另一個珠寶匠商量。他叫蓬佩奧，是米蘭人，很受教皇青睞，與教廷的首席名譽侍從特拉亞諾先生是親戚。於是這兩個人湊到一起，三彎九轉地說他們已經看了我的模型，認為我不配做如此貴重的一件物品。教皇回答說，他也想看一看模型，如果他覺得我不勝任，他會再找一個能勝任的。兩人馬上插嘴說，他們已經有了好幾個漂亮的設計。教皇回答說，他對此感到高興，但他一定要等到我完成模型以後再看他們的設計，到那時再把它們放在一塊兒來考慮。

幾天後，我的模型做好了。一天上午，我帶著它去見教皇，特拉亞諾先生讓我等一下，他要派人去找米凱萊托和蓬佩奧，讓他們趕快把設計圖拿來。他們兩人來到之後我們就進去了，米凱萊托和蓬佩奧馬上打開圖紙讓教皇看。他們雇的製圖人員根本就不是幹珠寶這行的，所以一點也不知道安放寶石的正確位置，而珠寶匠們也沒有告訴他們咋辦。所以在這裡我要說一句，一個珠寶匠要是和人物像打交道的話必須懂得設計，要不然他做出的活兒根本就不值得一看。結果，他們那一幫人都把那顆著名的鑽石放在了聖父胸部的中央。教皇本是個優秀的鑒賞家，他發現了這一錯誤，所以對他們的設計都看不上眼。

他看了大約十張圖以後，把其餘的一扔，然後對站在遠處的我說：「現在把你的模型拿來吧，本韋努托，讓我看看你是否犯了和他們一樣的錯誤。」我

走上前去打開一個小圓盒，人們好像看到教皇的雙眼頓放異彩。他大喊道：
「由此可以看出，如果你不是非常理解我，你是不會做得這麼好的。那些人應
該知道什麼才是羞恥了。」一群顯貴圍了上來，教皇指出了我的模型與他們
的設計圖之間的差別。他讚揚了一番之後，其餘的人都呆若木雞地站在那裡，
他轉身對我說：「我只擔心一件事，那是至關重要的。本韋努托朋友，在蠟上
製作很容易，在金子上製作可就難了。」我毫不猶豫地回答說：「最神聖的教
皇，咱事先說好，我要是做得不比模型好十倍，就分文不要。」

聽到這話，貴族們一陣騷動，大呼我把話說過頭了。人群之中有一位
知名的哲學家，他替我辯解說：「我看這位年輕人相貌堂堂、身材勻稱，我
斷言他能夠實現自己的諾言，甚至會幹得更好。」教皇插話說：「我也是這
麼認為。」然後他把名譽侍從特拉亞諾先生喊來，吩咐他從財政署給我拿出
五百金達克特。

大家等錢的時候，教皇又一次地玩味著我連接鑽石與聖父雕像的靈巧
的設計。我把鑽石分毫不差地放在金扣的正中心，上面是坐著的聖父端莊地
側著身子，構圖完美無缺，而且還不影響鑽石的效果。他舉起右手正在做祝
福式。鑽石下面是三個兒童，他們舉起胳膊支撐著鑽石，中間的一個是全浮
雕，其餘的兩個是半浮雕。四周是一大群姿態各異的小天使，與鑲嵌的其他
寶石珠聯璧合。聖父披的斗篷隨風飄動，從其褶下鑽出頑皮的天使。另外還
有其他的裝飾，看起來非常漂亮。整個作品用白灰泥做在一塊黑石頭上。錢
拿來以後，教皇把它親手交給我，並殷切地期望我能在他的有生之年把它做
好，還說這樣對我有好處。

45

我拿著錢和模型回到家裡，然後就急不可待地幹起來。我不分晝夜地幹
了八天以後，教皇派他的一位名譽侍從、一位博洛尼亞的大紳士給我捎話，

讓我帶著手頭做的活兒到他那裡去。這位侍從是羅馬教廷中最溫文爾雅的人。他在路上告訴我，教皇不僅想看看我正在做的活兒，而且還想交給我另一項最重要的任務，也就是為鑄幣局製作鑄幣的模具。他還讓我事先準備好回話，總而言之，他說話的意思就是讓我思想上有所準備。

到了御前，我馬上拿出那塊金板，上面剛刻出聖父的像，儘管只是個雛形，但已顯示出一種比模型更莊重的風格。教皇看得如癡如醉，然後大聲說道：「從現在起，我會相信你所說的每一句話。」對我讚揚一番之後，他又說：「我打算交給你另一項任務，如果你感到能勝任的話，我對它的興趣絕不亞於這個金扣，甚至還會更大。」他接著對我說，他想為他統轄的地區製作模具來鑄硬幣，並問我以前是否幹過這類的活兒，有沒有勇氣來試一試。我回答說，要說接這活兒的勇氣我並不缺乏，我以前曾見過模具的製作，但並沒有親手做過。

在場的有一位普拉托的托馬索先生，他是教廷書記官，是我仇人的一位朋友。這時他插嘴說：「最神聖的教皇，您對這位年輕人的寵愛（他這個人是生就的愣頭青）足以使他答應為您造一個新世界。您已經交給了他一項大工程，現在您又要給他一項更大的，這樣它們會衝突的。」教皇很生氣，轉過身來叫他少管閒事。然後他命令我製作一個大金達布隆[1]模型，正面他想要一個捆著雙手的裸體基督，並刻上拉丁銘文 Ecce Homo，[2]背面要一個教皇和皇帝共同撐著一個將要倒下的十字架造型，並要這樣一句拉丁語銘文：Unus spiritus et una fides erat in eis 。[3]

1. 一種金幣。
2. 大意為「請視斯人」，語出《聖經・約翰福音》，彼拉多把戴荊冠的耶穌向猶太人示眾時說的一句話。
3. 大意為「兩個人一條心」。

教皇將這枚漂亮的硬幣交代完以後，雕刻家班迪內羅過來了。那時他還沒有被封為騎士，還是那副狗屁不通而又蠻橫無理的老樣子。他說：「對於這些金匠來說，要給他們畫圖才能製作精美的東西。」我轉過身去看了他一會兒，大聲說我不想要他為我畫圖，我倒是希望不久我能用我的圖給他一點顏色看看。教皇聽了這話聖顏大悅，轉過身來對我說：「去吧，我的本韋努托，好好為我效力，不要聽這些蠢材的不經之談。」

　　我走了以後很快就做好了兩個鋼模具，然後衝壓了一枚金幣。一個星期天的午飯後，我帶著金幣和模具去見教皇，他看了以後又驚又喜，不僅因為我的活兒做得好，還因為我做得快。使陛下更為驚喜的是，我還帶來了以前為尤利烏斯和列奧兩位教皇效力的能工巧匠製作的全部舊幣。我發現教皇更喜歡我的製作，就從懷裡掏出一張寫好的申請書，要求擔任鑄幣局模具技師的職務。這一職務的月薪是六個金克朗，另外再加上模具製作費，每做三個可得到一個達克特，這筆錢由鑄幣局長支付。教皇接到申請書後把它交給了教廷書記官，要他馬上辦理此事。教廷書記官把它往口袋裡一裝，說道：「最神聖的教皇，您不要這麼急，這樣的事情需要考慮一下。」教皇回答說：「我知道你的意思，馬上把申請書給我。」教皇接到申請書後馬上親筆簽了字，然後又還給他，說道：「現在你沒話說了吧。馬上去辦這件事，我樂意這麼做。本韋努托的鞋子比所有那些傻瓜的眼睛都值錢。」這樣，我謝過陛下，欣喜若狂地回去幹活了。

46

　　我還在拉法埃洛·德爾·莫羅的作坊裡幹活。這個大能人有一個年輕貌美的女兒，他打算把她許配給我。對他的心思我有所察覺，我心裡也願意，但就是不表現出來。不僅如此，我還處處約束自己的言行，使他搞不清楚我葫蘆裡賣的是什麼藥。

就在這個時候，那個可憐的姑娘的右手出了點毛病，問題就在小指和無名指的骨頭上。她父親稀裡糊塗地找了一個傻得不透氣的江湖郎中給她治療，這位醫生說，這孩子的整個右胳膊就要廢了，如果更嚴重的事情不發生的話。看到她父親那垂頭喪氣的樣子，我勸他不要相信那個蠢大夫的一派胡言。他說他一個醫生也不認識，要是我認識哪一位元的話，他就求我帶他去拜訪。我馬上就派人去找佩魯賈的賈科莫師父[1]，一位造詣很深的外科醫生，他給那位可憐的姑娘作了檢查。她本來聽了那個庸醫的話以後嚇得要命，而我請來的高明大夫則說她一點也不要緊，右手的功能會很正常，儘管那兩個指頭會比別的稍弱一些，但對她並沒有什麼妨礙。這樣他就開始治療。

　　幾天以後，他要取出一部分壞死的骨頭，女孩的父親找到了我，要我在手術時不離左右。賈科莫師父使用的是一些粗糙的鋼器械。我看到他的手術進展緩慢，又給病人帶來很大的痛苦，就請他暫停手術等我幾分鐘。我跑回作坊，用鋼做了一把小手術刀，非常薄，呈彎曲狀，切割起來鋒利如剃刀一般。我回來以後，醫生就開始用它做手術。他的那只巧手輕柔無比，結果她一點也不感到疼痛，不大一會兒手術就做完了。由於我幫了莫羅這個忙，再加上其他的原因，這個大能人對我的愛趕得上甚至超過他對待兩個兒子。在此期間，他照料著他那年輕貌美的女兒。

　　我與一個名叫喬瓦尼·加迪先生的人親密無間，他是教廷財政署的一名職員，一個大藝術鑒賞家，儘管他沒有從事過任何一門藝術的實踐。他家裡聚集著喬瓦尼先生，一個博學的希臘人；法諾的洛多維科先生，同樣著名的一個文學家；安東尼奧·阿萊格雷蒂先生，還有安尼巴萊·卡羅先生，那時他剛成人。威尼斯的巴斯蒂亞諾先生是一位最優秀的畫家，我們兩人被允許加入了他們的團體。我們幾乎每天都在喬瓦尼先生的陪同下相聚。

---

1. 此人本是義大利東北部的里米尼人，但由於長期住在佩魯賈而著稱於世。他是好幾位教皇的外科醫生，1566年死於羅馬，終年 75 歲。—英譯注

那位能幹的金匠拉法埃洛知道了我們之間的密切關係以後就對喬瓦尼先生說：「好心的先生，您是瞭解我的。現在我想把女兒嫁給本韋努托，再沒有比先生做媒人更合適的了。所以我來求您幫忙，您看我為她準備啥樣的嫁妝合適。」這個冒失鬼還沒等拉法埃洛把話說完就隨便插嘴說：「不要再說了，拉法埃洛，你這是癩蛤蟆想吃天鵝肉。」那個可憐的人頓時泄了氣，只好為他的女兒另擇佳婿，從此那姑娘和她母親以及全家人都給我冷臉子看。我對此大惑不解——我以為他們是對我以怨報德——所以我就想在他們家附近自己開一個作坊。直到幾個月以後那姑娘結了婚，喬瓦尼先生才把一切都告訴我。

與此同時，我一直忙著做教皇的那件活兒，另外還在鑄幣局工作，因為教皇陛下又指派我做一枚價值兩個卡爾林[1]的硬幣，正面是他自己的像，背面是在水上的基督把手伸向聖彼得，並刻上拉丁文 Quare dubitasti ?[2]。我的設計贏得廣泛讚譽，教皇手下最有天才的祕書桑加[3]激動地說：「陛下應為這枚硬幣感到驕傲，它使所有的古代貨幣都黯然失色。」教皇回答說：「而本韋努托則應為效力於像我這樣的君主感到驕傲，是我發現了他的才能。」我繼續做著那枚金扣，不時地把它拿給教皇看，他越看越喜歡。

47

這時我弟弟也在羅馬，他在公爵亞歷山大手下服役，這位公爵不久前獲得了教皇授予的彭納公國。公爵麾下有大批精壯的士兵，經著名將軍喬瓦尼‧德‧麥地奇的學校訓練後個個勇猛無比。這些人之中就有我弟弟，公爵稱讚他是其中最勇敢的人。

1. 當時義大利的一種貨幣名稱。

2. 大意為：「為何懷疑？」

3. 著名的拉丁語學者，真誠希望教會改革的教士之一，後中毒身亡。─英譯注

一天午飯後，我弟弟去到班基一個名叫巴奇諾‧德拉‧克羅切的人開的作坊，那裡是士兵經常光顧的地方。他往一把長靠椅上一歪就睡著了。就在這時，治安官手下的治安隊從這裡路過，他們正把一個名叫奇斯蒂的軍官押送入監。這名軍官是倫巴第人，以前曾在喬瓦尼的軍隊裡服役，但不屬於公爵的麾下。另一個軍官卡蒂瓦札‧德利‧斯特羅齊正好也在這個作坊。奇斯蒂看到他以後小聲對他說：「我把欠你的錢帶來了，如果你想要，就在他們把我投入監獄以前搞過來。」卡蒂瓦札有辦法撮弄別人往前衝，而自己縮在後面苟且偷安。所以他一看周圍有幾個不要命的年輕小夥子，這幫人是想而不是適合幹這件如此重要的事，他便吩咐他們趕上軍官奇斯蒂並把他身上的錢弄到手，如果治安隊抵抗就收拾他們，只要他們有這樣的膽量。

這幫年輕人只有四個，沒有一個嘴上長毛的。第一個名叫貝爾蒂諾‧阿爾多布蘭迪，還有一個是盧卡的安圭洛托，其餘兩個人的名字我已經想不起來了。貝爾蒂諾曾經像學生一樣接受我弟弟的訓練，我弟弟對他十分喜愛。於是這四個勇敢的小夥子沖上去追上了治安隊——他們共有五十餘人，有的拿長矛，有的拿火繩槍，有的拿長柄大刀。沒說幾句話他們就各執兵刃，四個人嚇得治安隊大亂。要是軍官卡蒂瓦札哪怕是露露面，連兵刃都不用拔出來，他們就會把這一幫人嚇跑的。但一耽擱一切都完了。貝爾蒂諾幾處受重傷倒了下去，安圭洛托也被擊中了右胳膊，由於無法用劍而奪路逃走。其餘的人也是如此。貝爾蒂諾‧阿爾多布蘭迪被人從地上抬了起來，他的傷勢很重。

48

發生這些事的時候，我們正圍著桌子吃飯，那天上午我們吃飯的時間比平時晚了一個多小時。聽到騷動的聲音以後，老人的長子站了起來要去看熱鬧。他叫喬瓦尼。我對他說：「你千萬不要去！像這種事情你只有吃虧的份兒，一點好處也撈不到。」他父親也勸他：「請你不要去，兒子。」但小夥

子誰的話也不聽，飛身下了樓梯。

　　他趕到出事的地點班基，看到貝爾蒂諾被人從地上抬了起來，掉頭就往家跑。在路上他碰到了我弟弟切基諾，我弟弟問他出了什麼事。旁邊的一些人向喬瓦尼使眼色，叫他別告訴切基諾，可他像發了瘋一樣喊著貝爾蒂諾·阿爾多布蘭迪被治安隊打死了。我弟弟一聽氣得哇哇大叫，嗓門兒之大足以傳遍十里八鄉。他對喬瓦尼說：「哎喲！你能告訴我是誰殺了他嗎？」喬瓦尼說可以，那個傢伙拿著一把長柄大刀，帽子上有一根藍羽毛。

　　我那可憐的弟弟跑上前去，根據那兩個特徵辨認出殺人者以後飛也似的衝到那群人中間，不等那個傢伙轉身招架就用劍將他刺了個透心涼，又用劍柄將其擊倒在地。面對其餘的人他渾身是膽，眼看著他一隻胳膊就能把整個治安隊打跑。可就在他轉過身去攻擊一個火繩槍手的時候，這個傢伙開槍自衛，擊中了這個勇敢而又不幸的小夥子的右膝蓋上部。他倒在了地上，那夥人頓時作鳥獸散，以免我弟弟的夥伴來到現場。

　　看到這場打鬥還沒有平息，我也從座位上站了起來。我佩上劍——那時每人都佩帶一把——來到聖天使橋，看到好幾個人聚集在那裡。我走上前去，有幾個人認出了我，他們給我讓開道，讓我看了我最不願意看到的景象，儘管我匆忙出來就是專門來看的。我沒有立刻認出來切基諾，他穿的衣服與我上次見到他時穿的不一樣。結果是他先認出我來，他對我說：「最親愛的哥哥，不必為我惹的事擔心，幹我這一行的還不就是這麼回事兒。讓我馬上離開這裡，過不幾小時我就沒命了。」

　　就在他說話的當兒，人們三言兩語地向我介紹了整個經過。我回答說：「弟弟，這是我一生中經歷的最大的不幸和最大的考驗。但你要振作起來，不等那個害人精從你眼前消失，我就會替你報仇雪恨。」我倆的談話大意如此，但極為簡短。

49

治安隊離我們大約有五十步遠，他們的隊長馬菲奧讓一些人回來運我弟弟殺死的那具屍體。我束緊了斗篷快步來到馬菲奧跟前，我本來完全可以殺了他，可惜周圍有很多人，我左躲右閃才從他們中間穿過去。我閃電般地把劍剛拔出來半截，一個最勇敢的年輕人，也是我的好朋友貝林吉耶·貝林吉耶里從後面猛地抱住了我的兩條胳膊。他帶來了四個和他一樣脾氣的小夥子，他們對馬菲奧喊道：「快走，他一個人就會把你殺掉。」馬菲奧問道：「他是誰？」他們回答說：「是你們在那邊見到的那個人的親哥哥。」他再不往下聽了，拔腿就往諾納塔[1]跑去。他們說：「本韋努托，我們強行阻止你是為了你好。現在咱去救一個快死的人吧。」於是我們轉回身去找我弟弟，我馬上把他弄到一座房子裡，請來醫生給他用了藥，但還不能決定截腿，要是截了腿也許會救他一命。

剛把他的傷口敷裹好，公爵亞歷山大過來給予他最親切的問候。我弟弟還沒有失去知覺，所以他對公爵說：「大人，我感到很傷心，因為您就要失去一個僕人。您也許能找到比我更勇敢的軍人，但您再也找不到比我更忠心耿耿地為您效力的人了。」公爵鼓勵他一定要活下去。在其他方面，他很清楚地知道我弟弟是一個高尚勇敢的人。然後他轉身命令他的隨從，要盡一切可能使這個勇敢的年輕人什麼都不缺。

公爵走了以後，我弟弟因大量失血而昏了過去，然後是一整夜地胡言亂語，不過有一次人們給他聖餐的時候他這樣說道：「你們要是以前聽我懺悔該有多好。現在不行了，我已經垮了，無法再受聖餐。如果我能看它一眼也就夠了，這樣它就能進入我不朽的靈魂，這一靈魂只向天主乞求憐憫和寬恕。」聽他這麼一說，主人感到鬆了一口氣。可他轉眼間又發作了，還像

---

1. 諾納塔是羅馬的主要監獄之一，尤其用來關押死刑犯。—英譯注

以前那樣胡說八道，一會兒是狂言大語，一會兒是詛咒發誓，嚇得人寒毛直豎，就這樣一直不停地折騰到天亮。

太陽露頭的時候，他轉身對我說：「哥哥，我不想在這裡待下去了，這些人會讓我做一些可怕的事情，這樣會使他們後悔不該打攪我。」說完他蹬了蹬兩條腿——那條傷腿被放在一個很重的箱子裡——做了一個像是跨上馬的動作。他把臉轉過來，向我喊了三遍——「永別了，永別了！」一顆最勇敢的靈魂就此隕滅。

天快落黑兒的時候，我在佛羅倫斯人的教堂以適當的儀式為他舉行了葬禮，然後為他立了一通漂亮的石碑，上面刻有戰利品圖案[1]和旗幟。我還應該提一提，他的一個朋友曾問他那個殺他的人是誰，他是否能辨認出來。他回答說他能，並將此人描述了一番。事實上我弟弟不想讓我知道這件事，但我把它牢牢地記在了心裡，這在後面會有描述。[2]

50

說到那通墓碑，我應提一下幾個著名的文學家。他們認識我弟弟，於是就為他撰寫了段墓誌銘，並對我說這個高尚的年輕人受之無愧。銘文大意如下：

佛羅倫斯人弗朗切斯科·切里尼卒於1529年 5 月 27 日。他年紀輕輕就為喬瓦尼·麥地奇將軍贏得很多勝利；如果不是在 27 歲就去世，將來必定大有作為。兄本韋努托立。[3]

1. 通常為一堆武器。
2. 史學家瓦爾基在他的《佛羅倫斯史》第十一卷中簡要地記述了切基諾·切里尼死於羅馬一事，他也提到切基諾是為貝爾蒂諾報仇而喪命。—英譯注
3. Francisco Cellino Florentino, qui quod in teneris annis ad Ioannem Medicem ducem plures victorias retulit et signifer fuit, facile documentum dedit quantoe fortitudinis et consilii vir futurns erat, ni crudelis fati archibuso transfossus, quinto oetatis lustro jaceret, Benvenutus frater posult. Obiit die xxvii Maii MDXXIX.

他終年 25 歲，士兵們都稱他切基諾‧德爾‧皮費羅，而他的真名是焦萬弗朗切斯科‧切里尼。我想刻上前面那個名字，這是大家都知道的，把它刻在我們家盾徽圖案的下面。我用漂亮的古代字體把這一名字刻下來，除了第一個和最後一個字母以外，其餘的都刻得像虛線一樣斷斷續續。那幾個撰寫墓誌銘的學者問我為啥要用斷續的字母，我的回答是，因為他那魁偉的身軀已經受傷死亡；第一個和最後一個字母完整的原因是，第一個象徵著天主賦予他極大的才能，也就是將人性與神性融於一體的能力，這是永遠不會破碎的；而第二個則代表著他那赫赫有名的敢作敢為。這一想法受到讚賞，從那以後，好幾個人使用了我的這個辦法。

緊挨著名字我刻上了我們切里尼家族的盾徽，一些細節做了改動。在最古老的城市拉文納，有姓切里尼的極為受人尊敬的貴族，他們的盾徽是天藍底色，上面有一個躍立的金獅，右爪抓著一朵紅百合，上段有一個帶垂飾的橫帶和三朵小金百合。這是真正的切里尼家族的紋章。我父親曾讓我看過我們家的一個盾徽，上面只有爪和其他一些圖案，但我還是比較喜歡拉文納的切里尼家族的紋章，就像我上面描述的那樣。現在再回頭說我弟弟墓碑上刻的東西：有獅子爪，但抓的不是百合而是一把斧子，盾面被縱橫劃分為四部分，我刻上斧子只不過是來提醒自己不要忘記為他報仇雪恨。

51

我繼續努力地為教皇克萊門特製作那個金扣。他很想得到它，為了看它一眼，他每個星期都派人來找我兩三次，對它的喜愛與日俱增。我由於失去了弟弟而陷入極大的悲痛之中，為此可以說是經常受到他的責罵。一天，我格外地萎靡不振，一副吊兒郎當的樣子。他一看到我這個德行就大叫起來：「本韋努托，啊！我可不知道你瘋了。難道你沒聽說過人死不能復生嗎？人家還以為你要隨他而去呢。」

離開教皇以後，我繼續做那件珠寶活兒，並為鑄幣局製作模具，但我還經常去看那個打死我弟弟的火繩槍手，好像他是我愛著的一個姑娘一樣。那個傢伙原來是個輕騎兵，但後來加入了火繩槍手的行列，成為治安官手下的一名下士。更使我生氣的是他曾大言不慚地吹噓：「要不是我殺了那個勇敢的年輕人，再晚一會兒他就會把我們打得大敗，那可就慘了。」老是去看他使我心頭火起，我吃不下飯，睡不著覺，日子越來越不好過。於是我下決心幹一件不大值得稱道的事，準備在一個晚上消除我的煩惱。

那傢伙住的房子靠近聖圭瓜塔，在西尼奧拉·安泰亞的住所[1]隔壁，西尼奧拉是羅馬最時髦的名妓之一。剛過 24 點，他吃過晚飯出來站在房門口，手裡拿著劍。我手拿一把大皮斯托亞短劍，十分靈巧地溜到他跟前反手給他來了一劍，我是想一下子把他的頭砍下來。沒想到他突然一轉身，這一劍落在左肩胛骨上，把骨頭砍斷了。他一下跳起來，扔下手中的劍逃走，劇痛使他有些昏迷。我快步追上了他，把劍舉到他的頭上，這時他縮著頭，一劍正扎在他的後頸骨與脖子的聯結處。這一劍扎得太深了，我用盡全力也沒有拔出來。

就在這時，四個士兵拿著劍從安泰亞的住所裡竄了出來，我只好拿劍來自衛。然後我捨棄了短劍匆忙逃走，我害怕被認出來，就躲進了公爵亞歷山大的邸宅，它就在納沃納市場和萬神殿之間。

進去之後，我要求見公爵，他告訴我如果就我一個人，就不必擔心，但要繼續做教皇一心要得到的那件珠寶活兒，並且待在屋裡八天。他的話更讓我保了險，因為壞了我的事兒的那幫士兵到了。他們手拿著那把短劍講述著事情的經過，以及如何費了老大的勁兒才把它從那人的脖子與頸骨中間拔出來，而那個人他們並不認識。這時，焦萬·班迪尼來了，他對他們說：「那把短劍是我的，我把它借給本韋努托了，他一心要為弟弟報仇。」士兵們恍然大悟，一再表示後悔不該攪了我的好事兒，儘管我已經感到很滿意地報了仇。

---

1. 關於當時的計時法可參閱第 3 章的注釋。

已經過去了八天還要多，教皇一直沒有像以前那樣派人來找我。後來他派名譽侍從把我叫去，就是我已經提到的那個博洛尼亞貴族，他很有禮貌地對我說，教皇陛下一切都知道了，但他對我很有好感，我只要好好幹活兒不要聲張也就行了。我們來到御前，教皇對我怒目而視，我一看他的眼神兒就嚇得渾身直哆嗦。後來他一看我做的活兒，滿臉的烏雲頓時一掃而光，接著就對我大加讚揚，誇我時間不長就取得了這麼大的進展。然後他又直視著我的臉說道：「既然你已經除了病根，本韋努托，以後可要好自為之。」我明白他的意思，就滿口答應下來。隨後我就在班基開了一家很漂亮的作坊，在拉法埃洛家對面，幾個月以後我就在那裡完成了那件珠寶活兒。

52

　　教皇給我拿來了所有的寶石，除了那顆鑽石，他一時急需錢而把它當給了幾個熱那亞銀行家。這些寶石都由我保管，還有那顆鑽石的模型。我雇了五個熟練的工匠，除了那一大件活兒之外，我還接有好幾件活兒，所以我的作坊裡有價值連城的寶石美玉和金銀。我養了一條又大又漂亮的長毛狗，是公爵亞歷山大送給我的。這畜生非常善於銜獵物，我打下來的各種鳥獸都能給我銜回來，另外看家護院也毫不含糊。

　　那時，我雇了一個極為俊秀的姑娘為我做模特兒，這對於像我這樣一個29 歲的人來說是很自然的事情，她對我一往情深。由於這一原因，我在離作坊和工匠的住所都很遠的地方搞了一套房子，它由一條昏暗的小道與那位姑娘的寢室聯通。我經常和她在一起過夜，儘管我平時睡覺稍有風吹草動就會醒，但一玩兒罷女人，我有時候會睡得雷打不動。

　　一天晚上，一個自稱是金匠而實際上是個賊的傢伙盯上了我，他看到那些寶石以後就打算偷走。這個傢伙闖進作坊，見到一些用金銀製作的小件物品，正忙著打開一些箱子去拿他原來發現的寶石，我的狗撲到了他身上，他

手忙腳亂地趕快拿劍自衛。狗自然鬥不過拿著武器的人，它就在屋裡亂竄，一看工匠的房間由於天熱而敞著門就闖了進去。它大叫一陣，工匠們毫無反應，它就把床上的東西往下拽，他們仍然沒有動靜，它就一個一個地拉他們的胳膊，直到把他們都弄醒。它發瘋似的叫著，跑在前面向他們指示著要去的地方。鬧了半天他們不想去，這幫敗家子被狗攪鬧得心煩意亂，就撿起石頭和棍棒去砸它。這對他們只是舉手之勞，因為我曾吩咐他們在那裡點起了一盞長明燈。最後他們乾脆關緊了房門。

那條狗一看不能指望這幫無賴幫忙，只好自己孤軍奮戰。它跑到作坊一看賊已不在就追了上去，追上以後就咬住斗篷從那人背上撕扯下來。要不是那個傢伙求幾個裁縫幫了他的忙還真是不好辦，他說那是一條瘋狗，求他們看在天主面上救他一命。裁縫們信了他的話，竄出來費了很大的勁兒才把狗趕跑。

太陽出來以後，工匠們來到作坊，一看房門大開，所有的箱子都被砸壞，就放開嗓門兒大叫起來：「哎呀，倒楣啦！哎呀，倒楣啦！」叫喊聲把我驚醒了，我慌裡慌張地跑了出來。他們一見我就喊道：「真倒楣！我們遭人搶了，所有的東西都被洗劫一空！」我一聽這話頓時傻眼了，簡直不敢去看那只大箱子裡是不是還有教皇的寶石。我憂心如焚，兩隻眼睛好像啥也看不見了，就讓他們自己去打開箱子，看看教皇的寶石丟了多少。

這幾個夥計都穿著襯衫，他們打開箱子一看，寶石和我做的活兒都在那裡，高興得大叫起來：「一點事兒也沒有，你的活兒和所有的寶石都在，只是我們被偷得只剩下襯衫了，昨天晚上天太熱，我們把衣服都脫在作坊裡放在這兒了。」我逐漸地回過神兒來，謝過天主後我說：「去買新衣服去吧，錢由我來付，只是我有了空要聽聽整個事情的經過。」最使我痛苦、使我失去知覺、提心吊膽的——這與我的本性格格不入——是我擔心可能會有人以為我捏造這麼一個偷盜的事實來侵吞那些寶石。實際上已經有人對教皇克萊門特這麼說了，其中有一個他最信任的僕人，還有其他的人，也就是弗

朗切斯科‧德爾‧內羅、他的會計札納‧德‧比廖蒂、瓦索納主教，另外還有幾個諸如此類的人[1]：「最神聖的教皇，您為何將如此貴重的寶石交給一個年輕人呢？他連 30 歲都不到，渾身上下是一團火，對暴力的興趣要超過藝術。」教皇問他們之中有誰能證明我幹了任何值得懷疑的事情。他的司庫弗朗切斯科‧德爾‧內羅[2]回答說：「不，最神聖的教皇，因為他還沒有機會。」教皇說：「我看他是個徹頭徹尾的老實人。即便是我親眼看到他犯罪，我也不會相信。」這就是那件使我最痛苦的事，我突然想起了它。

我打發那幫年輕人去買新衣服以後，就把那些寶石儘量擺放好，然後帶上我做的那件活兒和這些寶石立即去見教皇。弗朗切斯科‧德爾‧內羅已經對教皇講了一些我作坊裡發生的事，並且使他起了疑心，所以他對此事只會感到氣憤。他狠狠地瞪了我一眼，極為傲慢地說道：「來此有何貴幹？出了什麼事？」「這是您所有的寶石，一顆也沒有少。」教皇一聽滿臉放光，說：「那麼，歡迎你。」我讓他看那件活兒，他看的時候我向他講了整個偷盜的過程和我內心的極大痛苦，以及我在這件事上遇到的最大麻煩。我說話時，他時常回過頭來直盯著我的眼睛。弗朗切斯科‧德爾‧內羅也在場，這使他感到好像有些後悔他說的不符合事實。他聽我叨嘮了半天以後大笑起來，送我時他說了這樣的話：「去吧，注意做一個誠實的人，我的確知道你誠實。」

53

我繼續抓緊趕做那個金扣，同時還為鑄幣局效力。此時一些假幣開始在羅馬流通，都是由我製作的模具衝壓的。有人立即把假幣拿給教皇看，他聽到對我的指控後對鑄幣局局長賈科波‧巴爾杜奇說：「盡你的一切力量找到罪犯，

1. 這幾個人之中我們只能查出瓦索納主教。他是教皇克萊門七世的心腹和懺悔神父，1523年就任主教，1533年死於羅馬。─英譯注
2. 瓦爾基（見第 18 章）將此人描寫得極為醜惡，認為他是整個佛羅倫斯城裡最貪得無厭的人。─英譯注

朕相信本韋努托是個誠實的人。」那個大逆不道的局長實際上是我的仇敵，他回答說：「最神聖的教皇，願天主能證明你說的話是真的，可我們已掌握一些對他不利的證據。」教皇聽後轉向羅馬行政長官，要他一定要找到罪犯。

在此期間，教皇派人找到我，他很小心地把話題轉到硬幣上，在適當的時候問我：「本韋努托，你敢造假幣嗎？」我回答說，我覺得我能造得比所有幹這種壞事的無賴都要好，因為幹這種罪惡勾當的傢伙沒有能耐掙錢，也沒有多大本事。而我雖然不才，掙的錢也能使我過上好日子。我每個上午為鑄幣局沖模具至少也能掙三克朗，這是按習慣支付的數目，而鑄幣局局長對我懷恨在心，他老想壓低我的報酬。所以我承蒙天恩和世人的厚愛而掙的錢對我已經足夠了，造假幣我還得不到恁多哩。

教皇完全明白了我的意思。他曾命令手下人留意防止我逃出羅馬，這時則讓他們去仔細搜查，不要再注意我，因為他不想惹我，以免失去我。接到他命令的官員是財政署的人，他們履行職責仔細搜查，很快就找出了那個無賴。他是在鑄幣局工作的一個模壓工，名叫切薩雷‧馬凱隆，是個羅馬人，他們還發現了一個和他在一起的鑄幣局的鑄造工。

54

就在那一天，我帶著愛犬路過納沃納市場，剛走到治安官的大門對面，我的狗大叫著飛身跑到門裡面撲向一個年輕人。此人因受到一個名叫唐尼諾的人的控告而被捕（唐尼諾是來自帕爾馬的一個金匠，曾是卡拉多索的學生），理由是他搶劫過唐尼諾。狗發了瘋似的要把那個年輕人撕碎，一旁的治安隊員看得直心寒。當時，他正厚著臉皮為自己辯護，而唐尼諾也沒有足夠的證據來證實他的指控，再加上治安隊的一名下士是那人父親的一個朋友，也是個熱那亞人。要不是由於那條狗和其他一些原因，他就要被釋放了。

我來到跟前時，狗已不再害怕劍和棍棒，又一次向那年輕人撲去。他們告

訴我說，如果我不把那畜生喊回來，他們就要打死牠。我儘量地控制住牠，但就在這時，那年輕人整理他的斗篷，一些紙包從他的風帽裡掉了出來，唐尼諾一看就認出是他的東西。我也認出了我的一個小戒指，於是就喊道：「這就是闖進我的作坊搶東西的那個賊，我的狗認出了他。」我把狗放開，它又撲向那強盜。那傢伙一看馬上向我求饒，答應歸還我所有的東西。我把狗控制牢，他開始交還偷我的金銀和戒指，另外還有二十五克朗。他再一次求我發慈悲。我讓他與天主言歸於好，我本人不會把他怎麼樣。這樣我又回去幹我的活兒。

幾天以後，那個造假幣的切薩雷·馬凱隆在鑄幣局對面的班基被絞死，他的同謀被送到大木船上去划槳[1]，那個熱那亞小偷被絞死在花園，而我作為一個誠實者的聲譽則比以前大為提高。

55

眼看我就要完成那件活兒了，整個羅馬發了大水。[2] 我關注著事態的發展。那一天快完了，時鐘敲了二十二下，大水繼續上漲，十分可怕。我的房子和作坊的前面對著班基，而後面則要高出好幾碼，因為它朝向蒙特－焦爾達諾。我先考慮到個人的安危，其次是自己的榮譽，就把寶石裝進口袋，把那件金器交給我的工匠保管，然後光著腳從後窗戶跳下去，蹚水來到卡瓦洛山。在那裡我找到了教廷財政署的職員喬瓦尼·加迪先生和畫家巴斯蒂亞諾·韋內齊亞諾。我把寶石交給了那位職員讓他妥為保管，他對我就像他的兄弟一樣。幾天以後，兇猛的河水逐漸平靜下來，我回到作坊，極為幸運地完成了那件活兒。這全靠天主的恩典和我本人的勤奮努力，它被認為是在羅馬所見到的最優秀的傑作。[3]

1. 這是古代西方懲罰罪犯的一種方式。
2. 此事發生在 1530 年 10 月 8 日和 9 日。一英譯注
3. 這件稀世珍寶在教皇統治羅馬期間被保存在聖天使城堡，只在每年的耶誕節、復活

我把金扣拿給教皇，他對我讚不絕口，說：「我要是一個富有的皇帝，我會給我的本韋努托一眼望不到邊的土地。現在朕捉襟見肘，窘迫不堪，可還是能滿足他不算奢侈的願望。」我等教皇把大話說完，向他要求得到一個正好空缺的持權杖的職位。他回答說，他會給我比這重要得多的職位。我還是一本正經地求他給我這一缺分。他笑了，說他願意，但不想讓我到位就職，還讓我與其他被豁免的持權杖者商議一下。他還由於我的緣故恩准他們一項特權，他們早就提出了這一要求，即根據法律程式取得封地的權利。此事就這樣決定了。這個持權杖的職位每年給我帶來略少於二百克朗的收入。[1]

56

我繼續為教皇效力，不時為他做一些小玩意兒。後來他讓我設計一個富麗堂皇的聖餐杯，於是我畫了圖並製作了模型，是用木頭和蠟做成的。它的上部不同一般，我用圓雕製作了三個較大的人物像，分別代表「信仰」、「希望」和「博愛」。與此相對應，杯子的底部環繞一周是用淺浮雕製作的三個歷史故事。第一個是「耶穌誕生」，第二個是「耶穌復活」，第三個是聖彼得頭朝下被釘死在十字架上，我就是這樣接受的委託。

我接手這件活兒以後，教皇經常去欣賞一番。我看他再也沒有給我任何東西的意思，同時又瞭解到鉛封局[2]空缺一個職位，我就在一天晚上向他提出要求，希望得到這個空缺。好心的教皇早把他手捧金扣時誇下的海口忘得一乾二淨，他這樣對我說：「鉛封局的那個職位一年的薪水要超過八百克朗，我要

節和聖彼得節拿出來。1797年，它與教皇尤利烏斯二世的三重冠一起被拆卸後熔化。現在大英博物館保存有後人對它臨摹的三幅圖畫。—英譯注

1. 切里尼於1531年 4 月 14 日擔任這一職務，1535年讓位於威尼斯的彼得羅·科爾納羅。—英譯注

2. 鉛封局是為教皇訓令和國務檔加蓋鉛封的機構，長期由天主教西多會修士所把持，但有時也接納俗人。此事發生在1531年秋。—英譯注

是把它給了你，你就會整天閒得撓肚皮，你精湛的手藝就會荒廢，那時我就要挨罵了。」我馬上回答說：「良種貓養肥了要比餓著肚子更會逮老鼠。同樣的道理，有才能的老實人只有在衣食豐盈之後才會大展經綸。因此陛下應該注意，對這些人解囊相助的君主就是在春風化雨、培育天才，因為天才來到世間時總是嬌嫩柔弱、寒微低賤。陛下還應該知道，我要求這一職位時根本就沒有抱什麼希望，做一名小小的持權杖者我就心滿意足了，再想別的無異於海底撈月。陛下既然不想給我，就把它送給一個受之無愧的天才吧，千萬不要送給一個整天撓肚皮的蠢豬，如果我可以引用陛下的話。您要以先皇尤利烏斯為榜樣，他曾把這一同樣的職位授給了最令人欽佩的建築師布拉曼特。」

　　我把話說完以後馬上鞠了一躬，然後就氣呼呼地走了。緊接著，畫家巴斯蒂亞諾‧韋內齊亞諾上前說道：「最神聖的教皇，希望您把它授給一個勤奮地展示其才能的人。陛下明察，我在藝術上孜孜不倦，請您考慮我這個合適人選。」教皇回答說：「那個魔鬼本韋努托容不得別人指責他。我本來想把這個職位給他，可他不該眼裡沒有我這個教皇，所以我現在還舉棋不定。」這時，瓦索納主教過來替巴斯蒂亞諾說話：「最神聖的教皇，本韋努托還年輕，他佩劍比穿僧袍更合適。希望陛下將這一職位給這個聰明的巴斯蒂亞

切里尼在巫術圈裡
By Salvador Dalí

切里尼手刃殺害弟弟的兇手
By Salvador Dalí

諾。將來總有一天你會給本韋努托一個肥缺,也許[1]比這個更適合他。」於是教皇轉身對巴爾托洛梅奧·瓦洛里先生說:「你下次見到本韋努托時替我告訴他,是他為畫家巴斯蒂亞諾謀到了那個鉛封局的職位,還告訴他下一個肥缺就是他的。同時要他好自為之,完成我交給他的活兒。」

第二天晚上日落後兩個小時,我在鑄幣局的拐角處碰見了巴爾托洛梅奧·瓦洛里先生。他由兩個火把開道匆匆忙忙地去見教皇,教皇派人找他。我剛摘掉帽子他就把我喊住了,然後以最友好的態度向我傳達了教皇的旨意。我回答說,我會比以往任何一次都要更勤奮、更專心地去完成我手裡的

1. 此人曾是麥地奇家族的忠實追隨者,是佛羅倫斯史上的一個重要人物。後因感到沒有得到應有的回報而反對麥地奇家族的統治,結果於1537年和他的兒子、侄子一起被斬首。—英譯注

活兒，但一點也不指望從教皇那裡得到任何回報。巴爾托洛梅奧先生訓斥了我，說哪能這樣對待教皇的好意。我說我不這樣對待他那才叫發瘋哩，——明知道從他那裡啥也得不到卻又指望著他的空頭許諾，這難道不是發瘋嗎？說完我就回去幹活了。

巴爾托洛梅奧先生肯定把我說的氣話彙報給了教皇，也許他還要添枝加葉，因為教皇有兩個多月沒有派人找我，而在此期間誰也無法讓我主動登門找他。可他對聖餐杯望眼欲穿，於是就委託魯貝托‧普奇先生[1] 注意我的動靜。這個大好人每天都來看我，總是對我說些好話，我也對他以禮相待。這時，教皇動身前往博洛尼亞的日期日益迫近，[2] 他看我沒有去拜訪他的意思，就讓魯貝托先生去找我，要我帶上做的活兒讓他看看進展如何。這樣我把它拿給教皇看，不用我說就能看出最重要的部分已經完成，於是我就請他先給我五百克朗，一方面作為先付給我的部分報酬，另一方面我需要金子來完成這件活兒。教皇說：「繼續幹吧，活兒做好了再說。」我臨走時回答說，如果他付給我錢，我就會做好它。這樣我就走了。

57

教皇動身前往博洛尼亞時，留下樞機主教薩爾維亞蒂作為他在羅馬的使節，並委託他督促我幹活兒，他還說：「本韋努托這個人對他自己的巨大才能估價很低，對我們的估價就更低。一定要讓他不停地幹，我回來時要看到那個杯子做好。」

八天以後，那個畜生般的樞機主教就派人去找我，要我把做的活兒帶上。

1.　此人是麥地奇家族的另一個忠實追隨者，1524年被保羅三世任命為樞機主教。─英譯注

2.　1532年11月18日，克萊門特到博洛尼亞會見神聖羅馬帝國皇帝查理五世。1529年，教皇曾在那裡為他加冕。─英譯注

我偏偏空著手去了。他一見我的面就吼道：「你那個大雜燴在哪兒？做好了嗎？」我回答說：「尊敬的閣下，我的雜燴沒做好，我也不能把它做好，除非你把做菜的原料給我拿來。」一聽這話，這個本來就只有三分像人七分倒像驢的傢伙變得比平時更難看一倍，他想馬上了結這件事，於是就大聲說：「我要把你送到大木船上去划槳，到那時也許你就會繼續幹了。」這個傢伙的野蠻行徑使我變得也野蠻起來，我反駁道：「閣下，如果我罪有應得，就把我送到船上好了。可就憑我現在做活兒慢了一點你就要送我？拉倒吧！讓你的大木船見鬼去吧！而且我還要告訴你，就是因為你，我再也不摸那件活兒了。以後不要再找我，我不會露面的，不會，你就是派治安隊去叫我也不行。」

打這兒以後，那位樞機主教又幾次派人來告訴我要我繼續幹，並要我把手頭的活兒拿給他看。我只對捎信的人這樣說：「去告訴樞機主教閣下，如果他要我把雜燴做好，就叫他把原料給我拿來。」除此以外，我沒有說過別的話。這樣一來，他也只好死了心。

58

教皇從博洛尼亞回來後立即派人找我，因為樞機主教在給他的快信中把我寫得一塌糊塗。教皇氣得暴跳如雷，要我拿著手頭的活兒立即去見他。我服從了命令。說起來教皇在博洛尼亞的時候，我的兩眼急性發炎，疼得我簡直要死要活，這是我沒有幹活兒的主要原因。由於病情非常嚴重，我以為肯定會失明，於是我就算計如果終生失明的話需要多少錢才能維持生計。

去見教皇的路上，我腦子裡一直想著如何解釋沒有幹活兒的原因。我想在他看杯子的時候告訴他我的不幸。可我無法這麼做。我一來到御前，他就對我咆哮起來：「把你做的活兒拿過來，做好了嗎？」我把它拿了出來，他一看火氣更大了，又對我吼叫起來：「我一本正經地告訴你，你把自己的目中無人看成是理所當然的事情，我要是不顧忌自己的體面和身份，就會把你

和你做的活兒一起扔到窗戶外面去。」

我一看教皇變得如同一頭兇猛的野獸，就開始琢磨著如何設法離開此地。於是在他逞兇的時候，我把做的活兒塞到斗篷底下，小聲地說道：「任誰也無法讓一個瞎子做這樣的活兒。」教皇又抬高了嗓門兒喊道：「過來，你說什麼？」我腦子裡有兩個主意在來回打轉，即是否飛身衝下樓梯。一會兒我拿定了主意，於是撲通一聲雙膝跪倒，放開嗓門兒大吼大叫，他的吼聲也沒有停下來。我叫道：「我要是眼變瞎了還要繼續幹嗎？」他反駁道：「你瞎眼能到這裡來嗎？簡直是胡說八道。」我看他的嗓門兒低了一點，就回答說：「陛下問問你的醫生就知道了。」他說：「呵！輕一點兒，朕有空了再好好聽聽你說的是真是假。」我一看他願意聽，就繼續說下去：「我相信我這場災難的唯一原因就是樞機主教薩爾維亞蒂。陛下剛走他就派人來找我，我一見他，他把我做的活兒叫做大雜燴，又說他要把我送到大木船上去做好它。他的惡言惡語氣得我滿臉發燒、兩眼冒火，疼得我簡直難以忍受，結果回家時我就看不清路了。兩天以後眼裡生了白內障，基本上喪失了視力，陛下走了以後我就一點也不能幹活兒了。」

說完後我站了起來，未經許可就離開了御前。

後來有人告訴我當時教皇這樣說：「你可以委託別人辦事，但你無法讓他慎重地去辦事。我並沒有讓樞機主教如此粗野地去辦這件事。如果他真的害眼是可以原諒的，這要問問我的醫生。」當時在場的有一個和教皇很熟的大貴族，也是一個才華出眾的人。他問我是誰，他是這樣說的：「最神聖的教皇，請原諒我提個問題。我發現您在如此憤怒的同時又流露出如此深切的同情，所以我請求陛下告訴我這個人是誰。如果此人值得幫助，我可以傳授他一個治療這一眼疾的祕方。」教皇回答說：「他是他那一行之中最偉大的藝術家。以後有了機會我會讓你看看他的一些傑作，也看看他這個人。如果我們能想辦法幫他一把，我將感到很高興。」

三天以後吃過午飯，教皇派人來找我，我看到那個貴族也在場。我一到，

教皇就讓人去把我做的那個金扣拿出來，我也同時拿出了聖餐杯。那個貴族一看就說，他從來沒有見過這麼了不起的作品。金扣一拿出來，他更是驚得目瞪口呆。他盯著我的臉說：「我看這個人年輕有為，將來還能學到很多東西。」然後他問我的名字，我回答說：「我叫本韋努托。」他說：「今天對你來說我也是本韋努托[1]。取帶有莖、花、根的鳶尾花放在文火上熬湯，然後用此湯每天洗眼幾次，肯定能治好你的病。但一定要先排泄大小便，然後再用藥洗眼。」教皇也說了一些安慰我的話，然後我就還算滿意地走了。

59

我害眼是不假，可我認為那是我的作坊遭到搶劫時我雇的那個年輕漂亮的模特兒傳染給我的。實際上法蘭西病在我身上一直潛伏了四個多月，然後在我全身一下子爆發出來。我這病與人們常見的不一樣，而是身上起水泡，大小如六便士硬幣，呈玫瑰色。醫生說這不是法蘭西病，儘管我向他們解釋就是。我繼續按他們的方法治療，但毫無效果。最後我不顧羅馬第一流的醫生的勸告，決定服用聖木湯[2]，服用時我最嚴格地遵守著各種清規戒律。幾天以後，我感到大有好轉，到了五十天頭上我完全治癒，又活蹦亂跳起來。

不久以後，為了恢復體質，我就在冬季來臨之際外出打獵。不過搞這項娛樂要見風見水，要待在沼澤地裡，所以幾天以後我的身體就比以前糟糕了一百倍。我又一次接受了醫生的治療，但還是越治越糟。後來我發了燒，就決定再一次求助於聖木，但醫生不准，說我要是發燒時用它恐怕連一個星期都難活。可我拿定了主意不聽醫生的命令，還像以前那樣忌口，結果服用四天湯藥之後燒就完全退了。

我的體質恢復得很快，服湯藥期間我一直不停地製作聖餐杯的模型。我

---

1. 這是一句無法譯出的雙關語，它的另一意思是「今天我就叫你歡迎我」。「本韋努托」在義大利語中的意思就是「受歡迎的」。

2. 義大利人所謂的聖木即愈瘡木。—英譯注

還要補充一點，我在嚴格地遵守清規戒律的那一段時間裡創作了我一生中最漂亮最精巧的作品。五十天以後，我的健康完全恢復，然後又竭盡全力地加以保持和鞏固。最後我大膽地放寬了嚴格的飲食限制，我發現疾病已經完全消失，感到好像再生一般。我樂於從事增進健康的活動，健康的身體是我一心嚮往的，但我從來沒有停止過工作。無論是聖餐杯的製作還是鑄幣局的工作，我都理所當然地給予了應有的關注，就像關注我自己的健康一樣。

60

我前面提到那個早就將我視如寇仇的樞機主教薩爾維亞蒂，後來他被任命為駐帕爾馬的教皇使節。在那座城市，有一個名叫托比亞的米蘭金匠由於造假幣而被捕，後被判絞刑。由於他是個很有才華的人，有人就在樞機主教面前為他求情，於是樞機主教就推遲了判決的執行。他給教皇寫信，說他得到了世界上最好的金匠，此人由於造假幣被判死刑，但他是個善良而又單純的人，他為自己辯護說他曾與懺悔神父商量過，並說是得到神父的允許才這麼做的。樞機主教又寫道：「如果陛下將這個大藝術家召到羅馬，您就能煞一煞您的紅人本韋努托那咄咄逼人的傲氣，我相信托比亞的作品遠比他的更能使您喜歡。」

於是教皇馬上把他召去，他一到，教皇就讓我們兩人去見他，讓我們每人設計一個安放一隻獨角獸角的方案。這是人們見到的最漂亮的一隻角，是教廷財政署花一萬七千達克特買來的。教皇打算把它送給弗朗索瓦國王[1]，但想先把它裝飾得金碧輝煌，為此他命令我們畫出設計圖來。

圖畫好以後，我們就拿給教皇看。托比亞的設計是燭臺形的，獸角像蠟燭一樣插在上面，底部是四個小獨角獸頭，設計得非常蹩腳，我一看就忍不住暗暗發笑。這被教皇發現了，他喊了一聲：「好，把你的設計拿出來讓

---

1. 指法蘭西國王弗朗索瓦一世。

我看看！」我只設計了一個獸頭，與獸角的大小相稱，頭設計得要多美有多美，原因是它一半來自馬一半來自鹿，還配有異乎尋常的鬃毛和其他的裝飾物。所以人們一看到我的設計，就眾口一詞地認為它好。不過當時在競賽現場的一個極為尊貴的米蘭紳士說：「最神聖的教皇，您是要把這件厚禮送到法蘭西的。請您想一想，法蘭西人毫無教養，他們根本無法理解本韋努托的作品的奧妙，而像托比亞的設計正合他們的口味，而且做起來也要快一些。本韋努托可以全力以赴地去完成您的聖餐杯，這樣兩件作品會同時完成。而且這樣安排的話，您召到羅馬的這個可憐蟲也會有機會做事了。」教皇一心想得到他的聖餐杯，就十分樂意地採納了這位米蘭紳士的建議。

所以，教皇在第二天就讓托比亞安放獨角獸角，並派他的保管庫[1]主管吩咐我完成聖餐杯。我回答說，世界上最令我神往的，莫過於完成我已著手製作的漂亮活兒了；要是所用的材料不是金子，我早就不費勁兒地把它完成了；但由於是金子，陛下要是想讓我完成就必須給我一些這種金屬。這個俗吏回答說：「嚇，你可不要向教皇要金子！你要是把他逼急了，你可要完蛋了。」我說：「哎呀，我的好大人，請您告訴我，沒有麵粉怎能做麵包？所以沒有金子，我的這件活兒就完不成。」保管庫主管好像感到我耍弄了他，於是就對我說，他要把我的話全部彙報給陛下。他果然這麼做了。教皇怒火中燒，發誓要看看我是否真的發了瘋不去做完那件活兒。就這樣過了兩個多月。儘管我聲稱不會去摸那個聖餐杯一指頭，可實際上我沒有這麼做，還是興致勃勃地繼續我的製作。教皇發現我不拿給他就真的生了氣，揚言要以某種方式對我進行懲罰。

教皇說這話時，正好一個為他效力的米蘭珠寶匠在場。他叫蓬佩奧，與

---

1. 保管庫是顯貴邸宅中存放武器、餐具、傢俱和衣服的地方。─英譯注

教皇克萊門特最寵愛的僕人特拉亞諾先生關係密切。兩人串通一氣以後來見教皇，對他說：「陛下若是免去本韋努托在鑄幣局的職務，也許他就會考慮完成聖餐杯的事了。」教皇回答說：「不。這會造成兩個惡果：第一，鑄幣局為我服務的品質將會變得糟糕起來，這對我事關重大；第二，我肯定得不到聖餐杯。」這兩個米蘭人發現教皇討厭我，最終成功地說服教皇免去了我在鑄幣局的職務，將其給了一個人稱法焦羅的年輕的佩魯賈人。

蓬佩奧來通知我，說陛下已免去了我在鑄幣局的職務，如果我做不好聖餐杯，別的職務也會給我免去。我反駁道：「告訴陛下，他在鑄幣局罷免的是他而不是我，他說的其他職務也是一樣。他要是再想給我這一職務，我說啥也不會接受了。」這個又粗野又倒楣的傢伙飛也似的跑去向教皇報告了我們的談話，當然他免不了要添油加醋。

八天以後，教皇又派這個傢伙來告訴我，他不打算要我完成聖餐杯了，而是要我就照目前的這個樣子給他拿回去。我告訴蓬佩奧：「這件東西和鑄幣局不一樣，不是他想拿走就可以拿走的。但我領的五百克朗是陛下的，我隨時都可以歸還，而這件物品本身是我的，我想咋著就咋著。」蓬佩奧又跑回去彙報我的話，當然還有我在氣頭上罵他的一些難聽話。

61

三天以後是個星期四，陛下手下兩個受寵的名譽侍從來找我。其中的一個現在還活著，是一個主教，名叫皮耶爾・喬瓦尼先生，當時是保管庫的一名官員。另一個出身要高貴一些，但他的名字我已經忘了。他們來到以後對我這樣說：「是教皇派我們來的，本韋努托。既然跟你好好商量行不通，現在教皇命令：要麼你把他的東西交給我們，要麼我們把你投入監獄。」我滿不在乎地望著他們回答說：「大人，我要是把這件東西給了陛下，那我所給的是我的東西而不是他的東西，而且目前我還不打算把這件東西送給他。我耗費了大量心血

才把它做成現在這個樣子，所以不想讓它落到一個蠢驢手裡，他隨手就會把它毀掉。」我說話時金匠托比亞就站在旁邊，他甚至厚著臉皮向我要那件活兒的模型。我恰如其分地反駁了這個無賴，這裡就不必重複了。然後那兩個紳士，也就是教皇的名譽侍從，催命鬼似的問我打算咋辦，我告訴他們我已經準備好了。於是我拿起斗篷，在離開作坊之前面對一幅基督像，無限崇敬地禱告說：「啊，我們仁慈的不朽的公正的神聖的主，您做的一切都是根據您舉世無匹的公正裁決。您知道，我現在正好 30 歲，直到這一刻我還從來沒有因為我的任何行為而受到過入獄的威脅。既然是您願意讓我入獄，我就衷心地感謝您的聖裁。」說完，我轉向兩個侍從，沉著臉對他們說：「拘捕我輩的捕快不能低於大人的身份。讓我走在你們兩人中間，隨便把我押解到啥地方都行。」這兩位彬彬有禮的紳士大笑起來，於是我就走在他們中間，一路說笑著來到羅馬行政長官馬加洛托那裡。我來到他跟前（檢察官和他在一起，兩人都在等我），教皇的兩位侍從還在笑著，他們對行政長官說：「我們把這個囚犯交給您，您一定要照料好他。我們很高興為您效勞，因為本韋努托說這是他第一次被捕，所以拘捕他的捕快不能比我們的身份低。」離開我們以後，他們馬上就去找教皇，向他詳細講述了整個事情的經過。教皇一開始好像要發火，但後來克制住自己並笑了起來，因為當時在場的有一些貴族和樞機主教，他們都是我的朋友，都熱情地支持我。

這時，行政長官和檢察官對我又是威嚇、又是規勸、又是忠告，說一個人委託另一個人做東西完全有理由自願地將其收回來，並可以用他認為最適當的任何方式。對此我回答說，這種做法並無司法依據，教皇也不能這樣做，因為教皇與一些小暴君不一樣，小暴君無法無天地隨意虐待人，而教皇不能幹任何這樣的殘暴行為。行政長官擺出了威脅恐嚇的衙門做派，說：「本韋努托，本韋努托，你這是逼著我去收拾你，這可是你罪有應得。」「要說我應得的話，我應得到你對我的尊重和禮遇。」他又一次打斷我的

話，喊道：「馬上叫人去拿你做的活兒，不要讓我再說第二遍。」我回答說：「大人，請您開恩允許我再申辯幾句話吧。」檢察官這個人遠比行政長官講理，轉身對他說道：「閣下，如果他願意，就讓他再說一百句又能怎樣？只要他把那件東西交出來，我們的任務就算完成了。」於是我說：「如果任何一個人請人建一座宮殿或一座房子，他完全有理由對領班的師父這樣說：『我不想讓你再建我的房子或宮殿了。』這樣，付給他報酬以後就可以把他解雇了。同樣，如果一個貴族托人鑲嵌一顆價值一千克朗的寶石，一旦他發現寶石匠沒有按他的要求去做，他就可以說：『把我的寶石給我，我不想讓你做了。』但我的情況和這些都不一樣；這裡既沒有房子也沒有寶石；除了我拿的那五百克朗以外，誰也不能再向我要別的東西。所以閣下您就看著辦吧，除了那五百克朗您啥也得不到。去把這些告訴教皇。您的威脅一點也嚇不住我，我是個誠實的人，不怕承擔任何罪責。」

行政長官和檢察官站了起來，說他們要去見教皇，回來以後我的命運就會見分曉。於是我就在監管之下待在那裡。我在一個大廳裡來回踱步，大約三個小時以後他們從教皇那裡回來了。在他們離開的那段時間裡，國內商界的精英來看我，勸我不要繼續與教皇作對，這樣會毀了我。我回答說，我已拿好了主意，知道自己該咋辦。

62

行政長官和檢察官一起剛從教皇那裡回來就派人叫我，對我這樣說：「本韋努托，很對不起，我帶著教皇的命令回來了。你要馬上做聖餐杯，否則你就當心。」我回答說：「我一直不信一個神聖的教皇會幹出這種缺德事，所以我要親眼看了以後才會相信。那你就隨便吧。」行政長官回答說：「我要再向你轉達幾句教皇的話，然後就執行我接到的命令。他說，你要把你的那件作品拿到我這裡，我看過以後放進一個盒子裡封起來，然後再給他拿去。他保證不啟

封，原封不動地再還給你。他一定要這麼做，以保全他在這件事上的面子。」聽完他的話，我笑著回答說，我非常樂意像他們說的那樣把東西交出來，我很想知道一個教皇的話到底有多大分量。

於是我叫人把東西拿來，像上面所說的那樣封起來交給了他。行政長官又去了教皇那裡。據他親口對我說，教皇拿著盒子翻過來倒過去看了好幾遍，然後問行政長官是不是看過那件東西。他回答說看過，而且是當著他的面封起來的，又說他感到那是一件非常了不起的作品。教皇說道：「你告訴本韋努托，教皇有權力啟封比這重要得多的東西。」說著，他顯出生氣的樣子撕掉封盒子的線和封條，把盒子打開。他看了好長時間，據我後來聽說，他拿給金匠托比亞看，托比亞對它嘖嘖讚歎。教皇問他是不是也能做一件這樣的東西，他說可以，教皇讓他完全照著它的樣子做。然後他轉身對行政長官說：「看看本韋努托是否願意交出來，如果願意，朕就按行家的估價付給他報酬。但他要是真想自己把它完成，讓他定一個時間。如果你相信他打算做，他可以得到他要求的所有合理的便利條件。」行政長官回答說：「最神聖的教皇，我知道這個年輕人脾氣暴烈，所以請允許我按照自己的方式痛痛快快地訓他一頓。」教皇告訴他，無論怎麼說都可以，儘管他相信這會把事情弄糟。如果他最終無計可施，就命令我把那五百克朗交給教皇的珠寶匠蓬佩奧。

行政長官回來後派人把我叫進他的密室，他以捕快一般的眼神瞥了我一下說：「教皇有權力封啟全世界，他做的一切都合乎天意。看一看你的盒子吧，它已被教皇打開看過了。」我馬上抬高了嗓門兒說：「感謝天主，現在我總算知道並能說出到底啥是教皇的承諾了。」接著，行政長官就開始連說帶比畫地嚇唬我，但發現沒有啥效果，於是就收斂了他那囂張的氣焰，以一種較為溫和的語氣對我說了如下的話：「本韋努托，你這樣不知好歹我真感到遺憾。既然這樣，如果你覺得合適，就去把你的 500 克朗拿來交給蓬佩奧。」我拿起我的作品回家，很快就把錢拿來交給了蓬佩奧。

教皇很可能以為我缺錢，或由於別的什麼原因我一下子拿不出恁多錢來，然後就以此來迫使我就範。結果他看到蓬佩奧笑眯眯地拿著錢來了，於是就狠訓了他一頓，並為事情的這一結局嘆惜不已。接著他說：「去本韋努托的作坊裡找他，對他越有禮貌越好，就看你這天生粗野的傢伙有多大本事了。告訴他，如果他願意完成那件作品，能讓我把它放在聖物盒裡走在慶祝聖體節[1]的隊伍之中，我會為他提供各種便利條件，只要他繼續幹下去。」

就這樣蓬佩奧來了，他把我叫到作坊外邊，像驢一樣假惺惺地擁抱我，然後把教皇的命令一五一十地交代一番。我毫不猶豫地回答說：「我在世上最大的心願，就是重新得到如此偉大的一位教皇的喜愛。我已經失去了他的愛，這確實不怪我，而要怪我那場大病和那些忌妒者的邪惡，這些人專門以害人為樂。教皇有很多僕人，下一次就不要讓他再派你來了，如果你珍視自己的話⋯⋯甚至你要注意自己的安全。不論白天黑夜，我都不會忘記全身心地為教皇效力。你要記清楚，如果你向教皇陛下彙報了這些話，你就再也不要以任何方式對我的事情干預一絲一毫，我會給你應有的懲罰讓你認錯。」

這傢伙把我的話都對教皇說了，而且說得要比我的原話厲害得多。這件事就這樣平息了一陣，我還是在我的作坊幹我的活兒。

63

與此同時，金匠托比亞正忙著安放和裝飾那個獨角獸角。不僅如此，教皇還讓他按照他所看到的我做的樣子製作聖餐杯。但是當托比亞把他做的拿給教皇看時，教皇感到極為不滿，於是非常後悔與我鬧崩，他把托比亞做的所有的活兒以及向他推薦這些活兒的人統統數落一番。有好幾次巴奇諾・德拉・克羅切從他那裡來，告訴我不要忽略了那個聖物盒。我回答說，我請陛

---

1. 天主教的節日之一，在三一節後的第一個星期四，也就是復活節後的第九個星期四，由教皇烏爾班四世於1264年創立。

下讓我在大病一場之後先歇口氣，而且我的病還沒有完全好，又說我會清楚地讓他知道，我會把能工作的全部時間都用在為他效力上。實際上我已開始製作他的雕像，並祕密地製作一枚徽章。我在自己屋裡製作衝壓這枚徽章的鋼模具。我在作坊裡有一個合夥人，那是我的徒弟，名叫費利切。

當時我還年輕，愛上了一個西西里姑娘，她的美貌實在不同一般。後來明顯可以看出，她對我有投桃報李之意。她母親看出了蹊蹺，便對事態的發展產生了疑慮。實際上我已打算和這姑娘私奔到佛羅倫斯一年，當然要瞞著她母親。沒想到這姑娘聽到了風聲，就在一天夜裡偷偷地離開了羅馬到那不勒斯去了。她放風說是從奇維塔－韋基亞這條路線去的，而實際上她走的是奧斯蒂亞這個方向。我追到奇維塔－韋基亞，發了瘋似的到處找她。這段離奇的故事太長了，不可能詳細地講，我再說一句也就夠了：我當時幾乎喪失了理智，甚至到了死亡的邊緣。

兩個月以後，她給我寫信說她在西西里，精神上非常痛苦。與此同時，我則享受著男人的全部樂趣。為了忘卻這段真情，我已另有新歡。

64

由於很多偶然的事件，我結識了一位西西里神父，他天賦極高，接受過拉丁和希臘文學的良好教育。有一天在談話中我們談到了巫術，我說：「我一生都最熱切地渴望著能瞭解或學習這門學問。」這位神父回答說：「一個人要想從事這一事業，就要有勇敢和堅定的意志。」我回答道，要說意志的力量和堅定不移，我已經足夠而且綽綽有餘，只要能給我機會。神父說：「如果你有膽量學，我會完全滿足你的好奇。」這樣我們就決定一試。

一天晚上，神父做了準備，他讓我找一個同伴，不超過兩個就可以。我請來了一位好朋友溫琴齊奧·羅莫利，神父則帶來了一個皮斯托亞人，此人也修習這種妖術。我們一起來到圓形劇場，神父穿著巫師的長袍，以妙不可言的儀

式在地上畫著圓圈。我還要說他讓我們帶來了名貴的香料和火，另外還有味道惡臭的藥物。預備程式完了以後，他走進了圓圈，並拉著我們的手一個一個地都進去了。然後他給我們分派了好幾項任務。他讓他請來的那個巫師拿著一個五角星[1]，其餘的我們兩人要照看火和香料，然後他就開始念咒。這一共持續了一個半小時還要多。這時出現了成千上萬的魔鬼，整個圓形劇場裡到處都是。我正忙著照看香料，神父看了看魔鬼的數目後轉身對我說：「本韋努托，向它們隨便提個要求。」我求它們讓我和西西里的安傑利卡重新團圓。那天夜裡我們沒有得到回答，但我在這方面的好奇心得到了最大的滿足。巫師說我們要再來一次，還說我會完全實現我的願望，但他希望我帶來一個真正的童男。

我從我的作坊夥計裡選了一個大約 12 歲的男孩，並再次邀請了溫琴齊奧‧羅莫利。我們還帶了一個名叫阿尼奧利諾‧加迪的人，他是我們兩人的好朋友。我們再次來到指定的地點，巫師還像上次那樣準備一番，那令人難忘的細枝末節比上次有過之而無不及。然後他把我們領進了圓圈，這是他重新畫的，其技藝更加令人讚歎，所用的儀式也更加奇妙精彩。接著他指派我的朋友溫琴齊奧料理香料和火，阿尼奧利諾‧加迪也和他一起幹。最後他把五角星放在我手裡，讓我把它對著他指示的地方，五角星下面我扶著那個小男孩，也就是我的工匠。

一切安排停當之後，巫師開始念念有詞，他呼喚著眾多惡魔的名字，它們都是魔鬼大軍的首領。他是用希伯來語、希臘語和拉丁語，借助天主、尚未產生者、生存者和永生者的力量把它們召來的，轉眼之間整個圓形劇場群魔亂舞，其數量足有上一次的百倍之多。溫琴齊奧‧羅莫利和阿尼奧利諾一起照料著火，還堆起大量的名貴香料。按照巫師的勸告，我又一次要求與安傑利卡團圓。巫師轉身對我說：「聽見它們如何回答了嗎？它們說一個月以

---

1. 巫術中的護身符。

後你就會與她見面。」然後他再一次要我在他身旁站穩,因為魔鬼大軍的數目比他召喚的多一千倍,而且都是地獄之中最危險的居民;既然它們已經回答了我的問題,我們應對它們以禮相待並客氣地請它們回去。

在另一邊,那個五角星下面的男孩看到數以百萬計的惡魔在四周滴溜溜轉來轉去威脅著我們,嚇得尖叫起來。而且他還說出現了四個巨人,它們正拼命地往圓圈裡面擠。與此同時,嚇得渾身打哆嗦的巫師竭力說好話勸它們回去。溫琴齊奧‧羅莫利抖得如篩糠一般地照料著香料。我也和別人一樣嚇得魂不附體,可我儘量地克制自己,並以驚人的勇氣給大家壯膽。實際上我一看到巫師嚇成那個樣子,就以為自己必死無疑。那個男孩嚇得把頭塞到兩膝之間喊道:「我就這樣去死,我們肯定都是死人了。」我又對他說:「這些東西都比我們低下,你所看到的只不過是煙和影子,抬起你的眼看看吧。」他抬起頭往上一看,喊道:「整個圓形劇場都著火了,火正在向我們移動。」他用雙手捂著臉,又哼哼著他死了,再也忍受不了這幅景象了。

巫師求我幫忙,叫我穩穩地站在他身邊往木炭上撒阿魏膠[1]。我轉向溫琴齊奧‧羅莫利,讓他馬上點燃香料。我說這話時看了看阿尼奧利諾‧加迪,他嚇得眼睛從眼窩裡鼓了出來,看樣子已經大半死了。我對他說:「阿尼奧利諾,在這種情況下我們不要害怕,要儘量地鼓起勇氣。你就馬上起來吧,抓一把阿魏膠撒到火上。」就在阿尼奧利諾伸手去抓的時候,他突然放了一個響屁,這遠比阿魏膠見效。那個男孩被屁的惡臭味和響聲喚醒了,他稍微仰起臉來,聽到我的笑聲以後就鼓起了勇氣,說魔鬼們正一敗如水地逃竄。這樣我們一直等到晨禱鐘響起。這時,男孩又說剩下不幾個了,而且都在很遠的地方。

巫師的儀式結束以後,他脫下長袍,把他帶來的書打成一大捆。然後大

---

1. 一種植物樹脂,曾被用作鎮靜藥。

家和他一起走出了圓圈，人們緊緊地擠作一團，尤其是那個男孩，他夾在中間，一隻手抓住巫師的外衣，另一隻手抓住我的斗篷。走在通往班基家中的路上，他不住口地說，他在圓形劇場看到的兩個魔鬼正在我們前面戲耍，一會兒跳上房頂，一會兒蹦到地上。巫師向我保證說，儘管他經常進入魔圈作法，卻從來沒有碰見過如此兇險的場面。他還試圖說服我幫他祝聖一本書，這樣我們就能得到數不盡的財富，因為我們可以召喚魔鬼告訴我們寶藏的所在，這世界上到處都有寶藏，這樣我們就能成為世界上最富有的人，而像我那樣的風流韻事只不過是毫無價值的愚蠢行為，只能滿足虛榮心而已。我回答說，如果我是個拉丁語學者，我會很樂意照他說的去做。他繼續勸我說，拉丁語的學問並不重要，如果他願意他就能找到很多優秀的拉丁語學者，但他還從來沒有見過像我這樣意志堅定的人，我應該聽他的話。這樣一路說著我們就到家了，每個人都做了一夜關於魔鬼的夢。

<h1 style="text-align:center">65</h1>

　　由於我們每天都見面，巫師不住地勸我跟他一塊兒幹，於是我就問他需要多長時間，要到啥地方去。他回答說，這用不了一個月，而最合適的地點則是位於諾爾恰的山區；他的巫術師父曾在羅馬附近一個叫巴迪亞·迪·法爾法的地方祝聖過這樣一本書，但在那裡遇到了一些麻煩，而在諾爾恰的山上則不會出現這種事[1]；而且那個地方的農民值得信賴，他們都幹過這種事，所以必要時他們能提供重要的幫助。

　　這個神父巫師苦口婆心的勸說打動了我，我很想照他的話去做，但我說我希望先完成正在為教皇製作的徽章。我把做徽章一事就吐露給了他一個人，還讓他為我保密。與此同時，我一直不停地問他是不是相信我能和我那

---

1. 這裡屬於亞平寧山脈的中部地區，一直是女巫和制毒者活躍的地方。—英譯注

位西西里的安傑利卡在預定的時間團圓，因為這一日期越來越近，可我一點也沒有聽到她的消息，於是就感到有些不大對頭。巫師對我說，我肯定能和她見面，魔鬼在那種場合說的話是絕對不會不算數的。但他還是讓我保持警惕以防萬一，對自己的愛好要有所克制，他能看出其中有一場迫在眉睫的巨大危險；我要是和他一起去祝聖書對我會有好處，這樣能為我免災，會使我們兩人都成為最幸運的人。

我逐漸地比他還想冒這個險，但我說，博洛涅塞堡的喬瓦尼師父剛到羅馬，他對我製作的那種鋼徽章極為擅長，所以我最大的願望就是與他一爭高低，拿出一件驚天動地的傑作，以才智而不是以武力來打敗我所有的仇人。而巫師則繼續勸我：「不必如此，本韋努托，請你跟我來避開一場大災大難，我看見它就在你眼前。」但我已經打定了主意，不管發生任何事情都要完成我的徽章。這時已經快到月底了，可我對我的活兒著了迷，把安傑利卡之類的事情完全拋在了腦後，把整個身心都投入到工作之中。

66

一天晚禱時分，我不同尋常地要從住所到我的作坊去，這是因為我的作坊在班基，而我住在班基後面，況且我很少到作坊去，我把那裡的一切事都交給了我的合夥人費利切。

在作坊待了一小會兒，我想起來要找亞歷山大·德爾·貝內說幾句話。於是我站了起來，到了班基我碰見一位好朋友貝內代托君。他是個文書，出生在佛羅倫斯，父親是個沿街乞討的瞎子，祖籍是錫耶納人。這位貝內代托君在那不勒斯住了好多年，後來定居羅馬，為基吉[1]的一些錫耶納商人處理事務。我的合夥人曾多次向他要錢，這筆錢是由於交給貝內代托君的幾枚小

---

1. 像「班基」一樣，這也應該是一個商號或行會的名字。

戒指欠下的。那天在班基遇到他以後，我的合夥人很粗暴地向他要錢。

當時貝內代托與他的幾位主人走在一起，這幾個人對此十分惱火，於是就痛罵他一頓，說他們寧可雇別人而不想聽見如此的吵鬧。貝內代托君竭力辯解，發誓說他已經付給金匠錢了，還說他管不住瘋子發瘋。錫耶納人聽了他的話以後非常生氣，當場就把他解雇了。

離開他們以後，貝內代托飛也似的往我的作坊跑去，大概是找費利切進行報復。碰巧的是我們倆在街上相遇了。我對他的事一無所知，所以就按老習慣很有禮貌地向他打招呼，而他卻給我來了個狗血噴頭。於是巫師的話馬上閃現在我腦子裡，我按他的吩咐儘量地控制自己，說：「好兄弟貝內代托，不要對我發這麼大的火，我沒有傷害過你，也不知道你近來的任何事情。請你去找費利切吧，如果你有事要辦的話，他完全可以給你一個適當的答覆。我啥都不知道，你不該這樣對我大罵一通，尤其是你很清楚，我這個人眼裡容不得半點沙子。」他反駁說我啥都知道，他會讓我吃更大的苦頭，還說我和費利切是兩個大無賴。

這時，四周圍了一大群人來看熱鬧。他的惡言惡語激怒了我，我彎腰抓起一把泥——因為天下過雨——以迅雷不及掩耳之勢往他臉上扔過去。他馬上一低頭，泥打在他的腦殼中間。泥裡面有一塊帶有幾個尖角的石頭，其中的一個尖角打中了他，他倒在地上昏死了過去。圍觀者一看流了那麼多的血，都以為他真的死了。

67

貝內代托躺在地上人們就要把他抬走的時候，珠寶匠蓬佩奧打這裡路過。這是教皇派人找他，要他做一些珠寶活兒。他一看地上的人那一幅慘相，就問是誰打的。人們告訴他：「是本韋努托打的，但是那個蠢貨自找的。」蓬佩奧一見到教皇就說：「最神聖的教皇，本韋努托剛剛殺死了托比亞，這是我親眼看到的。」教皇一聽就怒氣衝衝地命令在場的行政長官去抓

我，並要他們把我立即絞死在殺人現場，不絞死我就不要再去見他。

　　我看著倒楣的貝內代托四肢朝天地躺在地上，馬上就意識到身處的險境，想到我仇人的勢力以及這場災難的後果，我馬上就逃走了，躲在了教廷財政署的職員喬瓦尼·加迪先生家裡，打算著儘快準備好逃離羅馬。可他卻勸我不要這麼驚慌，也許事情並沒有我想像的那樣嚴重，然後就吩咐和他住在一起的安尼巴爾·卡羅先生出去打探消息。

　　正在這樣安排的時候來了一位羅馬紳士，他是樞機主教德·麥地奇家的人[1]，是樞機主教派他來的。他把我和喬瓦尼先生叫到一邊，告訴我們說，樞機主教把教皇的話都對他說了，還說現在沒有啥辦法可以幫我擺脫困境；我最好是以逃跑來躲過第一關，不要在羅馬的任何一家冒風險。

　　這位紳士一走，喬瓦尼先生哭喪著臉看著我說：「哎呀！我要倒楣啦！我一點也幫不上你了！」我回答說：「天主保佑，我自己會幫自己的，我只求你借我一匹馬用用。」他們已經給一匹黑土耳其馬備好了鞍，那是羅馬最漂亮最好的一匹馬。我跨上馬，把一支火繩槍放在鞍的前穹上，將擊鐵扳起，必要時可以隨時開火。

　　我來到西斯托橋，看到全體治安隊員都在那裡，有的騎馬，有的徒步。我只好硬著頭皮催馬快走，真是天主保佑了我，我順利地過去而沒有被他們發現。然後我以最快的速度奔向帕隆巴拉，那是貴族焦萬巴蒂斯塔·薩韋洛的采邑，我在那裡把馬還給了喬瓦尼先生，但由於覺得不妥而沒有告訴他我的下落。焦萬巴蒂斯塔爵爺很友好地款待了我兩天，然後勸我轉移到那不勒斯躲過這場風暴。於是他給我找了個同伴，打發我上了通向那不勒斯的路。

　　旅途中我遇到一個認識的雕刻家，他正要去聖傑爾馬諾完成皮耶羅·德·麥地奇在蒙特－卡西諾的墓碑。他名叫索洛斯梅奧。他告訴我，就在出

---

1. 伊波利托·德·麥地奇於1532年擔任駐匈牙利的教皇使節，1535年由於忌妒其堂兄弟亞歷山大而被毒死。—英譯注

事的那天晚上，教皇克萊門特派他的一個名譽侍從去瞭解托比亞的情況。這位使者看到托比亞正在幹活兒，一點事兒也沒有，甚至對殺人的事情一無所知，就回去告訴了教皇。教皇轉身對蓬佩奧說：「你真是個飯桶。我可是要明白地告訴你，你這一下子可捅了馬蜂窩，將來蜇你也是你罪有應得！」然後他委託樞機主教德·麥地奇照料我，又說他感到後悔，不該讓我從他眼皮底下溜掉。這樣，我和索洛斯梅奧一路唱著歌向蒙特－卡西諾走去，打算從那裡一起再到那不勒斯。

68

索洛斯梅奧在蒙特－卡西諾視察一番，然後我們就繼續趕路。在離那不勒斯還有一里的地方，我們碰到了一個小旅店的老闆，他請我們住他的店，說他曾在佛羅倫斯跟隨卡洛·吉諾里[1] 多年，我們要是住進他的店，他會最熱情地招待我們，因為我們兩人都是佛羅倫斯人。我們一再對他說我們不想住他的店，可他圍著我們團團轉，死皮賴臉地纏著我們非住他的店不可。我有些不耐煩了，就問他是否知道一個名叫貝亞特里切的西西里婦女，她有一個漂亮的女兒名叫安傑利卡，兩人都是妓女。他以為我是在嘲弄他，於是就喊叫起來：「妓女都該死！喜歡妓女的人也都該死！」說完，他用馬刺催了一下馬，看樣子是要走開不管我們了。沒想到我用這一招將那個蠢驢似的旅店老闆打發走了，我感到有些沾沾自喜，但實際上我是輸家而不是贏家，因為這又勾起了我對安傑利卡的愛。

我正感慨萬端地與索洛斯梅奧談論著這個話題，那個人又飛馬趕了回來。他勒住馬對我說：「大概兩三天以前，一個婦女和一個姑娘住進我附近的一座房子，她們的名字就像你所說的那樣，但她們是不是西西里人我不敢

---

1. 1527年時佛羅倫斯的行政長官。—英譯注

說。」我回答說：「安傑利卡這個名字對我太有吸引力了，我現在就決定住進你的店。」

我們和這位老闆一起騎馬來到那不勒斯城，在他的店前下了馬。幾分鐘對我來說就像是幾年一樣，我眨眼之間就把東西整理好，然後就到了離我們住的旅店不遠的那座房子，在那裡見到了我的安傑利卡，她對我表示了最熱烈的歡迎。我和她從傍晚一直待到第二天早上，一夜之間酣暢痛快的享受在我一生中是空前絕後的。就在我如饑似渴地吸吮著愛的甘露時，我突然想起那一天正是當月的最後一天，這正是魔鬼在魔圈裡預言的。所以，每一個與那些精靈打交道的人，都要好好地掂量一下我所經歷的巨大危險！

69

我錢袋裡正好有一顆鑽石，我把它拿給金匠們看。儘管我還年輕，但作為藝術家的名聲甚至在那不勒斯都是響噹噹的，所以他們對我表示了最熱烈的歡迎。

我結識的人之中有一個我最好的夥伴，他是個珠寶匠，名叫多梅尼科‧豐塔納先生。我在那不勒斯逗留的三天期間，這個大好人離開他的作坊與我朝夕相伴，帶我參觀了城裡及其附近很多著名的古跡。

他還帶我拜訪了那不勒斯總督[1]，總督曾告訴他想見見我。總督閣下充滿敬意地接待了我。雙方寒暄之中，我剛才提到的那顆鑽石引起了他的注意。他讓我拿給他看看，如果我放棄它的話，他請求我給他優先購買權。我把鑽石拿回來之後又一次給了總督閣下，說我和鑽石都願為他效勞。他說他很喜歡鑽石，但更喜歡我留在他身邊，他給我的條件一定會使我感到滿意。雙方都說了很多客氣話，然後說到這顆鑽石的價值，總督閣下要我毫不猶豫

---

1. 當時那不勒斯屬於西班牙管轄。

地說出對它的估價。於是我說，它價值整整二百克朗。他回答說，在他看來我的估價並不算太高，但由於那是我鑲嵌的，而且他還認為我是世界上首屈一指的藝術家，要是換別人鑲嵌就不會有同樣好的效果了。我說這顆鑽石不是我鑲嵌的，而且嵌得也不好，它看起來漂亮是由於它的天然本色；我要是重新鑲嵌一次，會使它漂亮得多。然後我用大拇指甲摳住鑽石刻面的角把它從戒指上摳了下來，稍微清理了一下後把它交給了總督。他驚喜不已，給我開了一張我要的二百克朗的錢票。

我回到住所，發現了樞機主教德・麥地奇的一封信，他在信中要我火速趕回羅馬，並直接在他的邸宅前下馬。我把信念給安傑利卡聽，她眼含熱淚地求我，讓我要麼留在那不勒斯，要麼帶著她一塊兒走。我回答說，她要是想和我一起走，我就把總督給我的二百達克特交給她保管。

她母親發現我們嘀嘀咕咕地說話，就湊上來說：「本韋努托，你要是想把我女兒帶到羅馬，就給我留下十五達克特支付我的分娩費，然後我就跟你走。」我對這個惡婆娘說，她要是把我的安傑利卡給了我，我就會十分高興地給她留下三十達克特。這筆交易做成後，安傑利卡求我給她買一件黑天鵝絨睡衣，因為這種東西在那不勒斯很便宜。我這時百依百順，讓人去買天鵝絨睡衣，算了帳付了錢。那個老太婆看我愛得神魂顛倒，就趁機為她自己要一件好料子的外衣，為她幾個兒子要其他一些東西，另外還要一筆比我給的還要多得多的錢。我笑眯眯地對她說：「我親愛的貝雅特麗齊，這下你可滿意了吧？」她回答說還不滿意，我說她覺得還不夠的地方對我來說已經足夠了。我吻了安傑利卡之後就和她分手了，她滿眼淚水，我開懷大笑，然後就馬上動身回羅馬去了。

70

我把錢裝進衣袋連夜離開那不勒斯，我這樣做是防止遭人襲擊或謀殺，那裡的情況就是這樣。我來到塞爾奇亞塔時，幾個騎手出來行刺我，我不得不以敏捷的身手自衛。隨後索洛斯梅奧留在蒙特－卡西諾做他的活兒。

一天早上，我來到阿納尼的一家飯店吃飯。快到飯店時，我用火繩槍打了幾隻鳥，槍機上的一個鐵尖頭劃破了我的右手。傷勢其實不重，但看起來不輕，因為流了很多血。

我走進飯店把馬拴住，到了樓上的一個大廳，看到一群那不勒斯紳士正要入座就餐。和他們在一起的有一個有身份的年輕婦女，是我所見到的最漂亮的女子。我進來的時候後面跟著我的一個年輕勇敢的僕人，他手裡拿著一杆戟。那些可憐的紳士看到我們這副模樣，又是武器，又是血，再加上這個地方是有名的殺人犯的老窩，嚇得他們從座位上站了起來，驚恐萬狀地求天主保佑。我大笑起來，說天主已經保佑他們了，我就是一個保護他們免遭傷害的人。然後我向他們要東西包紮我手上的傷口，那位迷人的女士拿出一塊繡金的手帕給我作繃帶。我拒絕了，但她把手帕一撕兩半，以最文雅的方式用手帕包紮住我的手。於是這些人放下心來，我們高高興興地在一塊兒吃飯。

飯後，我們又一同上馬出發。不過這些紳士還沒有完全放心，他們機警地讓我陪著那位女士，而他們則走在後面，與我們保持一段距離。我騎著一匹漂亮的小馬與她並肩而行，我向僕人使著眼色讓他回避一下，這樣我們好有機會說說體己話。我就這樣最為愉快地向羅馬走去。

到羅馬以後，我在樞機主教德·麥地奇的邸宅前下了馬。見了這位大人的面，我向他表達了我的敬意，熱情地感謝他把我召回。然後我又懇求他，如果可能的話不要監禁我，甚至不要罰我的款。樞機主教見到我很高興，他叫我不要怕。隨後他轉向身邊的一個侍從，此人是錫耶納的皮耶爾·安東尼奧·佩奇先生，命令他告訴治安官不要動我。樞機主教又問他那個被我用石

頭打破了頭的人現在情況如何。皮耶爾‧安東尼奧先生回答說，他傷得很厲害，也許現在更厲害，因為他聽說我要回羅馬的消息後，就發誓拼死也要對我還以顏色。樞機主教一聽就大笑起來，說：「看來這個傢伙找不到更好的辦法來向我們顯示他是個地道的錫耶納人了。」然後他轉身對我說：「為了我們的名譽，也為了你自己的名譽，最近四五天不要在班基一帶露面。過了這一段你愛到哪兒就到哪兒，哪個傻瓜想死就叫他死吧。」

我回到家裡去完成已經開始製作的徽章。徽章的正面是教皇克萊門特的頭像，背面是和平女神像。和平女神是一個苗條的婦女，其衣著薄如蟬翼，腰身部位打有褶　，手拿一把小火炬，正在點燃一堆像戰利品一樣捆在一起的武器。在背景上我設計了一個廟宇的一部分，旁邊是戴著腳鐐的衝突之神。四周是拉丁銘文：Clauduntur belli portoe。[1]

徽章就要完成的時候，我打傷的那個人痊癒了，教皇則不斷地派人找我。不過我避免去找樞機主教德‧麥地奇，只要我一見他，他就給我重要的活兒做，這樣就耽誤我完成徽章。結果教皇的大紅人皮耶爾‧卡爾內塞基先生[2] 就負責一直盯著我，這是在委婉地向我顯示教皇是多麼需要我。我告訴他，再過幾天我就會向陛下證明我從來沒有疏忽過為他效力。

71

沒過多少天徽章就做好了，我分別用金、銀、銅將它衝壓出來。我把它拿給皮耶爾先生看，他馬上就領我去見教皇。那是 4 月的一天午飯後，天氣晴朗，教皇在望臺上。我來到御前，把做好的徽章和鋼模具一起放到他手裡。他拿起一看，馬上就發現了純熟的製作工藝。他看著皮耶爾先生說：「古代人從來沒有過像這樣的徽章。」

1. 大意為「關閉戰爭之門」。
2. 義大利的開明人士，接受新教的主張，結果於1567年 8 月被處死。─英譯注

他和其他一些人細細地玩味著，一會兒拿起模具，一會兒拿起徽章。我以最謙恭的語氣說：「如果沒有一個更強大的神靈控制住我的災星並阻止它們傷害我，陛下恐怕已經失去了一個忠心耿耿地愛您的僕人，當然這既不怨您，也不怨我。最神聖的教皇，人在形勢危急的時候，應該像一些平民老百姓所說的那樣三思而後行，這樣做並不為錯。陛下一定還記得，我的仇敵僅憑三寸不爛之舌就輕而易舉地激怒了您，結果您命令行政長官去抓我並當場絞死。但是我毫不懷疑，當您意識到自己鑄成大錯，剪除了一名您現在也承認的僕人時，我相信，我再重複一遍，您一定會在天主和世人面前感到深深的內疚。優秀善良的父親和有同樣品質的師父，不應該不分青紅皂白地就對他們的兒子和僕人棍棒相加，因為事後的懊悔將於事無補。現在既然天主已經驅散了司命星的邪氣並為陛下挽救了我，我再次斗膽懇求您不要輕易地被人激怒而對我發火。」

教皇不再看徽章了，而是認真地聽著我的話。當時在場的有很多最顯要的貴族，這使他有些臉紅，大概是感到有愧吧。他不知如何擺脫這尷尬的處境，只好說他不記得曾下過這個命令。為了給他個臺階下，我把話題岔開了。於是他又開始談論徽章，問我用什麼方法把這麼大的徽章衝壓得這麼好，他還從來沒有見過如此大的古代徽章。就這個話題我們談了一會兒，但他不太放心，怕我再教訓他一頓，說得比上一次還要尖刻，於是他就讚揚我的徽章，說他感到滿意至極，但他想按照自己的設想再製作一個背面的圖案，如果可以用兩個不同的模子進行衝壓的話。我說這可以做到。於是陛下讓我設計一個摩西擊打石頭而從中出水的故事，[1]並帶上這樣一句拉丁語格言：Ut bibat populus。[2]最後他又說：「去吧，本韋努托，不等你做完，我就會把錢給你了。」

我走以後，教皇當眾宣佈他要給我足夠的錢，這樣我不必為除他之外的

---

1. 典出基督教《聖經》的《出埃及記》和《民數記》。
2. 大意為「讓人們喝水」。

任何人工作就可以過上富裕的生活。所以我就全身心地投入製作帶有摩西的背面圖案。

72

這時教皇病了，他的醫生認為病情很危險。於是我的一個仇人開始害怕我，他雇了一些那不勒斯士兵想對我來個先下手為強。[1] 所以要保住我這條小命就很麻煩了。不過後來我完成了那個徽章背面的製作，我把它拿給教皇時他正躺在床上，那副樣子真是令人慘不忍睹。但他還是極其親切地接待了我，並希望看一看徽章和模具。他讓人拿來眼鏡，點亮蠟燭，但還是什麼也看不清。於是他乾脆用手去摸，摸了一會兒之後他長歎一聲，對他的侍者說他非常掛念我，如果天主使他恢復健康，他會把事情處理好的。

三天之後教皇去世了，[2] 我的一切努力也都白費了。但我還是鼓起了勇氣，我對自己說，這些徽章已為我贏得了巨大的聲譽，無論是誰當選教皇都會給我事情做，說不定還會給我帶來更好的運氣。這樣我又恢復了信心，忘掉蓬佩奧對我造成的一切傷害。我戴上紋章佩上劍來到聖皮耶羅，吻了已故教皇的腳，也灑下了淚水。然後我回到班基，等待觀看在這種時候總要出現的混亂。

我正和幾個朋友坐在街上，蓬佩奧過來了，旁邊跟著十個全副武裝的人。他走到我的對面停住了，看樣子是想找我的碴兒。我的幾個夥計都是天不怕地不怕的年輕人，他們向我使眼色叫我拔劍。但我轉念一想，我要是一拔劍可能會傷害到無辜的人，所以我考慮還是我一個人豁出去吧。蓬佩奧站在那裡的時間足夠向聖母馬利亞獻兩遍禱詞了，然後他對著我這個方向嘲笑。走的時候他那一幫人也都搖頭晃腦地笑著，還做出很多傲慢無禮的姿

---

1. 這裡的意思是說，如果教皇一死，切里尼會利用教皇位置空缺的混亂時機進行報仇。—英譯注
2. 教皇克萊門特七世於1534年9月25日去世。—英譯注

態。我的夥計們想立即就動手，我怒衝衝地對他們說，我一個人對付他們就足夠了，並不需要比我更豪勇的武夫，所以各人還是去辦各人自己的事吧。這樣，我的朋友們就嘴裡咕噥著，很生氣地走了。

這些人裡面有我一個最親密的夥伴，他叫阿爾貝塔奇奧·德爾·貝內，是亞歷山大和阿爾比佐的親兄弟，現在是里昂的一個大富翁。他是我所認識的最厲害的年輕人，整天精神十足，愛我就像愛他自己一樣。他心裡很清楚，我的克制不是由於缺乏勇氣，而是由於一種過人的膽量，因為他對我的性格可以說是瞭若指掌。他攔住我的話，希望我能讓他和我一塊兒幹。我回答說：「親愛的阿爾貝塔奇奧，你是我最親的人，你要想幫我的忙以後有的是機會，可這一次你要是愛我就別過來，去管你自己的事，馬上和其他的朋友一起走，現在已經沒有時間了。」我一口氣把這些話說完。

73

與此同時，我的仇人慢慢地朝一個叫做基亞維卡的地方走去，來到了一個四通八達的交叉路口，而蓬佩奧家所在的那條街則直通花圃。他可能因為有事走進了位於基亞維卡一角的一家藥店，在那裡停了一會兒去辦事。我剛聽說他曾吹噓他侮辱過我，但儘管如此還是該他倒楣，因為我走到那個角時他正好從藥店裡出來，他雇的那幫打手聚攏過來把他圍在中間。我抽出一把鋒利的匕首，以閃電般的速度闖過保護他的人牆，一把抓住他的胸部，他的打手誰也沒有來得及防範。然後我照準他的臉就刺，他嚇得一扭頭，正好刺中他的耳朵根兒。我只刺了兩下，第二下他就倒地身亡了。其實我並沒有打算殺死他，但正如常言所說，出手打人是無法測算輕重的。我用左手抽回匕首，用右手拔出劍來自衛。但所有的打手都過去看屍體，誰也沒有對我動手。於是我一個人沿著朱利婭大道走了回去，心裡盤算著下一步保護自身安全的最佳辦法。

我大約走出三百步，我非常要好的一個朋友金匠皮洛托走過來說：「兄

弟，既然出了事，我們就要想辦法救你。」我回答說：「咱一塊兒到阿爾貝塔奇奧·德爾·貝內家去吧，幾分鐘以前我才對他說我很快就需要他幫忙。」到他那裡以後，我和阿爾貝塔奇奧緊緊地擁抱在一起。不大一會兒，班基所有最優秀的年輕人都來了，包括除米蘭人之外的所有民族，每一個人都表示願意捨命救我。路易吉·魯切拉伊先生也迅速派人來表示願意為我出力，很多像他這樣有身份的要人也都說我幹得好，認為蓬佩奧對我的傷害太大了，太不可原諒了，並對我容忍他這麼長時間感到十分驚異。

74

樞機主教科爾納羅聽說這件事以後，派出三十名士兵各帶戟、矛和火繩槍，要把我恭敬地請到他的府上。沒有人讓他這麼做，是他自己決定的。於是我接受了邀請和士兵們一起去了，而跟我一塊兒去的年輕人比士兵還要多。

與此同時，蓬佩奧的親戚、教皇的首席名譽侍從特拉亞諾先生派一名米蘭要人去找樞機主教德·麥地奇，告訴他我犯了重罪的消息，希望主教大人懲罰我。樞機主教當場反駁道：「如果他不犯這個輕罪，那他的罪才算大哩，代我感謝特拉亞諾先生告訴我這一消息，這件事我以前還沒有聽說。」然後他轉身當著這位米蘭紳士的面，對他的侍從

切里尼殺蓬佩奧
By Salvador Dalí

楓丹白露的仙女
Nymph of Fontainebleau
1542 ~ 1544
Bronze, 205 × 409 cm
Musee du Louvre, Paris

和老熟人弗魯利主教說:「下工夫找一找我的朋友本韋努托,我想幫助並保護他。傷害他就是傷害我。」

那個米蘭紳士很不高興地走了,弗魯利主教則來到樞機主教科爾納羅的邸宅來看我。他找到樞機主教,向他講了樞機主教德‧麥地奇想找本韋努托並想保護他的事。樞機主教科爾納羅本是麥秸火脾氣,他一聽這話就冒了火,說他完全能像樞機主教德‧麥地奇一樣地保護我。於是主教就請求與我談點關於他主人的事,與目前的事件毫不相干。科爾納羅就讓他裝作和我已經談過了。

樞機主教德‧麥地奇非常生氣。不過第二天夜裡,我就瞞著科爾納羅,在別人的護衛下去拜訪了他。然後我懇求他允許我待在原來的地方,向他講了科爾納羅給我的優厚待遇,又說如果他允許我待在那裡,我就能又結交一個在我需要時幫助我的朋友,否則他可以按他認為最好的方式對我進行安排。德‧麥地奇同意了,我就回到了科爾納羅的邸宅。幾天以後,樞機主教法爾內塞當選為教皇。[1]

1. 新教皇號稱保羅三世,於1534年10月13日當選。─英譯注

新教皇處理完大事以後派人去找我，說他不想讓別的任何人為他鑄硬幣。一位與他有私交的名叫拉蒂諾‧尤維納萊先生[1]的紳士回答說，我殺了一個名叫蓬佩奧的米蘭人之後已躲藏起來，並提出為我辯護的最有利的說法。教皇回答說：「我對蓬佩奧的死一無所知，但對本韋努托惹的是非卻聽到不少。馬上給他準備一個安全通行證，保證他的絕對安全。」碰巧在場的有一個蓬佩奧的好朋友，他與教皇也很熟，是個米蘭人，名叫安布羅焦先生[2]。這個人說：「您剛上任，不宜發佈此類的赦免令。」教皇轉身對他說：「對於這一類的事情你沒有我知道得多。現在我讓你知道，像本韋努托這樣在本行中獨一無二的人是超越法律的。還有誰像他那樣受到我聽說的挑釁嗎？」我的安全通行證寫好以後，我馬上就開始為新教皇效力，並受到最優惠的待遇。

75

拉蒂諾‧尤維納萊先生來找我，讓我為教皇鑄造硬幣。這激怒了我所有的仇人，他們開始想方設法阻撓我。教皇看出了他們的意圖之後狠狠地訓斥了他們，並堅持讓我繼續幹下去。我開始製作模具，設計了一個聖保羅像，四周刻印著拉丁文：Vas electionis。[3]這枚硬幣遠遠超過了我的競爭對手的模型，所以教皇禁止別的任何人在他面前談論硬幣，他只希望我一個人製作。我受到了鼓舞以後就潛心去完成這一任務。拉蒂諾‧尤維納萊先生在接到教皇的命令以後常帶我去見陛下。我很想恢復在鑄幣局擔任的模壓工職務。教皇接受了這個意見，告訴我必須先得到殺人赦免，這要由羅馬市政官在 8 月的聖母馬利亞節[4]來發佈。我還要說一句，通常每年在這一隆重的節日，市政官員們都

---

1. 拉丁語詩人和人文主義者，很受同時代人的尊重。—英譯注
2. 此人長期擔任教皇保羅三世的祕書和外交代表，是教皇的心腹。—英譯注
3. 大意為「天主選擇的工具」。
4. 現在一般稱為「聖母升天節」（8 月 15 日），與耶誕節、復活節、聖神降臨節並稱

要赦免十二個犯法的人。同時教皇還答應再給我一張安全通行證，以保證我赦免之前的安全。

　　我的仇人一看無法阻止我進入鑄幣局，就使出了另外一招。已故的蓬佩奧為他的私生女留下了三千達克特的嫁妝，於是他們就安排教皇的兒子皮耶爾·路易吉閣下[1]的一個紅人向該女求婚，由他的主人做媒，結果大事辦成了。但這個傢伙是個不起眼的鄉下娃子，由他的主人養大成人。據人們說，他只得到一點錢，是他的主人從中插手把錢拿走用了。做丈夫的為了討好妻子，便懇求主人把我逮起來，主人答應等教皇對我的熱勁兒過去以後就動手。

　　就這樣大約過了兩個月。僕人老是要妻子的嫁妝，主人便找各種藉口往後拖，但向那女人保證說，他一定為她父親的死報仇。我聽到了一些有關這一陰謀的風聲，但還是不斷地去見大人，他看起來對我還是非常尊重。實際上他早就打定了主意——要麼派人將我暗殺，要麼讓治安官把我抓起來。於是他委派手下一個惡魔似的科西嘉士兵，讓他盡可能巧妙地完成這一任務，以特拉亞諾先生為首的我其他的仇人給這個傢伙許諾了 100 克朗的酬金。這傢伙向他們保證說，幹這事兒猶如探囊取物一般。得知這一陰謀後，我處處留神，護衛不離左右，穿了一件上衣和無袖鎧甲，我這樣做是得到官方允許的。

　　那個貪婪的科西嘉人想不費勁兒地把所有的酬金都拿到手，而且以為他一個人就能辦成事。一天午飯後，他以皮耶爾·路易吉閣下的名義派人去找我。我馬上就去了，因為他曾經說過想讓我做幾個大件銀器。我匆匆忙忙地離開了家，但還像平常那樣裝備好，迅速地沿著朱利婭大道向法爾內塞大殿走去，根本就沒有想到會在這個時候碰到什麼人。

　　為天主教的「四大瞻禮」，是天主教最重要的節日之一。

1. 此人為保羅三世臭名昭著的私生子，一生擔任多個高官要職，1547年被他的一個手下人殺死在帕爾馬。—英譯注

我到了大道的盡頭就朝大殿走去。拐彎的時候我總是習慣拐得很大，這時我發現那個科西嘉人站起來走到路中間。我有所準備，所以一點也不慌，但仍保持著警惕，腳步放慢了一些，往牆邊靠近了一點，想給這個傢伙多留出一些地方。他也往牆邊靠近了一些，我們兩人已經離得很近了，這時我從他的舉動之中發現他對我有歹意，而且他以為對付我一個人足以得手。我開始發話：「勇敢的士兵，如果是在夜裡，你會說你認錯人了，可現在是白天，你看得很清楚我是誰。我和你素不相識，根本就沒有傷害過你，而是很願意為你效勞。」他神氣活現地說他根本聽不懂我的話，但還是不放我過去。我回答說：「我完全知道你要幹啥，知道你說的是什麼意思。你接受的這項任務比你想像的要更危險、更困難，甚至會搬起石頭砸你自己的腳。你要記住，你要對付的這個人能以一抵百，而且你幹的這件事也為像你這樣的勇士所不齒。」我怒容滿面，我們兩人的臉都變了顏色。這時很多人圍了過來，顯然他們聽出來我們的話裡火藥味十足。於是他沒有膽量對我下手了，喊道：「咱們後會有期。」我回答說：「我總是喜歡誠實的人，喜歡那些表現出誠實的人。」

　　我們分手以後，我來到皮耶爾・路易吉閣下的邸宅，一問才知道他並沒有派人找我。我回到作坊以後，那個科西嘉人透過我們兩人共同的一位好朋友告訴我不必再戒備他了，他想成為我的好兄弟，但我要小心防備其他人，因為我的處境異常危險，一些顯要人物已經發誓非要我的命不可。我派人向他表示了感謝，然後保持起最高度的警惕。

　　沒幾天以後，我的一位朋友告訴我，皮耶爾・路易吉閣下下了嚴厲的命令，要在當天晚上將我逮捕。說這話的時候是在 20 點，於是我告訴了一些朋友，他們勸我馬上逃走。逮捕定在日落後一個小時，我就在 23 點坐郵車前往佛羅倫斯。

　　看來是那個科西嘉人沒有表現出足夠的勇氣去做他答應的事，於是皮耶爾・路易吉閣下乾脆就親自下令將我逮捕，這只不過是想堵蓬佩奧女兒的嘴，她老是沒完沒了地嘟囔著要找她的嫁妝。兩個為討好她而訂的復仇計畫

都失敗以後，他又心生一計，這件事我要在適當的時候再講。

<h1 style="text-align:center">76</h1>

我到了佛羅倫斯，拜訪了公爵亞歷山大，他異常熱情地歡迎我，並極力勸我留下來為他效力。當時在佛羅倫斯有一個名叫特里博利諾的雕刻家，我們是老夥計，我還是他兒子的教父。談話中他告訴我，他的第一個師父雅各‧德爾‧聖索維諾[1] 派人找他，而他也從未到過威尼斯，他想在那裡會有所收益，所以很想到那裡去。他問我以前是否去過威尼斯，我說沒有，這樣他就邀請我和他一起去，我同意了。所以我告訴公爵亞歷山大，我想先到威尼斯去，然後再回來為他效力。他要我作出正式承諾，並要我在離城之前再見見他。

第二天，我準備停當以後就去向公爵辭行，我是在帕齊的邸宅見到他的，當時這裡住的是洛倫佐‧奇博閣下的夫人和女兒。我告訴公爵大人我想得到他的允許到威尼斯去之後，科西莫‧德‧麥地奇閣下，也就是現在的佛羅倫斯公爵，回答說我要去找尼科洛‧達‧蒙特‧阿古托，他會給我五十金克朗，這是公爵大人的一片心意，以後我要回來為他效力。

我從尼科洛那裡拿到錢以後就去找特里博利諾，他早已準備好了。他問我是否把劍捆起來了，我回答說，一個騎馬出遠門的人是不應該把劍捆起來的。他說，這是佛羅倫斯的規矩，因為掌管司法大權的是一個名叫毛里齊奧君的人，即便是施洗者約翰犯了一丁點的過錯，他也會讓其上拉肢刑架。[2] 結果每個人佩的劍都要先捆起來，直到走出城門為止。我對此感到好笑。這樣我們

---

1. 賈科波‧塔蒂（Jacopo Sansovino 1486—1570，又譯：雅各布‧聖索維諾）早年是活躍於佛羅倫斯的雕刻家，後輾轉來到威尼斯，1529年被任命為威尼斯共和國總建築師。聖索維諾是依他的師父而取的名。—英譯注

2. 施洗者約翰是《聖經‧新約全書》裡的第一位聖徒，曾給耶穌施行洗禮。後來他被尊崇為幾個義大利城市的保護聖徒，佛羅倫斯是其中之一。拉肢刑架是當時西歐拷問犯人時拉其四肢使關節脫位的一種刑具。這句話是形容毛里齊奧執法的殘酷無情。

就出發前往威尼斯，與我們同行的還有一個外號叫拉門托內的信使。在他的陪同下我們穿過博洛尼亞，在一天晚上來到費拉拉。

我們在廣場旅館落了腳，拉門托內則去找幾個被流放到這裡的佛羅倫斯人，給他們捎去妻子寫的信或帶來的口信。公爵曾有命令，除了信使以外任何人都不准與他們交談，否則將受到同樣的流放處罰。在此期間，剛過22點，我和特里博利諾去看望費拉拉公爵，他就要從貝爾菲奧雷比武回來。在那裡我們碰見一些流放的犯人，他們盯著我們，看樣子想讓我們與他們說話。特里博利諾真不愧是我所認識的最膽小的人，他嘴裡不停地說著：「不要看他們，也不要和他們說話，如果你想回佛羅倫斯的話。」這樣我們一直等到公爵回來。

後來回到旅館時，我們發現拉門托內已經在那裡了。落黑兒以後來了一幫人，有尼科洛·貝寧滕迪和他的兄弟皮耶羅，一個老頭兒，現在我相信他是雅各·納爾迪[1]，另外還有幾個小夥子，他們一進來就向信使打聽消息，每個人都問在佛羅倫斯家裡的情況。我和特里博利諾離他們遠遠的，以免與他們說話。他們與拉門托內談了一會兒之後，尼科洛·貝寧滕迪說：「我認識那邊的兩個人。他們為啥裝出那副熊樣子，連話也不和我們說？」特里博利諾連連求我閉住嘴，拉門托內則向他們解釋說，我們和他不一樣，沒有得到允許。貝寧滕迪反駁說那是胡扯八道，又加上一句「都讓他們得瘟疫」，另外又說了一些花裡胡哨的詞兒。

這時，我慢慢地抬起頭說道：「親愛的先生們，你們可以惡語傷人，我們一點也幫不上你們。儘管你們說得牛頭不對馬嘴，我們也不打算生你們的氣。」對此納爾迪老先生說，我說話像一個令人尊敬的年輕人。但尼科

---

1. 雅各·納爾迪是佛羅倫斯優秀的歷史學家，反麥地奇的激進分子，1530年被流放。貝寧滕迪曾是個地方行政官員，1530年被流放。—英譯注

洛‧貝滕迪喊道：「去他們的吧，去那個公爵的吧。」我回答說他錯怪我們了，我們和他這個人和他的事都毫無關係。納爾迪老先生站在我們一邊，他明白地告訴貝寧滕迪他錯了，這使得貝寧滕迪嘴裡不乾不淨地咕噥個沒完。我告訴他說，我會說出他不願聽的話來，會做出他不願見的事來，所以他還是少管閒事為好，不要再招惹我們。他又喊了一遍去公爵的吧，去我們的吧，我們都是一群蠢驢。我馬上回答說，他是在說鬼話，並隨即拔出劍來。那個老先生想第一個下樓梯，便跌跌撞撞地下了幾級，其他的人擠作一團跟在他後面。我一邊靠著牆往前衝，一邊憤怒地揮著劍喊道：「我要把你們都殺光！」但實際上我是注意著不傷到他們，我要想傷他們真是太容易了。混亂之中，旅館老闆嚇得尖叫起來。拉門托內喊了一聲：「看在天主的面子上住手吧！」有人喊道：「哎呀，我的頭！」還有人喊：「讓我趕快離開這裡！」反正是一片難以形容的混亂，像一群豬一樣。

這時，老闆拿來一支點燃的蠟燭，我退到了樓上，把劍插回鞘裡。拉門托內對尼科洛‧貝寧滕迪說，他表現得太壞了。老闆對他說：「在這裡拔劍簡直就是要命。公爵要是知道你們在這兒鬧事，非把你們吊死不可。這次我就對你們手下留情，但你們要記住，以後再也不要到我這旅館裡來了，要不然叫你們吃不了兜著走。」老闆說完走到我跟前，我正要向他道歉，他一句話也不讓我說，而是對我說他知道我完全是對的，並要我在旅途上注意防範那些人。

77

　　吃過晚飯，一個撐船的來要求我們坐他的船到威尼斯。我問他能不能讓我們自己包一條船，他說可以，於是我們就達成了交易。

　　第二天，我們一大早起來，騎上馬來到碼頭，那兒離費拉拉有幾里遠。到了那裡，我們發現尼科洛·貝寧滕迪的兄弟帶著三個人在等我。他們有兩杆長矛，我在費拉拉買了一杆很結實的尖槍。我裝備完好，所以一點也不怕，而特里博利諾則嚇得喊叫起來：「天主救命啊！那些人在這裡等著殺我們啦！」拉門托內轉身對我說：「你最好還是回到費拉拉，我看這裡事情要鬧大。本韋努托，你千萬不要惹得這幫畜生性起。」我回答說：「只管往前走，天主總是幫助有理的人，你也會看到我怎樣幫助我自己。這條船不是由我們包下了嗎？」「是的，」拉門托內說。「那我們上去以後就不叫他們上，除非我不再是條男子漢。」

　　我用踢馬刺催馬往前走，在相距不到五十步的地方下了馬，拿著尖槍大踏步地趕了過去。特里博利諾停在了後面，在馬上縮成一團，一副十冬臘月裡的寒噤樣。信使拉門托內則像風箱一樣，呼哧呼哧地從鼻子裡往外直冒氣。他這人就有這毛病，可這會兒還是呼哧得多了點兒，他是擔心這場劫難如何收場。

　　我到了船邊，撐船的師父出來說，那些佛羅倫斯的先生們想和我們一起上船，如果我願意的話。我回答說：「船是我們包的，我為不能與他們做伴兒而感到傷心。」聽到這話，馬加洛蒂家族的一個勇敢的年輕人說：「本韋努托，我們會讓你請我們做伴兒的。」我回答說：「如果天主和我的正義感願意而且足夠強大，我自己的身體和精神的力量願意而且足夠強大，你們無法使我聽從你們的擺佈。」說著我跳到船上，用我的尖槍對準他們說：「問問我的這支尖槍答應不答應。」馬加洛蒂想證明他的話當真，就拿起他的槍過來了。我跳到船舷邊照準他就是一槍，要不是他往後跌倒了，這一槍非扎透他不可。他的同伴一看轉身就跑，哪裡還敢幫他。我一看能殺掉他，就收

起槍對他說：「起來吧，兄弟，拿起你的槍走吧。你已經看到了，我不能做我不想做的事，所以我手下留了情。」然後我就喊特里博利諾、撐船的和拉門托內上船，這樣我們就起航向威尼斯進發。

在波河上航行了十里之後，我們又看到了那些年輕人，他們乘著一條小快船追了上來。兩條船並排的時候，那個白癡皮耶羅‧貝寧滕迪大聲對我喊道：「這次就便宜了你，本韋努托，咱們威尼斯再見。」「那就趕快去吧，」我喊道，「我隨後就到，地點你們隨便挑，誰來都可以。」

到了威尼斯以後，我找到樞機主教科爾納羅的一個兄弟，求他幫我說一下允許我帶武器。他叫我只管帶好了，大不了就是丟一把劍而已。

78

於是我就佩上劍，去拜訪那位派人去找特里博利諾的雕刻家雅各‧德爾‧聖索維諾。他盛情地接待了我，還請我們吃飯。他對特里博利諾說，目前還沒有活兒給他做，但他可以再來。我聽了以後樂呵呵地對聖索維諾說：「要是他再來的話，他家離你家也太遠了。」可憐的特里博利諾灰頭土臉地說：「我這裡有你的信，是你寫信叫我來的。」聖索維諾反駁說，像他這樣的人，又有地位又有才能，可以隨便那麼做，而且還可以做更大的事。特里博利諾聳了聳肩膀，嘴裡咕噥了好幾遍：「忍耐點兒，忍耐點兒。」這時，我也顧不得聖索維諾招待我的飯是如何豐盛，馬上站到了我的夥計特里博利諾一邊，因為他是對的。飯桌上，聖索維諾嘚啵嘚啵地大談他的偉大成就，同時還辱罵米開朗基羅和其他同行的雕刻家，把自己捧到了天上。我氣得飯也吃不出味道來，但我壓了壓火氣，只說了這麼兩句：「雅各先生，有地位的人做事應該名副其實。有才能的人製作出優秀的作品應該由別人來誇獎，這要比自己吹噓光彩得多。」說到這裡，我們兩人都氣呼呼地從桌子後面站了起來。

當天我從高地附近路過時，正好碰見皮耶羅‧貝寧滕迪和他的一幫人，

我一看他們要找我的碴兒，就轉身進了一家藥店，一直等到風平浪靜以後才出來。事後我聽說，我對其網開一面的那個年輕人馬加洛蒂把他們臭罵了一頓，這件事也就作罷了。

79

幾天以後，我們動身返回佛羅倫斯。一天夜裡，我們住在基奧賈的這一邊，也就是當你往費拉拉去的時候左邊的那個位置。這個旅館的老闆一定要我們先付錢再住店，而且一定要按他的方式付。我說，別的地方都是第二天早上再付錢，他回答說：「我一定要前一天晚上付，還要按我的方式。」我反駁說，處處都要自行其是的人，應該按照自己的方式再創造一個世界來，但在這個世界上是不行的。老闆對我說，不要再糾纏他了，他一定要照他說的做。特里博利諾嚇得直哆嗦，用胳膊肘捅捅我，叫我不要再聲張，生怕惹出麻煩來。這樣我們就按他們的要求付了錢，然後就進屋休息了。

我不得不承認，這裡的床真是棒極了，裡外全新，一塵不染。可我連眼皮都沒有合住，瞪著眼在想如何出了這口氣。我曾一度想放火燒了房子，後來又想殺掉馬廄裡的四匹好馬。我心裡很清楚，要幹這兩件事簡直易如反掌，但想不出幹完以後我和同伴如何脫身的好辦法。最後我決定把我的東西和同伴的東西先放到船上去，於是我就這麼幹了。拉纖的馬套上纖繩以後，我讓人們在我回來以前不要動，我把一雙便鞋忘到旅館的房間裡了。

於是我就回到旅館找老闆，他對我說，他和我們已沒有任何關係，我們可以滾蛋了。旁邊有一個穿得破破爛爛似睡非睡的小馬倌對我喊道：「就是教皇來了老闆也不會動一下，他正摟著一個小娘兒們睡覺哩，他早就想死她了。」然後他向我要點小費，我就給了他幾個威尼斯銅幣，讓他告訴撐船的等到我找到便鞋回去。我上了樓，拿出一把飛快的小刀，把我見到的四張床劃成碎片。這下我心滿意足了，我知道我破壞的東西價值五十多克朗。

我把幾塊碎床單片裝進我的袋子跑回到船上，讓撐船的馬上開船。還沒走多遠，我的夥計特里博利諾說他旅行袋上的皮帶忘了，他想回去拿。我回答說，兩根小皮帶就算了，我會給他放大屁，想要多少就有多少。[1] 他說我老是好開玩笑，但他是真的要回去拿皮帶。於是他就讓撐船的停下，而我則催他繼續往前走。與此同時，我就把我捉弄老闆的鬼把戲向我的朋友講了一遍，並把劃破的床單一類的東西拿出來讓他看。他一看頓時嚇得渾身打顫，馬上大叫著對撐船的說：「往前走，往前走，越快越好！」一直到了佛羅倫斯的城門他才放下心來。

到了佛羅倫斯，特里博利諾說：「為了天主的愛，咱們還是把劍捆起來吧，我求你不要再給我開玩笑了，我這一路上簡直就像是把腦袋繫到褲腰帶上了。」我回答說：「特里博利諾夥計，你就不必捆你的劍了，你根本就沒有把它解開。」我這是隨便說的，因為一路上我看他一點也不像個男子漢。他一聽這話看了看他的劍，說：「天啊，你說得一點不錯！你看它還捆著，還是我離開家時的老樣子。」我的夥伴認為我不是個好旅伴，因為我不甘受辱，總是防禦那些想傷害我們的人。但我認為他對我太不夠意思，緊要關頭他從來沒有幫過我一把。我們兩個誰是誰非，就讓那些同我們的歷險沒有關係的局外人來評判吧。

80

我一下馬就去拜訪公爵亞歷山大，感謝他送給我的 50 克朗，告訴他我隨時都會盡力為他效勞。他馬上就命令我鑄造硬幣模具。我製作的第一枚面

---

1. 「皮帶」（coregge）一詞在義大利語中還有「屁」的意思，切里尼在這裡是一語雙關。—英譯注

值 40 索爾多[1]，一面是公爵的頭像，另一面是聖科西莫和聖達米亞諾[2] 的全身像，用銀製作。公爵看後極為滿意，他毫不猶豫地說，這是基督教世界最好的硬幣。整個佛羅倫斯和每一個見到它的人也都這麼說。於是我要求公爵大人給我職位，同時給我在鑄幣局裡安排住所。他讓我繼續為他效力，並答應給予我的將比我要求的還要多。他還說，他已經向鑄幣局長作了交代，此人名叫卡洛・阿恰尤奧利，我可以到他那裡拿我需要的錢。我發現確實如此。但我取錢非常謹慎，所以我的帳上一直有盈餘。

然後我又製作了一個朱利奧[3] 的模具。上面有聖約翰的側面像，坐著手拿一本書，在我看來比我製作的任何一件作品都要好；另一面是公爵亞歷山大的盾徽圖案。接著我又製作了半朱利奧的模具，上面有聖約翰的正面頭像。這是人們所能見到的第一枚在如此薄的銀幣上製作的正面頭像，其難度只有這一行的老手才能看出來。之後我製作了金克朗模具，一面是一個十字架和一些小天使，另一面是公爵大人的盾徽。

這四枚硬幣完成以後，我再次懇求公爵給我職位並安排我前面提到的住所，如果他對我的工作還滿意的話。他很有禮貌地告訴我他很滿意，並且會批准我的要求。我們說這話的時候大人在他的保管庫，他注視著一桿德意志人送給他的很漂亮的槍。他發現我也很有興趣地看著這件非常精緻的小玩意兒，就把它放到我手裡，說他知道我很喜歡這一類的東西，我可以從他的武器之中認真選一支我喜歡的槍，唯有這一支除外，當然他知道我應該選更好看的、更精緻的東西。我接受了他的這一邀請並向他表示了感謝。公爵見我東張西望，就命令保管庫的主管任何東西我都可以隨便拿，主管是盧卡的普

1. 舊義大利銅幣，二十索爾多相當於一里拉。
2. 二人都是麥地奇家族的保護人，是醫生出身的聖徒。－英譯注
3. 一朱利奧相當於五十六義大利分。－英譯注

雷蒂諾。公爵說了一些極為好聽的話之後就走了，我就留下來挑了一杆我所見到或擁有的最漂亮最好的火繩槍，然後就把它帶回家了。

兩天後，我拿來一些金製品設計圖，這是公爵讓我為他夫人製作的，她當時在那不勒斯[1]。我再次請他解決我的問題。公爵大人要我以優美的風格製作帶有他肖像的模具，就像我為教皇克萊門特製作的那樣。我一開始先用蠟做。公爵有令，我在工作期間無論啥時候去畫他的像都要讓我進去。

我一看這件活兒不是短期內能完成的，就讓人從羅馬地區的里通多山找來了一個叫彼得羅・帕戈洛的人，他從小就跟著我一塊兒在羅馬。我發現他跟著一個叫貝爾納多納奇奧的金匠，但這個金匠對他很不好，所以我把他帶走了，然後一點一滴地教他用模具鑄硬幣，同時我繼續製作公爵的像。我經常發現公爵在午飯後和他的洛倫齊諾一起睡午覺，這個人後來殺了他，當時公爵身邊再沒有別的人。我感到非常驚奇，這樣的一個公爵對他自己的安全竟然如此放心。

81

當時，奧塔維亞諾・德・麥地奇[2]好像把一切權力都攬到了他自己手裡。他不顧公爵的反對，器重鑄幣局的老局長。這個人名叫巴斯蒂亞諾・琴尼尼，是個守舊派的藝術家，肚子裡只有半瓶醋。奧塔維亞諾將他的臭模具和我的混在一起鑄造克朗。我向公爵抱怨了這件事，公爵瞭解情況後非常生氣，對我說：「去把這告訴奧塔維亞諾・德・麥地奇，告訴他是怎麼回事。」

我馬上就去了。我向他指出，那樣做會對我那漂亮的硬幣造成損害，

---

1. 奧地利的瑪格麗特是神聖羅馬帝國皇帝查理五世的私生女，1536年嫁給亞歷山卓。一英譯注
2. 奧塔維亞諾屬於麥地奇家族的旁系，著名的藝術保護人，米開朗基羅的好朋友，但由於高傲而名聲不佳。一英譯注

他像一頭強驢一樣回答說：「我們故意這麼做的。」我說不能這麼做，我也不想讓它做成這個樣子。他說：「那麼如果公爵讓這麼做呢？」我回答說：「我看這樣不行，這既不公正，也不合理。」他讓我走開，叫我就這樣忍了吧，生氣也不行。

我又去找公爵，一五一十地向他講述了我和奧塔維亞諾之間令人不愉快的談話，求他不要眼看著我為他製作的漂亮硬幣被毀掉，還求他允許我離開佛羅倫斯。他回答說：「奧塔維亞諾也太放肆了，你的要求會得到滿足的，這也是對我本人的傷害。」

就在那一天，那是個星期四，我接到了教皇發自羅馬的安全通行證，他叫我馬上回去參加 8 月中旬聖母節的赦免儀式，這樣就可以免除我由於殺人而要受到的懲罰。我去找公爵，他正躺在床上，人們告訴我他由於大吃大喝而生了病。我在不到兩個小時的時間裡就完成了他的蠟徽章還沒有做好的部分，我拿給他看，他感到極為滿意。然後我又拿出教皇派人送來的安全通行證，告訴他教皇陛下召我回去做一些活兒，為此我想重新在美麗的城市羅馬立足，但這不會影響我製作他的徽章。公爵有些生氣地回答說：「本韋努托，聽我的話留在這裡。我會安排你的職位，給你在鑄幣局安排住房，另外還會給你很多你沒有要求的東西，你的要求十分公正合理。除了你，誰還能鑄造你為我製作的漂亮模具呢？」我說：「大人，我一切都想到了。這裡有我的一個學生，是個年輕的羅馬人，我已經把技藝傳授給他了，他會很好地為您效力，直到我做好您的徽章後再回來，那時我會永遠留在您的身邊。我在羅馬開有一個作坊，雇的有工匠，生意十分紅火。一旦我獲得赦免，我就把對羅馬的厚愛留給我在那裡的一個學生，然後我就回來，經大人您的允許為您效力。」

我們談話的時候，我前面提到的那個洛倫齊諾‧德‧麥地奇也在場，別的一個人也沒有。公爵不住地向他使眼色，讓他也勸我留下來，但洛倫齊諾只說了這麼一句：「本韋努托，你還是留在這裡為好。」我回答說，我當然

想重返羅馬。他沒有再回話，只是用惡狠狠的眼光不停地瞥著公爵。

我很滿意地做好了那個徽章，把它放進一個小盒子，對公爵說：「大人，托您的福，我要為您做一枚比教皇克萊門特的那一枚還要好得多的徽章。我完全有理由這麼說，因為我為他做的那一枚是我第一次做的。洛倫齊諾先生將給我提供漂亮的背面，他學識淵博，天賦極高。」聽到這話，洛倫齊諾突然回答說：「我一直在考慮如何為你設計一個配得上公爵大人的背面。」公爵笑了一下，看著洛倫齊諾說：「洛倫齊諾，你就給他做個背面吧，這樣他就可以在這裡做而不必走了。」洛倫齊諾馬上插嘴說：「我要儘快做好它，我希望做一件讓全世界都感到震驚的事。」公爵有時候把他當成個傻瓜，有時候把他當成個懦夫。他在床上翻了翻身，對洛倫齊諾誇下的海口感到好笑。我沒有再打招呼就走了，把他們兩人留在那裡。公爵以為我不是真走，就什麼也沒有說。後來他發現我已經走了，就派他的一個僕人去追我。這個僕人在錫耶納趕上了我，給了我 50 金達克特，還捎來公爵的話，讓我看在他的面子上收下這筆錢，並且儘快趕回來，「洛倫齊諾先生還讓我告訴你，他正在為你要製作的那枚徽章準備一個漂亮的背面。」

我把使用模具的全部方法都教給了彼得羅·帕戈洛，也就是前面提到的那個羅馬人，但這一技術極難掌握，所以他一直沒有學到家。後來鑄幣局的帳上一直欠著我 70 多克朗製作模具的酬金。

82

去羅馬的路上，我帶著那支公爵給我的漂亮的火繩槍，而且我還很開心地用了幾次，施展了我那驚人的絕活兒。我在朱利婭大道上的那座小房子還沒有收拾好，所以我在教廷財政署的職員喬瓦尼·加迪先生家下了馬。離開羅馬時，我把我喜愛的許多武器和其他東西都託付給了他，所以我沒有在我的作坊門前下馬，而是讓人去找我的合夥人費利切，要他馬上把我的小房間

收拾俐落。第二天我到那裡去過夜，我準備好了衣服和一切必需品，因為我打算次日上午去感謝教皇。

　　我有兩個年輕的僕人，樓下住著一個女洗衣工，她為我做的飯真是美味可口。那天晚上，我請幾位朋友來吃飯，大家盡情地玩樂一番之後我就上床睡覺了。那一夜還沒過完，實際上離天亮還有一個多小時，我聽到一陣猛烈的敲門聲，一下接一下沒個完。於是我把年齡大一些的僕人琴喬[1]（就是我帶進巫術圈裡的那個人）叫起來，讓他去看看到底是哪個瘋子在這深更半夜裡胡攪鬧。琴喬去了以後我又點亮一盞燈，我夜裡總是在身邊放一盞，然後迅速地在襯衫外面穿上一件極好的鎖子鎧甲，接著又隨手抓起一些衣服穿在外面。

　　琴喬回來了，嘴裡喊著：「天啊，師父！是治安官和所有的治安隊員，他說你要是不馬上開門他就要把門掀倒。他們帶著火把，另外還有很多的東西！」我回答說：「告訴他們我正在穿衣服，我要穿著襯衫去見他們。」我擔心這是殺我的一個圈套，就像皮耶爾・路易吉閣下所做的那樣，我就用右手抓起一把鋒利的匕首，左手拿著安全通行證跑向後窗戶，它外面就是庭園。我一看，那裡早已守候著三十多個治安隊員，就知道從那裡逃走是不可能了。我只好讓兩個僕人走在前面，告訴他們一定要在我發話讓他們開門的時候再去開。我擺出防衛的架勢，右手拿匕首，左手拿安全通行證，然後對兩個僕人喊道：「不要怕，開門！」

　　治安官維托里奧和一些小頭目馬上就竄進來，他們本以為能夠很容易地抓住我，但一看我迎接他們的那個架勢，就往後一縮身說：「我們來這裡有要事！」我把安全通行證往他們面前一扔，說：「念念這個！你們無權抓我，諒你們誰也不敢動我一下。」這時治安官就命令他的幾個手下人來逮我，說他回頭再看安全通行證。我就把匕首晃了晃，大聲喊道：「讓天主維護正義吧！要

---

1. 即第 64 章提到的溫琴齊奧・羅莫利。—英譯注

麼我活著逃走，要麼就請你們收屍！」屋子裡擠滿了人，看樣子他們要動武。我嚴陣以待，治安官發現除了照我說的方式之外他無法抓住我，只好讓文書念安全通行證，同時他還兩三次暗示讓手下人把我抓住，但這絲毫不能動搖我的決心。最後他們泄了氣，把安全通行證往地上一扔無功而返。

83

我又回到床上以後焦躁不安，再也睡不著了，於是我打定主意天一亮就放血[1]。不過我徵求了一下加迪先生的意見，他讓我去找他雇的一個令人討厭的醫生。這個醫生問我是不是受到了驚嚇。請看這個醫生是何等的高明，我講了半天這麼大的一件事還問我這樣一個問題！他是個愚蠢無聊的人，莫名其妙地笑個不停。他嘿嘿地傻笑著囑咐我喝一大杯希臘葡萄酒，精神要振奮起來，不要被嚇著。不過喬瓦尼先生說：「師父，在那種情況下，就是一個銅人、一個石頭人也會被嚇壞，更何況一個血肉之軀哩！」那位傻大夫回答說：「先生，我們可不是一個模子造出來的。這個夥計不是銅人，也不是石頭人，而是純鐵一塊。」然後他又傻笑了一下，用手指摸著我的脈說：「你摸摸這個地方，這哪裡是人的脈！這是獅子脈，是龍脈！」這時，我感到血管裡的血在咕咚咕咚地作響，恐怕遠遠不是那個傻大夫從希波克拉底或蓋倫[2]那裡學到的知識所能解釋得了的。我馬上意識到我的病情非常嚴重，但我不想給自己再雪上加霜，還裝出若無其事的樣子。

與此同時，喬瓦尼先生讓人準備好了午飯，我們就坐下來一起吃飯。我記得當時在場的有洛多維科‧達‧法諾先生、安東尼奧‧阿萊格雷蒂先生、喬瓦尼‧格雷科先生，這些人都是最優秀的學者，還有安尼巴爾‧卡羅先生，那時

---

1. 古代歐洲人認為人的興奮是由於血液過多引起，所以放血可以緩解人的情緒。

2. 兩人均為古希臘醫師，前者被西方人稱為「醫學之父」。

他還很年輕。飯桌上，大家談論的全是我的勇敢行為。他們一定要我的徒弟琴喬一遍又一遍地講這件事的整個經過，琴喬這個小夥子極有才能，非常勇敢，而且長得也很漂亮。他描繪著我兇狠的樣子，擺出我當時的架勢，學著我說的話，他每講一次都能使我想起一些新的細節。他們一直追問他怕不怕，他回答說，他們應該問我怕不怕，因為他當時的感覺和我是完全一樣的。

這些沒完沒了的嘮叨使我心煩，同時我仍然感到強烈的焦躁不安，我終於從座位上站了起來，說我要出去為我和琴喬置辦一些藍絲綢的新衣服和布料，又說我打算參加四天以後聖母節的遊行慶祝活動，到那時讓琴喬打著一個點燃的白色火炬。於是我就走了，買好藍布讓人裁了裁，另外還做了一件漂亮的藍綢子外衣和一件同樣布料的小馬甲。我還為琴喬做了一件類似的外衣和馬甲。

這些東西裁好以後我去見教皇，他已命令讓我做一件大金器，讓我去找安布羅焦先生。於是我就去找安布羅焦先生，他已聽說治安官幹的那件事，是他和我的仇人一起把我弄回羅馬的，他還罵治安官沒有抓到我。治安官為自己辯解說，面對我手裡拿的安全通行證，他不能去抓我。安布羅焦先生開始跟我談教皇安排的活兒，他讓我先畫設計圖，說這件事要馬上準備就緒。

聖母節就要到了，按照習慣，那些將要獲得赦免的人要重新收監。為免遭此罪，我又去找教皇，對他說我不願意入監，所以求他開恩豁免我。教皇回答說這是習慣，我必須遵守。於是我再次雙膝跪倒，感謝他發給我的安全通行證，又說我要帶著它回佛羅倫斯為公爵效力，他正眼巴巴地等著我。聽到這話，教皇轉身對他的一個心腹僕人說：「本韋努托可以不必入監，給他準備一份自動赦書。」這份檔一起草好教皇就簽了字，然後又在朱庇特神廟登了記。

後來在指定的那一天，我夾在兩個紳士之間很體面地參加了遊行，終於洗清了自己的罪過。

84

　　四天以後我突然生了病，寒冷伴隨著高燒，我躺到床上，心想這一回必死無疑。我派人請來了羅馬最好的醫生，其中有弗朗切斯科·達·諾爾恰[1]，他是一位高齡的醫生，在羅馬享有最好的聲譽。我向他們講了我所認為的病因，說我曾想放血，但由於別人勸阻而沒有放；如果還不算太晚，我求他們立馬就給我放。弗朗切斯科師父回答說，這時放血對我並不好，要是以前放過我就不會再受這個罪了，所以目前只能想別的辦法。

　　他們下了最大的勁兒給我診治，而我的病情惡化得非常快，八天以後醫生們已經沒有回天之力了，說我願意享啥福只管去享吧。弗朗切斯科師父又說：「只要他還有一口氣，隨時都可以叫我，誰也說不準造化能在這樣一個年輕人身上弄出啥名堂來。還有，他要是失去知覺，這五種藥給他一種接著一種服下去，同時馬上來人找我，我夜裡任何時候都能來，我寧可救他而不是羅馬的任何一個樞機主教。」

　　喬瓦尼·加迪先生每天都要來看我兩三次，每次他都帶來我的某一枝漂亮的獵槍、鎧甲或者是劍一類的東西，嘴裡還說著類似這樣的話：「這件東西很漂亮，那件東西更漂亮。」像這樣拿來的還有我製作的模型和其他零碎東西，後來他把我煩得簡直要發瘋。和他一起來的還有一個叫馬蒂奧·弗蘭澤西[2]的人，這個人好像也巴不得我快點死，這倒不是因為他想繼承我啥東西，而是想讓他師父了卻一樁心事。

　　我的合夥人費利切一直在我身邊，他盡了全力幫助我，可以說一個人能夠為另一個人提供的幫助也就是這樣了。我的氣數已盡，已到了出氣多回氣少的地步，但腦子仍然和平常一樣清楚敏捷。

---

1. 此人是阿德里安六世、克萊門特七世和保羅三世三位教皇的御醫。一英譯注
2. 一位聰明的義大利詩人。一英譯注

儘管我還意識清醒，但看見一個可怕的老頭兒經常來到我床邊，看樣子他想硬把我拖到他的一條大船上。這時我就喊費利切過來把這個邪惡的老傢伙趕走。費利切是最愛我的，他哭著跑過來喊道：「滾蛋，你這個老賊，你是在奪我的心肝寶貝。」接著，在場的喬瓦尼‧加迪先生說：「這個可憐的傢伙在說胡話，頂多再活幾個小時。」他的夥伴馬蒂奧‧弗蘭澤西說：「他讀過但丁，在他生病虛脫的時候就出現了這種幻覺。」[1] 然後他又笑著說：「滾吧，老不死的，不要打擾我們的朋友本韋努托。」

　　看到他們在戲弄我，我轉身對加迪先生說：「親愛的師父，你知道我不是在說胡話。這個老傢伙確實令我心煩，但你最好還是幫我把那個令人噁心的馬蒂奧從我身邊趕走，他一直在幸災樂禍。以後您要是還屈尊來看我的話，我求您和安東尼奧‧阿萊格雷蒂先生一起來，或者安尼巴爾‧卡羅先生也行，你其他有才藝的朋友也可以，這些人的理解力和判斷力和那個畜生大不一樣。」於是喬瓦尼先生開玩笑一樣地叫馬蒂奧永遠走開。但由於馬蒂奧一直不停地笑，這個玩笑當了真，喬瓦尼先生再也不想看見他了，於是就叫人去找安東尼奧‧阿萊格雷蒂先生、盧多維科先生和安尼巴爾‧卡羅先生。

　　這幾個好人來了以後我感到好多了，我很清醒地與他們談了會兒，但仍不時地催費利切把那個老傢伙趕走。盧多維科先生問我好像看到了啥，那個人長得啥樣。我正有鼻子有眼地描繪他時，那個老傢伙抓住我的胳膊拼命把我往他那里拉。我大喊救命，因為他要把我扔進他那可怕的船艙裡。我剛說完最後一個字就昏了過去，好像掉進船裡一樣。他們說我昏過去以後亂打滾兒，嘴裡說著喬瓦尼‧加迪先生的壞話，說的是他來搶我，這不是為了施捨，另外還有類似的污言穢語，這使他感到很羞愧。後來他們說我躺在那裡像死人一樣一動不動，他們在我身邊等了我一個多小時，以為我正在變涼，就確信我已經死了。

---

1. 見但丁的《神曲‧地獄篇》第三歌中關於卡龍的詩句。—英譯注

他們回去以後告訴了馬蒂奧‧弗蘭澤西，他又往佛羅倫斯寫信，告訴了我很要好的朋友貝內代托‧瓦爾基先生，說他們看見我在夜裡什麼什麼時候死了。瓦爾基聽到這個消息以後，這個最有才華的人，同時也是我的好朋友，為我的訛傳而不是真正的死寫了一首令人讚歎的十四行詩，這首詩將在適當的地方抄錄下來。

漫長的三個多小時過去了，我還是沒有甦醒過來。費利切把弗朗切斯科師父開的所有的藥都用完了，我仍然昏迷不醒。於是他就飛一樣地跑到那位醫生家沒命地敲門。醫生醒了，費利切讓他起來，含著眼淚求他來我家，他以為我死了。弗朗切斯科師父這個人生性暴躁，他聽了以後回答說：「我的孩子，我就是去了還有啥用？他要是死了我比你還要難過。你以為我帶著藥去了以後能往他肚子裡吹氣讓他起死回生嗎？」可他看到那個可憐的小夥子哭著走了又把他叫回來，給了他一點油，讓他塗在我的脈搏和心臟上面，還讓他使勁地捏我的小指和腳趾，如果我能醒過來馬上再去喊他。

費利切回來以後，就按照弗朗切斯科師父的囑咐做了。天就要亮了，他們也絕望了，於是就吩咐給我做壽衣並給我洗一洗。我突然甦醒過來，呼喊著叫費利切馬上把那個老傢伙趕走，他一直不停地折磨著我。費利切想叫人去請弗朗切斯科師父，可我叫他不要去，我讓他過來緊挨著我，因為那個老傢伙怕他，馬上就會走開。於是費利切來到床邊，我摸摸他，好像感到那個瘋狗似的老傢伙退走了，所以我讓他寸步也不要離開我。

弗朗切斯科師父來了，他說救我一命是他最大的心願，又說他一生中從來沒有見過像我這樣生命力恁強大的年輕人。然後他坐下來提筆為我開藥，開的有香料、洗劑、軟膏、硬膏和其他一大堆名貴的藥品。與此同時，由於用了二十多個螞蟥在我屁股上吸血，我又一次醒了過來，可我渾身難受透了，好像被捆住磨成了粉末一樣。我的很多朋友都來看這一死而復生的奇跡，其中有一些是最顯要的人物。

我當著他們的面宣佈，我擁有的一點金子和錢，大概有八百克朗左右，包括金、銀、寶石和現金，按我的遺囑送給我那可憐的妹妹，她在佛羅倫斯，名叫莫納·利佩拉塔；剩下的全部財產，包括盔甲等所有的東西，我都留給了我最親愛的費利切，另外還有五十個金達克特讓他用來買喪服。聽到這話，費利切一下子摟住我的脖子，堅決地表示他啥也不要，只要我活著與他在一起。我對他說：「如果你要我活，就像以前那樣摸著我鎮住那個老傢伙，他害怕你。」聽我這麼一說，有些人大驚失色，他們知道我不是在說胡話，而是心如明鏡似的有的放矢。

　　我就這樣陰不死陽不活地熬著，幾乎不見好轉。那位最傑出的人物弗朗切斯科師父每天來四五次，而問心有愧的喬瓦尼·加迪先生卻再也沒來過。我妹夫也從佛羅倫斯趕來了，他是來繼承財產的。可他是個大好人，看到我還活著他格外高興。看到他我感到大有好轉，他馬上就抱住我，說是來親自照料我的，他的確照料了好幾天。後來我感到恢復大有希望，就把他送走了。這時他給我留下了貝內代托·瓦爾基先生寫的那首十四行詩，詩的全文如下：[1]

馬蒂奧你可知怎表悲傷？

誰又能禁止住眼淚流淌？

真可惜好朋友英年早逝，

只拋下吾等人痛斷肝腸。

君生為藝術家蓋世無雙，

到如今撒手去直升天堂；

1.　這首詩枯燥乏味，很不真實地反映了切里尼在藝術史上的地位，對切里尼人品的讚譽更是言過其實，所以我真不想把它翻譯出來。我之所以這麼做是因為這首詩很典型地反映了當時義大利虛偽的社會風氣。詩人對朋友之死的悲痛是真實的，但表現這一悲痛的語言卻是虛假的。—英譯注

就是在先賢中亦無其匹，
塵世間再無人與君頡頏。

倘若是天堂裡仍有愛光，
拜託你小精靈把他照看，
我揮灑傷心淚你細端詳。

昔有神創世界萬物生長，
在天國你觀看他的至福，
他與你刻畫的一模一樣。

85

我的病也就是厲害，好像再也好不了了。那個大好人弗朗切斯科·達·諾爾恰師父加倍地努力，每天都給我帶來新藥，試圖恢復我那垮了的身體。但所有的努力都不足以攻克我的頑症，醫生們個個搖頭，不知如何是好。我渴得要命，但遵照醫生的囑咐已經有好多天沒有喝水了。費利切覺得他對我起了很大的作用，

所以一直不離我的左右。那個老傢伙不再那麼惹我了，但有時出現在我的夢裡。

一天，費利切出門了，他把我交給了一個年輕的徒弟和一個名叫貝亞特里切的女僕。我問那個徒弟琴喬是咋回事，他為啥一直沒有來看我。小夥子回答說，琴喬病得比我還要厲害，已經離死不遠了。費利切命令他們誰也不要對我說這事。聽到這個消息，我難過極了。然後我喊那個女僕貝亞特里切（她是皮斯托亞人），讓她把旁邊的一個大水晶涼水瓶給我端來，裡面全是新鮮的清水。她馬上跑過去給我端來，我讓她放在我的嘴唇邊，又對她說，她要是讓我痛痛快快地喝它一陣子，我就給她一件新衣服。這個女僕曾經偷

過我一些比較貴重的東西，她怕我發現，所以巴不得我死了。於是她就拼命地灌我兩次，結果我痛飲了一滿瓶還要多。喝完以後我就蓋住被子，不一會兒就開始出汗，然後就睡熟了。

我睡了大約一個小時，費利切就回來了，他問那個小夥子我的情況咋樣。小夥子回答說：「我不知道。貝亞特里切給他端去一滿瓶的水，他差不多全喝完了。我不知道他現在是死是活。」他們說，我那可憐的朋友一聽這話幾乎倒在地上，簡直傷心極了。隨後，他抄起一根棍子把那個女僕痛打一頓，嘴裡喊著：「你這個小賤人，你是想把他給害死呀？」

這兩個人一個大打出手、一個鬼哭狼嚎的時候，我正在做夢。我夢見那個老傢伙手裡拿著繩子正準備捆我，費利切過來用斧子砍他，老傢伙邊逃邊喊：「放了我，我再也不來了。」這時，貝亞特里切跑到我屋裡大聲尖叫，把我驚醒了，我喊道：「別打她。她是想害我，可她給我帶來的好處可能要超過你們所有的人。她很可能救了我的命。幫我一把，我出汗了，趕快。」費利切一聽來了精神，他把我的汗擦幹，把我弄得舒舒服服的。我感到病情大有好轉，於是就盤算著如何恢復。

弗朗切斯科師父來了。他看到我明顯好轉，又看到女僕眼淚汪汪，小徒弟跑前跑後，費利切開懷大笑，這一攤亂七八糟的景象使他感到肯定發生了什麼不尋常的事情，那就是我好轉的原因。就在這時，另一個醫生貝爾納迪諾也來了，就是他在我剛病的時候不給我放血。最有才能的弗朗切斯科師父感歎道：「啊！這是大自然的力量！她知道需要啥，而醫生啥也不知道。」那個傻裡傻氣的貝爾納迪諾師父接荏兒說：「他要是再喝一瓶的話當時病就好了。」飽經風霜、見多識廣的弗朗切斯科・達・諾爾恰師父說：「那樣就糟糕透了，但願這樣的事情會落到你頭上！」然後他轉身問我還能不能再喝點。我回答說：「不能了，我已經完全解渴了。」這時他對貝爾納迪諾師父說：「你看看，大自然需要多少就取走多少，既不多也不少。同樣的道理，這個可憐的年輕人求

你給他放血的時候，正是說明了大自然需要那樣做。如果你知道他的康復需要喝兩瓶水的話，你為啥不早說？那樣你就可以吹噓是你把他治好了。」聽到這話，那個可憐的庸醫繃著臉走了，以後再也沒有露過面。

弗朗切斯科師父然後吩咐我從家裡搬到羅馬的一座山上去。樞機主教科爾納羅聽說我好轉以後，就讓人把我搬到他在卡瓦洛山上的一處地方。那天晚上，我被小心翼翼地放在一張椅子上，渾身上下包得嚴嚴實實，以免受到風寒。我一到那個地方就開始嘔吐，結果從胃裡吐出一條毛茸茸的小蟲。它大約有四分之一肘尺長，身上的毛很長，樣子非常難看，身上有斑斑點點的綠、黑、紅等顏色。他們把蟲子拿給醫生看，醫生說他以前從來沒有見過這類玩意兒。他又對費利切說：「照顧好本韋努托，他的病已經好了。不要讓他做任何出格的事，別看他這一次大難不死，下一次再出麻煩他就沒命了。你看他這場病有多厲害，當時就是想給他塗油[1]恐怕都來不及了。現在我可以說，再耐心地給他一段時間，他就能活下去，還能做出更多的好作品來。」然後他又對我說：「我的本韋努托，要謹慎，凡事不可過分。等你恢復好以後，我請你親手給我做一個聖母馬利亞的雕像，我會永遠地對著她為你祈禱。」這件事我滿口答應下來，然後又問他旅行到佛羅倫斯對我是否可能。他勸我等到精力恢復以後再說，看看大自然在我身上進一步的作為。

86

又過了八天，我恢復得非常緩慢，我感到活著簡直成了一種負擔。要說也是，這場大病我已經害了五十多天了。我打定主意準備出去走一走。我和親愛的費利切坐在一對籃子[2]裡前往佛羅倫斯。由於我事先沒有寫信，我

---

1. 指天主教徒臨終前的「塗油禮」。參閱前面第 35 章的注釋。

2. 「ceste」實際上指一種擔架，不過我想最好還是把它直譯成「籃子」。從別的資料中得知，切里尼於1535年9月9日抵達佛羅倫斯。—英譯注

一到妹妹家她就一陣子悲喜交集。那天有很多朋友來看我，其中有皮耶·蘭迪，他是我最好、最親密的朋友。

第二天，尼科洛·達·蒙特·阿古托來了，他也是我的一位好朋友。他曾聽到公爵說：「本韋努托還是死了好，他這是來自投羅網，我永遠也不會原諒他。」所以尼科洛一來就喪魂落魄一般地對我說：「不好啦！我親愛的本韋努托，你來這裡幹啥？你還不知道你是咋得罪的公爵？我聽他咬牙切齒地說你是在作繭自縛。」我回答說：「尼科洛，告訴公爵大人，教皇克萊門特以前也想這麼做，也是同樣的不公正。請他關注著我，給我時間讓我康復，然後我就會向他證明我是他一生中所見到的最忠實的僕人。我這次身遭厄運肯定是忌妒我的仇人在作祟，等我好了以後再讓他看看，到那時我會讓他大吃一驚。」

這次給我帶來厄運的是阿雷佐的畫家焦爾傑托·瓦塞拉里奧[1]，也許他是對我恩將仇報。我曾經把他留在羅馬並支付他的花費，而他則把我全家折騰個底朝天。他這個人身上長有一種幹疥瘡，所以他老是用手去抓撓。正好那個時候他和我手下一個名叫曼諾的優秀工匠睡在一張床上，有一次他想撓癢，沒料到他那只老鴰爪子從曼諾腿上劃拉下來一塊皮，他的指甲從來都沒有剪過。曼諾離我而去，咬著牙要把他殺了。我從中說合，兩人又言歸於好，後來我把喬治安排到樞機主教德·麥地奇家裡並繼續幫助他。雖然我有這些功勞，他還是告訴公爵亞歷山大，說我罵過公爵大人，還說我曾誇口要第一個和他流放的敵人一起推翻佛羅倫斯的壁壘。

後來我才聽說，這些話是那個可愛的大好人奧塔維亞諾·德·麥地奇讓瓦薩里說出來的，此公是想對公爵進行報復，他由於鑄造硬幣和我離開佛羅倫斯而激怒了公爵。我的這一罪名是莫須有的，因此我一點也不害怕。

1. 又名喬治·瓦薩里（1512—1574），畫家和建築家，16 世紀中葉佛羅倫斯風格主義的反對者，名著《畫家列傳》的作者。從此人的作品看，他對切里尼並無敵意，切里尼在此對他指責在多大程度上是公正的尚不清楚。—英譯注

與此同時，那個能幹的醫生弗朗切斯科‧達‧蒙特‧瓦爾基以高超的醫術為我治病。他是由我親愛的朋友盧卡。馬丁尼[1]領來的，馬丁尼每天大部分的時間都和我在一起。

87

這時，我把忠實的夥伴費利切派回羅馬去料理那邊的事情。我的頭已經可以從靠枕上抬起一點，這是在第十五天頭上。儘管我還不能走路，我讓人把我抬到麥地奇家，停放在一個小平臺上，等公爵從這裡走過。宮裡的很多朋友都過來和我打招呼，他們對我病成這個樣子還懸懸乎乎地被抬過來感到吃驚，說我應該等病好以後再來拜訪公爵。當時聚集了一大群人，大家像看稀罕物一樣地過來看我，這不僅是因為他們聽說我已經死了，更因為我看起來如死人一般。然後，我當著所有人的面講了有個惡棍告訴公爵大人說，我曾吹噓要第一個攻進大人的壁壘，還說我辱罵過他；所以我無論死活都要洗刷掉這一臭名，並且要找出到底是哪個不要臉的無賴這樣誹謗我。聽到這話，一大群紳士都圍攏過來對我表示同情，大家七嘴八舌地議論起來。我對他們說，找不出那個血口噴人的傢伙我就不走。

這時，公爵的裁縫阿戈斯蒂諾師父從人群中擠進來說：「你要是光想知道這，你現在就能知道。」我前面提到的畫家喬治正好走過來，阿戈斯蒂諾師父喊道：「這就是那個說你的人，你去問問他是真是假。」我雖然無法起身，可還是盡可能疾言厲色地問喬治是不是說過我的壞話。他馬上矢口否認，說他從來都沒有說過任何此類的話。阿戈斯蒂諾師父馬上就駁斥說：「你這個活吊死鬼！難道你不知道我最摸底兒？」喬治馬上溜之大吉，嘴裡還是說著他沒有說過我的壞話。

---

1. 馬丁尼是當時最好的一個文學團體的成員，創作有一些著名的滑稽作品。—英譯注

停了一會兒公爵過來了，我馬上抬起身子，他也停住了腳步。我對他說，我來這裡只不過是為了給自己洗個清白。公爵看著我，對我還活著感到驚奇，然後他囑咐我要誠實做人，並注意恢復身體。

我回到家，尼科洛·達·蒙特·阿古托來看我，說我已經躲過了世界上最可怕的危險之一，完全出乎他的預料，因為他看到有人白紙黑字地寫著要我的命。他要我儘快康復，然後悄悄地離開，因為有個能夠置我於死地的人要對我下手。然後，他說：「當心，你咋得罪了那個無賴奧塔維亞諾·德·麥地奇？」我回答說，我沒有做任何得罪他的事，倒是他傷害了我，然後我就一五一十地向他講了鑄幣局的事。他重複說：「趕快走開，要有勇氣，你報仇的機會比你預料的要早。」

我最小心地注意著自己的身體，指點完彼得羅·帕戈洛如何鑄造硬幣後，就悄無聲息地上路趕往羅馬，沒有對公爵或其他任何人說。

88

我回到羅馬，和朋友們歡聚了一陣子以後，就開始製作公爵的徽章。幾天以後我就用鋼做好了頭像，是我同類作品中最好的。

一個名叫弗朗切斯科·索德里尼先生[1]的傻瓜每天至少來看我一次。他看著我手裡做的活兒常常這樣大叫：「混蛋！你是想讓那個魔王名垂千古！你從來沒有做過這麼漂亮的活兒，這說明你是我們的冤家對頭，是他們的忠實朋友，可他和教皇曾兩次想無緣無故地吊死你。那是聖父和聖子，現在你要留神聖靈。」人們都認為公爵亞歷山大是教皇克萊門特的兒子。弗朗切斯科先生還不住地詛咒發誓，如果可能的話他就要把那枚徽章的模具從我這裡搶走。我對他的直率表示了讚賞，但又對他說我一定要把模具保管好，他再想見到模具比登天還難。

1. 此人曾於1530年作為麥地奇家族的敵人被流放。—英譯注

科西莫一世胸像
Bust of Cosimo I
1546 ~ 1547
Bronze, height 110 cm
Museo Nazionale del Bargello, Florence

這時，我寫信到佛羅倫
斯，向洛倫齊諾要徽章的背
面。我是給尼科洛・達・蒙
特・阿古托寫的信，他回信說
他已經向那個陰陽怪氣的老夫
子洛倫齊諾說過這件事了，洛
倫齊諾回答說他現在朝思暮想
的就這一件事，一定會盡快把
它完成。但我還是不對他的背
面抱什麼希望，乾脆自己搞一
個，做好以後馬上拿給公爵，這樣對我有好處。

　　我按照自己的構想設計了一個背面，盡最大的努力趕活兒。但我的病還沒
有好透，所以我時常和老朋友費利切一起外出打獵消遣。他對我的手藝一竅不
通，但由於我們一天到晚都在一起，人人都以為他是個第一流的工匠。他生性

詼諧，說起他沾了我的光，我們兩人常在一起捧腹大笑。他名叫費利切‧瓜達尼[1]，因此他開玩笑說：「我要不是沾了你的光才叫費利切‧得大利的話，本來是應叫費利切‧不得利的。」我回答說，人們的獲利行為分為兩種，一種是為自己，另一種是為他人，我對他的第二種行為大加讚賞，因為他救過我的命。

　　我們經常這樣交談。我尤其記得在主顯節[2]的一次談話，當時我們在拉馬利亞納附近。天快黑了，那天我打了很多的鴨和鵝，於是就決定不打了，準備收拾傢伙返回羅馬。我一看狗不在身邊，就呼喚著它的名字巴魯科，一回頭發現那個訓練有素的畜生正指著一條溝裡的幾隻鵝。我立即下馬準備好獵槍，在很遠的距離之外用一個彈丸就打倒了兩隻。我一次射擊用的彈丸從來不超過一個，通常能在二百肘尺之外準確擊中目標，這要是用別的裝彈方法是不行的。被打中的那兩隻鵝一隻幾乎死去，另一隻受了重傷，但還是撲撲拉拉地飛著。狗銜回來一隻，另一隻正要往溝裡鑽，我馬上跳過去抓。我仗著靴子深能護住腿，就一步跨了過去，結果一下子陷進淤泥裡，雖然把鵝抓住了，但右腿上的靴子裡已灌滿了水。我把腳拔出來控乾淨靴子裡的水，然後就上馬匆匆返回羅馬。天氣很冷，我感到腿上結了冰，就對費利切說：「要想辦法暖暖腿，我實在受不住了。」好心的費利切一句話也不說就下馬，撿了一些枯枝草準備生火。我在一旁等著，把兩隻手放在鵝的胸脯上，覺得暖烘烘的。我就對他說不要生火了，乾脆把靴子裡填上鵝毛，我馬上覺得舒服多了，又恢復了活力。

89

　　我們上了馬向羅馬飛馳而去，來到一片漸漸隆起的地方時天已經黑透了，望著佛羅倫斯的方向，兩個人異口同聲地發出驚歎：「哎喲天啊！佛羅倫斯那

---

1. 「瓜達尼」（Guadagni）在義大利語中是「得到好處」的意思。
2. 1月6日紀念耶穌顯靈的節日。

邊是咋啦？」只見一道巨大的火光一樣的東西在閃耀，發出了奇異的光芒。

我對費利切說：「明天我們肯定會聽到佛羅倫斯出了大事的消息。」到了羅馬，天黑得伸手不見五指。快到班基的家裡時，我那匹小馬撒開四蹄往前飛奔。白天的時候人們在路中間倒了一堆灰泥和爛瓦片，我和馬都沒有發覺。結果飛馳的馬撞到上面以後翻了一個大筋斗過去了，馬頭夾在了腿中間，我一點也沒有傷著，真是多虧了天主的保佑。這一聲音使得鄰居們紛紛端著燈出來，而我已經站了起來。我沒有騎馬就跑回家裡，大笑著慶倖自己躲過一場災難，這場災難足以使我的脖子折斷。

家裡已經聚集了一些朋友。大家在一起吃飯的時候，我向他們講了白天打獵的遭遇和看到的殺氣騰騰的火光。他們感歎道：「不知這一凶兆明天能給我們帶來啥消息。」我回答說：「佛羅倫斯肯定發生了劇變。」這樣大家吃得非常開心。

第二天稍晚的時候，公爵亞歷山大死亡的消息傳到了羅馬。[1]於是我的很多熟人都來對我說：「你猜得一點不錯，佛羅倫斯就是出了大事。」這時，弗朗切斯科·索德里尼騎著他那頭噁心騾子悠悠忽忽地走了過來，一路上發了瘋似的狂笑不止。他對我說：「這就是那個洛倫齊諾·德·麥地奇答應給你的那個惡魔的徽章背面。」他又說：「你想讓公爵們萬世不朽，可我們再也不想要公爵了。」然後他又嘲笑了我，好像我是推舉公爵的宗派首領。

這時，一個名叫巴喬·貝蒂尼[2]的傢伙走了過來，他的頭醜陋無比，大得像個籃子。他也以同樣的方式嘲弄公爵，看我的笑話。他說：「我們剷除了公爵，再也不要他們了，而你卻想讓他們不朽。」另外還說了很多諸如此類的風涼話。我聽得不耐煩了，就對他們說：「你們這些笨蛋！我是個窮金

1. 亞歷山大於1537年1月5日被他的親戚洛倫齊諾謀害於佛羅倫斯。一英譯注
2. 貝蒂尼是米開朗基羅的好朋友，也是一個重要的藝術保護人。一英譯注

匠，誰給我錢我就為誰效力，你們則把我當成宗派首領一樣取笑我。不過我不會因此而以牙還牙，用你們先人的貪婪、愚蠢和無用來奚落你們。但對你們的嘲笑我有一句話要說，那就是最多再過兩三天，你們就會有另外一個公爵，也許要比那一個撒手而去的壞得多。」[1]

第二天，貝蒂尼來到我的作坊對我說：「不需要花錢讓人送信了，事情還沒發生你就知道了。是哪個精靈告訴你的？」然後他對我說，喬瓦尼閣下的兒子科西莫·德·麥地奇被推選為公爵，但他的當選被強加上一些條件，這使他高興不起來。這時我有機會反唇相譏了：「那些佛羅倫斯人把一個年輕人扶上了一匹剽悍的馬，然後把踢馬刺套在他腳後跟上，把韁繩交到他手裡，把他趕到一片廣闊的原野上，到處是鮮花、果實和賞心悅目的東西；這時他們又告訴他不要越過指定的界限。那麼請你們告訴我，他只要有心跨越界限，又有誰能阻止住他？任何人也不能把法律強加給法律的主人。」這樣他們就走了，再也不攪擾我了。[2]

切里尼在波河上拒絕別人乘船
By Salvador Dalí

1. 這段對話反映了切里尼親麥地奇的思想傾向，也反映了他對政治形勢的遠見卓識。－英譯注

90

我開始經營我的作坊，也做一些活兒，但不是什麼要緊的活兒，因為我還要顧及我的健康，自從那場大病以後我一直沒有完全恢復。

大約這個時候，皇帝遠征突尼斯之後凱旋，教皇派人找我，就向皇帝送啥禮物的問題徵求我的意見。[3] 我回答說，最好送一個耶穌釘在十字架上的金像給皇帝陛下，我基本上做好了這樣的一個裝飾品，正好可以派上用場，它可以給我和教皇陛下帶來最高的榮譽。我已經用圓雕做好了三個小金像，大約有巴掌那麼大，是以前給教皇克萊門特做聖餐杯用的，分別代表「信仰」、「希望」和「博愛」。在這上面我又用蠟加上了十字架底座上缺少的東西。我把整個作品拿給教皇看，上面有蠟制的基督像和很多精美的裝飾物，教皇看了十分滿意。臨走之前我們商量好了每一個細節，並估算了整個作品的價值。

一天晚上 4 點鐘，教皇命令拉蒂諾‧尤韋納萊先生在第二天上午付給我錢。這個拉蒂諾先生生就的一股傻乎乎的冒失勁兒，他想替教皇出個新點子，實際上完全是他自己的餿主意。這樣，他把原來安排好的一切都推翻了。第二天上午我去拿錢時，他又擺出蠻橫無理的架勢對我說：「我們負責出主意，你去執行就是了。昨天晚上我從教皇那裡離開的時候，我們又想出了一個好得多的主意。」不等他說完我就堵住了他的嘴：「你也好，教皇也好，誰都想像不出一個更好的有基督像的作品。你還有啥鬼話就趕快說，我等你說完。」

他再也沒說一句話就怒衝衝地走了，想把活兒交給另外一個金匠。可是教皇不答應，他馬上派人找我，說我說得很好，不過他們想送一本聖母祈禱書，此書裝飾精美，是樞機主教德‧麥地奇花兩千多克朗買來的。他們覺得

---

2. 切里尼此言一點不錯。科西莫不久就過河拆橋，成為佛羅倫斯的大獨裁者。他於1537年 1 月 9 日當選為公爵。—英譯注

3. 切里尼又回到1535年 11 月，這裡的皇帝是指神聖羅馬帝國皇帝查理五世。—英譯注

這份禮物送給皇后很合適。至於送給皇帝的禮物，他們會按我的設想進行製作，這確實能配得上他。可時間已經不能再耽誤了，皇帝大約一個半月以後就要到羅馬。他想讓這本書放在一個大金盒子裡，盒子要做得富麗堂皇，要用價值約六千克朗的寶石裝飾。這樣，寶石和金子都給了我，我馬上勁頭十足地幹了起來，幾天以後出的活兒就使教皇感到驚歎不已，明顯對我刮目相看，同時又保證再也不讓那個畜生尤韋納萊和我打交道了。

皇帝駕到時，我的活兒基本完成了。羅馬為歡迎他建起了很多宏偉的凱旋門。他進入羅馬時真是浩浩蕩蕩、八面威風。[1] 關於當時的場景我留給別人去描寫，我只寫和我有關的事。他一來到就送給教皇一顆鑽石，那是他花一萬兩千克朗買來的。教皇把這顆鑽石交給了我，要我根據他手指的粗細做一枚戒指，但他希望我先把那本書拿來，做成個啥樣就是啥樣。

於是我就把書拿給他看，他感到非常滿意，然後他又問我如何向皇帝陛下圓滿地解釋這件禮物尚未做好。我說，我的身體不好就是個很好的理由，皇帝陛下一看我這副面黃肌瘦的樣子馬上就會相信。教皇同意我這個主意，但他還要我在代表他向皇帝送書時補充一句，說我把自己也作為禮物送給皇帝陛下。然後他又詳細告訴我到時候應該咋做，話應該咋說。我又把這些話向教皇重述了一遍，問他是不是想讓我這樣說。他回答說：「如果你有勇氣對皇帝說話就像對我一樣，你就會表現得令人滿意。」我說我對皇帝說話會更加泰然自若，因為皇帝穿得和我一樣，我面對他說話就像面對一個和我一樣的人；而我和教皇陛下說話就不一樣了，在他身上我看到一種神聖得多的氣質，一方面是由於他穿戴的法衣，這些東西在他四周形成一種光環，另一方面是由於教皇陛下年高德劭而望之儼然，這些因素使我產生的敬畏要超過皇帝陛下。教皇聽了以後回答說：「去吧，我的本韋努托，你很能幹。要為朕爭光，這對你有好處。」

---

1. 查理五世於1536年4月6日來到羅馬。─英譯注

91

教皇命人牽出來兩匹土耳其馬，這本是教皇克萊門特的，是基督教世界中最漂亮的馬。教皇的名譽侍從杜蘭特先生[1]牽著馬走過大殿的長廊，在那裡把馬交給了皇帝，又說了幾句教皇吩咐過的話。我們兩個一起走過去來到御前，馬走進大廳時儀態萬方，皇帝和所有在場的人都歎為觀止。這時，杜蘭特先生土頭土腦地邁步向前，用濃重的佈雷夏口音咕咕噥噥了一陣子，那副醜態百出的樣子難看至極，怪不得皇帝看見他忍不住笑了。

與此同時，我已經把禮物的蓋子打開，看到皇帝那仁慈的目光轉過來對著我，我立即上前說道：「神聖的陛下，我們最神聖的教皇保羅將這本聖母祈禱書送給您作為禮物，此書是一位聖手書生所寫，由同行中最傑出的大師裝飾。這個黃金和寶石盒蓋還沒有做好，原因是我有病，這您可以看出來。因此，教皇陛下除了送書之外連我也一起送給您，以便我能將它做好。不僅如此，凡是您想做的任何東西，只要我一息尚存，就一定為您盡力做好。」皇帝回答說：「書我收下了，你我也收下，但我想讓你在羅馬為我做好它。等到東西做好，你的健康也恢復了，再把它拿來見我。」接著在談話中他叫了我的名字，我很吃驚，因為當時誰也沒有提起我的名字。他說，他見過教皇克萊門特法衣上的那個扣子，我在上面製作有很多漂亮的人物像。我們就這樣談了整整半個小時，涉及很多藝術和其他令人愉快的話題。

這時，我感到我的表現比預料的還要好，就利用談話中一個短暫的停頓躬身告辭。有人聽到皇帝這樣說：「馬上給本韋努托五百金克朗。」拿錢的人問，剛才和皇帝談話的那個教皇的手下人是誰，杜蘭特先生上去就奪走了我的五百克朗。我向教皇訴說了這件事，他讓我不要擔心，他一切都很清楚，我與皇帝的談話非常得體，至於錢的事一點兒也不會少我的。

---

1. 此人於1544年被保羅三世任命為教廷的財政署長，後來又成為佈雷夏主教。一英譯注

92

　　我回到作坊以後就著手製作那枚鑽石戒指，為此四名羅馬第一流的寶石匠被派來和我一起協作。這是因為教皇得知那顆鑽石是由世界上首屈一指的寶石匠在威尼斯鑲嵌的，那人叫米利亞諾‧塔爾蓋塔師父。鑽石有點薄，不經過深思熟慮是很難把它嵌好的。我很高興地接待了這四位寶石匠，其中有一個米蘭人名叫加約，他是世界上最蠻不講理的一頭強驢，本來狗屁不懂，卻又自以為是，而其他幾個人則又謙虛又能幹。

　　這個加約當著我們所有人的面開始發話：「米利亞諾的襯底[1]應該保留，本韋努托，你要對他所做的脫帽致敬。給鑽石上色是寶石藝術中最難掌握的技術，所以米利亞諾才是世界上最偉大的寶石匠，這也是最難上色的一顆鑽石。」我回答說，與如此光榮的職業中這麼一位能工巧匠一爭高低使我感到更加榮幸。然後我轉向其他的寶石匠說：「往這裡看，我要保留米利亞諾的襯底，我看看能不能用我自己的手藝對它加以改進。如果不能的話，我就用你們看到的這種方法進行上色。」那頭強驢加約喊叫說，我要是能做成那樣的襯底，他會心甘情願地對它脫帽致敬。我回答說：「我要是做得比它還好，你就要致敬兩次。」「那是當然，」他說。於是我就開始做襯底。

　　我下了最大的勁兒調色，其方法我會在適當的地方介紹。[2]當然，這顆鑽石是我所接觸到的最難處理的一顆，米利亞諾製作的襯底確實顯示出真正的藝術功力。但我沒有灰心，而是殫思竭慮，結果我不僅趕上了他的製作，而且還遠遠地超過了他。超過他之後，我又開始超越自我。我用新方法做成了一種襯底，比原來做的實在強得太多了。於是我派人找來那些寶石匠。我

---

1. 切里尼在他的《金飾製造術》一書中曾介紹過襯底的製作和應用。襯底通常染上顏色以增強寶石的效果，尤其是鑽石。—英譯注

2. 見作者的《金飾製造術》第一章。—英譯注

先用米利亞諾的襯底為鑽石上色，然後把它擦乾淨，再用我自己的襯底上色。我把它拿給寶石匠們看，其中最好的工匠之一拉斐爾・德爾・莫羅把鑽石拿在手中對加約說：「本韋努托做的超過了米利亞諾的襯底。」加約不想承認它，拿起鑽石說：「本韋努托，這顆鑽石帶有米利亞諾的襯底可以增加兩千達克特的價值。」我回答說：「我已經超過了米利亞諾，再看看我能不能超過我自己。」

於是我請他們等我一會兒。我來到一個小房間，背著他們給鑽石重新上了色，然後出來拿給寶石匠們看。加約馬上脫口而出：「這是我一生中見到的最了不起的東西。這顆鑽石的價值超過一萬八千克朗，而我們原來只估計為一萬兩千克朗。」其他的寶石匠對他說：「本韋努托是我們這一行的驕傲，我們應該對他和他的襯底脫帽致敬。」加約又說：「我要去告訴教皇，我打算為他爭取一千金克朗來鑲嵌這顆鑽石。」於是他急忙去見教皇告訴了他一切，結果教皇那天三次派人來看戒指是否做好了。

23 點的時候，我拿著戒指來到教廷。那裡的門對我是永遠敞開的，我輕輕地撩開門簾，看見教皇正私下裡會見馬爾凱塞・德爾・瓜斯托[1]。這位侯爵肯定是在向教皇施加壓力，讓他做某種他不想做的事。我聽見他說：「我告訴你，不行。我的職責是保持中立，別的都不行。」我馬上就退了出來。教皇又喊我進去，於是我就走了進去，把鑽石戒指拿出來。他把我拉到一邊，侯爵便退得遠遠的。教皇看著鑽石對我小聲說：「本韋努托，跟我談一個看起來非常重要的話題，只要侯爵還在這裡就一直不停地談下去。」然後他就開始來回踱步。

這真是天賜良機，於是我就對他大談我為鑽石上色的方法。侯爵站在一邊靠在一幅掛毯上，不住地倒換著支撐身體的腳。我所選擇的話題非常重

---

1. 此人為佩斯卡拉侯爵，長期擔任西班牙駐米蘭的總督。一英譯注

要，如果充分闡述的話，我至少可以談三個小時。教皇聽得入了迷，把站在一旁渾身不自在的侯爵忘得一乾二淨。我用我們這一行當中的那一部分自然科學把我要說的話渲染一番。我講了將近一個小時，侯爵實在熬不住了，就怒氣衝衝地走了。這時教皇以最親熱的方式擁抱了我，並激動地對我說：「要有耐心，我親愛的本韋努托，我為你的出手不凡所支付的報酬要超過加約為你評估的一千克朗。」

這時我就要告辭，教皇當著教廷裡的人的面誇獎了我，其中有我前面提到的那個拉蒂諾·尤韋納萊。這個傢伙是我的仇人，所以千方百計地想傷害我。

看到教皇談論我的那股親熱勁兒，他就插嘴說：「毫無疑問，本韋努托是一個很有天才的人。儘管每個人都會很自然地親近自己的同胞而不是別的人，但仍然應該慎重地考慮在提到一個教皇時用什麼樣的言詞才合適。他曾經厚顏無恥地說，教皇克萊門特是世界上最漂亮的君主，其才能也絕不在容顏之下，只不過老是運氣不佳。他說陛下您恰好與此相反，三重冠在您頭上好像由於憤怒而落淚，您看上去像是披著衣服的一捆稻草，除了好運氣之外別的一無所有。」

這些話出自一個最善於搖唇鼓舌的人之口，自然對教皇有著不可抗拒的蠱惑力。實際上這些話根本就不是我說的，我從來就沒有想過這些問題。教皇要是能夠對我報復一通而不喪失威信的話，他就會那樣做了。可他這個人老於世故，天資過人，所以裝出一笑了之的樣子，而在心裡卻埋下了仇恨的種子。我對此不是沒有察覺，我發現再也不能像以前那樣自由出入他的邸宅了，要晉見他真是難死了。我已經和羅馬教廷打了多年的交道，對它的運作方式十分熟悉，所以我斷定肯定有人壞了我的事。經過暗中察訪，我瞭解了事情的全部真相，但不知道放暗箭的人是誰。我實在想不出來這個人的名字，要是把這個傢伙查出來，我決不會放過他。

93

我繼續做著那本書，做好以後我把它拿給教皇，他實在是情不自禁地對它大加讚揚了一番。我求他兌現諾言，把我和書一起送給皇帝。他回答說他會看著辦，我的任務算是完成了。於是他命令給我優厚的報酬。這兩件活兒花了我兩個多月的時間，結果只給了我五百克朗：做鑽石活兒只給了我一百五十克朗，其餘的是做書盒蓋的錢，而那個盒蓋價值一千多克朗，上面刻有大量的人物像和花葉造型，還裝飾有瓷釉和寶石。我收下給我的錢，下決心要偷偷地離開羅馬。

與此同時，教皇派他的外孫斯福爾札閣下[1] 把書送給了皇帝。皇帝拿到書以後極為滿意，馬上就要求見我。年輕的斯福爾札閣下事先已接到指示，就回答說我因病無法前往。所有這一切都有人告訴了我。

我準備著動身前往法蘭西。我本來想一個人去，可這樣不行，我身邊還有一個名叫阿斯卡尼奧的僕人。他年齡很小，是世界上最了不起的僕人。當初我收他的時候，他已經離開了原來的師父弗朗切斯科，一個西班牙金匠。我不大想收他，我擔心會得罪那個西班牙人，就對阿斯卡尼奧說：「我不想要你，以免得罪你師父。」他搗鼓著他師父給我寫封信，對我說可以隨便接收他。這樣他跟我已經有好幾個月了。他來的時候面黃肌瘦，所以我們都叫他「小老頭」。實際上我差不多認為他就是一個小老頭，一是由於他是個很好的僕人，二是由於他非常聰明，其才智與他那 13 歲的年紀很不相稱，他一口咬定自己是 13 歲。

現在還回到剛才的話題。在以後的幾個月裡，他的身體狀況有了好轉，比以前長胖了，成為羅馬最漂亮的小夥子。像我剛才所描述的那樣，他是個極好的僕人，又表現出了驚人的藝術才能，所以我對他產生了一種慈父般的

---

1. 斯福爾札的父親是聖菲奧雷伯爵，母親是教皇的私生女。當時他只有 16 歲。—英譯注

情感，給他穿著打扮得就像我自己的兒子一樣。他發現自己的狀況得到了改善，認為跟著我實在是他的好運氣。他經常去感謝他原來的師父，認為是原來的師父給他帶來了福氣。他師父有個年輕漂亮的妻子，她問他：「蘇爾傑托（他以前和他們住在一起時他們都這樣叫他），你咋變得恁漂亮？」阿斯卡尼奧回答說：「弗蘭切斯卡夫人，是我師父使我變得恁漂亮，他還給了我很多好處。」阿斯卡尼奧的回答使這個小肚雞腸的女人十分生氣。她又生性輕佻，把小夥子摟抱得似乎過分了一些，從此以後我就注意到他去找她的次數頻繁得有些不正常。

一天，阿斯卡尼奧打了作坊裡的一個小夥計。我從外面回來以後，這個小夥計向我哭訴，說阿斯卡尼奧無緣無故地打了他。我聽了以後對阿斯卡尼奧說：「不管有沒有理由，以後再也不准你打我家的任何一個人，要不然我會叫你嘗嘗我動手打人的滋味。」他跟我頂嘴，氣得我跳過去拳腳相加地痛打他一頓，他從來也沒有挨過恁厲害的打。他一逃出我的手心就扔下斗篷和帽子跑走了，有兩天的時間我不知道他的下落，我也不想去找他。

兩天以後，一個名叫迪耶戈先生的西班牙紳士來找我。他是世界上最大方的人。我曾經為他做過一些活兒，並且手頭還在做著，這樣我們兩人已經很熟了。他對我說，阿斯卡尼奧回到他以前的師父那裡去了，他想叫我還給他我以前送給他的斗篷和帽子，如果我覺得合適的話。我說，弗朗切斯科太不像話了，就像是一個缺乏教養的傢伙；要是阿斯卡尼奧一回到他家他就告訴我這一情況，我會很樂意地讓他去；可現在他收留了阿斯卡尼奧兩天都沒有跟我說一聲，我是不會讓他得到阿斯卡尼奧的；我讓他留神，不要讓我在他家裡看到那個小夥子。

這些話由迪耶戈先生傳達給了他，弗朗切斯科聽了以後只是發笑。第二天上午，我看見阿斯卡尼奧在他師父旁邊用金屬絲做著一些小玩意兒。我走過去的時候他對我點頭致意，他師父幾乎是當面嘲笑我。他又一次通過迪耶

戈先生問我是不是願意歸還阿斯卡尼奧以前從我手裡得到的衣帽；即便是我不願意他也不在乎，阿斯卡尼奧是不會缺衣服的。我聽到這話以後對迪耶戈先生說：「迪耶戈先生，我和你打了恁多交道，在我認識的人之中你出手最大方、最值得信賴。而弗朗切斯科則和你正好相反，他只不過是一個卑鄙無恥的小人。傳我的話給他，晚禱鐘響以前他要是不親自把阿斯卡尼奧送到我的作坊，我一定要殺了他。告訴阿斯卡尼奧，他要是在同一時間還不離開他師父家，他也會有同樣的下場。」迪耶戈先生一句話也沒說就去找弗朗切斯科，嚇得弗朗切斯科不知所措。

這時，阿斯卡尼奧出去找他父親去了，老人家從其出生地塔利亞科佐來到了羅馬。他聽說了這場爭執以後，也勸弗朗切斯科把阿斯卡尼奧給我送來。弗朗切斯科對阿斯卡尼奧說：「你去吧，你父親會陪著你。」迪耶戈先生插話說：「弗朗切斯科，我看要出大事，你比我還清楚本韋努托是個啥樣的人。大膽地把小夥子送回去吧，我和你一起去。」我已經準備好了，正在作坊裡踱來踱去，等待著晚禱鐘聲響起。我拿定主意，要做一樁我一生中最殘忍的事之一。

就在這時，迪耶戈先生、弗朗切斯科、阿斯卡尼奧和他父親來到了。我並不認識小夥子的父親。阿斯卡尼奧進來時，我橫眉立目地看著這一幫人。弗朗切斯科面如土色地對我說：「你看，我把阿斯卡尼奧領來了，我收留了他，沒有想到會得罪你。」阿斯卡尼奧低聲下氣地接著說：「師父，原諒我。我聽您的吩咐，您叫我幹啥我幹啥。」我問阿斯卡尼奧：「你來了以後會按你答應的時間幹到底嗎？」他回答說：「是。」他的意思是永遠不離開我。我轉身讓他打過的那個小夥計交給他一捆衣服，然後對他說：「這是我給你的所有衣服，你拿著走吧，想上哪兒隨你的便。」迪耶戈先生大吃一驚，這完全出乎他的預料，而阿斯卡尼奧和他父親則懇求我原諒他並把他收留下來。我問他，替他說話的那個人是誰，他說是他父親。老人家苦苦哀求了一陣子之後，我對他說：

「因為你是他父親，我就看著你的面子把他收下。」

94

前面我說過，我已經下定決心到法蘭西去，其中一個原因是我發現教皇沒有以前那樣器重我了，由於小人的讒言，我忠心耿耿地效力反而落得個狗屁不是；另一個原因是我擔心那些有勢力的人會對我下更厲害的毒手。所以我決心到異國他鄉去改變自己的命運，而且希望不要別人陪伴、不經允許就離開羅馬。

在我打算出發的前一天晚上，我告訴忠實的朋友費利切，在我離開期間，他可以隨意支配我全部的財產，萬一我不回來，我的一切東西都歸他所有。我雇的有一個佩魯賈工匠，他曾經幫我做教皇送來的活兒。我付給了他工錢以後就打發他走。他求我帶他一起走，費用由他自己支付。一旦我安頓下來為法蘭西國王幹活兒，身邊有一些義大利人當然更好，尤其是那些能夠幫助我的人。他的懇求和分辯說服了我，我決定按他所說的那樣帶他一起上路。

我們兩人爭長論短的時候，阿斯卡尼奧也在場，他幾乎是噙著眼淚對我說：「你把我領回來的時候，我說希望一輩子跟著你，現在我也打算這樣做。」我告訴他，無論如何我也不會同意，可我發現這個可憐的小夥子準備步行跟著我去，就為他雇了一匹馬。我把一個小旅行袋掛在馬鞍具上的尾上，亂七八糟地帶了很多的累贅，比原來打算的要多得多。[1]

我從羅馬到佛羅倫斯，從佛羅倫斯到博洛尼亞，從博洛尼亞到威尼斯，從威尼斯到帕多瓦。在帕多瓦，我的好朋友阿爾貝塔奇奧‧德爾‧貝內把我從客棧拉到他家裡，第二天我去拜見了彼得羅‧本博先生[2]，當時他還不是樞機

---

1. 切里尼於 1537 年 4 月 1 日離開羅馬。—英譯注
2. 當時義大利的文壇巨匠，1539 年被保羅三世任命為樞機主教，1547 年去世，終年 77 歲。—英譯注

主教。他熱情地接待了我，說了一些最為誠摯親切的話，然後轉身對阿爾貝塔奇奧說：「我想把本韋努托留在這裡，包括他所有的隨從，哪怕有一百個人也行。如果你也想留本韋努托的話，那就請你考慮好，我是不想讓你得到他。」這樣，我在這個最有才華的紳士家裡進行了一次極其愉快的訪問。他為我準備了一個房間，看上去比一個樞機主教的還要豪華，他總是請我和他一起吃飯。後來，他極其委婉地暗示，他很想讓我為他塑一尊像。這正是我最樂意幹的事。我在一個小盒子裡準備了一些雪白的石膏，馬上就動手幹了起來。

　　第一天，我製作模型一口氣幹了兩個小時，大致地勾勒出了這個傑出人物的頭像，其風采使他有些吃驚。儘管他學識淵博，在詩歌方面無與倫比，可對我這一行卻一無所知。我的活兒實際上還沒有正式開始，他就以為我已經完工了，所以我無法使他完全明白為啥完成一件作品需要恁長時間。最後我決定盡我的能力做好它，投入足夠的時間。但由於他按威尼斯人的習俗留著小短胡，我感到很難把他的頭像模型做得令我滿意。可我還是把它完成了，無論是從我這一門藝術的任何一個角度來說，它都是我製作的最好的樣本。彼得羅先生大為驚奇，他本以為我用蠟做只要兩個小時，用鋼做十個小時也就可以了，結果我用蠟做就花去了兩百個小時。然後我告辭繼續趕往法蘭西，這使他感到很不安，於是就求我至少為他的徽章設計個背面，這是個珀加索斯[1]的像，外面圍著一個愛神木花環。我花了大約三個小時就完成了任務，圖像設計得優美雅致。他格外高興地說：「在我看來，設計這匹馬要比你花了恁大的勁兒塑那尊小像難十倍。我真不明白它為什麼這樣難做。」他還是再三懇求我用鋼做這件活兒，說：「你一定要做。我知道，你要是想做，很快就會做好。」我對他說，我不想在他那裡做，但我答應一旦安頓下來馬上就著手去做。

---

1. 希臘神話中生有雙翼的飛馬，其蹄踏在岩石上，湧出「靈泉」，傳說詩人飲此泉水可以獲得靈感。

我們正爭執不下的時候，我出去買三匹馬做腳力，彼得羅先生則暗中派人監視我的舉動，他在帕多瓦權力大得很。三匹馬的價錢是五百達克特，我在付錢的時候，馬的主人說：「傑出的藝術家，我把這三匹馬送給您作為禮物。」我回答說：「送馬給我的不是你。我不能接受這位慷慨的人物送的這份禮物，因為我還不能製作一件藝術品送給他。」這位好心的夥計說，如果我不接受的話，我在帕多瓦再也找不到別的馬了，要上路只有靠步行。

於是我回去問尊貴的彼得羅閣下，他裝著不知道這件事，只是好意地求我留在帕多瓦。這是違背我意願的事，我已經拿定主意要走。所以我只好接受了那三匹馬，然後上了路。

95

我選擇了走格里松這條路線，由於戰爭，所有其他的路都不安全。我們跨過了阿爾巴山和貝爾尼納峰，那是 5 月 8 日，山上有大片的積雪。我們冒著九死一生的危險，成功地越過了阿爾卑斯山脈的這兩道嶺。

過了山以後，我們在一個地方落了腳，如果我沒有記錯的話，這個地方叫做瓦爾迪斯塔。我們找到了一個住處，天黑以後又來了一個名叫布斯巴卡的佛羅倫斯信差。我以前曾聽說這個人有個性，也很能幹，但不知道他的流氓行為已經壞了他的名聲。他看見我在旅店裡就喊了我的名字，說他因要事要去里昂，求我借給他錢作旅費。我說我無錢可借，不過他要是願意與我同行的話，我會支付他到里昂的費用。這個無賴哭了，然後就編瞎話哄我說：「要是一個為國家大事而奔走的信使缺了錢，像你這樣的人有義務幫助他。」他又說，他從菲利波・斯特羅齊先生[1] 那裡帶了一些最重要的東西。他讓我看了一個裝杯子的皮套，湊到我耳邊小聲說裡面裝有一隻銀盃，杯子

---

1. 斯特羅齊是反麥地奇集團的首領，1537年8月1日落入公爵科西莫之手。—英譯注

裡有價值數千達克特的寶石，另外還有一些極為重要的信件，是由菲利波·斯特羅齊先生發出去的。我對他說，他應該讓我把那些寶石藏在他身上，這要比放在杯子裡安全得多；他可以把杯子交給我，它的價值大約是十克朗，我會給他二十五克朗作抵押。這位信差回答說，他要和我一起走，因為他別無選擇，把杯子交給我會有損他的面子。

我們就這樣說定了。第二天上午，我們騎馬來到瓦爾迪斯塔和韋森之間的一個湖邊，離韋森有十五里遠。一看見湖上的船我就吃了一驚。那都是松木做的，個頭不大也不厚，很鬆散地湊在一起，連漆都沒有上。我要是沒有看見四個德意志紳士和他們的四匹馬一起上了一條和我們的一樣的船，我根本就不會登上去，很可能就溜之大吉了。看他們那滿不在乎的樣子，我心想，大概德意志的水不淹人，和我們義大利的水是不一樣的。可我的兩個年輕人則嘴裡不停地對我說：「本韋努托，帶著四匹馬上這條小船實在太危險了。」我回答說：「你們都是膽小鬼。難道你們沒有看見前面船上的四個紳士一路上談笑風生嗎？這要是酒而不是水的話，我敢說他們會心甘情願地淹死在裡面。可這確實是水，所以我心裡明白，他們不會比我們更樂意掉到裡面去。」

湖面有十五里長，約三里寬，一邊是佈滿洞穴的高山，另一邊是長滿青草的半地。我們的船大約走了四里以後，湖面上起了大風，幾個划船的要我們幫著划，我們就划了一會兒。我比劃著要他們把船停靠在對岸，他們說不行，那裡的水太淺不能行船，而且還有暗礁，能把船撞碎，大家都會淹死。他們還是不住地催我們幫著划船。幾個划船的互相喊叫著要求幫忙。

看到他們那垂頭喪氣的樣子，我想起馬是一種聰明的動物，我就把韁繩繫在馬脖子上，用左手抓住繩頭。我的這匹馬和大多數的馬一樣是有靈性的，它好像明白了我的意思。我把馬頭扭過來，讓它看著湖邊的青草，我的意思是要它在前面遊著拖著我走。就在這時，一個大浪打到船上。阿斯卡尼奧尖叫道：「哎呀，父親，救命！」然後就要撲過來抱我的脖子。於是我就

用手抓住匕首，叫他們都照著我的樣子做，因為馬能救他們的命，就像我希望用同樣的方法逃命一樣；但他要是想跳到我身上，我就殺了他。就這樣，我們冒著極大的生命危險走了好幾里。

96

我們來到湖中間，發現有一小塊平地可以落腳，我看見那四個德意志紳士已經在那裡上岸了。我們想靠岸，但划船的根本就不聽。於是我對兩個年輕人說：「現在就要看看我們是啥樣的人了。把劍拔出來，逼著這幾個傢伙讓我們靠岸。」我們這樣做了，但並不順利，他們進行了頑強的抵抗。我們還是上了岸，然後又要爬兩裡的山，那可是比爬梯子還要難。我身上穿著鎧甲，腳蹬大長靴，手裡拿著槍。雨下得好像天河決堤了一樣。那幾個魔鬼，也就是那四個德意志紳士，用韁繩牽著馬走起來輕鬆自如，而我們的馬卻不行，我們累得疲憊不堪，趕著馬艱難地往上爬。

我們剛爬過一段路，阿斯卡尼奧那匹優良的匈牙利馬一腳踩空。馬走在信差布斯巴卡前面幾步遠的地方，阿斯卡尼奧給了他一杆長矛叫他拿著。結果由於路太難走，馬失前蹄，一路下滑，再也收不住腳了，一下子撞到長矛尖上，而那個該死的信差竟然不知道讓開路。長矛一下子穿透了馬的喉嚨。另一個工匠去幫他的時候，他的一匹黑馬也向湖的方向滑去，被一些灌木懸懸乎乎地擋住了。這匹馬上帶的有一對褡褳，裡面裝著我所有的錢和其他貴重物品。我呼喊著讓年輕人保住自己的性命，馬就叫它見鬼去吧。這裡離湖面有一里多長的陡坡，下面正對著幾個划船的，他們在那裡停了下來，所以要是馬摔下去正好能砸住他們。我在最前面，我們都等著看馬往下墜落，看來它已經在劫難逃了。這時，我對兩個年輕人說：「不必牽腸掛肚，保住我們自己的命要緊，一切都聽天由命吧。我只是替那個可憐的夥計布斯巴卡難過，他把價值幾千達克特的杯子和寶石都繫在馬鞍的前穹上了，以為那是最安全的地方。我的東西不

過值幾百克朗，我一點也不擔心，只要天主保佑我。」

這時，布斯巴卡喊叫起來：「對我自己的損失我並不難過，我是為你們的損失難過。」我問他：「你為啥為我那不值錢的東西難過，而不為你那大筆的財產難過？」他回答說：「我以神的名義告訴你，在這種情況下，在我們面臨的危急關頭，我必須說實話。我知道你的都是克朗，是貨真價實的克朗，而我所說的那個裝有很多寶石和其他寶貝東西的皮套裡實際上裝的都是魚子醬。」聽到這話我禁不住大笑起來，那兩個年輕人也笑了，而他卻哭了起來。本來我們認為死路一條的那匹馬掙扎了半天又絕處逢生。我們一直笑個不停，然後又抖擻精神，彎著腰繼續往上攀登。那四個德意志紳士早已到了山頂，這時也派人下來幫助我們。

這樣，我們終於來到了荒野之中住宿的地方。我們個個渾身濕透，又累又餓，在這裡受到了最友好的款待。我們把身上的水擦乾，休息了一會兒之後飽吃了一頓，又用草藥給馬治傷。他們告訴我們，那種藥草樹籬裡面到處都是，要是一直用它的葉子塞住傷口，馬不僅能夠康復，而且騎起來就像沒有受傷一樣。我們就按他們說的做。我們謝過這些紳士，等到精力完全恢復以後就離開了這個地方繼續往前走，真感謝天主救我們大難不死。

97

我們來到韋森那邊的一座城，在那裡過了夜，聽到一個更夫每個小時都要唱悅耳動聽的歌。原來那座城裡所有的房子都是用松木建造的，更夫唯一的職責就是提醒人們防火。白天經歷的風險使布斯巴卡的神經受到很大的刺激，所以更夫一唱他就在睡夢中喊道：「噢，天主，我要淹死了！」那是因為他受過驚嚇。另外，晚上他又喝醉了，他和那裡所有的德意志人坐在一起開懷暢飲。所以有時候他喊「我要燒死了」，有時候喊「我要淹死了」，有時候他以為下了地獄，喉嚨四周懸浮著的魚子醬折磨得他痛苦不堪。

這一夜我們過得非常痛快，所有的煩惱都化作爽朗的笑聲。早上起來天氣晴朗，我們去到一個名叫拉卡的風光明媚的地方吃飯。這裡的招待極佳，然後我們雇了嚮導，他們要回到一個名叫蘇黎世的城市。陪伴我們的那個嚮導沿著一個湖堤往前走，沒有別的路，連堤上都是水，那個冒失的傢伙滑倒了，連人帶馬都掉進了水裡。我在他後面只有幾步遠，我馬上勒住馬，等那個蠢驢從水裡爬上來。他就像沒事兒一樣繼續哼著小調，然後擺擺手讓我跟著走。我岔開路往右邊走，穿過一些樹籬，讓我的兩個年輕人和布斯巴卡也走這條路。嚮導用德語喊道，要是那邊的人看到我會把我打死。但我們繼續往前走，又躲過了一場災難。

我們來到了蘇黎世，這是座極為美麗的城市，像一顆寶石一樣光彩奪目。我們在這裡休息了一整天，然後一大早又出發了，來到了又一座美麗的城市索洛圖恩。從那裡我們又到洛桑，從洛桑到日內瓦，從日內瓦到里昂，一路上歌聲笑聲不絕於耳。我在里昂休息了四天，與我在那裡的一些朋友進行了愉快的交談。我花在布斯巴卡身上的錢又還給了我，然後我又踏上了通向巴黎的征途。

這是一次愉快的旅行，除了在帕利薩的時候一夥強盜企圖謀害我們，我們靠勇敢和機智才逃出了魔掌。從那裡到巴黎可以說是一帆風順。在歌聲和笑聲中，我們安全地到達了目的地。

98

到巴黎後稍事休息，我就去拜訪畫家羅索，他正為國王效力。我以為他應該是世界上最真誠的朋友之一，因為在羅馬的時候，我給了他一個人所能給予另一個人的最大的好處。這三五句話就能說完，所以我還是想提一提他的事，以揭露他那見不得人的忘恩負義行為。

他在羅馬的時候愛背後說別人的壞話，把拉斐爾的作品糟踐得一錢不

值，所以拉斐爾的學生很想把他殺掉。為此我日夜嚴密看護著他，使他免遭毒手。另外，他還說了優秀的建築家聖加洛[1]的壞話，結果聖加洛把原來為他從阿尼奧洛‧達‧切西先生那裡聯繫到的活兒也收走了。後來，聖加洛利用其影響力處處拿捏他，要不是我可憐他的處境，借給他幾十克朗幫他渡過難關，他非餓肚皮不可。從那以後他一直沒有報答我，再加上我知道他在國王手下做事，我就像剛才所說的那樣去找他。我不僅希望他還債，而且還想讓他幫忙，使我能在那位偉大的國王手下謀個差事。

羅索一見到我就臉色大變，說：「本韋努托，你走了恁遠的路，花了恁多的錢算是白費了。尤其是現在這個時候，人們一心想的都是打仗的事，誰還會有功夫顧及我們撥弄的這些小玩意兒？」我回答說，我帶的錢足夠我重返羅馬，就像我來到巴黎一樣。我還說，我為他吃了恁多的苦，他這樣對待我實在不像話，現在我開始相信安東尼奧‧達‧聖加洛師父說他的話了。我揭了他的短以後他正要自我解嘲，我拿給他一張可以向里恰爾多‧德爾‧貝內兌換 500 克朗的票據。這個賴皮鬼臉紅了，幾乎是強制性地想把我留下來，可我朝他笑了笑，和我在那裡找到的一個畫家一起走了。這個人名叫斯瓜澤拉[2]，也是個佛羅倫斯人。我住在了他家裡，另外還有三匹馬和三個僕人，每個星期給他仒少錢。他待我很好，我付給他的錢更夠意思。

後來，經國王的司庫朱利亞諾‧博納科爾蒂先生[3]引薦，我受到了國王的接見。不過我被拖延了好長時間，當時我還不知道，那是由於羅索極力從中作梗，不想讓我與陛下會面。朱利亞諾先生知道這事以後，馬上就把我帶到楓丹白露[4]去面見國王，他親切地會見了我整整一個小時。當時他正要去

---

1. 文藝復興後期最優秀的建築家之一。—英譯注
2. 安德莉亞‧德爾薩爾托的一個學生，兩人一起到法蘭西並在那裡定居。—英譯注
3. 瓦爾基提到的一個佛羅倫斯的流放者。—英譯注
4. 巴黎東南部的一個城鎮，當時是法蘭西國王居住的地方。

里昂，就吩咐朱利亞諾先生帶我一起去，又說路上我們可以商量他想做的一些活兒。這樣我就跟著國王一起走了，路上我與費拉拉樞機主教[1]建立了親密的關係，那時他還沒有得到樞機主教的頭銜。每天晚上我都與樞機主教長談，他勸我到里昂他的一個修道院裡去，在那裡安然自得地住到國王回來，又說他要到格勒諾布爾[2]去，我在修道院裡會感到處處方便。

到里昂的時候我已經生了病，小夥子阿斯卡尼奧染上了三日瘧。我對法蘭西人和他們的王室越來越討厭，於是就心急火燎地想返回羅馬。樞機主教看我急著想回家，就給了我足夠的錢讓我給他做一個銀碗和壺。於是我們騎上好馬朝著羅馬的方向走去，穿過辛普朗山口[3]，在兩個法蘭西人的陪伴下走了一程。阿斯卡尼奧受著三日瘧的折磨，我則長時間地發著燒，看樣子再也退不下去了。更糟糕的是我的胃也出了毛病，我確信有四個月的時間我一個星期也吃不完一整條麵包。我巴望著早日回到義大利，我寧可死在那裡也不死在法蘭西。

99

我們過了辛普朗山口，在靠近一個名叫因代韋德羅的地方遇到一條河。這條河又寬又深，上面架著一座沒有保護物的又長又窄的橋。那天早上下了一層厚厚的白霜。我騎著馬走在最前面，來到橋邊一看就知道這太危險了，於是就吩咐僕人和幾個年輕人下馬牽著走。這樣我平安地過了橋，然後騎上馬與一個法蘭西人邊走邊談，論身份他是個紳士。另一個文書落在後面一點，他嘲笑我和那位法蘭西紳士，說我們竟然無緣無故地嚇得連馬也不敢騎

1. 費拉拉公爵阿方索的兒子，15 歲就任米蘭大主教，1539年任樞機主教，長期居住在法蘭西。一英譯注
2. 法蘭西東南部的一座城市。
3. 位於瑞士和義大利交界處的一個山口。

了。我轉回身看見他正在橋中間，就叫他慢慢地走，那地方很危險。這傢伙真不愧為一個法蘭西人，用法語喊著我真沒有種，實際上一點危險也沒有。他邊說邊催馬往前走，突然他的馬從橋上滑下來，四腿朝天緊靠著那裡的一塊大石頭摔了下去。天主常常憐憫瘋子，所以這兩個畜生，一個兩條腿一個四條腿，掉進了一個大深潭，都沉到了水底下。我一看出了事，馬上飛跑過來，費了很大的勁兒爬到那塊石頭上，懸著身子抓住了文書外衣的下擺，把他從水裡拉了上來。他喝了滿肚子的水，差一點就要淹死了。

我看他脫離了危險就向他道賀，是我救了他一條命。這傢伙用法語回答說我瞎忙了一陣，要救的重要物品是他寫的東西，那價值數百克朗。他說這話的時候好像很生氣，渾身滴著水，嘴裡噴著唾沫星。我轉身吩咐嚮導幫幫這個畜生，我會付給他們報酬。一個嚮導很麻利地幹了起來，費了半天的勁兒把那個傢伙寫的所有東西都撿了回來，所以他一點也沒有受到損失。另一個嚮導怕麻煩，一點忙也沒有幫。

我還要說一句，我們大家湊了一個錢袋，由我來擔任出納。所以到了我提到的那個地方以後大家吃了飯，我從這個公共錢袋裡拿出一些錢，付給那個幫忙救人出水的嚮導。這時那個傢伙喊叫著說我應該自己掏腰包，除了商定好的嚮導服務費之外，他不打算再給嚮導另外的錢。一聽這話，我臭罵了他。另一個袖手旁觀的嚮導也過來要錢。我對他說，只有背負十字架[1]的人才應該得到報酬。他說他馬上就會給我拿來一個十字架，到那時我會後悔的。我回答說，我會在那個十字架上點燃一支蠟燭，我希望這會使他成為第一個為自己的愚蠢行為而悲歎的人。

我們所在的村莊位於威尼斯和德意志之間的邊界處。於是這個嚮導跑過去喊來了一大群人，他手裡拿著一杆叉野豬的長矛。我跨上我的寶駒，壓低

---

1. 「背負十字架」為「忍受苦難」之意。

了火繩槍的槍管，轉身對我的夥伴們說：「我第一槍就會把那個傢伙撂倒，你們也要盡力而為，這夥人都是強盜，他們想挑起事端把我們幹掉。」

我們在那家吃飯的旅店老闆請來了一個領頭的，那是個儀表堂堂的老頭兒，請他出面制止這場騷亂。老闆說：「這是個最勇敢的年輕人，你可以把他剁碎，但他肯定會殺死你們一大幫，而且說不定殺了人以後他還能逃脫。」這樣，事情就平息下來了。領頭的那個老頭兒對我說：「你就安安生生地走吧。要和我們鬥，你也沒有啥可吹噓的，你就是有一百個人幫你也不行。」我相信他的話一點也不假，我確實準備死在他們手裡了。所以，我一看沒有人再說難聽話了，就搖著頭感歎道：「我確實已經盡力證明了我不是紙紮泥塑的，而是一個有血有肉的人。」於是我們又上了路。

當天晚上，在我們遇到的第一家旅店，大家在一起結了帳。我從此就和那個法蘭西的畜生永遠地分了手，而和另外一個紳士保持著友誼。隨後我來到費拉拉，只帶了我的三匹馬而沒有別的旅伴了。

我下馬來到宮裡去拜會公爵，並請求第二天上午去洛雷托。我等到晚上兩點，公爵大人來了。我吻了他的手，他彬彬有禮地接待了我，然後命人把水端來讓我洗洗手再吃飯。看到他對我如此厚愛，我高興地對他說：「最尊貴的大人，最近四個多月以來，我吃的飯僅僅能夠保住性命，所以我沒有口福來享受您的美味佳餚，您吃飯的時候我就在一旁和您談話，這樣我們雙方都會感到要比我與您一起吃飯更加愉快。」於是我們就開始交談，一直談了三個小時，然後我就告辭了。

我回到旅店，看到一頓美餐已經準備好，原來這是公爵派人從他自己的餐桌上給我送來的，另外還有一些名酒。這時已經超過我平常的吃飯時間整整兩個小時了，於是我就津津有味地吃了起來。這是我四個月以來第一次胃口大開。

100

　　早上，我離開費拉拉到洛雷托的聖瑪麗亞教堂，在那裡祈禱完以後又繼續趕往羅馬。到了羅馬，我見到了最忠實的費利切，我把我的作坊包括所有的家當都給了他，另外又開了一間新作坊，這比那個舊的又大又寬敞，與香料商蘇蓋雷洛隔壁。我敢肯定，那位弗朗索瓦國王已經想不起來我了，所以我接受了好幾位貴族送來的活兒，同時又開始為費拉拉樞機主教製作碗和壺。我手下有一大幫工匠，手頭接的有很多大件的金銀器皿。

　　我為那位佩魯賈工匠作了安排，叫他把所有的花費都寫到帳上，他主要買了衣服和很多其他的雜物，另外再加上旅費，一共有大約 70 克朗。我們商量好，他要每月償還 3 克朗，這對他來說算不了什麼，因為他從我這裡能掙 8 個克朗還要多。

　　到了兩個月頭上，這個無賴從我的作坊開小差了，給我留下了一大堆爛攤子，並說他一分一文也不打算再還我了。我心想，這事不能就這樣拉倒，但我聽從了別人的勸告，要通過正當途徑來解決。一開始我曾打算砍掉他一隻胳膊，要不是朋友勸阻我肯定這樣做了，朋友們說這樣不妥，這樣我既得不到錢，興許還會第二次被迫離開羅馬，因為打人是無法掂量輕重的。朋友們還說，既然我與他有約在先，我可以隨時讓人把他抓起來。儘管我本人想更爽快地處理這件事，我還是接受了朋友們的勸告。於是我向教廷財政署的審計員控告了他，並打贏了這場官司，等了幾個月以後判決書下來了，他被投入了大牢。

　　與此同時，大批的活兒壓得我透不過氣來，其中包括為傑羅利莫。奧爾西諾閣下的夫人製作所有的金子和珠寶裝飾品。奧爾西諾是保羅閣下的父親，而保羅現在是我們的公爵科西莫的女婿。這些活兒基本上已經完成了，而其他極為重要的活兒又源源不斷地送來了。我雇了八名工匠，和他們一起日以繼夜地幹，既為名也為利。

101

我這樣幹得正歡的時候收到了費拉拉樞機主教的一封急信，信這樣寫的：

　　本韋努托，親愛的朋友：最近幾天，最篤信基督教義的[1]國王在這裡提到了你，他想讓你為他效力。我對他說，你曾經答應過我，無論我任何時候叫你為陛下效力，你都會招之即來。於是陛下回答說：「傳我的旨意，送給他與他的身份相符的旅費。」他立即命令海軍總司令給我開一張一千金克朗的匯單向財政大臣兌換。談話時在場的樞機主教德‧加迪馬上向陛下提議，說沒有必要這樣做，因為他已經給了你足夠的錢，而且你也已經上路了。如果事實與樞機主教加迪的說法恰恰相反，我也覺得這很有可能，就請你接到這封信以後立即給我答覆，我要查清這到底是怎麼一回事，然後讓寬宏大量的國王把答應的錢給你送去。

　　讓全世界都看看，讓天下所有的人都看看，災星能夠給我們人類帶來多麼大的厄運！我這一生中從來沒有和那個呆子樞機主教加迪說過兩次話，我也不相信這個自以為是的傢伙想害我，他只不過是不知天高地厚地想親自監管藝術家的事務，就像費拉拉樞機主教所做的那樣，而國王正需要藝術家。但事後這個蠢貨竟然對我隻字未提這件事，要不然，即便是僅僅看在我們是老鄉的分上，我也會找個理由為他幹的蠢事打個掩護使他免遭責難。

　　我一收到費拉拉樞機主教的信就給他回信說，關於樞機主教加迪我啥也不知道，即便是他對我提過這類的事，沒有對大人說一聲我也不會擅自離開義大利。我又說，我在羅馬要做的事情比以往任何時候都多，但如果最篤信基督教義的陛下需要我，只要他說一句話，由最尊貴的樞機主教大人傳達給我，就足以使我立即出發，其他一切事務我都會統統拋下。

1.　法蘭西國王的傳統稱號。

我把信送出去以後，那個逆賊佩魯賈工匠設下一計害我。這一計立即奏效，這要怨教皇保羅・達・法爾內塞貪婪，但更怨他的私生子貪婪，那時他是卡斯楚公爵。剛才說到的這個傢伙對皮耶爾・路易吉閣下的一個祕書說，他給我當工匠已經有好幾年了，所以對我的一切都很熟悉，據此他告訴皮耶爾・路易吉閣下，我的財產超過八千達克特，其中大部分是寶石，而這些寶石是屬於教會的，是我在羅馬遭到洗劫的時候從聖天使城堡裡偷來的，他們只要馬上把我祕密地抓起來就是了。

一天凌晨，離天亮還有三個多小時，我還在做前面提到的新娘嫁妝。在我的作坊打開門清掃時，我披上斗篷到外面隨便走走，呼吸一下新鮮空氣。

我沿著朱利婭大道往前走，然後拐進基亞維卡，就在拐角處碰到治安官克雷斯皮諾和他的全體治安隊員。他走到我跟前說：「你是教皇的罪犯。」我回答說：「克雷斯皮諾，你認錯人了。」「沒有，」克雷斯皮諾說，「你是藝術家本韋努托，我太認識你了，我要把你帶到聖天使城堡去，那是貴族、有才華的人、像你這樣的人去的地方。」說完，他手下的四個小頭目向我撲了過來，眼看著就要動手搶奪我佩帶的一把匕首和手指上的幾個戒指，這時克雷斯皮諾喝斥了他們：「誰也不准動他，只要你們盡職盡責，不讓他逃跑也就行了。」然後他走過來，十分客氣地請我交出武器。我正在交的時候，突然想起就是在這個地方我殺掉了蓬佩奧。

他們直接把我帶到城堡，將我鎖在主樓上的一個房間。這是我三十七年來第一次聞到監獄的氣味。

102

教皇的兒子皮耶爾・路易吉閣下仔細盤算了指控我的那一大筆財產，所以他向父皇請求對它的未來所有權，要求把這筆錢劃給他。教皇欣然同意，答應幫助他得到這筆財產。結果我在監獄裡關了八天以後他們就派人傳訊我，有可能的話儘快了結這件事。

我被傳到這個教皇城堡的一個大廳裡，這是個很氣派的地方。審訊者之中第一個是羅馬行政官，他是皮斯托亞的貝內代托·孔韋爾西尼先生，後來成為耶西主教；第二個是地方檢察官，他的名字我已經忘了[1]；第三個是刑事案件審判官貝內代托·達·卡利先生。這三個人一開始問得還算客氣，後來變得聲色俱厲，顯然是因為我對他們說：「諸位大人，你們纏磨我了半個多小時，

全是問些天方夜譚式的問題，所以我完全可以說你們淨是在聊天兒扯淡。說聊天兒是說你們東拉西扯，說扯淡是說你們胡說八道。所以請你們告訴我到底要我幹啥，我想從你們嘴裡聽到在理的話，不想聽你們瞎扯或胡言亂語。」

聽我這麼一說，行政官，也就是那個皮斯托亞人，再也掩蓋不住他的爆性子，於是就開始發話：「你還怪了不起哩，你這是太狂了！我告訴你，我要說幾句

切里尼生病後吐出一條蟲
By Salvador Dalí

1. 他的名字應是貝內代托·瓦倫蒂。—英譯注

在理的話煞煞你的威風，叫你像霜打的螞蚱一樣。這既不是瞎扯，也不是胡言亂語，那都是你說的話。我提出的論點會環環相扣，你要想對付它非挖空心思不可。」於是他就開始嘮叨：「我們清楚地知道，這個不幸的城市慘遭洗劫時，你正在羅馬，就在這個聖天使城堡裡擔任炮手。論職業你是個寶石匠和金匠，教皇克萊門特原來就認識你，當時他身邊再也沒有第二個幹你這一行的，所以就找你私下裡商量，讓你取下他的三重冠、主教冠和戒指上所有的寶石，然後又出於對你的信任，讓你把這些寶石縫進他的衣服裡。你做這件事的時候瞞著教皇陛下克扣了一部分寶石，其價值為八千克朗。這是你的一個工匠告訴我們的，你曾經大言不慚地向他透露了這件事。現在我坦誠地告訴你，你要找到這些寶石，或者是和它們的價值相當的錢，然後我們就釋放你。」

103

聽到這話，我忍不住捧腹大笑，笑了一陣子之後說：「謝天謝地，神聖的陛下第一次開恩抓我，並不是由於我幹了年輕人常幹的那些蠢事。如果你說的話屬

朱庇特
Jupiter
1545 ~ 1553
Bronze, height 98 cm
Museo Nazionale del Bargello, Florence

實，我是不會受到肉刑的，因為法律一時受到了糊弄。確實，我可以為自己辯解說，我作為一個忠實的僕人是為神聖的天主教會保存了那一筆財富，然後等待著交給一個聖明的教皇或是向我索求它的人，比如說，你就可能向我索求，假如真是這樣的話。」

我剛說到這裡，憤怒的行政官就打斷了我的話，像發瘋似的吼叫道：「你想咋說就咋說，本韋努托，只要我們找到丟失的那筆財產就行了。如果你不想讓我們除了動口以外再採取別的措施的話，你就趕快把它交出來。」說完他們就站起來想走，但我把他們攔住了：「大人，我的審訊還沒有完，等審訊完以後你們愛上哪兒上哪兒。」他們又氣呼呼地回到座位上，看樣子一句話也不想聽我說，那副似坐非坐的架勢似乎顯示，他們已經對一切都瞭若指掌。

於是我開始陳述，大意如下：「諸位大人，你們應該知道，我來到羅馬大約有二十年了，不論是在這兒還是在別處，我還從來沒有坐過牢。」聽到這話，那個專門幹捕快勾當的行政官吼道：「你在這兒殺的人已經夠多了！」我回答說：「這是你說的，我可沒有說。要是有人去殺你，即便你是教士也會自衛的；要是你殺了他，神聖的法律自然為你辯護。所以請讓我繼續申辯，要是你們想向教皇彙報這一案件並公正地審判我的話。我重申，我旅居在這座美麗的城市羅馬已將近二十年了，我在這裡從事極其重要的藝術活動。我知道這裡是教皇居住的地方，因此我有充足的理由相信，如果有哪一位世俗權貴想置我於死地，我可以求助於聖座和神聖的教皇，而且我堅信他一定會支持我。」

「真沒想到！現在我該找誰？有這樣一位君主能保護我免遭毒手嗎？在你們逮捕我以前，難道你們就不應該查清楚我是如何處置那八千達克特的嗎？難道你們就不應該檢查一下寶石登記簿嗎？最近五百年來，所有的寶石都是由教廷財政署一一登記在那上面的。你們要是發現登記簿上少了任何東

西，再把我和我所有的帳簿一起抓來也不遲。我可以肯定地告訴你們，登記簿絕對記錄得井然有序，上面寫有教皇所有的寶石和教廷寶器。你們會發現，教皇克萊門特的寶貴物品哪怕是丟了一件，都會記錄得一清二楚。」

「我想起來與此有關的這麼一件事。已故的教皇克萊門特想與帝國軍隊談判，這些強盜洗劫了羅馬，侮辱了教會。如果我沒有記錯的話，一個名叫切薩雷·伊斯卡蒂納羅[1]的人來和教皇談判。條件就要談妥的時候，陷入窘困之中的教皇為了向來者表達好意，就讓一枚鑽石戒指從他手指上掉下來，其價值大約是四千克朗。伊斯卡蒂納羅彎腰把它撿起來，教皇就叫他留作自己用。這事發生時我就在現場。如果我說的這枚鑽石不見了，我這就告訴了你們它的下落，甚至這件事，我堅信你們也會在登記簿上發現對它的記載。然後你們在沒事的時候想起對我的虐待就會感到臉紅，我曾經為教皇效犬馬之勞，做出過很多輝煌的業績。」

「我要讓你們知道，要不是我，那天上午帝國軍隊進城以後會長驅直入攻進城堡。是我抖起精神，用炮手們扔到一邊的炮大開殺戒，我的這一壯舉一直沒有得到報償。我鼓舞了雕刻家拉法埃洛·達·蒙泰盧波的鬥志，當時他也擅離職守，嚇得一個人躲進一個角落裡，一點忙都不肯幫。我鼓起了他的勇氣，我們兩人一起消滅了很多敵人，迫使他們改走另一條路。是我向伊斯卡蒂納羅開的火，我看他與教皇克萊門特說話的時候不僅一點敬意也沒有，而且還帶著最令人作嘔的目空一切的神情，真不愧是一個路德派的異教徒。當時，教皇克萊門特讓人在城堡裡搜查，要找出那個幹這事的人並把他吊死。是我打傷了奧蘭治親王的頭部，使他倒在城堡外的壕溝裡。另外，我還為神聖的教會製作了恁多金、銀、寶石裝飾品，恁多徽章和硬幣，這些物品又是恁漂亮，恁受人欽

---

1. 此人名叫加蒂納拉·拉法埃洛·達·蒙泰盧波在他的自傳中也提到此人來到城堡與教皇談判，這就證實了切里尼的說法。—英譯注

佩！對於這樣一個如此忠誠地為你們效力並愛你們的人，一個藝術大師，難道你們就給予這樣蠻橫無理的像教士一般的報答嗎？去吧，把我說的話都告訴教皇。去告訴他，他所有的寶石一顆也不少；在那場劫難中，我從教會得到的只有傷害和對我的攻擊，別的什麼也沒有得到；我從教皇保羅那裡只希望得到一點小小的報酬，這他曾經答應過我，別的我什麼都不指望。現在我終於知道如何看待教皇陛下和你們這些手下的官員了。」

我慷慨陳詞的時候，他們坐在那裡聽得目瞪口呆。然後他們相互交換了一下眼色，帶著很吃驚的樣子走開了。三個人一起把我說的一番話向教皇作了彙報。教皇感到有些羞愧，於是命令認真檢查所有的寶石登記簿。當他們查明寶石一點也不少以後，就把我留在城堡裡，再也不提這件事了。皮耶爾‧路易吉閣下也覺得失策。為了卻這樁事，他們打算把我置於死地。

104

就在剛才我講到的這一令人不安的時刻，國王弗朗索瓦得到了教皇將我無理關押的消息。他已經派了一位紳士莫盧克閣下作為他駐羅馬的使節，這時他給這位使節寫信，聲稱我是法王陛下的人，要把我從教皇手裡要回來。教皇本是個極為通情達理而又能力超群的人，但在我這件事上卻表現得很無能而又不明智。他對國王的特使說，希望國王陛下不要管我，因為我這個人愛打架、好惹麻煩，所以他勸國王陛下不要過問我的事，又說他是因為我殺人以及其他的劣跡而關押我。國王回答說，他的王國是絕對維護正義的，即便是國王陛下也是既揚善又懲惡。教皇陛下曾經不顧那個本韋努托的效力而讓他走，而國王在自己的王國見到他之後二話沒說就收留了他，所以國王陛下現在是要他自己的人。

這樣一個要求絕對是像我這樣的人想要得到的最高的榮譽之一，但沒有想到它給我帶來了無窮無盡的煩惱和傷害。惱羞成怒的教皇擔心我會出去告

訴世人我受到的虐待，於是就想方設法置我於死地來維護他自己的聲譽。

聖天使城堡的堡主是我們的佛羅倫斯老鄉，他叫喬治先生，是烏戈利尼家族的一個騎士。[1] 這個好人對我極為客氣，讓我在城堡內享受有條件的自由走動，他很清楚我是冤枉的。我要拿出保證金讓他允許我在城堡裡走動時，他回答說，他無法接受我的保證金，因為教皇太看重我的案子了，但他會真誠地相信我說的話，因為人人都說我是個值得信賴的人。這樣我就得到了假釋，然後他又給我提供方便，讓我做我的活兒。當時我想，教皇對我的氣會消的，另外我是無辜的，再加上國王對我的厚愛，所以我在羅馬的作坊一直開著，我的徒弟阿斯卡尼奧就把我的活兒拿到城堡裡來讓我做。實際上我幹得不多，覺得自己是無緣無故地被監禁的。可我把怨氣壓在心裡，表面上仍然裝出若無其事的樣子。

我與城堡裡所有的衛兵和很多軍人都混得很熟。教皇時常到那裡吃晚飯，他去了也不放哨，整個地方就像一個普通的邸宅一樣。結果教皇一到那裡，囚犯們都要被嚴加看管，但沒有人管我，我隨便到哪兒都可以，只要不出城堡的範圍。

當時士兵們常勸我逃跑，他們說一定幫我的忙，他們都知道我是受了冤枉。我回答說，我已經向堡主下了保證不會逃走，他是一個大好人，已經幫了我很大的忙。一個非常勇敢聰明的士兵常這樣對我說：「我的本韋努托，你要知道，一個囚犯和一個自由人是不一樣的，誰也不會強迫他，也不可能強迫他去遵守諾言。照我說的去做：逃出那個無賴教皇和他的私生子的魔掌，他們兩人黑著心非要你的命不可。」但我本人已經拿定主意，寧可丟了性命也不會違背向那個大好人堡主許下的諾言。這樣我就忍受著環境的折磨，與我同患難的還有帕拉維西納修道院的一位修道士，他是一位很有名的傳道士。

---

1. 僅知此人為耶路撒冷騎士，1511年任普拉托騎士長。—英譯注

105

　　這個人是作為路德派教徒而被捕的。他是一個很好的夥伴，但就他的宗教信仰來說，我認為他是世界上最大的壞蛋，各種各樣的罪惡他都能接受。我很欽佩他良好的智力，但痛恨他的邪惡，並為此而坦率地指責他。

　　這個修士不住地提醒我不應該信守與那個堡主的諾言，因為我已經成為囚徒。對他的這些說法我回答說，作為一個修士他可能說的是真話，但作為一個普通人他說的恰恰相反，因為每一個不是修士的普通人都應該信守諾言，不論他的處境如何。所以，作為一個普通人而不是教士，我是不會違背我許下的諾言的，我的許諾簡單而又真誠。

　　這位修士發現不能用他那深奧和巧妙的詭辯來損害我的名譽，就想出另一個辦法來誘惑我。他連續幾天光給我讀修士吉羅拉莫‧薩沃納羅拉的佈道詞，同時用明白易懂的語言和淵博的學識進行闡述，他的解釋甚至比原文還要漂亮，我聽得心醉神迷，對他佩服得五體投地，他叫我幹啥我就會幹啥，除了我剛才說的不能違背我的諾言。

　　看到他的才能對我的思想產生的影響，他又心生一計。他試探著問我，假如監獄看守把我鎖起來，我應該用啥辦法去打開牢門逃跑。我也想在這樣一個足智多謀的人面前顯示一下自己的精明，就回答說，且不說是開我們監牢的鎖，就是開世界上最難開的鎖，對我來說也只是小菜一碟。為了打探我的祕密，這位修士對我的話不屑一顧，聲稱那些憑本事贏得榮譽的人好說大話，要是真讓他們按照誇下的海口去做，馬上就會出乖露醜。他聽到我說的話也太離譜了，要讓我驗證一下，他認為我必定會當場出醜。這個惡魔修士一下子觸到了我的痛處。我回答說，我說話歷來都留有餘地，我剛才提到的鑰匙是最微不足道的小事一樁，幾句話我就能讓他明白我剛才說的一點不差。然後我漫不經心地演示了要做到我剛才所說的話是何等的輕而易舉。他裝出不在意的樣子，可心裡仍然牢牢地記下了我給他上的這一課。

就像我前面所說的那樣，那位好心的堡主允許我在整個城堡裡隨處轉悠。即便是在夜裡他也不把我鎖起來，而其他的囚犯按照規矩是要鎖起來的。他還允許我隨意幹活兒，不管是金、銀還是蠟，隨便幹什麼活兒都可以。於是我就為費拉拉樞機主教做了幾個星期的碗，但囚徒的生活使我很心煩，我很討厭做這一類的活兒，於是我就用蠟做一些我喜歡的小人物像，純粹是為了消遣。我用的蠟那位修士偷走了一塊，他按照我漫不經心地告訴他的那種方法用蠟做了一些假鑰匙。他選了一個幫忙的，是個名叫路易吉的帕多瓦人，在堡主手下擔任登記員。他們定做真鑰匙的時候，鎖匠揭露了他們的陰謀。堡主時常到我的房間裡來看我，他見過我用的蠟，所以一眼就認出來了：「這個可憐的本韋努托確實是蒙受了不白之冤，可他也不該這樣對付我，我一直是出於正義感而為他幫忙的。現在我要把他鎖得緊緊的，再也不幫他的忙了。」

於是他把我關在環境很不好的地方。更讓人難受的是，他忠實的僕人也惡嘴毒舌地數叨我。他們本來是極為喜歡我的，可現在卻把堡主幫過我的忙——抖攦出來奚落我。他們開始罵我沒良心、不忠誠、眼睛一眨老母雞變鴨。其中一個人說話尤其惡毒，氣焰十分囂張。我明知自己是無辜的，自然嘴不饒人，就言辭激切地反駁說，我從來沒有背信棄義，我會不惜性命來信守諾言，要是他或是他的任何·個夥計再這樣蠻不講理地辱罵我，我就會說他誣賴人。那個傢伙被我訓斥得受不住了，就跑到堡主屋裡把蠟和鑰匙模型拿出來給我看。我一看見蠟就對他說，我們兩人都對，但我請他讓我與堡主見一面，我想向堡主坦誠地解釋事情的真相，這要比他們想像的嚴重得多。

堡主馬上派人把我叫去，我向他講述了整個事情的經過。結果他逮捕了那個修士，修士又把那個登記員給捅了出來，眼看著登記員就要上絞架。但堡主把整個事情給捂住了，儘管它已經傳到了教皇的耳朵裡。他救登記員免遭一死，又給了我和以前一樣的活動自由。

106

　　我看到這件事鬧成這個樣子，就開始關注自己的命運。我心想，要是再掀起一場這樣的風波，那個人就會失去對我的信任，這樣我就不再欠他的人情，我可以略施小計，這肯定會比那個無賴修士的見效得多。

　　於是我讓人給我拿來一些粗布做的新被單，但不拿走髒被單。我的僕人向我要，我讓他們閉住嘴，說我已經給那些窮當兵的了，要是走漏了風聲，那些可憐的傢伙可能會被送到大木船上去。我的那幫小夥子和僕人非常聽話，尤其是費利切，對被單的事隻字不提。同時我把一個草床墊倒空，把裡面填的東西燒掉，我的牢房裡有一個煙囪。我把被單剪成布條，寬度為三分之一肘尺。我估摸其長度可以越過聖天使城堡的中心主樓了，就告訴僕人說，我要的東西都送人了，要他們再給我拿些好布料來，我會把髒的送回去。不久這件事就被人遺忘了。

　　這時，我的工匠和僕人根據聖誇特羅和科爾納羅兩位樞機主教的命令被迫關閉了我的作坊，這兩個人公開對我說，教皇根本不同意釋放我，國王弗朗索瓦對我的好意反而弄巧成拙。莫盧克閣下最後一次傳達的國王的話好像是說教皇應該把我交給普通法庭審理，如果有罪就懲罰，沒有罪就應該理所當然地把我釋放。沒想到這話激怒了教皇，他發誓要把我終身監禁。與此同時，堡主則盡力幫我的忙。

　　我的作坊一關閉，我的仇人就趁機嘲笑和辱罵來監獄看我的那些僕人和朋友。有一次，一天來看我兩遍的阿斯卡尼奧對我說，他想用我沒怎麼穿過的一件藍絲汗衫為他自己改做一件短上衣。那件衣服我只穿過一次，那是在參加遊行的時候。我回答說，穿這樣的衣服既不是時候，也不是地方。我拒絕給他那件倒楣的汗衫使這個年輕人非常生氣，他對我說，他想回到塔利亞科佐的家裡去。我頓時五臟冒火，回答說他能做的最令我高興的事就是趕快滾蛋，他也心一橫，發誓再也不見我。

我們說這話的時候正繞著城堡的主樓散步。正好堡主也在那裡溜達，就在與這位大人碰面的時候，阿斯卡尼奧說：「我走了，永別了！」我接著說：「我也想與你永別，咱們一言為定。我會告訴衛兵，再也不放你進來。」然後我轉過身去，誠心誠意地懇求堡主命令衛兵將阿斯卡尼奧拒之門外，說：「這個小鄉巴佬來到這裡給我添了很多麻煩，所以我求大人您不要再讓他進來了。」堡主很難過，他知道這是個很有才能的小夥子，而且長得很漂亮，誰要是看上他一眼都會非常喜歡他。

小夥子哭著走了。那天他帶了一把短彎刀，有時他喜歡把它藏在衣服裡面。他淚流滿面地離開了城堡，正好碰見我的兩個主要的仇人，一個是佩魯賈人耶羅尼莫[1]，一個是米凱萊，兩個人都是金匠。米凱萊是耶羅尼莫的朋友、阿斯卡尼奧的仇人。他喊道：「阿斯卡尼奧哭啥啦？大概他爹死了，我是說那個城堡裡的爹！」阿斯卡尼奧馬上回答說：「他還活著，可你這就要死。」然後他抬起手用彎刀對著那個傢伙的頭砍了兩刀，第一刀把他砍倒在地，第二刀砍掉他右手的三個指頭，儘管他對準的是頭。那傢伙躺在那裡如死人一般。這件事馬上就報告給了教皇，他怒吼道：「既然國王想讓審判他，那就給他三天的時間準備辯護吧！」於是一幫人就過來執行教皇的命令。

好心的堡主馬上就去找教皇，說我根本就不是這件事的同謀，我已經把阿斯卡尼奧趕走了。他為我的辯護極為出色，終於力挽狂瀾救我一命。與此同時，阿斯卡尼奧逃回到塔利亞科佐他的家裡，他從那裡寫信，一千遍地求我原諒他，承認他不該再往我傷口上撒鹽，同時又表示，如果天主保佑我出獄，他決不會拋棄我。我告訴他要專心於藝術，如果天主放我出獄，我一定會召他回來。

---

1. 即吉羅拉莫·帕斯庫奇。—英譯注

107

　　堡主患有一種病，這種病每年都要發作，一發作他就精神錯亂，發作的前兆是不停地亂說，或者說是囈語連天。那發噱的樣兒每年都翻新。有時候他覺得自己是個油罐子；有時又覺得是隻蛙，並像蛙那樣到處亂蹦；有時候他以為自己死了，叫人把他埋掉。他沒有一年不是這樣疑神疑鬼地鬧騰一番。

　　這一年，他以為自己是只蝙蝠，外出散步時常常像蝙蝠那樣唧唧地高聲尖叫，然後就撲撲拉拉地用雙手拍打著身子做出要飛的樣子。醫生們一看他要發病，就和他的老僕人們一起想盡辦法讓他消遣。他們注意到他和我談話感到很愉快，就老是把我找去陪伴他。有時候這個可憐的人會留住我整整四五個小時，讓我一刻不停地與他談話。他讓我坐在桌子旁與他對著臉吃飯，他嘴裡則不住地說，還讓我和他說。但在這些談話中，我可以想辦法大吃一頓。他可憐巴巴地既不能吃也不能睡，把我累得筋疲力盡。有時候我看他，發現他的眼珠滴溜溜亂轉，一個眼珠往這個方向看，另一個往那個方向看，樣子非常可怕。

　　有一次，他心血來潮，問我是否想到過飛。我回答說，我一直都想飛，而這對於人來說是最難不過的事情，但我還是想到過。要說飛，造物主賦予我一個非常適合跑和跳的身體，遠遠超過普通人，再加上我的手藝才能，我一定有勇氣去試一試。他又問我用啥方法，我回答說，從所有會飛的生物來看，再結合人工模仿飛翔的特點，最合適的樣板莫過於蝙蝠了。這個可憐的人一聽到蝙蝠二字就想起他出過的滑稽相，於是就扯著嗓門兒高喊道：「他說得對，他說得對。就是蝙蝠，就是蝙蝠！」然後他轉身對我說：「本韋努托，要是有人給你機會，你敢不敢飛？」我說，他要是把我釋放了，我可以用塗過蠟的亞麻布做一對翅膀一口氣飛到普拉蒂。他對此回答說：「我也想去飛，但教皇囑咐我看管你就像看管他自己的眼睛一樣，而且我知道你這個機靈鬼一定會逃跑，所以我要用一百把鎖把你鎖起來，嚴防你從我手裡溜

走。」我只好哀求他，提醒他說我本來是可以逃走的，只不過是因為我向他保證過決不背信棄義才沒有那樣做，所以我求他看在天主的分上，看在他一直對我好的分上，千萬不要再給我雪上加霜。

儘管我苦苦哀求，他還是嚴厲地命令把我捆起來鎖進牢房裡去。我一看沒有指望了，就當著他所有僕人的面對他說：「把我鎖好，看管好，我一定有辦法逃走的。」所以他們把我最嚴密地看管起來。

108

於是我就開始仔細考慮逃跑的最佳途徑。一把我鎖進來，我就四處打量牢房，想好逃出來的辦法以後，就考慮如何從那個高高的主樓上下來，也就是那個又高又圓的中心樓。我拿出那些新被單，我在前面講過，我已經把它們剪成長條並縫接在一起，然後我就算著需要多少才夠用。算好以後，我把一切東西都收拾好，找出一把從一個薩瓦人那裡偷來的鉗子。此人是城堡裡的一名衛兵，負責管理水桶和蓄水箱，也喜歡做木工活兒。他有好幾把鉗子，其中有一把又大又重的。我看這個玩意兒有用，就把它拿走藏進我的草床墊裡。這時它派上用場了，我用它去拔固定門合葉的釘子。門是雙層的，敲彎的釘子看不見，所以我去拔的時候遇到了極大的困難，但最終還是成功了。拔出第一顆釘以後，我就考慮如何不讓別人發現。為此我從廢鐵上敲下來一些鐵銹，然後把它和蠟混在一起，其顏色和拔下來的長釘子的釘頭一模一樣。接著我就仿造了一些釘頭並把它們放在合葉上，每拔下一顆釘子，我就用蠟仿造一個假的。門柱上面和下面的合葉我沒有動，上面用的釘子和我拔出來的是一樣的，但我很小心地把它們弄斷，再輕輕地放回原處，使它們剛好能支撐住鐵合葉。

這一切幹得都極為困難，因為堡主每天夜裡都夢見我逃跑了，這使他經常派人來查看我的牢房。來的人從稱呼到舉止都像是一個捕快，名叫博札，老是帶著另一個人一起來，這個人和他是一號貨色，名叫喬瓦尼，人送外號

佩迪諾內，是個當兵的，而博札是個僕人。喬瓦尼只要一進我的牢房，總要對我說些難聽話。他來自普拉托區，曾經是那裡的一個藥商。每天晚上他都仔細檢查釘有合葉的門柱和整個房間，我常對他說：「對我要嚴加看管，我已下決心想盡一切辦法逃跑。」這話使我們兩人產生了很深的敵意，所以我不得不很小心地藏好我的工具，也就是鉗子、一把大匕首和其他一些東西。所有這些工具我都放在床墊裡，另外還有我做好的亞麻布條。天一亮我就馬上打掃房間。我生性就愛清潔，那一段時間我更是收拾得一塵不染。打掃完以後，我把床疊得整整齊齊，上面放上花，幾乎每天早上一個薩瓦人都給我送花。他負責照管水桶和蓄水箱，也喜歡做木工活兒。我就是從他那裡偷走了鉗子，用它拔掉了合葉上的釘子。

109

回頭還說我的床。博札和佩迪諾內一來，我就告訴他們要離床遠一點，免得給我弄髒了。這兩個傢伙偏要刺撓我，於是就時不時地輕輕摸一摸。我一看就喊道：「邋遢貨！我要拔你們的劍，叫你們嘗嘗我的厲害。就你們這號人還配摸我的床？要打你們我就豁出這條命，因為我必定要你們的命。還是讓我一個人在這裡遭罪吧，不要再給我添煩惱了，要不然，我就讓你們看看一個不要命的人能幹出啥事來。」這些話他們彙報給了堡主，堡主馬上囑咐他們千萬不要靠近我的床，來的時候也不要帶劍，其他的時候則要對我密切監視。

把這倆愛管閒事的傢伙從我床邊轟走以後，我似乎覺得主要的任務已經完成，因為床裡邊藏有我越獄所需要的全部東西。一個節日的晚上，堡主病得很厲害，瘋癲得越來越出格。他嘴裡不住地說他是只蝙蝠，如果他們聽說本韋努托飛走了，一定要讓他去追我，因為他能在夜裡飛，肯定能飛得和我一樣好，甚至比我飛得還要好。他是這樣認為的：「本韋努托是假蝙蝠，而我是真蝙蝠。既然把他交給我看管，就要放手讓我去幹，我一定能抓住他。」一連幾

夜他都是這樣瘋瘋癲癲，把他的僕人個個折騰得筋疲力盡。對這件事我從不同的管道瞭解得一清二楚，尤其是那個薩瓦人，他實際上是我的朋友。

就在那個節日的晚上，我決定無論如何也要逃走。首先，我最懇切地祈求天主保佑，求他在這場玩命的冒險中 明我。然後我就開始做必需的一切，忙乎了整整一夜。我費了九牛二虎之力，終於在天亮以前兩個小時把那些合葉去掉，但木鑲板和插銷卻無論如何也弄不動，結果門還是開不開。我只好砍木頭，終於把門弄開了。我扛著亞麻布條，我早就把它纏在兩根棍上，看起來像兩個亞麻卷一樣，朝著主樓廁所的方向走去。我從房上兩塊瓦的地方往房頂望瞭望，馬上就輕而易舉地爬了上去。我穿了一件白馬甲、一條白緊身褲和一雙短統靴，靴子裡插著我前面提到的那把匕首。

爬到房頂以後，我找出亞麻布的一個端頭，把它繫在壘進牆裡面的一塊古老的瓦片上，它伸出來只有四個指頭寬。為了把布條固定好，我把它繫成了船上鐵索的樣子。繫到瓦上以後，我仰天長嘯道：「天主啊！助我一臂之力吧，您知道我做的事是正義的，您看我正在自救。」然後我就用臂力支撐身體，輕輕地一點一點地往下落，直到著了地。沒有月光，只有一點晴空的夜色。我實實在在地站在地上以後，又抬頭望瞭望我如此大膽地從上面剛剛下來的百尺危樓，然後就美不滋兒地走了，心想這下可自由了。

但事實並不是這樣。堡主在城堡的那一邊又建了兩道高牆。兩牆之間用作馬廄和雞圈，外面用粗鐵欄杆擋住。我對這個毫無出路的陷阱討厭至極。可就在我踱來踱去盤算著咋辦的時候，腳底下被一根用草蓋著的長杆子絆了一下。我很費勁地把它靠在牆上，然後用臂力一直爬到頂上。但牆頂是尖的，我也沒有勁再把杆子拽上來了。於是我就決定用一部分帶在身邊的第二卷亞麻布，另一卷已經吊在城堡的主樓上。我剪斷一截布繫在杆子上，累得疲憊不堪地爬過了牆。我一點勁兒也沒有了，而且手心裡還脫掉一塊皮，鮮血止不住地往外冒。我不得不歇一會兒，用自己的尿沖洗了一下手。我緩過勁兒來以後就衝向

最後一道壁壘，它朝向普拉蒂。我把那卷亞麻布條放在地上，打算把它固定在城垛上，然後就像剛才下較高的主樓那樣下這堵低一些的牆。

我剛把布條放好，就發現背後有一個正在巡邏的哨兵。看到計畫受阻，性命也危在旦夕，我就決定去面對他。那個傢伙看見我手裡拿著武器大模大樣地沖他走過去，就加快了腳步遠遠地避開我。布條就在我後面不遠的地方，於是我轉過身去迅速地又把它拿起來。另一個哨兵也發現了我，但看樣子他似乎不想注意我。找到布條把它繫到城垛上以後，我就下去了。就在下的過程中，或者是因為我覺得到了地面然後松了手往下跳，或者是因為我的手累得抓不住布條了，反正我摔了下去，摔的時候碰著了頭，據我自己判斷，昏倒在地上一個半小時還要多。

就在太陽出來之前一個小時，一陣清風把我吹醒了。但我並沒有馬上完全清醒，而是以為頭被砍掉了，正在煉獄之中受罪。隨後一點一點地各項功能恢復，我意識到是在城堡外面，然後突然想起所有的冒險經歷。我知道頭受了傷，接著又知道腿斷了。我把手舉起來，然後縮回來一看上面都是血。我摸到了受傷的地方，斷定那裡的傷勢並不嚴重。但當我想站起來的時候，才發現右腿在腳後跟上面三寸的地方斷了。就這也沒有使我洩氣。我把匕首和鞘一起拔了出來，鞘的頂端是金屬的，最前面是個大圓球，就是這玩意兒把腿弄斷了，因為骨頭與球猛烈撞擊的時候是不會彎曲的，於是就在那個地方折斷了。我把鞘扔了，用匕首割了一段剩下的亞麻布把腿仔細包紮好，然後拿著匕首慢慢地向城門爬去。

到跟前一看，門是關閉的，但我發現門下面的一塊石頭似乎並不很牢固。我想把它挪走，用手一摸，很容易地把它晃動了，我就把它弄了出來。這樣就出現了一個缺口，我從缺口爬進了城裡。

110

我從摔倒的地方到城門口一共爬了五百多步的距離。我剛爬進城，幾條惡狗就撲過來狠狠地咬我。它們回過頭又要攻擊我的時候，我拔出匕首狠狠地刺傷了其中的一條，它疼得大聲嚎叫，所有的狗都跟著它跑了，狗這種東西生性就是這樣。這時我就儘快地朝特雷斯蓬蒂納教堂爬去。

來到通向聖天使城堡的街口，我轉向聖皮耶羅的方向。這時天已經大亮，我感到處境很危險。這時，我正好碰見一個送水的趕著一頭驢，驢身上馱著滿桶的水。我叫住這個人，求他從臺階上把我背到聖皮耶羅的平臺上去。我說：「我是個不幸的年輕人，偷了情以後從窗戶往外逃的時候摔斷了腿。我逃出來的那個地方是個非常重要的所在，我要是被發現就可能被剁成肉醬，所以求你馬上把我帶走，我會給你一個金克朗。」說著我拍了拍錢包，裡面有的是錢。他馬上就把我扶起來放在背上，然後從臺階把我背到聖皮耶羅的平臺上。到那以後我讓他把我放下，叫他趕快去找他的驢。

我又趴在地上，朝公爵夫人的邸宅爬去，她是公爵奧塔維奧的夫人[1]、皇帝的私生女，曾經嫁給了公爵亞歷山大。我之所以選擇到她家去避難是因為我相信我的很多朋友都在那裡，他們都是跟著那位公主從佛羅倫斯過來的；另一個原因是堡主曾在她面前說過我的好話，所以她對我很有好感。堡主想幫我的忙，就對教皇說我為本城挽回了一千多克朗的損失，那是公爵夫人駕臨羅馬時一場大雨造成的。他講到當時自己是如何絕望，我是如何鼓舞了他，他又接著描述我如何把幾門大炮對準雲層最厚的地方，那裡正下著傾盆大雨。然後我一開炮雨就停了，等第四炮放出去，太陽就出來了，所以緊接著的喜慶活動之所以能夠舉行，完全是我一個人促成的，人人都感到非常

---

1. 奧地利的瑪格麗特在亞歷山大死後於1538年11月嫁給了奧塔維奧·法爾內塞。─英譯注

高興。聽完他的講述，公爵夫人說：「那個本韋努托是個有成就的藝術家，我的前夫亞歷山大公爵對他很好，對這樣的人我會永遠記住他們，有了機會我一定為他們幫忙。」她也向公爵奧塔維奧講起了我。由於這些原因，我就打算直接到她家裡去，那是坐落在博爾焦－韋基奧的一處很漂亮的邸宅。

我要是待在那裡的話，教皇是不會再把我抓走的。但作為一個人，我這時取得的業績實在是太了不起了，天主不願意鼓勵我的自負。因此，為了我好，他老人家又第二次懲罰我，而且比第一次還要厲害。那是因為我在臺階上爬的時候，樞機主教科爾納羅的一個僕人認出了我。他的主人當時就在家裡，所以那個僕人就跑到他的房間裡把他叫醒，對他說：「尊敬的閣下，您的朋友本韋努托就在外面，他從城堡裡逃了出來，正往前爬著，一直流著血。看樣子他的腿斷了，不知道他要往哪裡去。」樞機主教馬上喊道：「快跑去把他背到我這個房間裡來。」我到了以後，他告訴我不要擔心，然後就派人去請羅馬第一流的醫生來為我看病。

醫生之中有佩魯賈的亞科莫師父，他是一位最傑出、最能幹的外科醫生。他很靈巧地把骨頭對好並包紮起來，然後又親手為我放血。不巧的是我的血管腫得比原來大很多，他也想把口子切得大一些，結果血如泉水一樣往外冒，一下子噴了他一臉，他不得不放棄了手術。他認為這是個不祥之兆，於是不再為我治療了。實際上他再三說想離開我，他知道為我治病，或者更確切地說，把我的病治到底要冒不小的受懲罰的危險。樞機主教把我安排到一個祕密的房間，然後就去找教皇為我求情。

111

這時，整個羅馬像開了鍋一樣。人們發現了高高地繫在城堡主樓上的布條，於是就成群結隊地跑來看稀罕兒。堡主犯了一次極為嚴重的瘋癲病，他不顧所有僕人的勸說，非要跟著從主樓上飛走不可，說除了他本人以外誰也

抓不到我，只要讓他跟著我飛走。潘多爾福先生的父親魯貝托‧普奇先生聽說了這件大事以後親自到那裡去查看，事後他來到那座邸宅，見到了樞機主教科爾納羅。科爾納羅向他講了事情的經過，說我正住在他的一個房間裡，正在接受醫生的治療。

於是這兩個大好人一起去跪倒在教皇面前，但教皇不等他們開口就喊道：「我知道你們要我幹什麼。」魯貝托‧普奇先生接著發話：「最神聖的教皇，我們求您一定把那個不幸的人交給我們。他那偉大的才能使他理所當然地應該享受特殊待遇，而且他將大膽與智謀融為一體，簡直創造出了超人的奇跡。我們不知道他犯了什麼罪陛下把他監禁了那麼長時間。如果他的罪行過於嚴重，陛下這樣做就是英明神聖的，您還可以這樣繼續做下去，誰也無話可說。但如果他的罪可以不咎，就請您看在我們的薄面上寬恕他。」教皇一聽感到有些羞愧，於是這樣回答說：「我是應一些手下人的請求而監禁他的，他的行為有點太殘暴了。但考慮到他的才能，同時也想把他留在朕的身邊，所以朕打算待他好一些，使他沒有理由回到法蘭西去。聽到他的不幸我很難過。告訴他要注意身體，等他康復以後，朕會彌補他全部的損失。」

那兩個大好人回來以後，把從教皇那裡得到的好消息告訴了我。在此期間，羅馬的貴族都來看我，老的少的或是其他形形色色的都有。堡主儘管精神錯亂，還是讓人把他抬到教皇那裡。一見到陛下他就大喊大叫，說陛下要是不把我送回監獄就太對不起他了。「他是對我下了保證以後逃跑的。我真倒楣啊！他對我說得好好的不飛可還是飛走了！」教皇笑著說：「去吧，去吧，我把他交給你就是了。」堡主又接著對教皇說：「讓行政官去問問他，到底是誰幫他逃走的。要是我手下的人，我就把他吊死在本韋努托跳下去的那個城垛上。」

他走了以後，教皇叫來行政官，微笑著對他說：「那是個勇敢的人，他的事蹟很了不起。我年輕的時候和他一樣，也從城堡的那個地方下來過。」教

皇說的是實話，他在擔任縮寫官[1] 的時候，曾因偽造教皇通諭而被監禁在城堡裡。教皇亞歷山大把他關了一段時間，後來由於他的犯罪性質太惡劣就決定把他斬首，但把行刑的日期推遲到聖體節以後。法爾內塞聽到這一風聲以後，就叫彼得羅·基亞韋盧齊弄來了很多馬，並且用錢賄賂了一些守城堡的衛兵。這樣，聖體節那天教皇參加遊行慶祝活動的時候，法爾內塞蹲到一個籃子裡用繩吊到了地上。那時城堡四周還沒有外圍牆，只有中心主樓矗立在那裡，所以他沒有遇到我逃跑時那麼大的困難，而且監禁他是名正言順的，監禁我則一點也不公正。他是想在行政官面前炫耀一下自己年輕時候的氣魄和勇敢，但沒有想到會讓人聯想起他的劣跡。於是他說：「去叫他招出他的同謀來，不管那個人是誰，我已經赦免他了，這一點你可以毫無保留地向他交代清楚。」

112

這樣行政官就來找我了。兩天前，他剛被任命為耶西主教[2]。他進來對我說：「本韋努托朋友，儘管我的職務有點嚇人，但我是來讓你放寬心的。我這樣做是陛下金口玉言授給我全權的。他給我講了他是如何從聖天使城堡逃出來的，但他有很多幫手和同伴，要不然他是不可能成功的。我以與天主立的約（我在兩天以前已就任主教）向你保證，教皇已釋放了你並赦你無罪，同時對你的不幸深感不安。保重你的身體，一切都往最好處想，因為對你的監禁完全是平白無故的，將來你必定因禍得福、受益無窮。從今以後你會告別貧困，再也不必回到法蘭西，浪跡於江湖之上。現在就請你坦率地告訴我事情的真相，

1. 縮寫官（Abbreviatordi Parco Majoris），羅馬教廷的一個機構，由七十二名成員構成，主要職責是為教會高級人士的校勘工作準備書信和文書等，包括負責草擬教皇的通諭。

2. 切里尼在這裡把耶西和福林波波利搞混了。事實是行政官在這一年（1537）被任命為福林波波利主教，在1540年被任命為耶西主教。—英譯注

是誰為你提供了幫助。然後你就享受、休息和恢復。」於是我就把整個經過原原本本地講了一遍，連細枝末節也和盤托出，一直講到背我的那個送水的人。

行政官聽完以後說：「這樣的奇跡你一個人完成實在了不起，除了你之外誰也做不到。」然後他讓我把手伸出來對我說：「鼓起勇氣把心放寬，我現在一拉你的手你就自由了，你要是活著必定活得愉快。」他這樣與我談話的時候，旁邊聚集了一大群達官顯貴在那裡等候，他們都是來看我的，相互說著：「走，一塊兒去看看這個創造奇跡的人。」所以他一走這些人都過來了，有的向我表示問候，有的給我送來了禮物。

大家眾星捧月的時候，行政官回到教皇那裡，向他彙報了我所說的話。也真是該我倒楣，當時教皇的兒子皮耶爾‧路易吉閣下也在場，所有的人都露出驚奇的神情。教皇說道：「這的確是個了不起的奇跡。」這時皮耶爾‧路易吉開始發話：「最神聖的教皇，你要是把那個人放了，他會做出更了不起的事情來，他的氣魄實在太大了。我再對你講一件他的事，這件事你還不知道。你的那個本韋努托在被監禁以前和樞機主教聖菲奧雷[1]手下的一個侍從發生過口角，原因是這個侍從曾說過他一些雞毛蒜皮之類的事。本韋努托與他頂嘴，簡直橫得不得了，結果下了戰書要決鬥。這位侍從把這件事交給樞機主教去解決，樞機主教說，他要是抓住本韋努托，很快就會打消他的這一愚蠢念頭。那個傢伙聽說以後就準備好了一支鳥槍，他確有百步穿楊的功夫。有一天，樞機主教正從窗口往外看，本韋努托的作坊就在樞機主教邸宅的下面，他舉起槍對準了樞機主教。但樞機主教已受到告誡，馬上縮了回去。本韋努托為了掩人耳目，就瞄準了一隻鴿子，它正高高地臥在邸宅上的一個窩裡，然後一槍正好打中了頭，如此絕活兒真是令人不可思議。現在就讓陛下對他看著辦吧，我要說

---

1. 本名阿斯卡尼奧‧斯福爾札，聖菲奧雷伯爵之子，教皇保羅三世的外孫，1534年就任樞機主教，當時年僅 16 歲。—英譯注

的話已經說完，也就履行了自己的義務。假如他認為自己是蒙冤入獄的，他甚至會想到向陛下開槍。他確實太殘忍了，太恃才傲物了。他殺蓬佩奧的時候，硬是在十個打手的眼皮兒底下用匕首朝他的咽喉上扎了兩下，然後逃走，真叫那些打手丟盡了臉，要知道他們都不是平庸無能之輩。」

113

說這話的時候，和我吵過架的那個聖菲奧雷手下的侍從也在場，他向教皇證實了他兒子的一番話。教皇氣得鼓鼓的，但一句話也沒有說。現在我再把這件事說一遍，有一說一，有二說二。

一天，這位侍從來找我，讓我看了一枚被水銀污染的金戒指，同時對我說：「給我擦亮這枚戒指，要快一點。」當時我正忙著用金子和寶石做一件極為重要的活兒，而且我也不喜歡讓一個素不相識的人這樣神氣活現地使喚我，因此我回答說，不湊巧，我沒有為他擦戒指的適當工具，他還是去找別的金匠為好。他二話沒說，張口就罵我是一頭蠢驢。我說此言差矣，我在哪一方面都比他強，他要是再惹我的話我就揍他，那可是比驢踢還要厲害。他把這件事告訴了樞機主教，把我說得就像地獄裡的魔鬼一樣。

兩天以後，我從他家邸宅後面一個很高的石穴中打下了一隻野鴿子。牠正臥在那個石穴裡，我常看見一個名叫焦萬·弗朗切斯科·德拉·塔卡的米蘭金匠朝牠開槍，但從來沒有打中過。我打牠的那天，牠嚇得幾乎不敢露頭，因為經常有人朝牠開槍。我和這個焦萬·弗朗切斯科在打鳥方面是競爭對手。當時我認識的幾個紳士正好在我的作坊，他們提醒我說：「焦萬·弗朗切斯科·德拉·塔卡的鴿子就在那邊，他老是用槍打牠，你看，那只可憐的鳥嚇得幾乎連頭也不敢往外伸了。」我往上看了一眼說：「要是讓我打，只要牠的頭露出一點點也就夠了，只要牠停留得容許我把槍對準牠。」那幾位紳士斷言，即便是發明槍的人也打不中牠。我回答說：「我以帕隆博老闆

保存的一瓶希臘美酒打賭，只要它靜止的時間容許我用布羅卡爾多（*我常這*
樣稱呼我的那枝槍）瞄準牠，我就能打中牠露出來的那一部分頭。」我舉起
胳膊，不用別的依託把槍瞄準，就像我許諾的那樣打中了鳥。我沒有顧忌樞
機主教或其他的人。與此相反，我把樞機主教當成了我很好的保護人。

那麼讓世人看一看，要是命運女神想毀掉一個人，辦法真是太多了！氣
得牢騷滿腹、嘴裡咕咕噥噥的教皇對他兒子說的那件事一直耿耿於懷。

114

兩天後，樞機主教科爾納羅去找教皇，為他的一個名叫安德莉亞·琴塔諾
先生的侍從要一個主教職務。事實上教皇已答應過給他一個主教職務，這時出
現了空缺，所以樞機主教就提醒他兌現諾言。教皇認了這個帳，但又說他也想
讓樞機主教幫他一個忙，那就是把本韋努托交給他。樞機主教回答說：「要知
道，陛下是經我的手赦免他並讓他獲得自由的，這樣一來，世人對你我會有個
什麼說法呢？」教皇回答說：「我想要本韋努托，你想要主教職務，讓世人掂
量一下該如何選擇吧。」這位好心的樞機主教求陛下把主教職務給他，其餘的
事再仔細考慮一下，然後遵照陛下的旨意行事。教皇對他的自食其言感到有些
愧疚，於是就拿出了一個折中方案：「我派人把本韋努托叫來，為了滿足我的
心願，我會把他安排到直通我的私人庭園的房間裡住，他可以在那裡養傷，我
也不會阻止他的朋友來看他。另外，只要我高興，我會一直支付他的費用。」

樞機主教回家以後，馬上派那個主教候選人告訴我，教皇想讓我回到他那
裡去，他想把我安排在他的私人庭園旁邊一樓的一個房間，我可以在那裡接待
來訪的朋友，就像在樞機主教家裡一樣。我懇求這位安德莉亞先生別讓樞機主
教把我交給教皇，這事就讓我自己看著辦。我會藏在一個床墊裡讓人抬到羅馬
以外一個安全的地方，他要是把我交給教皇就等於讓我去送死。據認為，樞機
主教聽到我的請求以後並不是不想同意，而是那個安德莉亞先生由於想得到

主教職務而把我出賣給了教皇，於是教皇馬上派人把我安排進他私人庭園一樓的房間裡。樞機主教給我捎來口信兒，叫我不要吃教皇為我準備的飯菜，他會為我提供食物的；同時還要我保持信心，他會為我周旋使我重獲自由。這樣安排好以後，我每天都接受很多侯門顯貴的來訪和慷慨的饋贈。教皇給我送來的飯我一概不吃，只吃樞機主教科爾納羅送的飯。就這樣過去了一段時間。

我有位 25 歲的希臘朋友。他熱衷於所有的體育活動，是羅馬最優秀的劍客；他生性有些懦弱，但為人忠貞不貳；他太老實，人家說啥他就信啥。他聽說教皇公開表示要對我的不幸遭遇進行補償。教皇一開始的確是這樣說的，但後來又完全變卦了。於是，我決定向這個年輕的希臘人吐露一個祕密。我對他說：「最親愛的兄弟，他們要陷害我，現在是幫我的時候了。他們對我大獻殷勤的時候會以為我不知道他們要出賣我嗎？」這個善良的年輕人回答說：「我的本韋努托，羅馬人都說教皇給了你一個薪水為五百克朗的職務，所以我勸你不要疑神疑鬼地丟了這塊掉進嘴裡的肥肉。」儘管如此，我還是十指交錯地握著手，懇求他幫我逃離這個地方。我對他說，我心裡很清楚，這號貨色的教皇要是願意的話也會幫我很大的忙，但實際上他是在暗地裡琢磨除掉我的最佳辦法以保全他的臉面，所以我們要趕快行動，逃離他的魔掌。要是我的朋友願意按照我告訴他的辦法幫我逃出那個地方，我會永遠把他當成我的救命恩人，一旦需要，我會心甘情願地為他赴湯蹈火，萬死不辭。這個可憐的年輕人流著淚說：「啊，我親愛的兄弟，儘管你是在自取滅亡，我還是要滿足你的願望。你就把你的計畫說出來吧，你叫我幹啥我就幹啥，儘管我不是心甘情願。」這樣我們就說定了，我向他透露了計畫的詳情，要成功肯定不費吹灰之力。

我正指望著他去執行這一計畫的時候，他卻來對我說，為了我好，他打算不再服從我，因為他相信從教皇身邊的人那裡聽來的消息是真的，他們瞭解事情的真相。我再也沒有指望了，於是就陷入了絕望和痛苦之中。這事發生在1539年的聖體節那一天。

115

我與那個希臘人談完話以後，一整天都消磨過去了。到了晚上，教皇的御膳房給我送來了豐盛的飯菜，樞機主教科爾納羅的庖廚也送來了美味佳餚。我的一些朋友也來了，我留他們一起吃晚飯，大家很高興地聚在一起，我的腿上夾著板子放在床單下面。天黑以後一個小時，他們都走了，我的兩個僕人將我過夜的一切準備工作安排停當，就到前廳去睡覺了。

我有一條黑如桑葚一般的狗，屬於那種多毛型的，我外出打獵時它就討人喜愛地跟著我，一步也不離我的左右。夜裡它就臥在我的床底下，我至少三次喊僕人把它趕出去，因為它的嗥叫聲太可怕了。僕人一進來，它就撲上去想咬。他們嚇壞了，以為狗肯定瘋了，因為它一直不停地嗥叫。就這樣我們度過了夜裡的前四個小時。

4點鐘的時候，治安官帶著一幫治安隊員來到了我的房間。於是狗就惡狠狠地向他們撲過去，撕他們的斗篷和緊身褲，他們嚇得膽戰心驚，以為它瘋了。但老於世故的治安官告訴他們說：「這是好狗的本性，它們會感覺和預測主人的不幸。你們兩個人去拿棍把狗趕走，其餘的人把本韋努托綁到這把椅子上，然後把他抬到你們知道的那個地方。」我已經說過，那是在聖體節的夜裡，大約4點鐘。

治安隊員們抬著我，把我蓋得嚴嚴實實，四個人走在前面，把還在路上走動的少數行人趕到一邊。這樣，他們把我抬到諾納塔，這是那個地方的名字，把我放進死囚牢房。我被放在一個骯髒的床墊上，有一個看守監護著，他一整夜都對我的不幸哀傷不已，對我說道：「哎呀，可憐的本韋努托，你是咋惹著那些大人物啦？」這時，我對自己未來的命運已經了然於心，一是從我待的這個地方可以看出來，二是從那個人說的話中可以聽出來。[1]

---

1. 切里尼以為他會被割斷喉嚨。諾納塔是羅馬最臭名昭著的關押刑事犯的監獄之一。—英譯注

那一夜，有一段時間我一直在絞盡腦汁，琢磨為啥天主要這樣懲罰我，我百思不得其解，感到心煩意亂。看守儘量地安慰我，但我求他看在天主的分上不要再說了，讓我安靜一會兒，心裡會好受些。他答應照我說的做，於是我就凝神靜氣地心向天主，虔誠地求他老人家屈尊俯就，將我領進天國。當然，我對自己的命運頗有怨言，我感到就人類的法律來說，讓我這樣離開這個世界太不公正了。我的確殺過人，但教皇以天主和法律賦予他的權力把我從家鄉召回來並赦免了我。我所做的一切都是為了捍衛陛下賦予我的第二次生命。所以，根據約束人類生活的教規，我不承認我命當絕。但我的這一命運好像與那些不幸的凡夫俗子的命運是一樣的，有時候會從高處落下一塊石頭砸在他們頭上要了他們的命。從這裡我們可以清楚地看出司命星的影響，這並不是說司命星存心要給我們帶來好運或厄運，而是它們的會合能對我們的命運產生影響。我還知道我擁有自由意志，如果我能表現出一個聖徒的信念，我相信天使就會把我從這座牢房中解救出來，並能免除我所有的痛苦。但由於天主認為我配不上這樣的奇跡，所以我斷定司命星肯定在拿我出口惡氣。

這場心靈的衝突持續了很長時間，然後我感到鬆了口氣，很快就睡著了。

116

天亮的時候，看守把我叫醒了：「噢，不幸的大好人，沒有時間再睡了，有人等著告訴你不幸的消息。」我回答說：「離開這個人間地獄越快我越高興，尤其是當我相信我的靈魂已得到拯救，相信我就要冤死的時候。榮耀而神聖的基督選我與他的信徒和朋友為伴，他們和基督一樣，都是含冤而死的。我也就要屈死，我對天主的這一恩賜感激涕零。那個給我送兇信的人為啥還不露面？」看守回答說：「他太為你悲傷了，而且流了淚。」然後我叫了他的名字貝內代托·達·卡利先生[1]，喊道：「過來，貝內代托先生，

---

1. 別忘記，此人是切里尼第一次被監禁在聖天使城堡時審訊他的三個人之一。—英譯注

我的朋友，現在我心如止水，情緒穩定，對我來說屈死要比該死榮耀得多。我請你過來，給我找一個神父，我想對他說幾句話。實際上我並不需要這一套，我已經用心靈向天主作了懺悔；但我想遵守我們神聖教會的規矩，儘管它讓我蒙冤受屈，我還是真心實意地寬恕它。過來吧，我的朋友貝內代托先生，快去辦我的事，不要等我失去耐心控制不住自己。」

我說完這話以後，那個好人告訴看守把門鎖住，因為沒有他在場啥事也辦不成。他來到皮耶爾・路易吉閣下的夫人[1]家裡，她正好與我前面說過的那個公爵夫人在一起。他來到二人面前說：「最尊貴的夫人，我求您看在天主的分上告訴教皇，讓他另請別人去宣判本韋努托並代理我的職責。我放棄這項任務，不打算再幹它了。」然後他歎口氣，十分內疚地走了。在場的公爵夫人皺了一下眉頭說：「這就是教皇在羅馬所主持的公正！我的前夫亞歷山大公爵由於這個人的優秀品質和傑出才能而對他極為尊敬。他不願讓他回到羅馬，很想把他留在自己的身邊。」說完她退了下去，嘴裡還憤憤不平地嘟囔著。

皮耶爾・路易吉閣下的夫人名叫耶羅尼馬夫人，她到了教皇那裡，當著好幾位樞機主教的面雙膝跪倒在地。她異常激動地為我辯護，說得教皇十分羞愧。於是教皇說：「看著你的面子朕不再動他，但你要知道，朕並沒有惡意要傷害他。」他這樣說是因為身邊有好幾位樞機主教，他們聆聽了那位勇敢的夫人的慷慨陳詞。

在此期間，我焦躁萬分地等待著，心跳得如同打鼓一般。那些奉命對我行刑的劊子手也不比我好受多少。午飯時間過後，他們去辦別的事了，我的飯也送來了。我感到一陣驚喜，感歎道：「這一次，真理的力量終於壓倒了司命星的邪惡！所以，如果這是天主的意願，我祈求他救我逃離這場可怕的災難。」於是我放開肚皮為我的拯救而大吃起來，就像我以前準備毀滅時的吃法一樣。我吃完飯，直到天黑以後一個小時沒有見到任何一個人，也沒聽見任何動靜。

1. 路易吉的夫人名叫耶羅尼馬，是皮蒂利亞諾伯爵的女兒。—英譯注

這時，治安官帶著一大幫人來了，他又讓人把我放在了前一天晚上抬我到監獄去的那把椅子上。他對我很客氣，讓我不必擔心，然後又囑咐他的治安隊員小心，不要碰著我的斷腿，待我要像他們自己的眼睛一樣。隊員們照辦了，又把我帶到了我逃跑的那個城堡，上到主樓以後，把我關進了一間門口對著一個小院的牢房。

117

堡主儘管疾病纏身，但還是讓人把他抬到我的牢房，呼喊道：「你看我又把你抓到了！」「是的，」我說，「但我逃跑了，就像我說過的那樣。要不是一個樞機主教在得到教皇的保證後以一個主教職務的代價把我出賣，你是不會再抓到我的。那個樞機主教是威尼斯人，教皇是羅馬人，姓法爾內塞（兩個人都用罪惡的手戲弄了最神聖的法律）。既然他們開始了這椿罪惡的交易，下面就該你大發淫威了，我啥也不在乎。」那個可憐的傢伙開始放聲大叫：「哎，我算倒了楣啦！我算倒了楣啦！這個傢伙死活都無所謂，看看吧，他現在比好端端的時候還要橫哩。把他放在庭園的下面，再也不要向我提起他，他註定是我的勾命鬼。」

於是我被帶到庭園下面一間昏暗的牢房，裡面到處都是水，還有很多大蜘蛛和毒蟲。他們扔給我一個骯髒的粗麻布床墊，也不給我送飯，用四道門把我鎖在裡面。就在這種環境中，我一直熬到第二天的 19 點。這時飯來了，我請看守把我的書拿來一些讓我讀。他們誰也不說一句話，但把我的請求轉達給了不幸的堡主，他詢問了有關我說的話。第二天上午，他們把我的一本意大利文《聖經》拿來了，另外還有一本喬瓦尼‧維拉尼的《編年史》。我還想再要一些書。他們說不能再要了，給我的已經夠多了。

就這樣，我繼續在那個爛床墊上受折磨，三天以後床墊就像海綿一樣吸透了水。由於那條斷腿我幾乎不能活動，有時候要下床大小便就只好忍著劇

痛往外爬，以免弄髒了睡覺的那塊地方。每天有一個半小時的時間我可以得到一點昏黃的光線，那是從一個很窄的隙縫透到這個倒楣的魔窟裡來的。只有這麼短的一段時間我可以看書，其餘的時間我就在黑暗中泡著，忍受著命運的折磨，有時候也思索一下天主，思索一下我們人類的弱點。我想，要是繼續在這個活地獄裡受煎熬，過不了幾天我這條小命也就交代了。不過我還是盡量安慰自己，想像著到另一個世界去的時候，去挨劊子手那可怕的一刀不知要比現在痛苦多少倍哩。現在既然落到了這一步，我應該用睡大覺來混日子使自己麻木，使自己對死亡的恐怖減輕一半。

我感到自己的元氣在逐漸消失，到最後，我那活潑的性格也適應了那個煉獄的環境。適應了環境以後，我決心只要還有一口氣，就要忍受所有難以形容的痛苦。

118

我從頭開始拜讀《聖經》，一邊讀一邊想，其樂無窮。要是可能的話，我會啥也不幹，專門研究它。但光線不足，一到黑暗中我就老想自己的苦難，直想得回腸九轉、百爪撓心。後來我常常想，乾脆自尋短見算了。但他們不允許我有刀，所以想自殺也不容易。

儘管如此，有一次我還是找到一根木杆，把它支成一個夾子狀。我是想讓它砸在我頭上，肯定能把我打得腦漿迸裂。我安好這個裝置，正要動手去啟動它，一個看不見的神靈抓住了我，把我從原來的地方甩出去四肘尺遠，嚇得我半死不活地躺在地上。

就這樣，我一直從黎明躺到 19 點，這時他們把飯給我送來了。幾個看守肯定在我不注意的時候到我的牢房裡來了幾次，因為最後我聽到動靜的時候是山德里諾·莫納爾迪長官[1] 進來了，我聽見他說：「噢，不幸的人！看

---

1. 佛羅倫斯人，1530年因武力反對麥地奇家族而被流放。—英譯注

看這個稀世天才的下場！」我被這些話驚醒了，睜開眼睛看見幾個身穿長袍的神父，只聽他們說：「哎，你告訴我們他已經死了！」博札回答說：「我確實是看見他死了才告訴你們的。」他們把我從躺著的地方抬起來，抖了抖床墊，發現它濕淋淋的像一盤通心粉一樣，於是就把它扔到了牢房外面。堡主聽人彙報了這些情況以後，又送給我一個床墊。

後來，我左思右想，到底是啥東西阻止了我那樣自殺，我判斷肯定是某個神靈和我那善良的守護天使。[1]

墨丘利
Mercury
1545 ~ 1553
Bronze, height 96 cm
Museo Nazionale del Bargello, Florencc

119

第二天夜裡，我夢見了一個了不起的精靈，他化作一個特別可愛的年輕人，看樣子是想訓斥我：「汝可知孰與汝之軀？未盡天年何以自裁？」我好像回答說，我把自己的一切都看成是造物主的恩賜。他說：「汝乃自裁以藐其厚貺？

---

1. 讀者如果不是一個虔誠的基督教徒，恐怕很難理解切里尼在本段以及下面幾章所描述的現象。

汝要依順神意，從善如流，不得自餒！」他又說了很多使我豁然開朗的話，我現在能記住的充其量也只有一鱗半爪。

我感到向我顯靈的天使說的是實話。於是我打量了一下整個牢房，發現了一些碎磚頭渣，我抓住幾塊互相摩擦，製成一種濕糊糊。然後我掙扎著爬到屋角的門旁，用牙從門上啃下一個尖片來。完成這件大事以後，我一直等到月光透進牢房，那是從 20 點半到 21 點半。光線來了以後，我就盡最大的努力在我那本《聖經》的空白頁上寫起來，譴責我理智的支配者缺乏生活下去的耐心。理性以自己的不幸遭遇為理由對肉體做了回答，肉體則告訴它終有時來運轉的時候。我寫的這段對話大意如下：

肉體中的本韋努托

受苦受難的靈魂，

如此厭世太殘忍！

精神

如果上天與你作對，

誰幫我們？誰救我們？

咱們一道去來世銷魂！

本韋努托

不，請稍等一陣！

上天給了一個希望，

你會活得更加開心！

精神

那我就再等一陣，

　　但願你蒙受天恩，

　　不再有災難降臨！

　　寫完以後，我又來了精神。我振作起來繼續讀《聖經》，我的眼睛已經適應了黑暗，這時我能讀三個小時，而以前只能讀一個半小時。

　　我十分驚訝地品味著神靈對那些質樸無華的人產生的影響力，他們狂熱地相信天主會滿足自己所有的願望。然後我開始指望天主也能幫助我，一是由於他的神力和仁慈，二是由於我自己的清白無辜。我每時每刻都在思慕他老人家，有時是在祈禱中，有時是在與他的交流中。我對天主的思念產生出一股強大的暖流湧進我的心房，我再也不想受的苦難了，而是整天唱著聖歌和很多其他的讚美天主的歌曲。

　　不過還有一件令我特別煩惱的事，那就是我的指甲長得格外長，一碰到身體就會造成創傷。我一穿衣服，指甲不是往裡窩就是往外窩，令我十分痛苦。另外，我的牙齒也開始變壞。我發現這一現象是因為壞牙被好牙擠出來了，牙床逐漸穿孔，牙根從牙床上面穿透出來。我一旦發現就拔出來一顆，好像從鞘裡拔劍一樣，既不疼，也不流血。就這樣，我掉了很多牙。不過這些新的煩惱我也逐漸地習以為常了。我有時唱歌，有時祈禱，有時用我上面講過的磚粉糊糊寫字。

　　這時，我開始創作一首三行連環押韻詩來讚美我的牢房，裡面講述了我經歷的所有事件。這首詩我打算把它插在本書適當的地方。

120

好心的堡主經常派人來偷偷地監視我的動靜。7 月的最後一天，我想起了羅馬人在 8 月 1 日舉行的節慶活動，於是就一個人在那裡樂起來。我自言自語道：「前些年，我與有歡樂也有閃失的世人一起過節，今年我就要與天主一起過了。啊，這樣我比以前要痛快得太多了！」來監視的人把我說的話報告給了堡主。他極為惱火，喊道：「啊，天主！那個傢伙在大難之中活得愜瀟灑痛快，而我掉在福窩裡還缺東少西，眼看著非栽死在他身上不可！快去把他扔到那個最深的地牢裡，就是那個煽風點火的福亞諾[1] 餓死的地方。也許到了那個污濁的地方以後，他就會夾住尾巴了。」

有一次，山德里諾‧莫納爾迪長官帶著大約二十個堡主的僕人進來了。他們發現我跪在地上，他們進來以後我連身子也沒轉動一下，繼續跪在那裡祈禱，面前的牆上是我用撿到的一小塊落滿塵土的木炭畫的一幅畫，畫的是被天使包圍起來的聖父和從墳墓中復活的基督。那時，我摔斷腿躺在床上已經有四個月了，我經常夢見天使來照顧我，結果到了四個月頭上，我的腿恢復得完好如初，好像從來沒有斷過一樣。這時，那些傢伙進來了，個個穿甲戴盔，見了我嚇得好像見了一條噴毒的惡龍一樣。那個長官這樣說道：「你要知道，我們在這裡有那麼多人。我們進來時聲震屋瓦，可你連身子也不動一下。」我一聽這話，就知道更大的災難就要降臨到我頭上了。但司空見慣的災禍已經使我變得麻木了，我對他們說：「我的心靈、我的思維、我生命的全部活力都獻給了支援我的主和在天國裡的聖父；至於你們，我已經給了真正屬於你們的東西。我的好東西你們沒有資格去看，摸也不能摸。你們要作啥惡就隨便吧。」長官有點吃驚，他不知道我要幹啥，就對四個個子最高的傢伙說：「把武器都放到

---

1. 福亞諾因鼓吹反對麥地奇集團而激怒教皇克萊門特七世，1530年被押送到聖天使城堡的一個惡臭地牢裡，以每天減少其飲食和飲水的辦法將其折磨致死。—英譯注

一邊。」武器放下後他又說：「馬上過去把他抓住。你們以為他是魔鬼，我們恁多人還怕他嗎？把他抓緊，不要讓他脫逃。」他們非常粗野地用力抓住我，我把事情想像得比後來發生的要嚴重得多，於是就抬起頭對基督說：「啊，公正的主，您在那高高的十字架上還清了我們的債，那麼為啥我恁清白還要為我連姓名都不知道的人去還債呢？不過我還是會服從您的旨意。」

這個時後，那些人舉著一個大火把將我抬走了，我以為他們要把我扔進薩馬博地坑裡去。這是人們給一個很可怕的地方起的名字，它活活吞沒了很多人，人被扔進去以後就掉進城堡地基的一個深坑底部。可這事沒有輪到我

頭上，所以，當他們把我放在我前面提到的那個餓死修士福亞諾的可怕的地牢時，我還以為自己撿了個便宜。他們把我扔在那裡以後，就沒有再傷害我。

只剩下我一個人了，我開始唱 De profundis clamavi、 Miserere和 Inte Domine speravi[1]。 8 月 1 日一整天我都與天主在一起過節，心中充滿希望和信念，感到十分愉快。第二天，他們把我

切里尼在監獄裡看到的幻象
By Salvador Dalí

1. 均為基督教的聖歌。第一首「靈魂深處的呼喊」的歌詞來自《聖經·詩篇》的第一百三十篇，第二首「米澤里厄里」來自第五十篇，第三首「主啊，我對你抱有希望」出自聖安布羅斯和聖奧古斯丁合寫的一首讚美天主的詩。

從那個魔窟裡拉出來，又送回到我畫天主像的那個牢房。回去後，我一看到那些像就感到無比親切和快活，結果我大哭了一場。

從那以後，堡主每天都派人來探聽我的動靜。教皇聽說整個經過以後（我還要補充一句，醫生已經對堡主的康復不再抱任何希望）這樣說道：「堡主死亡前我要讓他處死本韋努托，隨便用什麼方式都可以，他是因本韋努托而死的，所以這個大好人不能不報仇就死。」堡主從皮耶爾‧路易吉公爵嘴裡聽到這話以後回答說：「這麼說，教皇把本韋努托交給我是想讓我找他報仇？你就不要再管這件事了，我自己會處理的。」如果說教皇是對我有惡意的話，那麼堡主這時就變得歹毒到了極點。

就在這時，那個促使我打消自殺念頭的看不見的精靈又來了，它還是那樣無形無影，但說話非常清晰。他晃了晃我讓我起來，對我說：「哎呀！我的本韋努托，快，快去找天主，還像往常那樣祈禱，要大聲喊，要大聲！」我驚恐萬狀地馬上跪倒在地，大聲背誦了幾段祈禱辭，然後說了一句 Qui habitat in adjutorio[1]。接著我和天主交談了一會兒，轉眼之間還是那個清晰自然的聲音對我說：「歇息去吧，不必再害怕了！」這句話是指堡主下了最殘忍的命令要處死我以後又突然將其撤回，說：「這個本韋努托不就是那個我極為熱心保護的人嗎？我清楚地知道他是無辜的，已經受了極人的冤枉。啊，我要是不寬恕那些極大地傷害了我的人，天主又怎麼會憐憫我，又怎麼會寬恕我的罪過呢？啊，我為啥要傷害一個既受人尊敬又清白無辜的人，一個幫過我的忙、為我爭了光的人呢？得啦！我不但不殺害他，還要讓他活下去，給他自由。我要在遺囑中寫清楚，誰也不准要他償還由於在這裡的花費而欠下的沉重債務。」

這話傳到了教皇耳朵裡，他十分惱火。

---

1. 原文是拉丁語，出自《聖經‧詩篇‧91》，大意是「至高者天主乃義人之護衛」。

121

在此期間，我繼續像往常那樣祈禱，繼續寫我的三行連環押韻詩，每天夜裡我都會做人們所能想像出來的最令人愉快、最令人滿意的夢。我似乎夢見那個終於露出真面目的精靈，他的聲音、他的撫摸在他還沒有顯形的時候我經常能感覺到。我只向他提出了一個要求，這是我最一本正經地強烈要求的，也就是要他把我帶到能看見太陽的地方。我對他說，這是我唯一的願望，哪怕是我只見太陽一次，就是死了也心甘了。在我看來，似乎牢房裡所有的惡劣條件都變得親切可人，沒有一樣東西看起來不順眼。

不過我還要說，堡主手下的鷹犬原來正等著堡主把我吊死在我逃跑的那個城垛上，但後來發現他變了卦，就再也坐不住了。因此，他們一直不停地給我各種可怕的暗示，想讓我對迫在眉睫的死亡感到害怕。但就像我在前面說過的那樣，對這種威脅我早已習以為常，再也沒有任何事情能夠讓我擔驚受怕了。我只有看一看太陽這一大渴望，哪怕是在夢中也好。

所以，我每天花好幾個小時滿懷深情地向基督祈禱時總是這樣說：「啊，天主之子！我以您的誕生、您在十字架上的死亡、您神奇的復活向您祈禱，求您賞光讓我看到太陽，如果別處不行，至少能在夢中一見。如果您能讓我親眼目睹，我願意到您的聖墓那裡去拜見您。」我對天主許這個願、求這個情是在1539年的 10 月 2 日。

第二天早上，也就是 10 月 3 日，天剛麻麻亮我就醒了，大概在太陽出來以前一個小時。我從躺著的那個爛床上爬起來，穿上衣服，因為天已經開始冷了。然後我比以往任何時候都更虔誠地祈禱，強烈地請求基督至少通過神靈的啟示，讓我知道我這麼痛苦贖的是什麼罪；既然神聖的天主認為我即使在夢中也不配見到太陽，就請他告訴我對我懲罰的原因。

122

　　我剛說完這些話，那個不現真形的精靈像一股旋風一樣把我捲到一個大房間裡，到那裡以後他在我面前現出人形，就像一個剛長鬍子的年輕人，長著一副美得難以形容的面孔，但神情嚴肅，並無嬉戲之意。他讓我看了一下整個房間，說：「你在這裡看到的這群人，都是到目前為止在世間出生然後又死去的人。」於是我問他為啥把我帶到這裡來，他回答說：「隨我來，馬上你就會看到。」我手裡拿著一把匕首，身上穿著一副鎧甲。他領著我穿過大廳，用手指點著多得數不清的穿梭來往的人群。他在我前面領著路，走進一個小門，來到一個看起來像一條窄街的地方。

　　就在他領著我離開大廳來到那條街的一瞬間，看！我的武器沒有了，身上穿著一件白襯衫，頭上啥也沒有，走在我同伴的右邊。此情此景令我驚歎不已，因為我認不出這道街。我抬頭往上看，看到燦爛的陽光正照在一堵牆上，看樣子像是一座房子的前牆，就在我的頭上面。我說：「啊，我的朋友！我怎樣才能登高看到太陽？」他指著我右邊巨大的梯子對我說：「你自己從那裡上吧。」我離開了他，背著身子上梯子，逐漸來到陽光照射的範圍之內。我加快了步伐繼續前進，一直像我剛才說的那樣倒著走，終於看到了整個太陽。

　　一開始，強烈的陽光像平常那樣刺得我睜不開眼，但我意識到這樣做錯了，於是就把雙眼睜得大大的，目不轉睛地盯著太陽，感歎道：「啊，我的太陽，我想你想得好苦啊！儘管你的光線會使我失明，但除你之外別的任何東西我都不想再看了！」就這樣，我盯著太陽看了一會兒。

　　片刻之後，我看見熾熱的光線一下子全都跳到太陽的左邊。這樣，沒有光線的太陽就變得清幽柔和，我就可以盡情地玩賞一番了。我感到光線那樣挪走真是件不可思議的事。於是我就想，那天早上天主到底賜給了我什麼德行。我大聲喊道：「啊！您的神力多麼偉大！啊，您的美德多麼榮耀！您賜給我的德行比我期望的要大得多！」在我看來，沒有光線的太陽簡直就是一團最純淨的熔化了的金子。

就在我站在那裡玩味這一奇觀的時候，我發現太陽的中間開始膨脹，膨脹的外表逐漸增大，突然出現了一個十字架上的基督，是由和太陽一樣的物質組成的。他慈眉善目，風度優雅得超過凡人想像的一千倍。我看得神魂顛倒，喊道：「奇跡！奇跡！啊！天主！啊！神聖的仁慈！啊！大慈大悲！今日大駕光臨有何垂示！」

　　我這樣邊看邊喊的時候，基督移到了陽光盤桓的地方，太陽的中間像剛才那樣再一次膨脹起來。膨脹的部位向外擴大，突然變成了最美麗的聖母馬利亞。她看起來居高而坐，懷抱聖嬰，姿態極為迷人，臉上露出微笑。她的兩側各有一個天使，美得遠遠超過人的想像。在太陽的輪廓之內靠右邊的地方，我還看到一個像神父一樣穿著長袍的身影，他背對著我，面朝著聖母和基督。所有這一切我看得真真切切，活靈活現，我喊破了嗓門兒，一再感謝天主的榮耀。

　　這一神奇的幻象在我面前停留的時間幾乎不超過半刻鐘，然後就消失了，我又被帶回那個黑咕隆咚的牢房。

　　我馬上就開始大聲喊叫：「天主屈尊，向我顯現了他全部的榮耀，也許凡人的肉眼還從來沒有看見過。所以我確實知道我是自由的，是幸運的，是蒙受天恩的；而你們這些無賴仍然是無賴，仍然該受詛咒，仍然要受天主的懲罰。你們聽著，我相信在萬聖節那一天，我就出生在1500年的那一天，那是 11 月 1 日，天黑以後四個小時，在就要來到的那一天，你們要被迫把我領出這個暗無天日的牢房。在此之前你們不能這樣做，這是我親眼所見，就在天主的御座上看到的。那個面朝天主背對我的神父就是聖彼得，他在為我辯護，為自己的教會裡有基督徒蒙冤受屈而感到羞恥。你們可以把這話隨便告訴任何人，從今以後世界上再也沒有人能傷害我了。告訴那個把我關在這裡的大人，他要是給我蠟或紙讓我描繪我看到的天主的榮耀，我肯定會使他相信也許他現在還懷疑的東西。」

123

　　醫生認為堡主已經沒有希望治好了，但他仍然神志清醒，每年都要折磨他的古怪念頭已經消失了。他專心致志地關注自己的靈魂，好像受到了良心的譴責，因為他感到我已經蒙受了並正在蒙受著天大的冤枉。教皇從他那裡瞭解到我講述的奇事，對堡主說——就像一個不信天主或沒有任何信仰的人那樣——我瘋了，堡主應該盡力調養身體。堡主得到這個消息後派人來安慰我，給我送來了書寫材料和蠟，另外還有一些做蠟製品的木質工具，又說了很多客氣話。這是他的一個對我友好的僕人對我說的，這個人與那幫想看我吊死的潑皮無賴截然不同。我拿起紙和蠟開始幹了起來。在此期間，我寫了下面這首給堡主的十四行詩：

天主曾把神光向我顯現，

大駕金身降臨塵世凡間；

倘若我能向您證實此事，

您信我要超過帝王之言。

倘若教皇能夠悔悟翻然，

相信天主已將此人赦免，

神靈聖光誰也無力抗拒，

任他逃出寂寞寥落狴犴；

開啟正義之門神聖莊嚴，

野蠻邪惡之徒繩之以法，

悲鳴哀號之聲直衝雲天。

嗚呼！倘若讓我擁有光線，

我就會為天主樹立豐碑，

再不會遭受這大災大難。

124

　　第二天，堡主的那個對我友好的僕人給我送飯，我就把這首寫好的十四行詩交給了他。他沒有告訴其他與我為仇的僕人，直接把詩交給了堡主。當時這個好人本會很痛快地將我釋放的，因為他相信我受的冤枉是他的主要死因。他拿起那首詩讀了不止一遍，感歎道：「這既不是一個瘋子所寫，也不是一個瘋子所想，而是一個精神健全、值得尊敬的人所為。」他立即命令祕書將詩送給教皇，要他親自交到教皇手裡，並請求釋放我。

　　祕書拿著我的詩去找教皇以後，堡主給我送來了燈供我在白天和夜裡照明，另外還送了在那種環境中想要的所有用具。結果我的身體從衰竭的狀態中開始恢復，當時我的身體機能已經降低到非常嚴重的程度。

　　教皇把我的詩讀了好幾遍。然後他向堡主傳話說，他馬上就做他想做的事。當然，教皇當時並不是不願意釋放我，而是他兒子皮耶爾·路易吉閣下好像與教皇為敵一樣，硬把我關在那裡。

　　堡主已經離死不遠了。正當我忙著繪製和塑造我看到的奇跡時，堡主在萬聖節的上午派他侄子皮耶羅·烏戈利尼拿來一些寶石讓我看。我一看就驚歎道：「這是釋放我的信號！」可是這個智力並不太高的年輕人說：「不要那樣想，本韋努托！」我接著回答說：「把你的寶石拿走吧，就這樣對待我，我哪有光線看清東西？就憑這個黑窟窿裡的光線，根本就不能檢驗寶石的品質。要說把我放出這個牢房，今天過不完你就要帶我出去，事實將會如此而且必定如此，你是擋不住的。」那個人走了，把我鎖在裡面。

但他走了兩個小時以後又回來了，這一次沒有帶武士，只帶了幾個小夥子攙扶我走。就這樣他把我領到我原來居住過的寬敞的房間裡（那是在1538年），在那裡我得到了要求的一切方便設施。

125

幾天以後，堡主確信我已經自由了，就因病撒手歸西。他兄弟安東尼奧·烏戈利尼先生接替了他的職位，他曾告訴已故的堡主說我已被正式釋放了。據我瞭解，這個安東尼奧先生受教皇的委託先讓我住進那間寬敞的牢房，直到他決定如何處置我為止。

我前面提到的那個佈雷夏的杜蘭特先生雇了一個士兵（原來是普拉托的藥商）在我的食物裡下毒[1]。這種毒見效很慢，四五個月以後才能產生作用。他們決定將搗碎的鑽石混進我的食物之中。鑽石根本就不是正兒八經的毒品，但它與普通的石頭不一樣，它那無與倫比的硬度使它能夠保持非常尖銳的棱角。要是把別的石頭搗碎，鋒利的棱邊就會消失，其碎塊就變得圓禿禿的，只有鑽石能保持其銳利的特性。所以，如果鑽石和食物一起進入胃裡，消化所需要的蠕動就使它接觸胃膜和腸膜，這樣它就扎在上面，然後剛吃進去的食物的運動又迫使它越扎越深，過了一段時間就會把腸胃扎透，最終會導致死亡。任何其他和食物混在一起的石頭或玻璃都沒有依附能力，而是和食物一起往前移動。

當時，杜蘭特先生把一顆沒有多大價值的鑽石交給了一個衛兵，據說一個阿雷佐的金匠廖內[2]受命把它搗碎，這個人是我的死對頭。正好他很窮，那顆鑽石價值大約一百多克朗。他對衛兵說，還給他的粉末就是那顆磨碎了

---

1. 關於杜蘭特先生請參見第 91 章。關於普拉托的藥商請參見第 108 章。—英譯注

2. 廖內（？—1590），著名雕刻家和徽章製作者，1538—1540 年間在鑄幣局任職。—英譯注

的鑽石。那天早上我吃飯的時候，他們已經把它混到了我的食物裡面。那是個星期五，我吃的是沙拉、沙司和菜肉濃湯。那天早上我吃得很多，因為前一天晚上我齋戒了，那天又是個節日。當然，我覺得吃的東西硌牙，但我沒有想到是這種惡作劇。

　　吃完以後，盤子上留下一些碎沙拉，其中有一些閃閃發光的微粒引起了我的注意。我把這些東西收集起來拿到窗前，一片亮光從那裡透到屋裡。我仔細看著那些微粒，心裡想，那天早上吃的食物比平時硌牙硌得厲害。我憑感官嚴格地鑒別那些東西，我的視覺斷定那肯定是碾碎的鑽石碎塊。於是我認為自己必死無疑，悲痛之中我用一顆虔誠的心進行祈禱。我打消了疑問，心想這回註定要完了。我滿懷激情地向天主禱告了整整一個小時，感謝他如此仁慈地讓我死去。既然司命星判定讓我去死，我覺得這樣輕易地了結也還不錯。我就這樣認命了，我為這個世界和我度過的全部歲月祝福。現在我就要來到一個更好的王國感受天主的恩典，而且我已經肯定地得到了它。

　　就這樣，我站在那裡思來想去，手裡拿著一些自認為是鑽石微粒的東西，對它的真實性深信不疑。但人心中的希望是永不破滅的，所以我感到好像有一線莫名其妙的期望在吸引著我。於是我拿起一把小刀和一些微粒，把微粒放在牢房裡的一根鐵棍上。我把刀尖對準一個碎石塊緩緩用力碾壓，感到它碎裂了。我又用眼仔細看了一下，發現的確如此。我心中馬上又充滿了新的希望，我呼喊道：「這不是真正能害我的東西，杜蘭特先生，而是一塊蹩腳的軟石頭，它對我一點危害也沒有！」在此之前，我曾想不聲不響、安靜地死去，這時我又打起了別的主意。我首先感謝了天主和貧窮，儘管貧窮經常置人於死地，但這一次它確確實實救了我的命。我想事情是這樣的：我的仇人杜蘭特先生，或者隨便哪一個人，把一顆價值一百多克朗的鑽石交給了廖內要他碾碎。貧窮使他把鑽石留了下來，而把一顆價值兩個卡爾林的綠玉碾碎了。也許他以為那也是石頭，能達到和鑽石同樣的效果。

126

這時，聖塞孔多伯爵的兄弟帕維亞主教，人稱帕爾馬的德·羅西閣下[1]，正好由於帕維亞的一些麻煩事被監禁在城堡裡。我知道他是我的朋友，就把頭伸出牢房的洞口大聲喊他，嚷嚷著那些賊給我吃了一顆碾碎的鑽石想殺死我。我還把保存的一些碎塊托他的一個僕人拿給他看。我沒有透露我發現那不是鑽石，而是對他說，那個大好人堡主死了以後，他們肯定給我下了毒。我求他在我來日無多的餘生之中，每天從他自己的補給品裡分給我一條麵包，我已決定不吃那些人送來的任何東西。對這一請求，他回答說他願意給我提供食物。

安東尼奧先生對殺害我的這一陰謀當然一無所知，他大喊大叫，一定要看看碾碎的鑽石，他也相信那就是鑽石。但他琢磨著這件事可能是教皇在幕後策劃的，於是過問一番之後就不痛不癢地放到一邊了。

從那以後，我吃著主教送給我的食物，繼續寫那首關於鐵窗生涯的三行連環押韻詩，每天都插進我新的經歷，一椿椿、一件件，無所不包。但安東尼奧先生也派人給我送飯，送的人是普拉托的喬瓦尼，也就是我前面提到的那個藥商，當時他是城堡裡的士兵。他是我的死敵，在我飯裡下碎鑽石的就是他。所以我對他說，他拿給我的東西我一概不吃，除非他當著我的面親口嘗一嘗。他回答說，教皇才有人替他們嘗飯。我說：「貴族一定要為教皇嘗飯。同樣，你這個當兵的、賣藥的、普拉托的農夫，一定要為一個像我這樣有地位的佛羅倫斯人嘗飯。」他惡言惡語地頂撞我，我也寸步不讓地反唇相譏。

這時，安東尼奧先生對他自己的所作所為感到羞愧，同時他還想讓我償還那個可憐的已故的堡主為我豁免的費用。於是他就又找一個僕人為我送飯，這個人對我很友好。這樣就有人很體面地為我嘗飯了，再也不用拌嘴了。這個僕

---

1. 當時一位二流的詩人和歷史學家。—英譯注

人對我說，教皇這時每天都遭到莫盧克閣下的糾纏，他一再要求代表法蘭西國王把我引渡回去。教皇卻沒有把我交出來的意思，我原來的朋友和保護人樞機主教法爾內塞[1] 也宣稱，在一段時間之內我不要指望出獄。我回答說我會出去的，誰也阻止不住。這個好心的年輕人讓我不要聲張，以免隔牆有耳，他們要是知道了會對我下毒手的；既然我堅信天主，就應該等待他的寬恕，同時保持沉默。我回答說，天主的力量和仁慈是不會害怕邪惡的。

127

幾天以後，費拉拉樞機主教來到羅馬。他去拜見教皇，教皇把他留到吃晚飯的時間。教皇是個很會來事兒的人，他想自由自在地和樞機主教談一談法蘭西的政治。眾所周知，人們聚在一起吃飯的時候，會說出在其他場合絕口不提的事情來。這一次就是這樣。偉大的國王弗朗索瓦辦任何事情都極為爽快俐落，樞機主教早就摸透了他這個脾氣。於是樞機主教就拼命地給教皇敬酒，大膽得完全出乎他的意料。這使得教皇陛下進入了高度興奮狀態，尤其是他還習慣於每星期都開懷暢飲一次，酒後必定嘔吐，所以這次興奮就更不比尋常。樞機主教一看到了火候上，就按照國王的要求請求放我，他催得很緊，顯示出國王陛下非常關注這件事。教皇聽了放聲大笑。他感到就要嘔吐了，他過量喝進去的酒正在發揮作用，於是就說：「此時此地你就可以把他帶到你家。」他當場就下了命令，然後起身離席。樞機主教在皮耶爾·路易吉閣下聽到風聲之前馬上派人找我，因為這位閣下肯定不允許把我從監獄裡放出來。

教皇派的人和樞機主教手下的兩個侍從一起來了，夜裡 4 點鐘過後他們就把我領出了監獄，然後帶到了樞機主教面前，他接待我的熱情實在難以形容。我的住宿安排得很好，在這裡我可以盡情地享受一番。

1.　指樞機主教亞歷山大，皮耶爾·路易吉·法爾內塞的兒子。—英譯注

老堡主的兄弟及其職位的繼承人安東尼奧先生一定要我交納伙食費，還要交納行政司法官之流索要的其他費用，根本不管他的前任在遺囑中為我說的話。費用的總數達百十克朗，但我還是付了這筆錢，因為樞機主教對我說，我要想活命就要處處當心，又說那天晚上他要是不把我從監獄裡弄出來，我就再也出不來了。確實，他已經聽說教皇對放走我感到非常後悔。

128

我必須往後退一步，這樣才能和我在三行連環押韻詩中所描寫的一些事件接上碴兒。我在樞機主教家以及後來在教皇的私人庭園裡居住的那些日子裡，來拜訪我的朋友之中有一位是賓多·阿爾托維蒂先生的出納員，名叫貝爾納多·加盧齊。我曾經委託他保管一筆幾百克朗的錢。這個年輕人到教皇的庭園中找著我，對我說，他想把這筆錢全部還給我。我回答說，我不知道把它放到哪裡，既找不到一個更親密的朋友，也找不到一個更安全的地方。他對保管這筆錢表現出了最為強烈的反感，而我可以說是不得不強迫他保管。現在我最後一次離開城堡，發現那個可憐的貝爾納多·加盧齊破產了，所以我的那筆錢也就石沉大海。

我還在那個地牢裡關押的時候曾做過一個噩夢，夢見有人用筆在我的額上寫下一些至關重要的字，那個寫字的精靈叫我守口如瓶，對誰也不要說出這些字，這話他至少重複了三遍。我醒來以後，感到額頭被擺弄過。在我描寫監獄生活的三行連環押韻詩中，我講了很多諸如此類的事。其中有這麼一件事，我被告知（當時我並不知道自己的預言是怎麼回事）皮耶爾·路易吉閣下要出什麼什麼事，後來這些事都一一應驗。對我說話者說得是那麼清楚、那麼詳細，我相信那是下凡的天使。

我也不會漏講另一件事，這也許是世人所經歷的最蹊蹺的事。我這樣做是想證明天主及其神祕的力量千真萬確，他老人家賞臉給我這一恩惠，因為

自從我那次離奇的夢幻到現在，我頭上一直有一個光環（說起來真是不可思議）。我把它指給我相中的每一個人，他們都能看見，但這樣的人很少。早上從太陽升起以後的兩個小時之內，可以在我的影子上面看到這個光環，要是草上掛滿露水珠效果會更好。晚上日落時分也能看到。我是在法國的巴黎發現這一現象的，那個地方的霧靄要比義大利少得多，所以光環在那裡顯現得要比在這裡清楚得多，我們這裡的霧太多了。但我一直能看到並能讓別人看，不過效果不如在我剛才提到的那個國家。

現在我就拿出來我在獄中寫的那首三行連環押韻詩[1]，讚頌的就是那座監獄。然後我就按照時間的先後講述我經歷的酸甜苦辣。我還打算講一講將來發生的事。

謹以此詩獻給盧卡·馬丁尼

任何人想知道天主神威，

怎樣才能做到操履高雅，

我認為要嘗嘗鐵窗風味：

追懷起傷心事再想想家，

筋不伸骨不展渾身酸疼，

從這裡望故鄉遠在天涯。

1. 這種詩體在切里尼的時代非常流行，內容以諷刺為主，形式為每節的一、三行押韻，第二行與下一節的一、三行押韻，最後一節為四行，一、三行押韻，二、四行押韻。切里尼的這首詩正如他自己所説，是在聖天使城堡的地牢裡陸續寫出一些片斷，然後再連綴成篇的。但他這一連綴敷衍的手段並不太高明，我吃了很多苦頭才得以保留原作的大意。一英譯注

倘若是你想要一舉成名，
想辦法入獄來莫問緣由，
孤零零無朋友哭訴衷情。

遇強盜奪得你一無所有，
性命又受威脅求助無門，
又野蠻又強悍冤家對頭。

到頭來被逼得忍無可忍，
出牢獄越過那城堡高牆，
二進宮比上次倒楣萬分。

盧卡啊你聽我細說端詳，
腿折斷被收買又被出賣，
地牢裡濕淋淋身無大氅。

沒有人說句話溫暖心懷，
普拉托一小人送黑心飯，
他現在是個兵曾把藥賣。

你看那明目人天日不見，
找不到地方坐除非馬桶，
人之初無不是生機盎然。

獄卒惡出口狂態度生硬，
你說話他對你不睬不理，
按獄規絕不會輕易開門。

造物主為人類備有工具！
沒有紙筆墨火亦無鋼鐵，
又怎能記錄下如泉文思。

真可惜很多苦我不能寫，
有一樁就把它算作一百，
為描繪獄中福留足篇頁。

但現在把這些統統拋開，
先誠心去讚美那間地牢，
這等事君子卻做不出來。

在這裡老實人莫要煩惱，
除非你遭受到貪官矇騙，
惹無賴發脾氣妒火中燒。

我決心一定要陳述真言，
在這裡識天主祈禱不停，
精神上受折磨心煩意亂。

任一個普通人平庸無能，
送他到監獄去兩年苦度，
定能夠變聖潔可愛聰明。

靈肉衣都要把雜質剔除，
大塊頭減肥後輕如薄紗，
天堂裡寶座在眼前飄忽。
朋友啊注意聽我有佳話，
有一天我忽然想要寫字，
記下來所經歷一切變化。

瞪大眼在牢房找來找去，

然後又轉過身來到門邊，
用牙齒咬下來一根木刺。

從地上又找到一塊爛磚，
掰下來一小片碾成粉末，
灑上水調和成糊糊一團。

緊接著詩意來風風火火，
好像是沿食道進入體內，
肚子裡無麵包空空落落。

還是再接上原來的話題：
若有人想知道什麼是福，
就讓他先品嘗什麼是罪。

監獄裡充滿了各種藝術，
如果你想學習外科知識，
就能從血管把壞血放出。

除此外藝林中還有一枝，

能使你善表達勇猛果敢，
在任何情況下胸懷壯志。

有福人住地牢昏黑陰暗，
受熬煎有數月然後逃跑，
知戰爭與和平能掐會算。

一切事皆順利如果需要，
蹲監獄已使他足智多謀，
任何事也不能使他煩躁。

你也許會說：「往事實堪憂，
監獄哪能使你見多識廣，
讓你感到渾身都是勁頭！」

不對，我會永遠把它讚揚，
我還想使一項法律通過：
該入獄莫錯過大好時光。

任何人將一苦命人拿獲，

我會讓他牢記監獄之訓，
從此後他就會領軍治國。

他做事就知道掌握分寸，
再不敢瞎胡鬧是非不辨，
絕紛爭保太平有條不紊。

當我在監獄中關押期間，
經常見神父修士和士兵，
該關者卻從來難得一見。

看監獄對無賴如此放縱，
你可知我能有多麼氣憤，
哭一聲如之何這就是命！

如此而已。我已變成黃金，
金貴得沒有人將其拋棄，
可以做人世間最佳作品。

我還有一件事忽然想起，

盧卡啊我從未向你透露，
我把字都寫在一本書裡。

我就在書頁邊空白之處，
記錄下經歷的腥風血雨，
磚糊糊實難以跟上思路。

寫個「O」小木片要蘸三次。
災難大也難以毀滅幽靈，
它不能進天堂只在地獄。

我不是第一個蒙冤受屈，
因此上這件事就不再談，
還看我受難的那黑窟窿。

我對它比別人更加稱讚，
如果你對於它並不知曉，
我敢說沒有它無人肯幹。

我聽說有一人恰似基督，

他在畢士大塘邊對我說：

本韋努托拿起床褥快走！[1]

我唱信經歌女王塗藥膏。

還有主禱文我再去佈施，

一日復一日給予病殘者。

多少次想百合面無人色，

難道我從此後談花色變，

再不去佛羅倫斯和法國。[2]

假如我來到一家教養院，

看見天使報喜圖我就逃，[3]

否則我就變得野獸一般。

---

1. 典出《聖經·約翰福音》。畢士大水塘之水有治病的奇效，很多人都來這裡治病。一個癱瘓者無法入水，基督就來到他身邊，命令他拿起床褥走回家去，果然他就能站起來走

2. 百合花是法爾內塞家族的盾徽圖案，也是佛羅倫斯的「市花」和法國的國花。—英譯注

3. 「天使報喜」典出《聖經·路加福音》。天使加百利告知童貞女馬利亞：「你將受胎懷有兒子，你要給他取名耶穌。」這時耶穌肉身開始形成。後來在西方的繪畫中，這一典故常被表現為加百利手拿百合花跪在聖母面前。所以這句詩是說他看見了天使報喜圖上的百合花後感到非常害怕。

這樣說並不是不敬神道，

也不是褻瀆那聖潔百合，

其光輝照大地直上雲霄！

而是說我發現每個角落，

都有那野百合肆意滋蔓，[1]

我必須細提防以免惹禍。

多少人遭不幸如我一般！

為那個可恨的標誌賣命！

一個個多可愛美若天仙！

我看那惡盾徽急劇凋零，

虛榮者將對它不屑一顧，

又看到石頭上放出光明。

我出獄前城堡之鐘必破，

天主在天國中金口玉言，

這件事他說得極為清楚。[2]

1. 此句是說他發現義大利到處都有法爾內塞家族的盾徽。—英譯注
2. 指他預見到堡主之死。—英譯注

我又見一棺材顏色暗淡，

飾以碎百合、十字架和淚，

床上躺的傢伙已經遇難。[1]

我看見死之神令人生畏，

吼叫著對人們——嚇唬：

「要剪除用剪刀害你之輩！」

有人在我額上秉筆直書，[2]

他三次囑咐我守口如瓶，

寫的字我一直銘心刻骨。

我見有人駕馭炎炎紅鏡，[3]

天國之上身披華光萬道，

肉眼凡胎誰人有我榮幸。[4]

有一麻雀在塔樓上高叫，

聽其音我便知其中玄機：

「它說我將活著你要死掉！」

我唱歌我寫作頁複一頁，

求天主寬恕我援手相助，

1. 指他預見到皮耶爾‧路易吉‧法爾內塞被謀殺。—英譯注

2. 指到獄中看他的那個天使。—英譯注

3. 「炎炎紅鏡」指太陽。唐朝詩人李賀有「炎炎紅鏡東方開」的詩句。

4. 指他在地牢中看見太陽。—英譯注

我感到兩隻眼精疲力竭。

獅虎狼熊都是貪婪之物，
怎能比上人類嗜血成性，
就連毒蛇也要相形見絀。[1]

他就是強盜之罪惡首領，
在一幫無賴中數他最賴，
噓！小聲點以免被人偷聽！

你可曾看見過一群捕快，
在一個窮人家搜捕饑民，
將基督和聖母用棍打壞。

八月一日來了一大幫人，
將我帶到更惡臭的冷窟，
「十一月惡棍們都要捎運！」

一喇叭對我言字字璣珠，
我重複每一字潦草虛應，
只希望解除我萬般痛苦

眼看著百條計均不成功，
給我一破鑽石碾成碎面，

1. 對皮耶爾‧路易吉‧法爾內塞的痛罵。─英譯注

以為我吃下去必定斃命。

有一個鄉巴佬給我送飯，
我讓他先品嘗但心裡想：
「在這裡不找杜蘭特麻煩！」

我仍然抬頭把天主遙望，
乞求他寬恕我所有罪孽，
念句米澤里厄里多悲傷。[1]

暫時從痛苦中得到緩解，
我又把靈魂也交給基督，
到將來定能達美好境界。

聖徒們走過的一條大路，
有天使從天降手拿棕櫚，[2]
他說道：「預祝你天保九如！

天主已聽見你詠唱聖詩，
因此上仇敵們都要滅亡，
而你卻自逍遙樂業安居，
有天主保佑你一生永康！」

1. 「米澤里厄里」為拉丁語，《聖經·詩篇·50》的第一句。
2. 棕櫚葉在西方是勝利的象徵。

卷・二一

卷・二

1

我在費拉拉樞機主教家裡住了一段時間，各方人士都對我十分尊重，來看望我的人甚至比以前還要多。大家對於我能夠出獄，能夠熬過難以描述的苦難都感到驚訝不已。[1] 在我恢復身體並試圖重拾我的手藝期間，我也以很大的興趣重寫我的三行連環押韻詩。然後為了康復，我又決定外出旅行幾天轉換一下環境。我的好朋友樞機主教答應了，他還借給我幾匹馬，和兩個年輕的羅馬人給我做伴，一個是我的同行藝人，另一個僅僅和我們同路而行。

我們離開羅馬朝塔利亞科佐走去，打算探望住在那裡的學生阿斯卡尼奧。到了那裡以後找到了那個小夥子，另外還有他父親、兄弟、姐妹和繼母。他們款待了我兩天，其盛情雅意實在難以形容，然後我帶上阿斯卡尼奧一起回羅馬。一路上我們相互切磋藝術，這使我恨不得馬上回去重新開始幹活兒。

到羅馬以後，我馬上就準備動手幹，正好又找到我入獄前就開始為樞機主教製做的那個銀碗。當時和這個碗一起開始做的還有一把非常漂亮的壺，但壺被偷走了，另外還有很多貴重物品。我讓前面提到的帕戈洛做那個碗，同時我又做一把壺，設計的有圓雕人像和淺浮雕。碗的製作與其相似，有圓雕人像和淺浮雕的魚。整個作品富麗堂皇、和諧完美，每一個見到它的人都對其富有魄力的設計、優美的創意以及精工製作歎為觀止。

樞機主教每天至少來看我兩次，同時還帶來路易吉·阿拉曼尼先生和加布

---

1. 這一說法被卡羅和阿拉曼尼的信件所證實。－英譯注

里埃爾・切薩諾先生[1]，我們常常在一起愉快地度過一兩個小時。儘管我的活兒很多，他還是不斷給我找活兒幹。其中有一枚他的主教圖章，有 12 歲男孩的手那麼大。我在上面用凹雕的方法刻了兩個小故事，一個是聖約翰在荒野裡講道，另一個是聖安布羅斯騎著馬手拿鞭子驅趕阿里烏的信徒。[2] 這枚圖章的設計既生動又恰當，製作工藝也十分精湛，人人見了都說我超過了偉大的勞蒂齊奧，他在這一行當中超群絕倫。樞機主教對它非常自豪，常常自鳴得意地拿它和羅馬其他樞機主教的圖章相比較，那些圖章幾乎全部出自勞蒂齊奧之手。

2

　　除了這些工作之外，樞機主教又讓我做一個鹽盒模型，他想讓我不落窠臼而另闢蹊徑。路易吉先生對這個鹽盒大發了一番自己的高見，加布里埃爾・切薩諾先生的一番闊論也是不同凡響。樞機主教在一旁洗耳恭聽，對這兩位優秀的文學家用語言描述的設計方案感到極為滿意。他轉身對我說：「我的本韋努托，路易吉先生以及加布里埃爾先生的設計方案都讓我滿意，我簡直不知該選擇哪一個，所以我把選擇權留給你，因為你是製作者。」我這樣回答：「很明顯，我的大人，國王與皇帝的兒子是何等重要，他們看上去又是何等的天稟聰穎。不過，你要是問一個貧賤的牧羊人是最愛那些王子還是最愛他自己的兒子，他肯定會告訴你他最愛自己的兒子。而我也同樣愛我自己製作的藝術品。所以，尊敬的閣下，我善良的主人，我首先拿給您看的將是我自己的製作和創造。很多東西說起來很漂亮，可要是讓藝術家做起來就不是那麼回事了。」然後我又對兩位學者說：「你們說完了，我要做了。」路易吉・阿拉曼尼先生笑了，他又以最具魅力的風度說出連珠似的妙

---

1. 切薩諾是當時文學圈子裡的知名人士。—英譯注
2. 聖約翰是耶穌的十二使徒之一。聖安布羅斯是 4 世紀時米蘭的主教，堅定的護教者。阿里烏是較早時的基督教神學家，其學説被定為異端。

語誇獎了我。這些話在他說來十分得體，因為他的面容和身材長得很漂亮，說話的聲音也溫柔動聽。加布里埃爾先生則恰恰相反，長得十分醜陋，看起來很不順眼，因此說起話來也讓人感覺非常難受。

　　路易吉先生建議我設計一個維納斯和丘比特在一起的畫面，四周環繞著很多漂亮的寓意畫，全都和主題協調一致。加布里埃爾先生則建議我塑造一個海神尼普頓之妻安菲特律特，另外還有海神的侍從以及諸多想像出來的東西。這些東西說起來很好，但用金屬做起來就不行了。

　　我先設計一個橢圓形的框架，遠長於半肘尺——事實上有將近 2/3 肘尺。我想表現大地和海洋渾然一體的景象，就在這個底子上塑造了兩個人物，比手掌要高得多，四腿交錯著坐在那裡，象徵著大海較長的分支深入到大陸裡面。

大海是個男人，我在他手裡放了一艘船，其各個細枝末節都精工製作，精心設計的可以盛很多鹽。在他下面我安排了四匹海馬，他右手拿著三叉戟。我把大地設計成一個女神，在工藝允許的情況下盡可能做得優美雅致、楚楚動人。她有一個裝飾精美的神殿，它的一面牢牢地坐落在底子上，她一隻手就放在那個地方。我打算用它盛胡椒。我在她另一隻手中放了一個象徵豐饒的羊角，上

密涅瓦
Minerva
1545 ~ 1543
Bronze, height 89 cm
Museo Nazionale del Bargello, Florence

切里尼頭上的光環
By Salvador Dalí

面裝滿了我能想像出的所有天然珍
品。在女神下面，我在象徵大地的
地方彙集了生長在地球上最漂亮的
動物。在海神控制的地方，我設計
了一些精選出來，能夠在那麼小的
空間裡適當表現的魚和甲殼動物。
在橢圓體其餘的地方，我則填滿了
豪華的裝飾物。

　　然後我就等著樞機主教。他在那兩位有才華的紳士陪同下來到我這裡之
後，我拿出了用蠟製作的模型。加布里埃爾‧切薩諾先生一看就第一個抬高
了嗓門兒大叫起來：「這件作品要十個人做一輩子才能完成。尊敬的閣下，
你要是決定做它，就不要指望在你的有生之年完成它。本韋努托好像是要展
現他幻想的產物，但又讓人摸不著，就像我們談到做不成的事情那樣，他拿
出來的這個東西完全是異想天開。」阿拉曼尼先生站在我一邊。而樞機主教
說，他不想做如此貴重的東西。我對他們說：「尊敬的閣下，還有你們二位
博學的先生，我告訴你們，我要為那位命中註定要得到它的人做好這件工
作。你們每個人都能活著看到它完成，而且要勝過模型一百倍。實際上我希

望能有時間製作比這個重要得多的藝術品。」樞機主教火氣十足地回答說：「除非你為國王做，我正打算帶你去見他，我不相信你還會為另一個活著的人做這件事。」然後他把國王的信拿給我看，國王在一個信頭下面囑咐他要帶著本韋努托儘快趕回去。

看到這一消息，我把雙手舉向空中喊道：「噢！啥時候？很快嗎？」樞機主教要我趕快準備，把我在羅馬的事情安排一下。他給了我十天的時間。

<big>3</big>

出發的時間到了，他給了我一匹寶馬良駒。它名叫托爾農，因為它是樞機主教托爾農[1]所贈送。我的徒弟帕戈洛和阿斯卡尼奧也得到了稱心的坐騎。

樞機主教把他的一家人分為兩部分。比較高貴的那一部分由他本人帶領取道羅馬涅，目的是拜訪德爾‧洛雷托夫人，然後再去他自己的家費拉拉。另一部分他吩咐取道佛羅倫斯。這一部分人較多，整個隊伍浩浩蕩蕩，其中包括他的良馬。他對我說，我要是想一路順風的話，最好跟他一塊兒走，否則我會有某種程度的生命危險。我向他表示願意跟著他。

但天主的意志是不能違背的。我那樣說了之後，天主又讓我想起了我那可憐的妹妹，她聽到我的不幸消息以後極為痛苦。我還想起了我的表姐妹，她們是維泰爾博的修女，一個是修道院院長，另一個是司務長，所以她們控制著那座富裕的修道院。她們也為我忍受了巨大的痛苦。我堅信，天主能開恩釋放我要歸功於她們熱切的祈禱。於是，想起這些以後，我就決定走佛羅倫斯這條路線。我要是和樞機主教或另一夥人一起走的話不用花自己的錢，但我還是決定自己走。最後我和一個名叫凱魯比諾師父的著名鐘錶匠結伴而行，他是我尊敬的朋友。我們是碰巧走到一起的，一路上兩個人都很愉快。

1.　即著名的弗朗索瓦‧德‧托爾農，1530年任樞機主教，法國國王弗朗索瓦一世手下的大臣。－英譯注

我在復活節前那個星期的星期一[1] 和帕戈洛、阿斯卡尼奧一起離開了羅馬。在羅西山，我們搭上了前面提到的那位同伴。由於我表示要跟著樞機主教，沒有料想到會有仇人要傷害我。在羅西山我險遭不幸，一幫全副武裝的傢伙被派來在那個地方害我。按照天主的安排，我們吃飯的時候，那幫傢伙聽說我沒有跟著樞機主教就準備攻擊我。就在此時，樞機主教的一批侍從到了，我高興的在他們護送下安全地向維泰爾博走去。從那之後我就不再擔心有危險了，尤其是我一定要走在前面幾里，侍從之中最棒的一些人對我嚴加守護。托天主的福，我安全到達了維泰爾博，我的表姐妹和整個修道院的人都熱情地接待我。

<h1 style="text-align:center">4</h1>

　　我和前面提到的那些同伴離開維泰爾博之後騎馬繼續趕路，有時走在樞機主教家人的前面，有時走在他們後面。這樣，到了濯足節那天 22 點的時候，離錫耶納還有不到一站的路。那個地方正好有一些等待返回的馬，驛站的人員正等機會，準備以很低的費用將馬租給任何願意將其送回錫耶納驛站的旅行者。我聽說以後就從我的托爾農上下來了，牽過來一匹裝上我的鞍褥和馬鐙，給了驛站的人一個朱利奧。

　　我把自己的馬交給了我的兩個同伴看管，我騎上馬走在他們前面，希望能比他們早半個小時到達錫耶納，我要拜訪一些朋友，另外還有一些事情要辦。我騎得很快，但驛馬並不累。到達錫耶納之後，我在旅店為五個人訂了上好的房間，然後叫店裡的馬夫將馬送回驛站。驛站就在卡莫利亞門的外面，但我忘記將我的馬鐙和鞍褥卸下來了。

1.　那一天是1540年 3 月 22 日。－英譯注

聖星期四的晚上，我們在一起過得很痛快。到了第二天上午，也就是耶穌受難日那天，我想起了我的馬鐙和鞍褥。我派人去取的時候，驛站長回答說他不想歸還，因為我把他的馬騎得太累了。我們交涉了好幾次，他總是說要把東西扣留下來，還說了一些非常難聽的話。我的旅店老闆對我說：「他要是光扣你的馬具算是便宜你了。你要知道，他是我們這裡最野蠻的傢伙，給我們這座城丟盡了臉。他有兩個兒子，都是膽大包天的士兵，甚至比他還要野蠻。所以我勸你去買想要的東西，然後走你的路，這件事就不要再提了。」

我買了一對新馬鐙，但我還是想要回我的好鞍褥。我騎著好馬，穿著護身鎧甲，馬鞍橋上掛著一杆性能優良的火繩槍，所以我並不害怕人們所說的那個瘋狗的野蠻和殘暴。我還讓我的年輕人習慣穿護身鎧甲，對那個羅馬人我也很有信心，據我所知，我們一起在羅馬的時候他從來就沒有脫掉過。阿斯卡尼奧雖然還是個毛頭小夥子，也養成了穿鎧甲的習慣。況且那天是耶穌受難日，我想瘋子的瘋狂勁兒也該收斂一下了。

我們來到了卡莫利亞門，我馬上就根據人們對我描述的特徵認出了那個驛站長：他的左眼瞎了。我騎馬走到他跟前，我的年輕人和夥伴在後面稍遠一點的地方。我十分客氣的對他說：「驛站長，我向您證實沒有騎累您的馬，您為啥不願意還我的鞍褥和馬鐙？」他的回答正像人們事先告訴我的那樣野腔無調、蠻不講理。我氣得大叫起來：「你想幹啥！你不是基督徒嗎？難道你想在耶穌受難日這一天讓我們兩個都出醜嗎？」他回答說，不論是耶穌受難日還是魔鬼受難日對他都無所謂，我要是不滾開，他就要用手裡拿著的一杆短矛將我放倒在地－我和我手裡拿的火繩槍。

一個錫耶納的老人聽到這些充滿火藥味的話以後過來了，他穿戴得像一個市民，剛參加完那天的宗教儀式後回來。看樣子他大老遠就弄清了我們爭吵的意思，所以一上來就站在我那邊狠狠地訓斥驛站長，又罵他的兩個兒子沒有對過往行人盡到責任，他們的行為冒犯了天主，為錫耶納城丟了臉。那

兩個年輕人搖晃著腦袋，一聲不吭地縮到屋裡去了。

他們的父親被這個可敬的先生罵得惱羞成怒，於是就對神明大肆褻瀆一番，端起短矛非要殺我不可。我看他決心要動武，就把火繩槍口對著他，只不過是想讓他離我遠一點。他一看火氣更大了，就向我撲了過來。雖然我準備用火繩槍自衛，但並沒有正好對準他，事實上瞄得太高了。槍走了火，彈丸擊中拱門之後反彈了回來打到他的咽喉，結果他應聲倒地而亡。

兩個年輕人一看跑了出來，一個從立在那裡的架子上拿起一杆戟，另一個撿起他父親的短矛。拿短矛的傢伙向我的幾個夥計沖了過來，先扎在了羅馬人帕戈洛的左乳頭上方，另一個傢伙打了我們之中的一個米蘭人，此人看起來是個傻瓜。他尖叫著說他和我一點關係也沒有，並用他拿的一根小手杖去擋戟尖。但這一點用也沒有，儘管他又是辯解又是抵擋，到頭來嘴上還是被扎了一下。凱魯比諾先生經常一身神父打扮，論職業他是鐘錶匠，可他從教皇那裡得到了收入可觀的神父職位。阿斯卡尼奧一身披掛，所以站在那裡並沒有逃跑的意思，和那個米蘭人不一樣。結果這兩個人沒有受到傷害。我用踢馬刺驅馬向前飛跑起來，同時又往火繩槍裡裝好彈藥準備妥當。我憤怒地轉過身，心想這一次可要動真格了。我認為我的同伴已經被殺，乾脆我和他們一起死算了。

我的馬還沒有跑多少步，就碰見他們騎著馬朝我跑來。我問他們是不是受傷了，阿斯卡尼奧回答說，帕戈洛受了致命傷。我說：「哎呀！帕戈洛，我的孩子，短矛刺透你的鎧甲了嗎？」「沒有，」他回答說，「今天早上我把鎧甲放在旅行袋中了。」「所以我想，一個人在羅馬穿著鎧甲在女士們面前招搖，而到了危險的地方，在需要它的時候卻把它放到旅行袋裡？你活該受傷，而且現在你還非讓我在這裡送命不可。」我一邊說著一邊騎著馬往前跑，兩個年輕人便求我看在天主的分上救救我自己和他們，千萬不要去送死。

就在這時，我遇見凱魯比諾先生和那個受傷的米蘭人。凱魯比諾先生說，沒有人受重傷，帕戈洛不過是擦傷了皮，而那個老驛站長卻躺在那裡死

了，他兒子及其一幫人正準備進攻，我們幾乎肯定會被撕成碎塊：「所以，本韋努托，命運女神救我們躲過了第一場風暴，你就不要再冒犯她了，第二次我們就不一定會那麼幸運了。」我回答說：「你要是對此感到滿意，我也和你一樣。」我又轉身對帕戈洛和阿斯卡尼奧說：「趕快催馬飛跑到斯塔基亞[1]，千萬不要停下來，到那裡之後就安全了。」那個受傷的米蘭人呻吟著說：「真倒楣！我遭不幸的唯一原因就是今天早上喝了一點肉湯，違犯了教規[2]。因為實在沒有別的東西可吃了。」

儘管我們身處險境，但聽了這個蠢驢的傻話以後還是忍不住笑了。然後我們用踢馬刺催馬飛奔，把凱魯比諾先生和那個米蘭人甩在後面慢慢地走。

就在我們逃跑的時候，那個驛站長的兩個兒子跑到梅爾菲公爵[3]那裡請求派輕騎兵追我們，抓住我們關進大牢。公爵一聽說我們是費拉拉樞機主教的人就拒絕派兵，也不讓他們追趕。

5

這時，我們到了斯塔基亞，這裡就安全了。我們請了當地最好的一名醫生，他為帕戈洛檢查後發現只是傷了表皮，這樣我就放心了，他肯定不會有危險。然後我們定了午飯。

就在這時，凱魯比諾先生和那個米蘭傻瓜到了，傻子嘴裡不停地嘟囔著：「吵架的人真該死！」他還抱怨說，他因為沒有能在那個神聖節日的早上念一句主禱文[4]而被開除教籍了。他長得非常難看，嘴本來就很大，又被

---

1. 斯塔基亞是到佛羅倫斯路上的下一個驛站。—英譯注
2. 根據天主教教規，在大齋節的第一天和耶穌受難日，所有的教徒都要齋戒，即嚴禁吃肉。
3. 梅爾菲公爵當時是神聖羅馬帝國皇帝手下的錫耶納總督。—英譯注
4. 主禱文是當年耶穌教導門徒如何禱告而作的示範，全文只有六句，被收錄在《聖經·馬太福音》的第六章，是教會內使用最廣的一段經文。

那個傷口擴大了至少三寸。所以一方面由於他那滑稽可笑的米蘭話，一方面由於他說話時的那副傻相，算是給我們提供了大量的笑料，每吐一個字都使我們笑個不停，沒有誰再為那倒楣的事而難過。醫生想為他縫合傷口，而且已經縫了三針，這時他叫醫生停下來一會兒，因為他不想讓其惡作劇似的把整個嘴巴都縫緊。然後他拿起一支湯匙，說想讓嘴留得能放進那支湯匙，這樣他好活著回去見他的家人。他說這話的時候莫名其妙地搖頭晃腦，讓我們笑得合不攏嘴，就這樣我們一路歡笑的向佛羅倫斯走去。

一行人在我妹妹家門前下了馬，她和丈夫一起盛情款待了我們。凱魯比諾先生和那個米蘭人去辦自己的事了。我們在佛羅倫斯待了四天，在此期間帕戈洛的傷也養好了。我們真是幸運，一說起那個米蘭的蠢驢就笑個不停，就像我們一提起那不幸的遭遇就哭一樣，結果大家又是笑又是哭。

如前所述，帕戈洛很容易就康復了，然後我們就去了費拉拉，到那裡之後發現樞機主教大人還沒有到。他已經聽說了我們整個遭遇，對此他非常關注，說：「我祈求天主根據我的許諾，允許我把活著的你領到國王跟前。」在費拉拉，他讓我住在他的宅邸，那是一處名叫貝爾菲奧雷的地方，緊靠著城牆。在那裡，他提供我所有的必需品。

不久，他要撇下我到法國去，他見我很不高興，就對我說：「本韋努托，我這是為你好。在我把你帶出義大利以前，我想讓你知道到了法國你究竟要幹啥。同時你要抓緊做我的那個碗和壺，我會命令管家提供你所需要的一切。」

於是他走了，我還是一肚子不高興，有好幾次我就要不辭而別。我之所以留下來僅僅是因為他使我擺脫了教皇保羅的控制，除此以外我很不滿意，這使我蒙受了很大的損失。但我還是由於那一大好處而充滿感激之情，於是就迫使自己耐心等待事情的結果。這樣我和兩個同伴便開始做起來，壺和碗的製作進展很快。

我們住的地方空氣很不好，夏天來臨的時候，我們幾個人的健康都出了點毛病。生病期間，我們就在領地裡四處走走。領地很大，有大約一里的空曠野地，大批的孔雀在此出沒，像獵鳥那樣在這裡繁殖和巢居。這使我想起來在槍裡裝上一種沒有聲音的火藥，於是我追獵一些幼鳥，每隔一天打死一隻，我們就有大量的肉可吃，而且品質極好，結果我們的病都痊癒了。以後的幾個月我們繼續愉快地工作，壺和碗都有進展，但這件工作需要很長的時間。

6

那時，費拉拉公爵和教皇保羅就以前由於摩德納和其他城市所引起的爭端達成了協定。教廷強烈要求得到這些城市，公爵被迫支付一筆巨額現金換取和平，我估計這筆錢要超過 30 萬達克特。

公爵手下有一個年長的司庫，是由公爵的父親阿方索公爵養大的，他的名字叫吉羅拉莫·吉利奧洛先生。他不忍心看著這筆鉅款落到教皇手裡，就在大街上四處喊叫：「他父親阿方索公爵寧願用這筆錢攻佔羅馬也不願把它交給教皇。」誰也無法讓他拿出這筆錢。最後公爵還是強迫他把錢付了，把老頭兒氣得患了急性胃腸炎，差一點兒要了他的命。

老先生患病期間，公爵派人找到我，讓我為他雕個像。我把像雕在一塊圓形的黑石頭上，約有一個小食盤那麼大。公爵對我的活兒和談話非常感興趣，他時常一坐就是四五個小時來為他的雕像擺姿勢，有時還請我吃晚飯。

我用了八天完成他的像，他又讓我設計背面。我雕了一個和平女神像，她手拿一把火炬正在點燃一堆武器。我將她表現成興高采烈的樣子，衣飾很薄，腳下躺著絕望的復仇女神，垂頭喪氣地戴著鐐銬。我對雕刻這件作品進行了大量的研究，花費很多精力，它也為我贏得極大的榮譽。公爵不知疲倦地表達他的滿意之情，並給了我聖牌兩面的銘文。背面的銘文是 Pretiosa in conspectus Domini, 意思是說他與教皇之間的和平是以高昂的代價換來的。

7

我還忙著製作這個像章背面的時候，樞機主教來信，要我準備上路，因為國王詢問了我的情況。關於他允諾的詳情，他會在下一封信中說明。於是我把壺和碗先拿給公爵看了看，然後就把它們包裝起來。

一個名叫阿爾貝托·本代迪奧的費拉拉紳士是樞機主教的代理人，他由於身體有毛病已有十二年足不出戶。一天，他派人急如星火地找到我，說我必須馬上坐郵車去面見法蘭西國王，他一直在急著找我，覺得我是在法國。樞機主教向他道歉說，我身體有點不舒服，正停留在里昂的修道院裡，但他會立即帶我去見陛下。所以我不能再耽擱了，要馬上坐郵車去。

阿爾貝托先生是個正兒八經的人，但很高傲，疾病更使他的脾氣令人難以忍受。我剛才說過，他讓我馬上準備好坐普通的郵車上路。我說，哪有坐著郵車去求職的，如果要去的話我打算準備幾輛舒適的馬車，帶上我的工匠阿斯卡尼奧和帕戈洛，他們是我從羅馬帶來的。另外，我還想要一個僕人騎著馬聽候我的吩咐，再帶上足夠的錢在路上花。那個弱不禁風的老先生盛氣凌人地回答說，公爵的兒子才會像我所說的那樣出門旅行，他們不會用別的方式。我反駁說，藝術的兒子就是這個樣子旅行的，我不是公爵的兒子，所以我一點也不知道那號人的習慣；他要是再說我聽著不順耳的話，我就乾脆不走了；既然樞機主教失信于我，他又對我說了這些難聽話，我會下決心再也不和費拉拉人打交道了。說完我轉過身去，他威脅著，我嘟囔著，然後我就走了。

我拿著做好的像章去見公爵。他以最高度的尊重和敬意接待了我，好像他命令吉羅拉莫·吉利奧洛先生給我一枚價值 200 克朗的鑽石戒指作為我的勞動報酬，由他的管家菲亞斯基諾交給我。於是，在我拿去像章的那天晚上日落一個小時之後，那個傢伙給了我一枚看上去很惹眼的鑽石戒指，並代表他的主人說：「收下這枚公爵大人送的鑽石戒指做個紀念，把它戴在這個獨一無二的藝術家的手上，這只手製作出了具有非凡價值的神品。」

天亮以後，我仔細看了這枚戒指，發現鑽石薄得可憐，其價值也就是10克朗左右。我相信，公爵對我如此盛讚，絕不會送我這樣微不足道的禮物，他肯定會很體面地酬勞我。於是我斷定，這是那個無賴司庫搞的鬼。我把戒指交給了一位朋友，求他想辦法把它還給管家菲亞斯基諾。我找的這個人是貝爾納多·薩利蒂，他把事情辦得非常漂亮。

菲亞斯基諾馬上就來找我，好說歹說勸我收下，並斷言，我要是拒絕公爵好心送的禮物他會很生氣的，我這樣使性子也許以後會後悔。我回答說，公爵大人送給我的戒指價值大約10克朗，而我給他做的活兒價值要超過二百。不過為了表示我是多麼尊重大人的好意，我會很高興地看到他送給我一枚螃蟹夾子戒指，那是從英格蘭進口的，價值10個便士。在我的有生之年，只要我想起大人，想起他那動聽的答謝，我就會珍視它。我認為，大人的高情雅意足以補償我付出的辛勞，而那塊無足輕重的石頭只不過玷辱了它。

這一番話可氣壞了公爵，他派人找到那個司庫，以前所未有的尖刻言辭痛罵了他一頓。與此同時，他餘怒未消就命令我，沒有正式通知他就不要離開費拉拉，又命令司庫送給我一枚價值達300克朗的鑽石戒指。那個摳門兒的官吏這次找到一顆價值60克朗多一點的寶石，然後放風說它價值200多克朗。

8

這時，阿爾貝托先生頭腦變得冷靜了，於是就提供了我要求的一切。我已拿定主意當天務必離開費拉拉，但公爵那個行事縝密的管家卻與阿爾貝托先生商議好，那天不讓我得到馬。我把行李放到一匹騾子上，其中包括裝樞機主教的壺和碗的箱子。

就在這時，來了一位名叫阿方索·德·特羅蒂先生的費拉拉貴族。他年事已高，是個好裝腔作勢的人，藝術上是個半吊子，但又特別愛挑毛揀刺。要是碰見中意的東西，他會趁風使帆對其大肆吹捧一通，再也不指望見到

類似的東西了。那麼，這個阿方索先生到了，阿爾貝托先生對他說：「對不起，你來晚了，我們送給在法蘭西的樞機主教的壺和碗已經包起來了。」他回答說，這沒啥關係，然後向他的僕人招招手，命他回家拿來一個用法恩扎白黏土製作的壺，其工藝十分精巧。

僕人離開期間，阿方索先生對阿爾貝托先生說：「我會告訴你我為啥不再喜歡看這些盆盆罐罐。有一次，我見到一件古代的銀器，其製作的完美與精細是人所無法想像的。因此，我不願再看任何這一類的物品，以免破壞我對那件作品保留的獨特印象。我要告訴你，一個到羅馬去辦事的既高貴又有才華的紳士在私下裡見到過這件古代作品。他用一大筆錢巧妙地收買了它的保管者，然後把它帶回到這個地方。但他護得很緊，誰也不讓看，以免公爵得到風聲，讓人奪走他的寶貝。」阿方索先生口若懸河地說了半天，根本就沒有看我一眼，因為我們以前並不認識。

那個寶貝泥壺拿來以後，他拿到大家面前賣弄，一副江湖騙子的架勢。我看了以後對阿爾貝托先生說：「有機會飽此眼福真是十分榮幸！」阿方索先生覺得我冒犯了他，就順嘴譏諷了幾句，說道：「你到底是誰？你不知道你說了啥話嗎？」我回答說：「容我說上幾句，然後再看看我們兩人到底是誰最清楚他自己說了啥話。」我轉向阿爾貝托先生，他是個極為嚴肅、極有才能的人。我說：「這是一個銀酒杯的複製品，它的重量是多少，是我為卡普里的江湖醫生雅各師父在什麼時間製作的。他到羅馬待了六個月，在那期間，他把自己的噁心藥膏塗在上百名貴族和不幸的紳士身上，從他們的口袋裡騙走了好幾千達克特。那時我為他做了這件活兒和另外一個不同樣子的。他給我的報酬很可憐。現在，羅馬所有用過他那藥膏的可憐蟲都殘廢了，健康狀況很慘。[1]我的作品在你們這些富豪顯貴之中博得如此名聲，真是我極

---

1. 這件事在卷一第 28 章有過交代，人物的名字拼寫略有不同。

大的榮耀；但我可以明白地告訴你，在過去的這些年裡，我的藝術功力在不斷地長進，我認為我要帶到法蘭西去的這件作品，要遠比那個庸醫的那一件更能配得上樞機主教和國王。」

我說完這番話以後，阿方索先生好像急不可待地要看那個壺和碗，但我拒絕打開箱子。為此我們爭執了一會兒，他說他要去找公爵，讓公爵大人下令讓他看看。這時，阿爾貝托・本代迪奧先生以他那慣常的趾高氣揚的神氣說道：「阿方索先生，你不用離開這個房間就能看到它，根本不用找公爵。」聽到這話我就走了，開箱子的事就留給了阿斯卡尼奧和帕戈洛。後來他們對我說，他熱情地讚揚了我，事後他還想和我套近乎，但我急於離開費拉拉，離開那裡所有的人。我在那裡得到的僅有的好處是與樞機主教薩爾維亞蒂和拉文納樞機主教的愉快交往，還有與一些天才音樂家的友好相處。[1] 除了這些人以外，再沒有人對我有任何好處，因為費拉拉人都是些貪得無厭的人，見到鄰居的錢財就饞涎欲滴，然後想方設法將其搞到手。在這方面他們全都一個樣。

22 點的時候，菲亞斯基諾來了，把我前面提到的那枚價值 60 克朗的鑽石戒指給了我。他滿面羞愧，簡短地說了兩句話，要我看在公爵大人的面子上戴上它。我回答說：「我會戴的。」然後我當著他的面踩上馬鐙，沒有再辭行就上了路。他記下我的言行以後報告給了公爵，公爵大為惱怒，非常想讓我順原路返回。

---

1. 樞機主教喬瓦尼・薩爾維亞蒂是費拉拉大主教，樞機主教貝內代托・阿科爾蒂是拉文納大主教，他當時正待在費拉拉。這裡的宮廷以其傑出的管弦樂隊和各種戲劇演出而著名。－英譯注

9

那天晚上我騎了十多里，一直是一溜小跑。第二天，我發現自己走出了費拉拉的管轄區，這才長長地出了一口氣。確實，我在那裡沒有碰到任何讓我喜歡的東西，除了那些使我恢復健康的孔雀。我們取道蒙塞尼，由於我前面提到的憂慮而避開了米蘭[1]，結果我們安全到達了里昂。算上帕戈洛、阿斯卡尼奧和一個僕人，我們一共四個人、四匹好馬。在里昂，我們等了好幾天那個趕騾子的人，他帶著銀壺和碗以及其他的行李。我們住在了樞機主教的一座修道院裡。趕騾子的來到以後，我們把所有的東西都裝到一輛小馬車上，然後出發到巴黎。路上我們遇到了一些麻煩，但沒有什麼要緊。

我們找到了楓丹白露的王宮，在那裡晉見了樞機主教，他馬上給我們安排住處，那天晚上我們過得很舒服。第二天馬車到了，我們打開了行李，樞機主教聽說以後就告訴了國王，國王表示馬上就要見我。

我拿著壺和碗去見陛下。我來到御前，吻了他的膝，他很有禮貌地接待了我。我謝過陛下將我從監獄裡解救出來，說世上所有像陛下這樣慷慨的君主都有特殊的義務去解救有才能的人，尤其是像我這樣無辜的人。我又說，如此功德都是先於其他善舉記在天主的帳上。

我說這番話時，國王彬彬有禮地一直聽我說完，偶爾得體地插個一言半語。然後，他拿起壺和碗說道：「說實話，我簡直不相信古人能見到如此精美的物品。我清楚地記得，我已經看過全部最好的藝術品，包括整個義大利最偉大的藝術家的作品，但還沒見過任何作品能使我如此欽佩。」這些話是國王用法語說給費拉拉樞機主教的，另外還有很多甚至更加熱情洋溢的讚美之詞。然後，他轉身用義大利語對我說：「本韋努托，先玩幾天，高興高興，輕鬆一下，同時朕將考慮給你提供必要的一切，請你為朕製作一些精美的藝術品。」

---

1. 切里尼忘記了他前面根本就沒有提過避開米蘭的原因，也許是他害怕瘟疫或者某個仇人。－英譯注

10

費拉拉樞機主教發現國王對我的到來感到非常高興，他還看出來，我拿給國王看的我製作的小玩意兒促使他考慮製作一些大件活兒。不過這時我們正疲憊不堪地跟隨著王室，其原因是國王的隊伍浩浩蕩蕩，後面跟的絕對不少於一萬兩千騎兵。這是最低的估計，因為在和平時期，王室成員傾巢而出的時候大約有一萬八千騎兵，這就使得一萬兩千低於一般標準了。結果，我們跟著這支隊伍有時候要走過僅有兩座房子的地方，於是就像吉普賽人那樣搭起帆布帳篷，這樣就免不了吃苦受罪。所以我就不住地勸樞機主教，讓國王考慮給我找一個地方能使我停下來幹活兒。樞機主教回答說，等到國王自己想到這樣做要好得多，我應該不時地在陛下進餐時與他照照面。於是我就這樣做了。

一天早上吃飯時，國王叫住了我。他開始與我用義大利語交談，說他考慮做幾個大件活兒，他很快會給我指定幹活兒的地方，並給我提供一切必需的東西。這次交談中，他還穿插了很多有趣的話題。費拉拉樞機主教也在場，他幾乎總是在早上與國王同桌進餐。他聽到了我們的談話，國王起身時他替我說了話，這是後來別人告訴我的，其大意是：「神聖的陛下，本韋努托這個人很想再去幹活兒，讓他這樣有才能的藝術家浪費時間簡直是犯罪。」國王回答說，他說得很好，然後讓他根據我的要求安排一切事宜。

樞機主教接到這一委託後，當天晚上吃過晚飯就派人找到了我，對我說陛下決定讓我開始幹，但他想先和我商定一下待遇。他接著說：「我覺得如果陛下每年給你 300 克朗，你就能過得相當寬裕；另外，我勸你留在我手下，你每天都有機會為這個偉大

的王國效力，我會盡力給你好處。」這時我說了如下的一番話：「您把我留在費拉拉的時候曾向我許諾，在我瞭解清楚為陛下工作的條件以前不把我帶出義大利，這個許諾我可從來沒有要求過。結果您沒有告訴我這些詳情，而是急不可待地催我坐郵車來，好像我的藝術是郵政急件一樣。您要是

當初寫信告訴我是 300 克朗，如您現在所說，我絕對不會得寸進尺，要兩倍於它的數目。儘管如此，我還是要感謝天主和您，因為天主派您幫了我大忙，使我從監獄中解放出來。所以我肯定地告訴您，您現在給我帶來的麻煩要比您以前給我帶來的好處少一千倍。我衷心地感謝您並向您告辭。無論我在何處，只要我一息尚存，我都會為您向天主祈禱。」

樞機主教大為惱怒，吼叫道：「隨便你上哪兒。人家不願意你幫忙，又有啥辦法。」當時在場的一些他手下的酒囊飯袋說道：「那人真是自命不凡，一年 300 達克特他都不願意。」而另一個有才能的人則說：「國王再也找不到像他這樣的人了，樞機主教想壓他的價，好像他是一捆柴火一樣。」這個人是路易吉‧阿拉曼尼先生，他說的話大意如此，這是後來別人告訴我的。

這件事發生在 10 月的最後一天，地點是在多菲內的一座城堡，城堡的名字我現在已經記不起來了。

11

離開樞機主教以後，我去了三里外的住所，和我同行的有樞機主教的一位祕書，他也回到那個地方去。一路上，這個人一直不停地問我打算咋辦，我對待遇要求的條件是啥。我只回答了他一句話，那就是－我全知道。

回到住所，我見到了帕戈洛和阿斯卡尼奧。他們見我一臉苦相，就問我出了啥事。我對這兩個同樣是愁眉鎖眼的年輕人說：「明天我會給你們足夠的路費讓你們回家。我自己則打算做一件最重要的事情而不必你們幫忙，這件事我早就想做了。」我們住的房間緊挨著那個祕書的房間。我想，他給樞機主教寫信告訴我的意圖不是不可能的。但我沒有絕對的把握。那一夜我輾轉不眠，第二天仍然心緒鬱結，就是為了要拿定主意。

天一亮，我就命人把馬牽出來，立即做準備。我把帶來的一切東西都給了兩個年輕人，另外又給了他們 50 金達克特。我自己留了同樣數目的錢，

另外還有公爵給我的那枚鑽石戒指。我只留了兩件襯衫和身上穿的舊騎服。我發現很難把兩個年輕人趕走，他們一定要跟著我，無論發生啥事都不在乎。最後我不得不鄙視他們，這樣對他們說：「你們倆有一個已經長出了頭茬兒鬍鬚，另一個才剛剛長。你們倆都從我這裡學到了我能夠傳授的全部技藝，所以，你們現在已經成為義大利年輕人中第一流的工匠。現在你們連離開我這個扶手的勇氣都沒有，老讓我牽著你們走，難道你們不感到羞恥嗎？這太不光彩了！我要是不給錢就打發你們走，你們又會咋說？得啦，還是走開吧，願天主一千次地為你們祝福。再見！」

我掉轉馬頭就走，留下他們在那裡哭鼻子。我沿著一條通暢的道路穿過一片森林，希望當天最少能走四十里的路，到達我能去的最偏僻的地方。我已經騎了大約兩里，在那段很短的時間裡，我已經決定再不去有人認識我的任何地方。我還決定，一旦我完成一尊 3 肘尺高的基督像，盡我所能再現他向我展現的那無限的美，我就洗手不幹這一行了。這樣拿定主意以後，我就扭臉朝向聖墓的方向。[1]

就在我以為已經走得夠遠了，沒有人能夠找到我的時候，我聽到後面有馬賓士的聲音。我感到有些心神不安，因為那一帶是一夥強人出沒的地方，人稱其為「亡命徒」，常在路上剪徑殺人。他們之中每天都有一些人被絞死，但他們好像並不在乎。

可是等騎馬的人走近以後，我發現是國王的一個報信員和我的小夥子阿斯卡尼奧。那個報信員來到我跟前說：「國王讓我命令你馬上去見他。」我回答說：「你是樞機主教派來的，我不去。」那人說，要是來軟的不能讓我走，他有權叫人把我的手腳捆起來像囚犯一樣帶走。阿斯卡尼奧則盡力勸我，他提醒我說，一旦國王抓人入獄，至少要關五年才能放出來。

1. 切里尼在聖天使城堡時曾立有誓約。參見卷一第 121 章。－英譯注

一提起監獄二字，我就想起在羅馬受的苦，嚇得我立即撥轉馬頭，跟著國王的報信員就走。一路上，他用法語沒完沒了地嘮叨著，有時候要橫，一會兒說這，一會兒說那，一直說到王宮近前，直把我氣得要拒絕相信天主和整個世界。

12

在去王宮的路上，我們路過了費拉拉樞機主教的住所。他站在門前喊了我，對我說：「我們最篤信基督教義的國王自己提出，讓你和畫家李奧納多·達文西享受同樣的待遇，也就是年薪 700 克朗。除此之外，你為他做的所有的活兒他都會付給你錢。另外，他還給你 500 金克朗作為你到這裡的旅費，這筆錢在你離開這個地方之前他就會付給你。」他宣佈完以後，我回答說，如此開價才配得上一個偉大的國王。聽到國王為我提供如此優厚的俸祿之後，對我一無所知的報信員一再地求我原諒他。帕戈洛和阿斯卡尼奧激動地說：「是天主讓我們又回到這樣一個榮耀的扶手身邊！」

第二天，我去感謝國王，他讓我做十二個銀像模型，銀像做好後放在他的餐桌四周做燭臺。他想讓它們代表六個神和六個女神，其高度要和陛下本人完全一樣，差一點不到 4 肘尺。這項任務交代完以後，他轉身問他的司庫是不是給了我那 500 克朗。那位官員說，他沒有接到這樣的命令。國王對此非常生氣，因為他已經安排樞機主教對他說這件事了。另外，他讓我到巴黎找個適合幹活兒的住所，他要我務必找到。

我得到了 500 金克朗，在巴黎費拉拉樞機主教的一座房子裡住了下來。在那裡我以天主的名義開始幹了起來，做了四個蠟模型，每個大約有 2/3 肘尺高，它們是朱庇特、朱諾、阿波羅和伍爾坎。[1]

---

1. 分別是羅馬神話中的主神、主神之妻、太陽神和火神。

這時，國王回到了巴黎，我馬上帶著模型和兩個徒弟阿斯卡尼奧與帕戈洛去見他。國王看過以後對我的工作感到很滿意，又讓我按上面說的高度用銀子製作朱庇特。這時，我把兩個年輕人引薦給他，說我是把他們從義大利帶來為陛下效勞的；他們是我一手培養起來的，剛開始時他們會比巴黎的工匠給我提供更多的幫助。國王回答說，我可以報個薪水的數目，要足夠他們的日常開銷。我說，每人 100 金克朗就可以了，另外我還會讓他們掙到豐厚的工錢。這件事就這樣說定了。然後我說，我找到一個地方正適合我幹活兒，那是陛下自己的房產，名叫「小內洛城堡」。這座城堡當時由陛下交給了巴黎市長，但市長並沒有利用它，陛下也許可以把它交給我來使用。他馬上回答說：「那是我自己的房子，我清楚地知道，我交給的那個人既沒有住在那兒也沒有利用它，所以你可以在那裡幹你的活兒。」然後他吩咐他的助理把我安置在小內洛城堡。這遭到那位助理官員的抵制，他申辯說他不能執行這一命令。國王很生氣地回答說，他打算把自己的財產交給他喜歡的、為他效力的人，因為他沒有從別人那裡得到任何東西，所以這件事誰都不要再說了。於是助理建議要帶上一支小隊伍進去。國王回答說：「去吧，要是一支小隊伍不夠，就帶一支大隊伍。」

　　助理馬上就帶我到了城堡，把它交給了我，不過還是動用了武力。事後他提醒我要小心，以免遭人暗算。我把自己安頓好，招了一些僕人，又買了不少的矛和戟。但我還是有好幾天受到嚴重的騷擾，因為市長是巴黎的一個大貴族，所有的貴族都參與反對我，他們對我大肆辱罵，我簡直忍不住要和他們對罵。我不應該忘了說一說，我開始為陛下效力是在1540年，正是我步入周歲的那一年。

13

我受到凌辱以後就去找國王，求他把我安置到另外一個地方。他回答說：「你是誰？你叫啥名？」這句話把我問得暈頭轉向，我鬧不清他到底是啥意思。我正這樣張口結舌的時候，國王又氣憤地把同樣的話重複了一遍。於是我說，我名叫本韋努托。「好，如果你是我聽說過的那個本韋努托，」國王回答說，「就按你自己的習慣去做，我完全同意你這樣做。」我對他說，我只需要擁有他對我的好感，除此以外任何東西都不能傷害我。他笑了笑說：「快走吧，你永遠也缺不了我的好感。」然後他吩咐他的首席祕書維萊羅瓦閣下為我提供需要的一切物品。

這個維萊羅瓦是市長的密友，城堡就是給了那個市長。城堡呈三角形，建得緊靠著城牆，年代已有些久遠，沒有駐軍，整個建築的規模很大。維萊羅瓦閣下勸我另外再找個地方，務必不要去那個城堡，它的主人大權在握，肯定能把我殺掉。我回答說，我從義大利來到法蘭西，只不過是為了效力于偉大的國王。要說死，我相信我一定會死，至於死得早一點還是晚一點，對我來說是一件無足輕重的事。

維萊羅瓦是個極有才能的人，在各個方面都出類拔萃，還擁有大量的財富。他要是存心害我可以說是輕而易舉，但他並沒有把自己的想法表露出來。他面沉似水、器宇軒昂，說起話來慢條斯理、悠然自得。他把騷擾我的任務交給了另一個紳士，即朗格多克的司庫馬爾馬納閣下。

此人做的第一件事就是在城堡裡尋找最好的房間，然後裝修配備好供他自己使用。我對他說，國王把這個地方給了我，讓我在這裡為他幹活兒，除了我本人和我的隨從以外，我不想讓別的任何人住在這裡。那個傢伙傲慢無理、興頭兒十足，說他想幹啥就幹啥，我要是膽敢反對他，就會碰得頭破血流，是維萊羅瓦授權讓他那樣做的。我對他說，根據國王授給我的權力，不論是他還是維萊羅瓦都不能那樣做。我這樣一說，他便用法語發洩一通難

聽的話，我也用自己的母語駁斥他胡說八道。他被激怒了，用手拍了拍他帶的一把小匕首，我也握住隨身佩帶用以自衛的一把短劍，喊道：「你要是敢拔出來，我馬上就殺了你。」他有兩個僕人幫忙，我也有兩個小夥子。馬爾馬納站在那裡猶疑了一會兒，不知該咋辦才好，但還是有些想下毒手，嘴裡咕噥著：「我絕對咽不下這口氣。」我一看勢頭不對，就把心一橫，對帕戈洛和阿斯卡尼奧喊道：「我一拔劍你們就撲向那兩個僕人，能殺就把他們殺掉。我打算一劍就宰了這個傢伙，然後天主保佑我們一起遠走高飛。」馬爾馬納看出了我的用意，於是就趕緊溜出城堡逃命去了。

等到事情稍微平靜了一些，我就寫信告訴了費拉拉樞機主教，他又馬上告訴了國王。國王怒不可遏，把我交給了他的一個侍衛官照顧，這位官員名叫奧爾貝克子爵大人。他極為殷勤地為我提供了我要求的一切。

14

我在城堡的住所和作坊已經收拾好，配備了幹活兒所需的一切設施，極為體面地在此安家落戶。隨後我馬上就開始製作三個模型，其大小和銀像一模一樣，它們是朱庇特、伍爾坎和瑪爾斯。我用泥把它們塑好安放在鐵器上，然後我去找國王，如果我沒有記錯的話，他給了三百磅重的銀子來啟動這項工程。我正準備著這些東西，那個小壺和橢圓形的碗也做好了，那已經做了好幾個月了。然後我把它們鍍上金，看上去像是在法蘭西所見到的最漂亮的器皿。

後來我把它們拿給了樞機主教，他對我千恩萬謝，沒有要我陪同就拿著東西去見國王。國王對禮物很滿意，把我誇得比以往任何一個藝術家都好。作為回報，他送給樞機主教一座修道院，每年的價值為7,000克朗，他還表示對我也有酬勞。但樞機主教阻止了他，說他操之過急了，因為我還沒有為他做任何東西。國王格外慷慨，回答說：「正因為如此我才鼓勵他，寄希望於他。」樞機主教對自己的小氣感到不好意思，說：「陛下，請您把這件事

交給我。我一旦得到那座修道院，就會給他至少 300 克朗的年金。」

他啥也沒有給我。要講完這位主教的欺詐伎倆實在是冗長乏味，我還是講一講更重要的事情。

15

我回到巴黎以後，國王對我的寵愛使我成為所有人羨慕的對象。我接受了銀子，然後開始製作朱庇特像。這時我雇了很多工匠，夜以繼日地工作著，這樣到我完成朱庇特、伍爾坎和瑪爾斯的泥模型並開始製作銀像的時候，我的作坊已經蔚為壯觀。

這時，國王來到了巴黎，於是我就去拜訪他。他一看見我就很高興地喊我的名字，問我的住所裡有沒有好東西可以展示，他想到那裡去看看。我向他講了正在做的一切，使他產生了要來看看的強烈願望。於是，吃過午飯，他就和埃當普夫人[1]、洛林樞機主教和其他一些最顯赫的貴族一道出發了，其中包括他表兄弟那瓦爾[2]國王和姐姐那瓦爾王后，王世子和王妃也隨他一同前往，所以那一天來看我的都是法國王室的精華。

當時我在家裡已經待了一段時間，正在那裡幹得起勁兒。國王來到城堡門前，聽到我們的錘子叮噹作響，就吩咐他的一行人不要作聲。屋子裡的每個人都幹得正歡，所以陛下的突如其來讓我吃了一驚。他走進大廳看到的第一件東西就是我手裡拿的一塊大銀板，我正敲打著做朱庇特的身軀。我的一個工匠正在做頭，另一個正在做腿，不難想像我們發出的喧鬧聲有多大。

當時，我身邊有一個法蘭西小夥子正在幹活兒，他剛剛出了一點小差錯。我踢了他一腳，也真是湊巧，這一腳正好踢著他的襠，踢得他往後打了

---

1. 埃當普公爵夫人（1508－1580?）自1526年到1547年國王去世一直都是國王的情婦。－英譯注
2. 當時的那瓦爾王國位於現在的西班牙北部和法國西南部，即所謂的那瓦勒一帶。

幾個滾，結果他跌跌撞撞地起來的時候，剛好與來到的國王撞了個滿懷。國王大悅，我卻一下子愣住了。國王開始問我正忙乎啥，又讓我繼續幹活兒。接著他說，他很不想讓我費勁幹體力活兒，我可以雇人，想雇多少就雇多少，讓這些人幹粗活兒；他想讓我保重身體，以便天長日久地為他效力。我回陛下的話說，我只要一不幹活兒就會病倒，我的手藝也會荒疏，達不到我為陛下幹活兒的標準。國王以為我這樣說不過是吹大氣，說的並不是實情，於是他就讓洛林樞機主教把他剛才說過的話再重複一遍。但我把自己的理由陳述得滴水不漏、一清二楚，結果樞機主教明白了我的意思，然後就勸國王，我想幹多少就幹多少。

16

國王對他看到的一切感到非常滿意，接著就回到了王宮，他當時對我的讚譽之詞實在太多了，無法在這裡一一記述。

第二天吃午飯的時候，他派人去找我。費拉拉樞機主教正和他在一起吃飯。我到那裡的時候，國王已經吃到第二道菜。他心情很愉快地說，他現在已經有了我製作的非常精美的碗和壺，還想要一個同樣漂亮的鹽盒來與它們匹配。他讓我搞一個設計，並且馬上就動手。我回答說：「陛下甚至可以比您要求的還要快地見到這樣一個模型，我做那個碗的時候就想到應該有一個鹽盒與它相配，所以我已經設計好了一個，如果您願意，我馬上就能拿出來。」國王驚喜地轉身對陪伴他的幾個貴族－他們是那瓦爾國王、洛林樞機主教和費拉拉樞機主教－這樣讚歎道：「我敢保證，每一個認識他的人都會喜歡和愛護這個人。」然後他對我說，他會很高興地看到我的模型。

我走了，不大一會兒就回來了，因為我只需要渡過一條河，也就是塞納河。我帶著在羅馬的時候費拉拉樞機主教要我做的那個蠟模型。我再次來到國王面前，一揭開模型的蓋子，國王就驚呼道：「這比我想像的還要美一百

倍。這真是一個人間奇跡！他永遠也不應該停止工作。」然後他轉過身來笑容滿面地對我說，他非常喜歡這件作品，並希望我用金子來製作。

費拉拉樞機主教看著我，對我說，他認出這個模型和我在羅馬為他做的那一個是一樣的。我回答說，我早就對他說過，我要把它做給配得上它的那個人。樞機主教想起了我說的話，他以為我是在對他進行報復，因此十分惱火。於是他對國王說：「陛下，這是一項巨大的工程，我只擔心我們永遠也見不到它完成。這些能幹的藝術家常常異想天開，隨時準備把他們宏偉的設想付諸實施，而不認真考慮一下啥時候能夠完成。所以，我要是讓人製作這樣重要的作品，就要先搞清楚我啥時候可能拿到手。」國王回答說，一個人要是如此顧慮作品完成的時間，必將啥也不敢做。他說這句話的時候臉上露出一種異樣的神色，意思是說一個胸無大志的人是不能擔當如此重任的。這時我開始發表我的意見：「如果一位君主對他的僕人勤勉有加，就像陛下所做的這樣，他就能把最艱巨的任務變得易如反掌。既然天主把我交給了這樣一位偉大的保護人，我希望能為他做出大量的優秀作品來。」「我相信你的話。」國王說著起身離開了餐桌。然後他把我叫進他的接待室，問我需要多少金子製作那個鹽盒。「1,000克朗，」我回答說。他馬上就喊來他的司庫，那是奧爾貝克子爵，命令他當天就給我1,000克朗足稱的占金色金子。

我離開陛下以後就去找那兩位文書，他們曾經幫我採辦銀子製作朱庇特和許多其他東西。渡過塞納河以後，我拿了一隻小手提籃，那是我一位當修女的表姐妹在我路過佛羅倫斯的時候送給我的。幸虧我拿的是一隻籃子而不是一個袋子。我以為在白天就能把事情辦完，因為天色還早，我不想打擾工匠，也不願意帶僕人，於是就一個人上了路。

到了司庫那裡以後，我發現他已經把錢擺在了他面前，並按國王的命令正挑選成色最好的出來。不過我感到那個賊司庫正想方設法推遲支付錢的時間，直到天黑三個小時以後才把錢過完數。

在此期間，我並不急著走，因為我已傳話給我的工匠讓他們來陪伴我，這件事是一件大事。我看他們一直不來，就問送信的把我的話捎到沒有。我派去的那個賴皮侍從回答說，他已經告訴他們了，但他們說來不了，不過他倒是願意替我拿錢。我回答說，錢我自己拿。這時，契約已經寫好並簽了字。錢數好以後我都放進了那個小籃子裡，然後我把胳膊插進兩個把手。雖然我這樣插的時候有點費勁，但金子被堵得嚴嚴實實，這要比提個袋子方便得多。我身上穿著鎧甲，腰裡挎著劍和匕首，沿著大街飛跑而去。

17

我剛離開那座房子，就發現幾個僕人在一起交頭接耳，他們步伐輕捷地朝著另一個方向走去。我急匆匆地過了交易所大橋，沿著河邊的一道牆往前走，這道牆一直通向我城堡的住所。我來到了奧古斯丁路，這條路很危險，儘管它離我的城堡只有五百步遠，但裡面的住所離城堡還有這麼遠，我要是喊叫的話誰也聽不見。

我剛來到這裡，就看見四個人各拿一把劍向我撲來。[1]我馬上就拿定了主意。我用斗篷把籃子蓋住，把劍拔出來，看到他們氣勢洶洶地向前走，我就大叫起來：「是軍人就只能得到這件斗篷和這把劍，我把它們交出來以前，希望你們占不到啥便宜。」我用劍勇敢地與他們搏鬥，在此期間我不止一次地攤開雙臂，如果這幫暴徒是那幾個看見我拿錢的僕人指派來的話，我這樣做是想讓他們覺得我並沒有帶錢。

這場遭遇戰很快就結束了，因為他們一步步地後退，用他們自己的語言相互說著：「這是個勇敢的義大利人，肯定不是我們要找的那個人。即便是那個人，他也不可能帶任何東西。」我講的是義大利語，同時用劍不停地向

---

1. 切里尼在回憶這件事時非常激動，所以對它的描寫更顯得支離破碎。譯者在此只好汲其大意。－英譯注

他們猛刺亂砍，差一點殺死他個把人。我的劍術使他們以為我是個軍人而不是幹其他行當的。他們聚攏在一起開始後退，壓低了嗓門兒用他們自己的語言一直不停地嘟囔著。與此同時，我也不住地喊叫，但聲音不是太大，說誰要是想要我的斗篷和劍也不是那麼容易。然後我加快了步伐，他們還是慢慢地跟在我後面。這增加了我的恐懼，我以為要中埋伏，他們會把我的前後路都切斷。於是在離我家還有一百步的時候，我就拼命地往前跑，同時放開嗓門兒大叫：「準備戰鬥！準備戰鬥！快出來！快出來！有人殺我。」轉眼之間，我的四個年輕人就跑了出來，每人手裡拿著一杆長矛。他們想追趕那些暴徒，當時還可以看得見他們，但我把他們攔住了，對他們喊叫著以便讓暴徒們聽見：「那邊的一幫膿包，四個對一個也沒有把1,000克朗的金子奪走，這些金子都快把我的胳膊壓斷了。快到裡面把錢放下，然後我拿出我的那把長柄劍，隨便跟你們到哪兒都可以。」我們

達那厄和她的兒子珀爾修斯
Danae and her son Perseus
1545 ~ 1553
Bronze, height 84 cm
Museo Nazionale del Bargello,
Florence

到裡面把金子放好，我的小夥子們對我遇到的危險非常關心，同時也善意地責備我說：「你一個人太危險了，總有一天你會讓我們大家為失去你而痛哭的。」隨後大家你一言我一語地說了個沒完。我的敵手逃跑了。大家在歡聲笑語中坐下來一起吃飯，笑談命運女神的那一番打擊，不論是好還是歹，只要沒有被打中，就像沒有打是一樣的。[1] 當然你可以對自己說：「下一次要吸取教訓。」但這是行不通的，因為命運女神對我們的打擊手法總是花樣翻新，我們是無法預料到的。

18

這件事過後的第二天上午，我邁出了製作那個大鹽盒的第一步，這一件以及其他的一些活兒，都在緊鑼密鼓地加緊製作。這時，我的工匠人數已經相當可觀，既有雕塑匠又有金匠。他們屬於不同的民族，有義大利人、法蘭西人，也有德意志人。我總是招收那些能夠找到的人中素質最好的，並且經常更換人員，只保留那些能幹的。我把這些經過精心挑選的工匠使喚得忙不及履。他們想和我較量，但我的體質比他們好。結果，他們受不了這樣沒完沒了的過度勞累，於是就開始大吃大喝。尤其是幾個德意志人，他們的技術比別人好，所以想和我較一較勁兒，結果累垮以後喪了命。

我在製作朱庇特像的時候，發現可以省下來很多銀子。於是我沒有請示國王就拿來做了一個兩柄的大容器，約有一肘尺半高。我還考慮用銅來鑄造朱庇特像的模型。由於以前沒有幹過這樣的活兒，我就找巴黎的一些有經驗的老藝人商量，向他們描述了我們在義大利使用的方法。他們對我說，他們從來沒有那樣幹過，但如果我允許他們使用自己的方法，他們會把銅模型做得和泥的一樣乾淨俐落。我想定下個協議，把責任推給他們，並答應了比他

---

1. 切里尼的哲學可以用一句成語來概括：「死裡逃生總是生。」－英譯注

們要求的還要高幾克朗的工錢。

於是，他們幹了起來，但很快我就發現他們的方法不對。我自己做了個尤利烏斯‧凱撒的頭像，半截身穿著盔甲，比真人要大得多，是我根據一件漂亮的古代雕像的小型複製品製作的，這件複製品是我從羅馬帶來的。我還做了同樣大小的另一個頭像，臨摹的是一個很漂亮的姑娘，她是由我養著供我取樂的。我把這個像叫做楓丹白露，是以國王特別喜歡的那個地方的名字命名的。

我們建了一座極好的小爐子用來鑄銅模型，一切準備好以後就烘乾模子。那些法蘭西師父負責朱庇特像，我則照看我的兩個頭像。這時我說：「我看你們的朱庇特像不會成功，你們在下面沒有留出足夠的通風孔，這樣做不過是白費工夫。」他們回答說，一旦失敗就會歸還我付給的款項，同時還補償我目前的花費。他們還讓我多操心自己的事，我用義大利的方法鑄造的漂亮頭像是絕對不會成功的。

我們這樣爭執的時候，受國王委託來到這裡監工的一些司庫和貴族也在場。這裡的一言一行都有人及時報告給陛下。本來負責鑄造朱庇特像的兩個老人推遲了試驗，說他們想佈置我的兩個頭像的模子。他們申辯說，我的方法不會成功，浪費這樣好的模型實在可惜。國王聽說這件事以後就傳話說，他們應該虛心學習，不要想著去教訓他們的師父。

這樣，他們在一片歡笑聲中把自己的那件東西放進了爐子，而我則不露聲色（儘管我感到生氣），以穩如磐石的姿態將兩個頭像放進去，朱庇特的一邊放一個。金屬開始順利地熔化，我們興高采烈地讓它流進去，極為順利地注滿了朱庇特的模子，同時還有我的兩個頭像。他們因此而高興，我也感到滿意。我對他們做法錯誤的預言沒有使我感到難過，他們對我的錯誤判斷也使他們高興起來。然後，按照法蘭西的習慣，他們要求痛痛快快地喝一場。我欣然同意了，就要了一桌豐盛的食物來款待他們。

吃喝已畢，他們要我支付應付給他們的錢以及我答應多給的那一部分。我

回答說：「你們笑得太早了，恐怕還有哭的時候。我後來考慮了一下，好像感到你們的模子裡流進的金屬太多了。所以我要等到明天再付給你們錢。」那些可憐的傢伙聽了我的話以後仔細地品味著，然後一言不發地回家去了。

天一亮，他們開始悄悄地打開爐膛。我的兩個頭像拿出來以後，他們的那個大模子才得以打開。兩個頭像狀況良好，被他們放在了顯眼的地方。他們再看朱庇特，剛挖了不過 2 肘尺就大叫起來，一下子把我驚醒了。我以為是勝利的歡呼聲，於是就跑了出來，我的寢室離那裡有五百多步遠。

切里尼預言路易吉閣下要遭暗算
By Salvador Dalí

到那裡以後，我發現他們都像是圖畫上基督的守墓人，一個個垂頭喪氣、面如土色。我溜了一眼我的那兩個頭像，發現都正常，我就用看那一眼得到的滿足來消一消我的怒氣。這時他們開始找藉口，喊道：「我們的運氣真壞！」我反駁說：「你們的運氣最好了，真壞的是你們知道得太少。當時我要是看見你們把模膽¹放進模子裡，我一句話就能教會你們鑄出沒有毛病的像。這樣能給我帶來很大的

1. 參見卷二第 75 章的註。

榮譽，給你們帶來很多利潤。現在看來我照樣會出名，而你們卻要既丟名又丟利。所以，下次再幹時要記住這一次的教訓，不要再取笑你們的師父了。」

他們求我可憐他們，承認我對了，但又辯解說我要是不幫幫忙，他們要承擔的費用和蒙受的損失就會使他們和家人一起上街要飯。我回答說，要是國王的司庫一定要讓他們根據契約付錢，我就自己掏腰包替他們支付，因為我發現他們已經盡其所能了。我這樣對待他們使國王的司庫和其他官員對我好得難以形容。有人把整個事情寫成材料交給了陛下，陛下指示說，我在這件事上說過的每一句話都要照辦，其慷慨大方真是無人能比。

19

大約在這個時候，傑出的軍人皮耶羅·斯特羅齊[1] 來到了法蘭西，他提醒國王說，陛下曾答應給他歸化證書。於是證書寫好了，國王說：「證書也要給我的朋友本韋努托，立即送到他家裡，不要他交任何費用。」偉大的斯特羅齊的證書花了他幾百達克特，我的證書是國王一個主要的祕書安東尼奧·馬松閣下給我送來的。這位紳士在遞交證書時轉達了陛下很多的好話，說：「國王贈送給你這份禮物以鼓勵你為他效力，這是一份歸化證書。」然後他對我說，皮耶羅·斯特羅齊經過特別要求，而且還等了很長時間，國王才送給他這一證書作為對他特殊的恩惠；國王送給我證書是出於自願，這樣的恩惠在他那個王國還從來沒有聽說過。聽到這話，我由衷地感謝了陛下，但我又煩勞這位祕書告訴我歸化證書是啥意思。他是個有才華又有禮貌的人，義大利語講得非常漂亮。他聽到我的問題後先是笑了一下，然後又收斂了笑容，用我的母語向我講了這個證書是啥意思，又說它給了一個外國人所能得到的最高榮譽，「確實，得到它要比得到一個威尼斯的貴族頭銜榮耀得多。」

---

1. 皮耶羅·斯特羅齊是1537年蒙泰穆洛戰役中失利的那位將軍菲利波·斯特羅齊的兒子。－英譯注

他走了以後又去找陛下講了這件事，陛下笑了一會兒說：「現在我想讓他知道我贈送歸化證書的目的。去任命他為他居住的那個小內洛城堡的領主，那是我的一部分領地。對他來說，這要比歸化證書容易懂得多。」一個送信員把特許狀給我送來了，我接到以後要給他賞金，他拒絕接受，說是陛下的命令。

那份歸化證書和城堡的特許狀，我回到義大利時又帶了回來。無論我走到哪裡，無論我在哪裡壽終正寢，我都要盡力把它們保存好[1]。

20

現在我要繼續講述我的生平。我手頭有幾件前面已經提到的活兒，也就是朱庇特銀像、金鹽盒、大銀器皿和兩個銅頭像。我又開始鑄造朱庇特像的墊座，用的材料是銅，上面有精美的裝飾物，其中有搶奪該尼墨得斯[2]的淺浮雕像，另一邊是勒達與天鵝。這件活兒鑄造得非常漂亮。我還為朱諾像鑄造了一個同樣的墊座，國王要是給我銀子讓我做那尊像的話，我也打算動手做。

由於進度很快，我同時製作朱庇特銀像和金鹽盒。銀器的製作取得了很大的進展，兩個銅頭像業已完成。我還為費拉拉樞機主教做了幾個小玩意兒，還有一件十分精美的小銀器我是準備送給埃當普夫人的。幾位義大利貴族，也就是皮耶羅·斯特羅奇閣下、安圭拉拉伯爵、皮蒂利亞諾伯爵、米蘭朵拉伯爵以及其他很多人，也都給了我活兒幹。

如前所述，我十分賣力地為偉大的國王效勞。他回到巴黎的第三天就來到我家，陪同的有一大群他的主要貴族。他看到我做了恁多活兒，而且做得恁漂亮以後感到十分驚奇。他的情婦埃當普夫人和他在一起，他們開始談論楓丹白露。她對陛下說，他應該讓我做件漂亮的東西來裝飾他心愛的住所。陛下馬

---

1. 這份歸化證書一直保存至今。－英譯注
2. 該尼墨得斯是希臘神話中美麗的牧羊少年，宙斯愛上了他以後化作鷹把他搶走，帶到奧林匹斯山上當自己的侍酒童子。

上回答說:「說得好,現在我馬上就決定讓他做什麼。」然後他轉過身來,問我為那個美麗的噴泉做什麼合適[1]。我提了好幾個建議,他也發表了自己的意見。接著他說,他要在聖日爾曼昂萊住十五到二十天,那裡離巴黎有十二里格遠[2]。在此期間,他想讓我為那個漂亮的噴泉做個模型,要用我能想像的最華麗的風格,因為他對那個住處的喜愛超過了他整個王國裡的一切。所以,他要我盡最大的努力做出真正漂亮的東西來,我答應一定會那樣做。

國王看到有恁多完成的作品擺在他面前,就對埃當普夫人讚歎道:「我從來沒有擁有過一位更讓我滿意的藝術家,也沒有任何一位藝術家更值得厚待,我們一定要設法留住他。他出手大方,是一位令人愉快的好夥伴,而且工作勤懇,所以我們要多多關心他。請想一想,夫人,多少次他來找我或者我去找他,他從來都沒有要求過任何東西。由此可以看出,他一心都撲在了工作上。我們一定要儘快地為他做點事,否則將有失去他的危險。」埃當普夫人回答說:「我一定會提醒你。」然後他們就走了。

除了我已經開始做的活兒以外,我又接了噴泉的模型,於是就不辭辛勞地幹了起來。

21

將近一個半月以後,國王回到了巴黎。在此期間,我一直夜以繼日地幹著,這時我就帶著模型去見他。模型做得很好,我的意圖看上去一目了然。大約就在這個時候,皇帝與國王之間的惡戰再一次爆發,所以我發現他憂心忡忡。[3]不過我對費拉拉樞機主教說,我帶來了陛下要我做的一些模型,求

---

1. 在這裡以及在下面,切里尼把楓丹白露這個地方和楓丹白露泉混為一談了。—英譯注
2. 該地離巴黎並沒有切里尼說的那麼遠。—英譯注。里格為舊時的長度單位,約合五公里。—漢譯注
3. 切里尼是指1542年 5 月重新開始的戰事。—英譯注

他有了機會替我說句話，以便我能拿給他看，我相信國王見了會非常高興。

　　樞機主教照我的話做了。他一說到那些模型，國王就來到了我放置它們的地方。第一個模型是為楓丹白露的宮門準備的。我不得不對那扇門的結構做了一些改動，它又寬又低，是有缺陷的法蘭西風格。門口幾乎是個正方形，上面是個半圓，扁得像個籃子的提手。國王想在這裡放一尊像來代表楓丹白露的守護神。我改動了門口的比例，在上面放了一個標準的半圓形。兩邊我用了凸出物，帶有適當的柱腳和飛簷。這樣對各個部位進行安排通常要求有柱子，我沒有用柱子，而是在一邊做了一個森林之神。一個有點超過了半浮雕，它舉起一隻手支撐著飛簷，另一隻手拿著一根粗棍，滿臉殺氣，令人望而生畏。另一個的支撐姿勢與第一個相同，但面部和其他一些細節有所變化，比如說他手拿一根鞭子，上面有連在一起的三個球。雖然我稱他們為森林之神[1]，但除了有小角和羊頭以外，看起來根本就不像森林之神，其餘的部分完全是人形。在上面的弧形窗上，我安排了一個女子像，她姿態高雅地躺著，左胳膊放在一隻牡鹿的脖子上[2]，這種動物是國王的標誌之一。在一邊我用半浮雕製作了一些幼鹿，又用淺浮雕製作了一些野豬和其他的野生動物。另一邊是噴泉所在的美麗的森林中常見的幾種獵狗。[3]整個作品圍在一個長方形之中，每一個角上有一個淺浮雕的勝利女神像，像古代人那樣拿著火炬。長方形的上方是一條火蛇，那是國王特有的紋章圖案，另外還有很多其他的與整個愛奧尼亞式建築風格相協調的裝飾物。

1. 森林之神是希臘神話中酒神狄俄尼索斯的助手，因而從他那裡繼承了山羊式的面貌，長有羊蹄、長毛腿、尾巴和犄角。
2. 但從這件作品的照片上來看，放在鹿脖子上的應為右胳膊。
3. 該作品現存於巴黎的羅浮宮。－英譯注

22

　　國王看到這個模型後心情豁然開朗，一下子忘掉了過去兩個小時裡一直進行的令人疲憊的爭論。我一看他像我希望的那樣高興起來，就亮出了另一個模型，這是他沒有想到的，因為他不無道理地認為第一個的效果已經足夠了。這個模型高 2 肘尺多一點，塑造了一個純正方形的噴泉，四周是漂亮的臺階，其相互交叉的方式在法蘭西從不為人所知，就是在義大利也很不尋常。噴泉的中央我放置了一個墊座，比水池的邊高出來一點，上面放了一尊裸體男子像，其大小比例與整個設計相協調，體形極為優美。他右手高舉著一杆斷矛，左手放在一把彎刀上，身體重心落在了左腳，右腳踩著一個製作得最為豪華的帽盔。噴泉的四個角上各有一尊像，均在水池平面以上，並伴有很多漂亮的與之相協調的象徵物。

　　國王開始問我，這樣設計所體現的豐富想像到底能說明啥。他說，門的設計不用解釋他也能看懂，但噴泉的設計他卻看不明白，儘管看上去極為漂亮。他還知道，我與那些蠢人不同，他們做出的東西也挺好看，但說不出它有啥意義。

　　於是我就把注意力放到闡述上，他已經對我的作品感到滿意，我還想讓他對我的談吐感到同樣滿意。「讓我告訴神聖的陛下，」我開始說道，「整個模型是嚴格按比例製作的，即便是把它放大做成實物，它的優美和精巧絲毫也不會受到損害。中央的那尊像打算讓它高出地面五十四尺。」國王一聽露出了驚訝的神色。「讓它代表戰神瑪爾斯。其他的像則代表陛下喜愛並慷慨資助的藝術和知識。右邊的這一個象徵著『學問』，您可以看到那些伴隨物表示『自然科學』及其附屬的學科[1]。下面一個表現的是『設計藝術』，

---

1. 在切里尼的時代，「自然科學」的附屬學科主要是指煉金術、占星術和天文學，與現代「自然科學」的概念有所不同。

包括『雕塑』、『繪畫』和『建築』。第三個是『音樂』，它是不能被精神文化領域遺漏的。另一個看上去寬厚仁慈的人物代表『慷慨』，缺了它我們就看不見上帝賦予的智慧。我把陛下本人塑成中央的那尊巨像，因為您是真正的戰神瑪爾斯，世界上唯一的勇敢者，您以正義和虔誠的精神，用您全部的勇敢來捍衛自己的榮譽。」

我的演說剛剛結束，他就大聲喊道：「毫無疑問，我在這裡找到了一個正合我心意的人。」然後他喊來了負責為我提供物品的司庫，讓他們支付我要求的一切，無論花費有多大。接著他把手搭在我的肩膀上說："Mon ami"（意思是「我的朋友」），我不知道是誰更高興，是那位找到了一個知音的君主，還是那位找到了一個君主的藝術家，因為這位君主願意為他提供資力，讓他實施自己偉大的計畫。」我回答說，如果我果真是陛下所說的那個人，我的運氣當然要好得多。他笑著回答說：「應該說彼此都是一樣的。」然後我就興高采烈地走了，回去繼續幹我的活兒。

23

根據厄運的安排，我與埃當普夫人的交往則並不那麼愉快。那天晚上，她從國王嘴裡聽到整個事情的經過，氣得她怒火中燒，大聲叫道：「如果本韋努托讓我看了那些精美的作品，他就會給我理由要我在適當的時候想著他了。」國王試圖為我辯解，但還是無法使她息怒。

我聽說了這件事以後就等了十五天，在此期間他們在諾曼第巡視一番，遊覽了盧昂和第厄普。等他們回到聖日爾曼昂萊，我帶著那個埃當普夫人讓我做的漂亮的小銀器去見她，希望送給她以後能重新得到她對我的好感。於是我拿著這件作品，向她的護理員通報了我的到來，並讓她看了我給她的女主人帶來的禮物。這位婦女十分友好地接待了我，說她要稟報夫人一聲，夫人正忙著梳妝打扮，一旦她打扮好就馬上讓我進去。護理員如實地向夫人

作了彙報，夫人輕蔑地回話說：「讓他等著。」聽到這話，我就耐著性子在那裡苦等，而這是我最不願意幹的事。不過等到過了午飯時間，我就坐不住了。時間一點點過去，餓得我饑腸轆轆好難受，我再也支持不住了，就匆匆地離開了那裡，不管她那麼多了。

然後我就去找洛林樞機主教，把那件銀器送給了他，只求他在國王面前替我多多美言。他說沒有必要那樣做，如果真有必要的話他肯定會為我說話的。然後他喊來了他的司庫，在他耳邊小聲嘀咕了幾句。司庫一直等到我向樞機主教告辭，隨後他對我說：「本韋努托，跟我來，我要敬你一杯美酒。」我不明白他的意思，對他說道：「司庫先生，看在天主面上讓我喝一杯酒吃一口麵包吧，我實在是要餓昏了。今天一大早我就到埃當普夫人家門口，從那時一直餓到現在。我去給她送那件漂亮的鍍金銀器，煞費苦心地想讓她瞭解我的用意，可她故意刁難我，讓我在那裡苦等。現在我很餓，感到體力下降。按照天主的意願，我現在把我的禮物和勞動成果送給了一位更般配它的人。我只向你要點東西喝，我生性暴烈，受不了饑餓的折磨，現在已經筋疲力盡，眼看就要癱倒了。」我正上氣不接下氣地說著，他們給我拿來了好酒和其他精美的食物，足夠我大吃一頓。酒足飯飽以後我又來了精神，一肚子的惱怒早已煙消雲散。

好心的司庫給了我 100 金克朗，我說啥也不要。他報告給了樞機主教，主教罵了他，叫他用武力迫使我把錢收下，要是辦不好這件事就不要再回去了。司庫氣呼呼地又回頭來找我，說以前樞機主教從來沒有這樣罵過他。可當他把錢硬塞給我時，我還是表示了拒絕，於是他很生氣地說要動武迫使我接受。我只好把錢收下了。我想當面向樞機主教致謝，他通過一個祕書傳話說，有了機會他一定為我幫忙。

當晚我就回到了巴黎。國王聽說了這件事以後，和他身邊的人一起將埃當普夫人嘲笑了一通。這更增加了她對我的敵意，導致她後來對我下毒手，這件事到了適當的時候和場合再說。

24

在我自傳的前面一部分，我本應該記錄下我和一個人的友情，此人是我在這個世界上所認識的最有教養、最富有感情、最重友誼的一個人。他就是圭多·圭迪先生，一位能幹的醫生和醫學教師，也是佛羅倫斯的一名貴族。[1] 厄運給我帶來的無窮無盡的災難使我在前面沒有提到他。我對他的回憶只有東鱗西爪的那麼一點，但我能一直把他銘記心頭也就夠了。我發現我人生的戲劇需要他出場了，我要在我這一最痛苦的時刻提到他，以便使我回憶起他對我的好處，因為在這個時候，他就是我的安慰和依靠。

那麼，圭多先生來到了巴黎。我認識他不久就把他領進我的城堡，在那裡給他安排了一套房間。我們在一起愉快地度過了幾年的時光。來到這裡的還有帕維亞主教，也就是德·羅西閣下，他是聖塞孔多伯爵的兄弟。[2] 我把這位紳士從旅館裡搬到我的城堡，也給他安排了一套房間，他在那裡住了好幾個月，還有他的僕人和馬匹。還有一次，我留路易吉·阿拉曼尼先生和他的幾個兒子在城堡裡住了幾個月。我能這樣以低微的地位而為那些身份高貴和有學識的人效勞，真是托了天主的福。

還是回頭說圭多先生。我住在巴黎的那些年，我們一直交情篤厚，經常為各自在藝術和知識方面取得的進步在一起歡慶，而取得這些進步所需要的費用，都是由我們的保護人，也就是那位非常偉大和令人欽佩的君主所支付的。我可以問心無愧地說，我的一切，我製作的所有精美藝術品，都應該歸屬於那位非凡的國王。所以我要繼續講述關於他和我為他製作重要藝術品的話題。

---

1. 法蘭西國王在1542年以前就派人找他，後來任命他為御醫和皇家學院的醫學教授。他於1548年返回佛羅倫斯。－英譯注

2. 帕維亞主教曾在卷一第 126 章中出現過。他的兄弟聖塞孔多伯爵是法國軍隊裡的一名將軍，因此主教來到了巴黎。他於1545年回到義大利。－英譯注

25

我在城堡裡有一個網球場,我從那裡獲益匪淺。那座建築物還包括一些小住宅,裡面住著各色人物,其中有一個印書匠,在他那一行裡頗有名氣。他的整個住所差不多都在城堡裡,就是印刷了圭多先生第一部優秀的醫學書籍的那個人。[1]我想用他的住宅,就把他趕走了,但很費了一番周折。

另外還有一個鉀硝製造商,我想把他的房間安排給我的一些德意志工匠,可他就是不願離開那地方。我再三說好話,請他歸還我的房間,因為我想讓我的工匠住,他們都是為國王效勞的。我說話越客氣,那個畜生的回答越傲慢,最後我通知他三天內搬出去。他當面嘲笑我,說他會在三年頭上再考慮這個問題。當時我還不知道,他的靠山就是埃當普夫人。要不是我考慮到與那位夫人的關係而稍微謹慎了一些,我立馬就會把他攆走,不過這時我想,最好還是把性子壓三天再說。

期限一過,我二話沒說,帶著一幫手拿武器的德意志人、義大利人和法蘭西人,另外還有很多我雇的工匠,眨眼光景就把他的屋子裡面掃蕩一空,把他的東西扔到了城堡外面。我之所以要採取這些稍微嚴厲的措施是因為他曾經對我說過,他從來沒有聽說過哪一個義大利人有權力或有膽量敢動他屋裡的一枚鐵戒指。那麼,我收拾了他以後他來找我,我對他說:「在義大利,我是所有的義大利人中最微不足道的,我所做的與我想做的相比簡直不值一提,你嘴裡要是再迸一個字,我就叫你嘗嘗我的厲害。」另外我又說了一些威脅和辱罵他的話。

那傢伙嚇得目瞪口呆,趕快把他的家當收拾收拾就跑去找埃當普夫人,把我描繪得如同惡魔一般。她是我的死對頭,於是就在國王面前把我醜化得比惡魔還要惡魔。她的嘴更能說,影響力也更大。後來我聽說,陛下曾兩

---

1. 這部書於1544年出版。這位印刷商就是皮埃爾·戈蒂埃。—英譯注

次動怒，並被提醒要整治我。但他的兒子亨利王儲，也就是現在的法蘭西國王，以前曾當眾受到過這個悍婦的侮辱，於是他就和國王弗朗索瓦的姐姐那瓦爾王后一起巧妙地護著我，結果國王對這件事一笑了之。這樣，由於天主的幫助，我躲過了一場大災大難。

26

我還要以類似的方式對付另一個傢伙，但沒有把他的家毀掉，只是把傢俱扔到門外了事。這一次，埃當普夫人又蠻橫地告訴國王說：「我相信，不久那個魔鬼就要洗劫巴黎了。」國王有些生氣地回答說，我只不過是保護自己免受那些賤民的傷害，他們阻礙了我為國王效力，所以我那樣做是完全正當的。

這個女人報復的欲望越來越強烈。她派人找來一個住在楓丹白露的畫家，國王也幾乎總是住在那個地方。這個畫家是義大利的博洛尼亞人，人稱「博洛尼亞」，實際上他的真名叫弗朗切斯科·普里馬蒂喬[1]。埃當普夫人建議他從陛下手裡要回來已經交給我的那個噴泉活兒，並說她會全力支持他，就此他們達成了共識。博洛尼亞欣喜若狂，以為自己蠻有把握做好這件活兒，儘管這和他從事的並不是一個行當。不過他是個傑出的設計大師，身邊聚集了一大批工匠，都屬於我們佛羅倫斯畫家羅索的學派。毫無疑問，羅索是一位享有盛譽的藝術家。實際上他自己最佳的才藝都是受羅索那令人欽佩的風格影響，那時羅索已經去世了。

這些花言巧語，再加上埃當普夫人有力的影響，終於說服了國王，因為他們畫夜不停地在國王面前叨叨，有時候是夫人，有時候是博洛尼亞。最能使國王動心的是他們串通一氣說的這段話：「神聖的陛下，本韋努托怎麼可能完成

---

1. 普里馬蒂喬（1504－1570），畫家、雕塑家、建築家，1532年移居楓丹白露，先後為法蘭西三位國王效力並受到器重，與羅索同為法蘭西風格主義之父和楓丹白露學派的創始人。－英譯注

您要的那十二尊銀像呢？到現在他連一個也沒有做好。如果您讓他承擔如此重大的一項工程，您就會不可避免地失去您想得到的其他東西。就是一百個最能幹的工匠，也無法完成這一個大能人接到手的這麼多重要的活兒。我們可以明顯地看出來，他特別喜歡幹活兒，但他這個烈性將會使陛下同時失去他和他的傑作。」由於他們善於抓住時機向國王灌輸這些意見，國王同意了他們的請求，不過這個時候博洛尼亞既沒有為噴泉搞出來設計，也沒有製作出來模型。

27

就在這時，我從城堡裡裡攆走的第二個房客在巴黎對我起訴，他佯稱我當時偷了他大量的財物。這場官司折磨得我苦不堪言，耗費了我大量的時間，絕望之中我常想離開這個國家。法國人喜歡透過起訴外國人來發大財，或者起訴那些他們認為懶得打官司的人。一旦他們發現能夠從官司中得到些好處，就馬上想辦法把它轉賣出去，有些人甚至把官司作為其女兒的嫁妝送給那些經營這一買賣的男人。他們還有一個陋習，那就是幾乎所有的諾曼人都作偽證，所以那些花了錢買通官司的人，馬上就可以根據需要雇四個或六個作偽證的人。他們的對手要是不知道這個習慣而沒有花錢雇同樣多的偽證人，必定要輸掉這場官司。

這樣的事情都讓我碰上了。我認為這樣破壞公正是最不光彩的事情，於是就來到巴黎的大廳為自己辯護。在那裡我見到一位法官，他是國王負責民事案件的助理，高高地坐在法官席上。他又高又胖，神色極為嚴肅。他的左右兩邊站著很多律師和辯護人。其他的人一個接著一個地進來向法官解釋他們的案件。我還時常注意到，法官席旁邊的那些代理人都是一齊說話。那個非凡的人物使我仰慕不已，他簡直就是普路托的化身[1]，一個接著一個地認

---

1. 普路托是羅馬神話中統治陰間的神。

真聽著每個人的談話，然後一一給予回答，看上去學識淵博、足智多謀。我總是喜歡觀看和體驗各種技藝，所以我不會輕易錯過這一場面。

那個廳非常大，裡面有很多人，無關的人員嚴禁入內，門是關閉的，有一個警衛把守著。有時候，警衛為了阻止某個局外人進來就大叫大嚷，法官受到打擾後就氣憤地轉過身來訓斥他。這種事經常發生，所以我注意到了這一點。有一次，兩個紳士要擠進來觀看，門衛用力擋住他們，這時法官抬高了嗓門兒，說出了下面這句我聽得真真切切的話：「安靜，魔鬼，出去，閉嘴。」這句話在法語裡的發音是這樣的："Phe phe, Satan, phe, phe, alé, phe!"[1] 當時我的法語已經學得很好，聽到這句話我就想起了但丁用它的意義，那時他和他的老師維吉爾走進了地獄之門。但丁和畫家喬托一起在法蘭西，尤其是在巴黎城，根據我剛才描述的情況，這裡的法庭真可以叫做地獄。但丁也很懂法語，他用了剛才說過的那句話，使我感到奇怪的是這一解釋還從未見於經傳，這的確使我更加相信，評論家們讓他說的那些話，實際上他本人根本就沒有想到過。[2]

28

現在言歸正傳。律師們把法庭的判決書交給了我。我一看這場官司算是不明不白地輸掉了，就去拿我帶的一把大匕首來自衛，因為我總是喜歡佩帶漂亮的武器。我攻擊的第一個人就是那個控訴我的原告。一天晚上，我重創了他的腿和胳膊，不過我小心沒有把他殺死，只是把他的兩條腿廢了。然後我又找到那個買通官司的傢伙，收拾了他一頓之後他就洗手不幹了。

我想答謝天主的這一次以及其他的每一次安排，並希望能擺脫煩惱，清靜一些時候，於是我就吩咐家裡的年輕人，尤其是義大利人，一定要認真完

---

1. 義大利原文為 Paix, paix, Satan, allez, paix. 這句話來自但丁《神曲·地獄篇》的第七章第一行。－英譯注
2. 切里尼這樣理解但丁的詩句實在有些勉強。

成我交給他們的任務，幫助我做完我手頭的活兒。我想這些活兒很快就會完成，然後我就打算回到義大利，再也不想和這些法蘭西的無賴打交道了。還有那好心的國王，一旦他生了氣，就會因為我的很多自衛行為而懲治我。

　　我要說一說這些義大利人是誰。第一個，也是我最喜歡的一個，就是那不勒斯王國塔利亞科佐的阿斯卡尼奧。第二個是羅馬人帕戈洛，他出身低賤得連自己的父親是誰都不知道。這兩個人在羅馬就跟著我，我一路上把他們帶來的。另一個羅馬人也是專門投奔我的，他也叫帕戈洛，是馬卡羅尼家一個落魄貴族的兒子，在藝術上才疏學淺，但卻是一個優秀勇敢的劍客。還有個費拉拉人名叫巴爾托洛梅奧・基奧恰。另一個是名叫帕戈洛・米切里的佛羅倫斯人。他兄弟外號叫「加塔」[1]，是個聰明的辦事員，但為經營富商托馬索・瓜達尼的房地產而花了太多的錢。這個加塔為我整理帳本，那上面記的都是最篤信基督教義的陛下和其他雇主的帳目。帕戈洛・米切里從他兄弟那裡學會整理以後，就繼續為我幹這件活兒，我付給他的薪水相當優厚。據我判斷，他像是一個很老實的小夥子，因為我發現他很虔誠，有時候我聽見他小聲唱讚美詩，有時聽見他撥弄著念珠喃喃禱告，就相信了他那佯裝的德行。

　　於是我把這個小夥子叫到一邊，對他說：「帕戈洛，我最親愛的兄弟，你在我這裡很受器重，而你以前卻無依無靠，另外你還是個佛羅倫斯人。我更信任你還因為我發現你對神十分虔敬，我對此非常滿意。所以我求你幫幫我的忙，因為我不能像信任你這樣信任你的任何一個同伴。我想讓你密切注意兩件最重要的事，它們已成為我的一大心病。第一件事，我讓你看管好我的財產以免被人偷去，你自己也不要動它。第二件，你知道那個可憐的女孩卡泰麗娜，我主要是為了藝術而供養著她，因為我不能沒有一個模特兒。但作為一個男人，我還要拿她來取樂，所以她可能會為我生育一個孩子。當然，我不想去養

---

1. Catta 在義大利語中為「母貓」之意。

另一個男人的野種，也不想戴綠帽子受辱。如果這個家裡的任何人膽敢打這一類的主意，一旦讓我知道，我相信我會毫不猶豫地把她和他統統殺掉。因此，親愛的兄弟，我請你幫幫我，如果你發現任何動靜就馬上告訴我，我一定會把她、她娘和她的野漢子送上絞刑架。但你自己要首先注意不要陷進去。」

那個無賴從頭到腳畫了一個大十字並高聲說道：「啊，神聖的耶穌！願天主戒除我絲毫的邪念！首先，我沒有沾染那樣的惡習；其次，你以為我不知道你對我的大恩大德嗎？」他說這話時一副真誠的樣子，我一聽就信以為真。

29

這次談話以後過了兩天，馬蒂奧·德爾·納扎羅先生[1]在一個節日請我和我的工匠到一個花園裡去娛樂。他是個為國王效力的義大利人，和我們幹的是同一行，具有卓越的藝術才能。我準備好以後，讓帕戈洛也和我們一起到外面玩一玩。在我看來，那場官司引起的煩惱已經消解。這個年輕人這樣回答說：「說句老實話，不留人看家將鑄成大錯。看看這裡有多少金銀寶石吧。像我們這樣住在一個盜賊橫行的城市裡應該日夜警惕。我要一邊看家一邊禱告，你們就放心去玩去散心吧，過幾天再找個人替我在這裡看門就是了。」

我以為這下可以放心地走了，就帶著帕戈洛、阿斯卡尼奧和基奧恰到了花園，在那裡愉快地玩了大半天。不過到了後半晌，太陽快落的時候，我逐漸起了疑心，想起了那個孽障伴裝率真所說的那一番話。於是我騎上馬，帶上兩個僕人回到了城堡，在那裡差一點當場抓住正在幹醜事的帕戈洛和那個小騷貨卡泰麗娜。

我一到地方，她那個拉皮條的法蘭西母親就尖叫起來：「帕戈洛！卡泰麗娜！師父回來啦！」我看見兩個人魂不附體地過來了，身上的衣服凌亂不整，

---

1. 馬蒂奧為義大利的維羅納人，在法蘭西從事雕刻、製模和音樂工作。─英譯注

恍惚之中說話語無倫次，手腳不知所措，一看就知道他們幹了啥事。我頓時就氣炸了，拔出劍來要把他們兩個都殺掉。那男的掉頭就跑，女的撲通一聲跪到地下，尖叫著向天主求饒。盛怒之下我想先幹掉男的，但還沒來得及趕上他就轉了念頭，心想還是把他們兩人都趕走算了。我幹的暴行已經夠多了，要是把他殺掉，恐怕自己的性命也難保住。於是我對帕戈洛說：「你這個流氓，我要是親眼從你的行為和外表上看出我不得不信的東西，就會用這把劍把你的肚子扎成蜂窩。快滾蛋，不要讓我再看見你。你要是念主禱文就去念聖朱利亞諾的吧。」[1]然後我就對那娘兒倆一頓拳腳相加，把她們統統趕跑了。

她們決定控告我，並找一個諾曼辯護人商量，此人建議她們指控我按義大利的方式玩弄了那個女孩，這句話的意思幾乎不需要我解釋[2]。這個人分析說：「一旦這個義大利人聽說你們的指控，他至少要支付幾百達克特的現金，因為他知道這有多麼危險，知道這一罪行在法蘭西所受的懲罰有多重。」這件事他們就商定了。這一指控遞交上去以後，我收到了法庭的一紙傳票。

30

我越是想安寧，就越是被各種麻煩事所困擾。這樣天天受到各種各樣的迫害，我就考慮這兩條路到底應該走哪一條：要麼離開該死的法蘭西，要麼像我以前做過的那樣一拼到底，看看天主會讓我咋樣。我苦思冥想了好長時間，最後還是決定走為上策，我不敢再招惹是非，以免把我送上絞架。我的主意已經拿定了。我把不能帶的東西都扔掉，較輕的物品我和僕人都儘量帶上。然而我還是極不情願地等待著離開。

---

1. 典出薄伽丘《十日談》裡第二天的第二個故事。商人林納多在一大早出門上路之前先念了一段聖朱利亞諾的主禱文，祈求路上平安無事，結果還是被強盜洗劫一空。
2. 即指控切里尼雞奸了那個女孩。

我把自己一個人關在一間小書房裡。我的年輕人勸我走，我對他們說，還是先讓我一個人安安靜靜地考慮一下這一步，儘管我很贊成他們的意見。以我的分析，我要是能免遭監禁並躲過這場災難，我就能給國王寫信解釋這件事，向他陳述這是我的仇人為了毀掉我而蓄意設下的圈套。而且如上所述，我已經考慮走這一步。

　　就在我站起身要走的時候，一個神靈抓住我的肩膀把我轉過身來，我聽到一個慷慨激昂的聲音說道：「本韋努托，大膽去做，一如既往，不必害怕！」於是我馬上就改變了整個計畫，對我的義大利人說：「帶上你們的精良武器跟我來，不折不扣地執行我的命令。不要有別的想法，現在我決定要出頭露面。我要是離開巴黎，你們明天就會消失得無影無蹤，所以聽我的命令跟我走。」他們異口同聲地說：「我們在此靠你為生，因此只要我們還能活著聽你使喚，就應該跟你走並支持你。在這件事上你比我們拿得准，只要你一走，你的仇人就會要我們的命。我們一定要記住，我們在這裡已經開始了多麼偉大的工程，它們又是多麼重要。沒有你，我們就不知道該如何把它們完成，你的仇人就會說，你是被這些工程嚇跑的。」他們還說了很多與這件事有很大關係的話。但第一個使這批人鼓起勇氣的是那個年輕的羅馬人馬卡羅尼，他還從德意志人和法蘭西人中間招收了一些人員，他們都很支持我。

　　我們一共有十個人。我心裡想，一定不能讓他們把我活著投入監獄。我們來到負責刑事案件的法官面前，我發現卡泰麗娜娘兒倆已經等候在那裡了，我到的時候，那兩個女人正和她們的辯護人一起發笑。我擠過去毫無顧忌地喊著法官，他那肥碩的身軀坐在高高的法官席上，比旁人高出一大截。他一看見我就用他的頭威脅我，壓低了聲音說道：「你名叫本韋努托，但這一次你就不受歡迎了。」我明白他的意思，又一次喊道：「趕快處理我的事情，告訴我叫我到這裡有啥事。」於是法官轉身對卡泰麗娜說：「卡泰麗娜，把你和本韋努托之間發生的事都講出來。」她回答說，我按義大利方式

玩弄了她。法官轉身對我說：「你聽見卡泰麗娜證實的事了，本韋努托。」我回答說：「如果我以義大利方式和她親近了，我只不過是做了和你們這些外國人所做的同樣的事。」他抗辯說：「她的意思是說你雞奸她了。」我反駁說，那根本不是義大利方式，那肯定是法蘭西方式，因為她知道得一清二楚，而我則一竅不通。然後我要她解釋清楚，我到底是怎樣和她親近的。那個不要臉的婊子就胡編亂造了一通我對她幹的齷齪事，說得不遮不蓋，不厭其詳。我讓她把作證的話連續重複了三遍。

她說完以後，我就高聲叫道：「法官大人，最篤信基督教義的國王的助理，我請求您主持公道。我清楚地知道，根據最篤信基督教義的陛下的法律，犯這種罪行的主動者和受動者都要判以火刑處死。這個女人已經承認了她的罪行，而我與她說的事毫不相干。她那拉皮條的老娘也在這裡，她應該按兩者之中的任何一個罪名被處以火刑。所以我要求您主持公道。」這些話我以最大的嗓門兒一遍又一遍地喊著，同時還不停地吼叫道：「把她們娘兒倆綁到火刑柱上！」我還威脅法官說，他要是不把她先於我投入監獄，我就馬上去找國王，告訴陛下他的刑事案件助理是如何冤枉我的。

我的對手一看我這樣大吵大鬧就壓低了聲音，而我的聲音反而越來越高。那個小騷貨和她娘哭了起來，我又對法官喊道：「火刑，火刑！把她們拉到火刑柱上！」那個法官席上的窩囊廢一看事情的發展超出了他原來的預料就開始說軟話，試圖為女性的懦弱開脫。這時，我感到我已經在這場險惡的衝突中贏得了勝利，於是就咬牙切齒地說著威脅的話離開了那裡，內心裡卻得意洋洋。

實際上，我本來是非常願意支付 500 克朗來避免在法庭上露面的。躲過這場風暴以後，我由衷地感謝天主，和我的年輕人一起高興地回到了城堡。

31

　　如果厄運，或者說我們這個邪惡的星辰存心要害一個人，它的手段實在是太多了。所以，就在我以為已經走出了災難的深淵，希望災星能讓我安寧一陣子的時候，它又在我驚魂未定之際設計了兩個陰謀來害我。三天之內發生了兩件事，每一次都使我陷入了岌岌可危的境地。

　　其中的一件事是這樣的。我到楓丹白露去找國王商量事情，因為他給我寫了一封信，想讓我衝壓他的整個王國使用的硬幣，並隨信寄來了一些小圖樣說明他對這件事的設想，同時還放手讓我根據自己的想法去製作。於是我按照自己的構思和藝術的理想搞出了新的設計。

　　到了楓丹白露以後，國王委託其支付我費用的一個司庫（他名叫德拉‧法閣下）這樣對我說：「本韋努托，畫家博洛尼亞已經接受國王的委託來製作那個巨像[1]，以前交給你的所有的活兒都轉交給他了。我們都很氣憤，感到你那個老鄉對你太不夠意思了。那些活兒是根據你的模型和試畫交給你的。他從你手裡把活兒奪走了，只不過是沾了埃當普夫人的光。他把活兒接過來好幾個月了，可是到現在還沒有開始做的跡象。」我吃驚地回答說：「我咋不知道這事哩？」於是他對我說，那人對這件事一直藏藏掖掖，他是費了很大的勁兒才從國王手裡把活兒要回來的，因為一開始陛下不願意把活兒交給他，後來靠了埃當普夫人的胡攪蠻纏才使他如願以償。

　　我感到自己被出賣了，這真是天大的冤枉，我不辭勞瘁得到的活兒就這樣被人竊走了，於是我決定正經八百地去做一件事，腰裡帶上我的那把好劍去找博洛尼亞。

　　他在屋裡正忙著畫畫。他讓僕人把我領進來，以他那倫巴第人的方式向我致以問候，並問是啥香風把我吹來了。我回答說：「最香的風，非常重要

---

1. 即前面提到的噴泉中戰神瑪爾斯的像。—英譯注

的風。」於是他叫人拿酒來，說：「開始談話以前先喝兩杯，這是法蘭西的習慣。」我回答說：「弗朗切斯科先生，你要知道，我們要談的話不需要在開始時喝酒，談完以後也許我們會高興地喝上一杯。」然後我就這樣談起了正事：「凡是想被人稱為正人君子者，都會以自己的行為向人顯示自己的本色。他們要是反其道而行之，就會辱沒君子的美譽。你知道國王把那個巨像的活兒交給了我，在過去的十八個月裡，人們都在談論著這件事，但不論是你還是任何人，都沒有站出來對此表示過異議。我以自己偉大的作品使陛下知道了我，他看中了我的模型以後把活兒交給了我。在這好多個月裡，我從來沒有聽到過二話，只是今天上午我才聽說你得到了它，把它從我手裡偷走了。我是靠自己表現出的才能而得到了它，你不過是憑著空口說白話把它從我手裡奪走了。」

32

對此博洛尼亞回答說：「啊，本韋努托！所有的人辦事都是不擇手段的。如果這是國王的意願，你還有啥話可說？你只能是白費時間，因為我已把它拿到手，它就是我的了。告訴我你打算咋辦吧，我洗耳恭聽。」我回答說：「我想讓你知道，弗朗切斯科先生，我能說出很多無可爭辯的話，這些話能使你相信，你所說的和使用的辦事方法在有理性的人中間是行不通的。不過我想很快地切入正題，注意領會我的意思，因為這件事很重要。」

他好像要從座椅上站起身來，因為他發現我顏色更變、五官挪移。我對他說，還不到起身的時候，還是坐下來聽我說為好。然後我又接著說：「弗朗切斯科先生，你知道是我先接的活兒，而且人人都能以適當的方式對我這一權利提出質疑的時間也早已過去。現在我告訴你，如果你做一個模型，我除了那個已經拿出來的以外再做一個模型，這樣我會感到很滿意。然後，我們拿著各自的模型平心靜氣地去見偉大的國王，這樣誰能贏得最佳設計的榮譽，誰就理所當然地得到這件活兒。如果它落到你手裡，你對我造成的巨大

傷害將一筆勾銷，我會求神為你賜福，因為你比我更適合去承擔一項如此浩大的工程。這樣一言為定，我們就是朋友，否則就是仇人。永遠主持正義的天主和知道如何維護正義的我，將會告訴你究竟犯了多大的錯誤。」

弗朗切斯科先生回答說：「這件活兒是我的，因為它已經給了我，我不想拿我已經到手的東西去冒險。」我反駁道：「弗朗切斯科先生，如果你不走公平合理的正道，我會給你指出另一條道，這條道就像你走的那條道一樣又險惡又令人不快。我明白地告訴你，我要是聽見你提一句我的那件活兒，就會像宰一條狗一樣要了你的命。我們既不是在羅馬，也不是在博洛尼亞或佛羅倫斯，這裡是一種截然不同的生活方式。我要是聽說你向國王或別的任何人談起這件活兒，就發誓要把你殺掉。好好想一想你打算走哪條路，是我在前面提到的那條光明大道，還是我剛剛說過的這條窮途末路。」

那個人一時不知所措，我是想馬上攤牌而不想往後拖。博洛尼亞想了一會兒只好這麼說：「我要是行為正派就啥也不怕。」我回答說：「你說得很好，可是你要是另行一套就必定要害怕，因為這件事非同小可。」說完，我就離開他那裡去找國王。

我和陛下商量了一會兒硬幣的式樣，對此我們有不同的看法。他的顧問班子當時也在場，他們不住地勸他要按法蘭西的樣式來鑄錢，以往的錢都是那樣鑄的。我寸步不讓地回答說，陛下把我從義大利召來是要我幹漂亮的活兒，他現在要是不讓我那樣幹我是不會服從的。於是這件事就推到下一次再說，我又馬上回巴黎去了。

33

我剛剛下馬，一個極為熱衷於調嘴學舌的傢伙就來找我，對我說帕戈洛·米切里為那個小騷貨卡泰麗娜娘兒倆買下一座房子，他老是往那裡去，而且他只要一提起我就這樣糟踐我：「本韋努托讓狐狸去看管葡萄，還以為

我不會去吃！現在他自鳴得意地到處說大話，以為我害怕他。但是我現在腰裡佩帶上了劍和匕首，我是想讓他看看：我的兵刃和他的一樣，也是不吃素的。而且我也是個佛羅倫斯人，是米切里家族的，可比他切里尼家強得太多了。」描述這一惡言的無賴把話說得活靈活現，我馬上就感到一股狂熱向我撲來。我說的狂熱指的是真的狂熱，不是簡單的比喻。當時我要是不找個機會把它發洩出來，這一控制住我的瘋狂情緒就會置我於死地。我命令那個費拉拉的工匠基奧恰跟我來，讓一個僕人跟著我的馬。

我們來到帕戈洛這個無恥之徒的家，我一看門半開著就走了進去。我發現他帶著劍和匕首，正坐在一個大箱子上摟著卡泰麗娜的脖子。我進去的時候正聽見他和她娘談論著我。我推開門，拔出劍來用劍尖頂著他的咽喉，不容他想一想自己是不是也帶著兵刃。同時我大叫道：「卑鄙的儒夫！把你的靈魂交給天主吧，你就要死了。」他坐在那裡一動不動地大叫了三遍：「娘，娘，救命！」

我到那裡本是取他性命的，但我聽到這傻裡傻氣的呼喊以後氣就消了一半。我應該補充一句，我已安排基奧恰，不要讓那娘兒倆離開屋，我打算先解決掉那個惡棍以後再對付那兩個破鞋。所以我一直用劍對著他的咽喉，不時地用劍尖扎他一下，同時還狠狠地嚇唬他一通。但我發現他毫無自衛的表示，連一指頭也不動，就考慮下一步該咋辦，我總不能一直這樣威脅著他。

最後我想，乾脆讓他們結婚，等到以後再報仇也不晚。於是，我拿定主意以後就對他說：「怕死鬼，把你手指上的那枚戒指取下來，你就娶她為妻吧。你以後要是能好自為之，我會為你感到高興的。」他馬上回答說：「只要你不殺我，叫我幹啥都行。」「那好，」我說，「把那枚戒指戴到她手上。」我把劍尖從他的咽喉往後撤了幾吋，他給她戴上戒指，這樣兩人就結了婚。但我又說：「這還不行。我要派人找兩個法律文書，讓你們的婚姻得到婚約的認可。」

我吩咐基奧恰去找文書，然後轉身對那娘兒倆用法語說道：「法律文書和見證人就要來了。你們誰要是先把這件事捅出去，我馬上就要他的命，而且把你們仨都殺掉。所以你們要當心，要把嘴閉嚴。」我對帕戈洛用義大利語說：「你要是對我的提議有任何反對的表示，你只要一張嘴我就給你來個透心涼，直扎得你的內臟都流到地上。」他回答說：「只要你答應不殺我，我啥都聽你的。」

法律文書和見證人來了，一份形式有效、符合規定的婚約寫好了，我身上的狂熱也消失了。我付給了法律文書錢以後就走了。

第二天，博洛尼亞專程來到巴黎，並透過馬蒂奧·德爾·納扎羅找我。我去看他，他笑容滿面地迎接我，求我把他當成兄弟，還說他再也不提那件活兒了，他明確地承認我是對的。

34

如果我不承認在這些事上我有做錯的地方，世人就會認為怎麼橫豎都是我的理，結果我做得對的地方人家也不相信了。所以，我承認對帕戈洛·米切里進行如此奇特的報復是一個錯誤。事實上我要是相信他是那樣軟弱無能，就不會想出下面要講的那個歪點子來糟踐他了。

我讓他娶了一個浪婊子為妻以後感到還不滿意，為了完成我的報復，我就請她做我的模特兒，並按模特兒對待她。我每天給她 30 個蘇[1]，預先支付，還有一頓美餐，要她赤身裸體在我面前擺好姿勢，然後我就與她交歡。這是出於對她丈夫的怨恨，同時也是對他們兩人的嘲弄，而且我一連幾個小時讓她保持姿勢，實在讓她遭罪不輕。這帶給了她很多煩惱，卻給了我很多快樂，因為她長得美，作為一個模特兒，她給我帶來了很多榮譽。

---

1. 舊時法國的低值錢幣，20 個蘇等於 1 法郎。

後來，她發現我對待她的動機和她結婚以前不一樣了，於是就開始發牢騷，以法蘭西人的方式大肆吹噓她丈夫，他當時正效力於皮耶羅·斯特羅齊的兄弟、卡普阿最高執政官。她第一次這樣做的時候，我一聽見她提起那個傢伙就怒火滿腔。但我還是強壓怒火忍了下來，心想我很難再找到一個像她這樣合適的藝術物件了。所以我心裡就盤算著：「我在報兩種不同的仇。首先，她已經結婚了，我對她丈夫正在做的事情要比他當初對我做的事情嚴重得多，那時她不過是個生活放蕩的女孩。這樣我把怨恨全都發洩到他身上，同時又讓她長時間地擺出了鑽古怪的姿勢活受罪，而我不僅能得到快樂，還能通過藝術實現名利雙收，到了這一步我還想要啥？」

我正這樣思來想去，那個賤貨變本加厲地狠說難聽話，老是吹捧她丈夫，把我氣得實在忍受不住了。我抓住她的頭髮在屋子裡拖來拖去，對她一陣子拳打腳踢，直到我沒勁兒了才住手。誰也不能過來幫她。我痛打她一頓以後，她發誓再也不來找我了。這時我才第一次發覺我做錯了事，我要失去一個極好的模特兒，她在藝術上給我帶來了榮譽。另外，我看到她渾身上下青一塊腫一塊，心裡想：即便是我能勸她回來，也要為她治療，至少兩個星期才能用她。

35

現在還說卡泰麗娜。我派我的老女僕幫她穿衣，她名叫魯貝塔，心腸極為慈善。她給那個可憐的賤骨頭送吃送喝，在她最重的傷口上擦一點蠟油，剩下的肉她們就分吃了。穿好衣服走的時候，卡泰麗娜辱罵和詛咒著為國王效力的所有義大利人，眼裡流著淚，嘴裡嘟嚷著回家去了。

毫無疑問，我第一次感到自己犯了大錯。魯貝塔這樣責罵我說：「你是個惡魔，這樣野蠻地虐待一個漂亮的姑娘。」我就為自己的行為辯解，向她一五一十地講述了她們娘兒倆在我自己家裡耍弄我的鬼把戲。魯貝塔一聽對我嗤之以鼻，回答說，這種事何足掛齒－那不過是法蘭西的風俗，她敢肯

定，在法蘭西，沒有哪個丈夫是不戴綠帽子的。一聽這話我大笑起來，然後我讓魯貝塔去看看卡泰麗娜咋樣了，我做活兒的時候還想再雇她。老太婆急忙打斷我的話，說我沒有 savoir vivre[1]：「只要等到天亮，她自己就會來；而你要是派人去看她，她會擺架子不理你。」

第二天早上，卡泰麗娜來到我家門前拼命地敲門，我從樓下跑了過去，想看看到底是個瘋子還是自己家裡的人。我一開門，她笑著撲了過來，抱著我就是親吻，問我還生不生她的氣。我說：「不生氣了！」然後她又說：「給我弄點好吃的來。」於是我準備豐盛的早餐，和她在一張桌子上吃了起來，這是與她和好的一種表示。飯後我又讓她做模特兒，在此期間穿插著一些風流韻事。後來，就在和前一天同樣的時刻，她又惹惱了我，我照樣揍了她一頓。這樣有規律地一連幾天故伎重演，幾乎沒有啥變化。

在此期間，我的活兒也完成了，其風格給我帶來了極大的榮譽。接著我開始用銅鑄。這有一定的難度，要是從藝術的角度講一講這些困難倒是蠻有意思的，但這要占去過多的篇幅，因此我就不講了。反正活兒出來以後很漂亮，是人們所見到的一件傑出的鑄造樣本[2]，我這樣說一句也就夠了。

珀爾修斯與墨杜薩
Perseus
1545 ~ 1554
Bronze, height 320 cm
Loggia del Lanzi, Florence

1. 法語詞，大意為「處世之道」。
2. 毫無疑問，這就是《楓丹白露的仙女》，現存巴黎羅浮宮。—英譯注

36

做這件活兒期間，我每天都抽出幾個小時製作那個鹽盒，另外還有幾個小時製作朱庇特像。做鹽盒的人要比我派去做朱庇特像的人多，所以到這時鹽盒已經徹底完工了。

國王已經回到了巴黎，我去拜見他的時候就帶上了鹽盒。我在前面說過，它是橢圓形的，大約有 2/3 肘尺高，純金製造，完全用鑿刀雕刻而成。我在前面講模型的時候說過我是如何表現「海洋」和「陸地」的，他們坐在那裡，腿交錯著，就像我們見到的河口灣和海角那樣，所以從比喻意義上來說，這一姿勢是適當的。「海洋」的右手拿著一杆三叉戟，左手裡放了一隻精工製作的船來盛鹽。他的下面是四匹海馬，從馬頭到前蹄都和我們平常的馬一樣，而身體的其餘部分從中部往後則像一條魚，幾條尾巴美妙地相互交織在一起。這組雕像的上面是坐著的「海洋」，其姿態高貴端莊，四周是多種魚類和其他海洋生物。水由波浪來表示，並塗上了適當的顏色。我把「陸地」描繪成一個很漂亮的婦女，她手拿豐饒角，像那個男像一樣全裸。我在她左手裡放了一個愛奧尼亞柱式建築的小神殿，製作極為精巧，是用來盛胡椒的。她下面是地球上最漂亮的生物，石頭的一部分上了彩，其餘的部分留出金子本色。整個作品置於一個烏木底座上，大小比例適當，但帶有突出的飛簷，我在上面製作了四個超過半浮雕的金像，分別代表「黑夜」、「白晝」、「黃昏」和「黎明」。另外，在同一雕帶上我還製作了四個大小差不多的像，用來代表四種主要的風，部分地方上了彩，其工藝製作出神入化、巧不可階。[1]

我把這件作品拿給陛下看，他驚訝得大叫一聲，目不轉睛地盯著它。然後他讓我把它帶回我家，說他會在適當的時候告訴我咋處理它。這樣我把它帶了回去，馬上派人去請我的幾位最好的朋友。我們在一起愉快地吃著飯，

---

1. 該作品現藏維也納的一座博物館。—英譯注。
   2003年 5 月 11 日，這件稀世珍寶被盜走，2006年 1 月 21 日找回。—中譯注

把鹽盒放在餐桌的中央，這樣我們就成了首先用它的人。

從此以後，我繼續做那尊朱庇特銀像，還有我說過的那件大容器，上面的各種裝飾物和人物像將其點綴得華麗多彩。

37

這時，畫家博洛尼亞向國王提出建議，請陛下派他帶著介紹信到羅馬去鑄造最優秀的古代作品，也就是拉奧孔、克婁巴特拉、維納斯、康茂德、吉卜賽少女和阿波羅。[1] 說實話，這些絕對是羅馬最好的東西。他對國王說，一旦陛下看到那些傑作，那時，也只有到那時，他就能夠批評設計藝術了，因為他所看到的由我們現代人製作的一切，與古代人完美的作品相比差得太遠了。

國王接受了他的建議，並給了他所要的介紹信。於是那個畜生就走了，把他的晦氣也帶走了。他沒有力量和勇氣與我抗衡，就採取了十足的倫巴第方式，通過模仿古人的作品來貶低我的功績。在適當的地方，我還會講到他是如何出色地鑄造了那些人像，但卻得到了一個與他的想像恰恰相反的結果。

這時，我和那個聲名狼藉的卡泰麗娜已經徹底斷絕了關係。那個不幸的年輕人，也就是她丈夫，也已經離開了巴黎。為了完成已經用銅鑄出來的楓丹白露，也為了製作填補弧面窗上方角落的兩個勝利女神像，我又雇了一個大約 15 歲的窮女孩。她長得很美，膚色淺黑，行為有點粗野，不大愛說話，動作麻利，眼睛裡流露出憂鬱的神色。由於這些特徵，我給她起了個外號叫「斯科爾佐內」[2]，她的真名叫讓娜。我以她為模特兒，將銅楓丹白露和那兩個勝利女神像做得完美無缺。

---

1. 拉奧孔在希臘神話中是特洛伊城的一名祭司，和他的兩個兒子一起被毒蛇纏死。克婁巴特拉是西元前 1 世紀時的埃及女王，以美貌和聰慧而著名。康茂德是西元 2 世紀時的羅馬暴君。

2. Scorzone, 義大利語「粗樹皮」之意，是對鄉下人的蔑稱。Scorzone, 還是一種黑色小毒蛇的名稱。－英譯注

這姑娘是個地道的黃花閨女，我把她的肚子弄大了。她在1544年 6 月 7 日的 13 點生下一個女孩，那一年我正好 44 歲。我為嬰兒取名為科斯坦扎，我在前面提到的御醫、我最親密的朋友圭多・圭迪先生把她抱到洗禮盆邊受洗禮。他是唯一的教父，按法蘭西人的習俗只能有一個教父、兩個教母。其中的一個教母是馬達萊娜夫人，她是佛羅倫斯的一位紳士、有才華的詩人路易吉・阿拉曼尼先生的妻子。另一個教母是里恰爾多・德爾・貝內先生的妻子，其夫是我們佛羅倫斯籍的居民，當時是巴黎的一個大商人，她本人則是法蘭西一個華貴之家的千金。

　　據我所知，這是我的第一個孩子，我把她寄養到一個姨媽那裡，我給了那女孩足夠的錢做嫁妝，以此來讓她姨媽滿意。從那以後，我和她就再也沒有來往。

38

　　由於我辛勤的勞作，我所有的活計都有了很大的進展。朱庇特像將近完成，容器也是如此，那扇門也開始顯露其婉妙的風姿。

　　這時，國王來到了巴黎。儘管我確切地提到我女兒出生在1544年，這時還是1543年，只不過出現了一個提到我女兒的機會，我就順便提了一下，這樣才不至於影響我敘述更重要的事情。那麼，我剛才說過，國王來到了巴黎，到達以後不久他就來看我。即將完成的活兒擺在那裡，呈現出洋洋大觀的景象，足以使任何人大飽眼福。確實，它給那個偉大的國王帶來的滿足，決不比那個為之付出了艱辛勞動的藝術家期望的少。看這些作品的時候，國王突然想起，費拉拉樞機主教一點也沒有履行對我的許諾，無論是補助金還是其他。他小聲對海軍總司令說，費拉拉樞機主教在這件事上表現得很卑劣，他打算親自為我補償，因為他發現我寡言少語，眨眼之間就會不辭而別。

　　回到家裡以後，陛下吃過午飯就告訴樞機主教，要他命令財政署的司庫

儘早支付我7,000克朗金子，根據他自己的情況分三期或四期支付，只要他忠實執行這一任務。陛下還重複了如下的話：「我把本韋努托交給了你照管，你卻把他忘得一乾二淨。」樞機主教說，他會及時地執行陛下的命令，但他那邪惡的本性使他一直等到陛下的那一陣子大方勁兒過去。

當時戰火正在蔓延，關於戰爭的傳聞也越來越多，皇帝正率領一支大軍向巴黎進發。[1] 樞機主教發現法蘭西王國正需要大筆的錢，所以有一天他就開始談起我說：「神聖的陛下，作為最佳選擇，我沒有把那一筆錢給本韋努托。首先，政府正急需錢用。其次，贈送那麼一筆鉅款會使您有失去本韋努托的危險，他一旦富有就會把錢投資到義大利，一心血來潮就會毫不猶豫地揚長而去。所以，我認為陛下最好的辦法就是把您王國裡的某樣東西送給他，如果您想長期留他為您效力的話。」國王確實需要錢，於是就同意了他的意見。不過陛下聖明，真不愧為一國之君，他一眼就看出來樞機主教這樣做是想獻媚，根本就不是出於對這麼大的一個王國出現財政困難的清醒估計。

楓丹白露
By Salvador Dalí

---

1. 1544年，查理五世進軍香檳並威脅巴黎，而英國軍隊正包圍布倫。—英譯注

39

　　我剛剛說過，陛下假裝同意了樞機主教的意見，但他私下裡卻另有打算。於是，在他到達的那一天，未經我請求他就主動來到了我家。我去迎接他，領著他看了好幾個擺滿各種藝術品的房間。我從不太重要的作品開始，先指著一批銅製品，他早就習慣了一下子看那麼多東西。然後我帶他去看朱庇特銀像，當時已經接近完成，整個作品裝飾得光彩奪目。說起來幾年以前他曾經有一次大失所望，結果使他覺得這件作品可能比任何人看上去都更加漂亮。

　　我說的那件事是這樣的：皇帝佔領突尼斯以後，經由他的姐夫弗朗索瓦國王[1]同意通過巴黎，國王想送給他一件配得上如此偉大的君主的禮物。這樣想好以後，他命令製作一尊赫拉克勒斯銀像，其大小正好和我的朱庇特像一模一樣。國王宣稱，這尊赫拉克勒斯像是他所見到的最難看的藝術品，並向巴黎的工匠坦率地表明瞭這一看法。他們吹噓自己是世界上做這種活兒的最能幹的工匠，並對國王說誰也不可能做出更完美的銀匠活兒了，同時堅決要求為他們的破爛活兒支付2,000達克特。

　　由於這件事，國王看到我的活兒以後就斷言，它的製作工藝超出了他最高的期望。於是他做出公正的裁決，我這尊像的價值也是2,000達克特。他說：「我沒有給那些人薪俸，切里尼則每年從我這裡得到大約1,000克朗，所以他肯定會讓我以2,000克朗金子得到這件珍品，因為他另外還有薪俸。」然後我讓他看了其他的金銀製品，還有為新接的活兒製作的各種模型。

　　最後，就在他要離開的時候，我指向城堡草坪上的那尊巨像，這使他驚訝得超過了剛才看過的任何一件作品。他轉身對海軍總司令阿尼巴爾閣下說：「樞機主教沒有給他提供經費，我們必須提供，尤其是因為他這個人不

---

1. 1525年，弗朗索瓦在帕維亞被查理的軍隊打敗後，被迫娶了查理的大姐埃莉諾，當時她的前夫葡萄牙國王已經去世。

愛伸手要好處，我們就更應該提供－反正我想給他很多好處。當然，那些什麼也不要的人是想讓自己的優秀作品出來說話，所以要讓他得到第一個出現空缺的每年收入2,000克朗的修道院。如果一個職位得不到這麼多，就給他兩個或者三個，反正讓他得到這個數目，這對他來說結果都是一樣的。」

當時我就站在旁邊，能聽見國王說的這些話，於是馬上對國王的這一厚禮表示感謝，好像我已經得到了它一樣。我對他說，只要他的命令一生效，我就再也不要其他薪俸或任何種類的酬金而為陛下效勞，一直幹到年老體衰、喪失了勞動能力為止。到那時，我希望能安靜地養我那疲憊的筋骨，以那份收入體面地安度餘生，永世不忘我曾經效力於像陛下這樣一位偉大的國王。

這話說完以後，國王笑容滿面地朝我揮了揮手說：「那就這麼辦吧。」然後他就走了，對他在我這裡所看到的一切感到極為滿意。

40

埃當普夫人聽說我的工作進度良好就加倍地嫉恨我，心裡這樣說：「現在是我統治著天下，像他那樣的一個凡夫俗子竟敢嘲弄我！」她挖空心思，使用種種手段來挑起事端陷害我。

就在這時，一個人與她不期而遇。這是一個享有盛名的釀酒匠。他供給她保養皮膚效果極佳的香水，當時法蘭西人對此還一無所知。她把這個傢伙引薦給國王，國王看了他表演的蒸餾方法以後非常高興。在表演過程中，他請求陛下把我城堡裡的那個網球場給他，另外還要一些據他說我沒有用的小套間。聖明的國王一聽就猜出來了誰是這件事的幕後策劃者，所以他沒有吭聲。但埃當普夫人卻施展了女人對付男人的拿手好戲，結果輕而易舉地達到了目的。她抓住了國王在性問題上一個常出現的弱點，誘使國王答應了她的要求。

釀酒匠在王室財務主管格羅利埃的陪同下來了。格羅利埃是法國的一個大貴族，義大利語講得非常漂亮，他一進我的城堡就用義大利語和我開玩

笑。他看准機會以後對我說：「我以國王的名義宣佈那個網球場歸這個人所有，另外還有附屬於它的住所。」我回答說：「神聖的國王是這裡一切的主人，所以你本來是可以更隨便地進來的，這樣和法律文書以及王室的人一起進來更像是欺騙，不像是執行一個偉大國王的命令。我對你說清楚，在我向國王投訴這件事以前，我要按照陛下在兩天以前命令我的方式捍衛我自己的權利。我要是見不到國王親自簽名蓋章的委託證書，非把你安排的那個人扔到窗戶外面不可。」我說完這話，財務主管罵罵咧咧地走了，我該幹啥還是幹啥，不過沒有馬上動手打人。

然後我走向那幾個安排那傢伙接管的法律文書。我和他們都很熟，他們對我解釋說，這是個形式程式，的確是執行國王的命令，但又不是啥大不了的事情；我要是稍微抵擋一陣子，那傢伙本來是不會在這裡站住腳的。形式程式是王室的條例和慣例，與服從國王無關，所以我要是能把他攆走並不為錯，不會遭受任何危險。

這一提示對我就足夠了。第二天上午我就開始動武，儘管這件事給我帶來一些麻煩，但我高興這樣做。從那以後，每天我都用石頭、長矛和火繩槍發起攻擊，不過槍裡沒有放彈丸，然而這樣製造的恐怖嚇得誰也不敢去幫我的對頭。後來我發現他的抵抗力衰微，於是就破門而入，把那傢伙趕了出來，把他所有的雜物用品都扔到了街上。

然後我就去找國王，對他說我是完全遵照他的命令去自衛，並打擊任何企圖妨礙我為他效力的人。國王對此事付之一笑，給我寫了新的特許狀，[1] 使我免遭進一步的騷擾。

---

1. 這一檔保存至今，上面簽署的日期是1544年 7 月 15 日。—英譯注

41

　　與此同時，我的朱庇特銀像已經完成，另外還有它的鍍金墊座，我把墊座放在了只露出一點的木底座上。我用硬木做了四個小圓球放在底座上，球的大部分都藏在窩眼裡，就像石弓的弓根一樣。球的安放極為精妙，連一個小孩也能輕而易舉地推著銀像前後左右移動。這樣稱心如意地安放好以後，我帶著它去了楓丹白露，當時國王正住在那裡。

　　那時，我已經多次提到的那個博洛尼亞從羅馬帶回來了他的鑄像，那是用銅精心鑄造的。我對此一無所知，一是由於他做事很詭祕，二是由於楓丹白露距離巴黎有四十里。我問國王想讓我把朱庇特像放在啥地方，當時正好在場的埃當普夫人對他說，再沒有比國王自己漂亮的畫廊更合適的地方了。畫廊就是我們的托斯卡納話所說的涼廊，說得更準確一些，應該是一個大走廊。它確實應叫走廊，因為我們所說的涼廊是一邊敞開的。那個走廊的長度要遠超過一百步，裡面掛著很多畫，都是出自令人欽佩的羅索之手，他是我們佛羅倫斯的大師。這些畫中間又擺放了各種各樣的雕刻藝術品，有的是圓雕，有的是淺浮雕。走廊的寬度大約有十二步。

　　這時，博洛尼亞把他所有的古代像都放到了這個畫廊裡，像都是銅的，鑄造得非常美，放在墊座上擺成一大排。我在前面說過，這些都是羅馬最好的古物。就在這同一個畫廊裡我帶進去了我的朱庇特像，我一看到那精心設計的壯觀的擺設就對自己說：「這就像受夾道鞭打一樣，現在希望天主保佑我。」我把像放下，盡我最大的能力擺好，然後等著國王的到來。朱庇特用右手舉著雷電正要把它扔出去，用左手拿著地球。在雷電的火焰之中，我非常巧妙地採用了一個白蠟火炬。

　　埃當普夫人一直把國王拖到天黑，她是想做兩件壞事之中的一件：要麼是阻止他來，要麼是等天黑以後破壞我的作品的展出效果。但就像天主對信仰他

的人作出的保證那樣，結果恰恰與她的算計相反。天黑以後，我點亮了高過朱庇特頭頂的火炬，光線從上面照射下來，將銀像映襯得比白天要好看得多。

國王終於來了。陪同他的有埃當普夫人、王儲與王妃夫婦，還有他姐夫那瓦爾國王、女兒瑪格麗特公主以及其他幾個大貴族，埃當普夫人已指使他們說我的壞話。國王一到，我就讓我的徒弟阿斯卡尼奧把朱庇特像對著陛下推過去。銀像四平八穩地往前移動，我靈巧的滾動設計得到了充分的報償，因為緩緩地移動使銀像看上去栩栩如生。那些古代像被拋在了後面，我的像首先使人大飽眼福。國王馬上驚歎道：「這絕對是人們所見到的最漂亮的物品。儘管我是個業餘藝術愛好者和鑑賞者，我根本想像不出它百分之一的美。」那些貴族的差事本是要說我的壞話，這時好像對我的作品讚不絕口。埃當普夫人無恥地說：「你們都沒有長眼睛！難道你們沒有看見後面那些漂亮的古代銅像嗎？藝術的真諦就在那裡，不在這個現代的廢物裡。」

這時國王走上前去，其他的人都跟了上去。他瞧了一眼那些銅像，由於光是從下面照過去的，看上去對它們不利。他感歎道：「那些想害他的人幫了他一個大忙，因為與這些漂亮的鑄像一比較，便可以顯示出他的作品在美和藝術方面具有無法估量的優勢。本韋努托值得大書特書，他的作品不是僅僅比得上古代人，而是超過了古代人。」埃當普夫人對此回答說，我的朱庇特像要是在白天看就根本不會有多漂亮，而且還要考慮到我在銀像上蓋了一塊紗布來遮醜。

我確實在銀像的一個部位上面很講究、很雅觀地蒙上了一塊薄紗布，目的是為了使它顯得更莊重。她一說完，我就把這塊布拿掉了，露出了這位主神漂亮的生殖器官，然後惱火地把紗布撕得粉碎。她以為我揭開銀像的陽物是要侮辱她。國王發現她憤然作色，而我在盛怒之下也要口出惡言，所以他就用自己的母語很明智地說了下面這段話：「本韋努托，我禁止你講話。只要閉住你的嘴，你就會得到比你要求的多一千倍的財富。」由於不讓我說

話，我就憤怒地扭動了一下身子，這更使她咬牙切齒地嘟囔起來。由於這個緣故國王提前走了，不過他大聲地鼓勵我說：「我從義大利帶來了人世間最偉大的人，他是一個全才。」

42

我把朱庇特像留在了那裡，打算第二天早上離開。我上馬以前得到了1,000克朗，這包括我的薪俸和支出的錢。拿到這筆錢以後，我輕鬆愉快、心滿意足地返回了巴黎。

一到家高高興興地吃過飯，我就叫人把我全部的服裝都拿出來，包括很多套絲綢衣服、上等的皮衣以及非常漂亮的布料。我從中選出一些作為禮物送給我的工匠，根據每個人的表現各有不同的賞賜，一直賞到女僕和馬童，以鼓勵他們盡心盡力地為我效勞。

由於我的精力得到恢復，精神也振作起來，我就開始製作那個巨大的瑪爾斯像，我已把它穩穩地安放在一個銜接良好的木框架上，在這上面放了一個精心塑造的石膏殼，大約有 1/8 肘尺厚，用作巨像的肉。最後我做了大量的單獨的模子來組成巨像，打算依據藝術規則以鳩尾形接合法把它們連在一起，這件事並不困難。

在這裡我還要講一件事，它可以說明這個巨像到底有多大，同時也很滑稽可笑。首先我要提一下，我曾經下令禁止所有靠我為生的男人把風騷女人帶到我家或我的城堡境域之內的任何地方。對這一條紀律我要求得極其嚴格。當時，我的小夥子阿斯卡尼奧愛上了一個很漂亮的姑娘，她也用愛回報。一天晚上，她乘其母親不備時溜出來去找阿斯卡尼奧。小夥子一看她不願走，又沒辦法藏她，最後他急中生智，把她安置到巨像裡面。在像的頭部，他鋪好一塊地方讓她睡在裡面。這個住所她占了一段時間，有時候他偷偷地在夜裡把她帶進去。

與此同時，巨像的這一部分幾乎已經完成，我沒有去管它，放在那裡讓人家看，以此來滿足一下虛榮心，實際上大半個巴黎都能看見它。所以，鄰居們喜歡爬到他們的房頂上，成群的人專程來看這一奇觀。當時城裡有個傳說，說從古時候起，我的城堡裡就有一個幽靈時常出沒。儘管我從來沒有發現任何跡象來證實這一說法，巴黎人都管這個幽靈叫萊莫尼奧·博雷奧[1]。

　　那位姑娘在巨像的頭裡逗留時，她來回的走動免不了讓人家從巨像眼窩裡看到。這樣一些蠢人就說，那個幽靈鑽進巨像的體內去了，把它的眼和嘴都弄動了，好像它要說話一樣。很多人都嚇跑了。那些不信邪的人來看稀罕，結果他們也無法否認巨像的眼睛在閃動，於是就宣稱也相信有個幽靈－－這不是猜那裡有個幽靈，還有個年輕的大活人哩。

43

　　這一段時間，我一直忙著把那個門的幾個附屬部分拼合到一起。我不打算在這本自傳裡收錄那些編年史作者才記述的內容，所以就省略了皇帝及其大軍的到來和國王集合其全部軍隊的事情。[2]這些事件發生的時候，陛下就巴黎的應急設防問題徵求我的意見。他專程來到我家，領著我環城視察一遍。他發現我準備依照一個周密計畫迅速地築工事來鞏固城防，就明確地下令，我的一切建議都要貫徹執行。海軍總司令被指定去命令居民們服從我，惹得他一肚子不高興。

　　這個海軍總司令的任命靠的是埃當普夫人的影響，根本不是憑他自己的本事，他這個人可以說是一無所能。他名叫達尼波爾閣下，這用我們的話說就

---

1. 正確的法語名稱為 Le Moine Bourru, 意為「穿粗呢服的僧侶」。據說 14 世紀時菲利普五世的妻子讓娜王后在那裡殺了不少人，因而那座城堡的名聲不佳。－英譯注

2. 1544 年 8 月底，神聖羅馬帝國的軍隊逼近到離巴黎只有二十里格的埃佩爾奈。－英譯注

是達尼巴萊閣下，但法蘭西人通常把這個音發得很像阿西諾·布埃閣下。[1]於是這個畜生就去徵求埃當普夫人對這件事的意見，她命他立即傳喚吉羅拉莫·貝拉爾馬托。吉羅拉莫是個來自錫耶納的技師，當時正在第厄普，那裡離首都有一天多的路程。他馬上就來了，用一種很緩慢的辦法開始修築防禦工事，迫使我放棄了這項工作。皇帝要是在此時進攻，必定會很容易地佔領巴黎。後來締結和平條約時，人們確實都說埃當普夫人背叛了國王，她比任何人都更多地參與了這件事。[2]這件事我就不再多說了，它與我的自傳寫作計畫毫無關係。在此期間，我加緊製作那扇門，做好了那個容器，另外還有兩件中等大小的器皿，那是我用自己的銀子製作的。那場災難過後，國王來到巴黎稍事休息。

那個該死的女人好像生來就是世上的禍根。她把我當成了她的死敵，所以我應該把自己看成是一個頗為了不起的人物。一天，她與聖明的國王談起了我的事，把我罵得狗血淋頭。國王為了使她息怒，就發誓說從此以後再也不理我，只當以前從來沒有見過我。

這些話馬上就由費拉拉樞機主教的一個侍從透給了我。他叫維拉，說他聽見國王這樣說了。我氣得把工具和手頭做的所有東西在屋裡亂扔一通，做出離開法蘭西的安排並馬上去找國王。

國王吃過飯以後，我被領進一個房間，看見有幾個人陪著陛下在那裡。我按君臣之禮拜見了他，他很有禮貌地向我笑著點了點頭。我一看又有了希望，就向他靠近了一點，當時他們正讓他看幾件我這一行的藝術品。我們談了一會兒關於這方面的事，他問我家裡有沒有啥值得看的東西，然後又問我想讓他啥時候去。我回答說有幾樣東西，如果他願意的話馬上就可以去看。他讓我先回去，他隨後就到。

1. 在義大利語中，「阿西諾」（Asino）是「驢」，「布埃」（Bue）是「牛」。
2. 人們有足夠的理由相信，國王的情婦由於嫉妒王儲和普瓦提埃的迪亞內而耍了花招，致使帝國的軍隊越過了埃佩爾奈。—英譯注

44

於是我就回去等候著聖明的國王，這時他好像去向埃當普夫人辭行了。她問他到哪兒，又說她想陪他去。但他對她一說，她就說她不想去，並央求他給個面子，他自己也不要在那一天去。她再三懇求才動搖了國王的決心，結果那天他沒有來看我。

第二天上午，我在同一個時間去找陛下，他一見我的面就鄭重其事地說，他打算馬上就去我那裡。他還是照例去向他親愛的埃當普夫人辭行。這個女人一看橫豎攔不住他，就用她那刀子嘴含沙射影地對我進行最惡毒的攻擊，把我當成是最傑出的法蘭西國王的死敵。為了使她消氣，聖明的國王回答說，他去的唯一目的就是痛罵我一頓，把我罵得失魂落魄。他以自己的名譽擔保一定要這樣做。

然後他來到我家，我領他看了底層的幾個房間，我已在那裡把那扇大門拼接在一起。國王一看就被迷住了，把他向埃當普夫人許諾的罵我一事忘了個精光。但臨走之前他還是找了個機會訓斥我一頓，他這樣說道：「有一件最重要的事情，本韋努托，即便是像你們這樣才華橫溢的人也要牢記在心，那就是僅憑自己的力量無法顯露才華。只有通過朕給的機會你們才能逞英雄。現在你要順服一些，不要那麼傲慢、那麼任性。我記得我曾明確地指示你給我做十二尊銀像，我只要這麼些。你選擇了做鹽盒、容器、塑像、門以及很多其他東西，簡直把我搞糊塗了，你這是置我的願望而不顧，一心去實現自己的願望。如果你想這樣繼續下去，我馬上就會讓你明白，我要是按自己的方式辦起事來是個什麼樣子。所以我向你講清楚，你要盡最大的努力服從我的命令，你要是一意孤行，必將碰得頭破血流。」

他說這些話的時候，他的侍從們注意地聽著，看著他一會兒搖頭、一會兒皺眉、一會兒揮一下這只手、一會兒又揮一下那只手。因此，所有的陪同人員都為我捏一把汗，而我則處之泰然，不露一點畏懼的神色。

45

　　等他結束了這一番說教，那是他事先和他心愛的埃當普夫人商量好的，我就單腿跪在地上，吻了他膝蓋上面的外衣。然後我開始這樣說道：「神聖的陛下，我承認您所說的一點不錯。作為回答，我只表示我一直都在為您效勞並執行您的命令，不分晝夜，盡心盡力。如果陛下覺得我言行不一，請您相信那不是本韋努托的過錯，很可能是我的厄運或晦氣使我不配效力於我有幸見到的這個世界上最偉大的君主。所以，我請求您的寬恕。

　　「不過，我記得陛下只給了我做一尊像的銀子。沒有更多的銀子可以用，我就不能再做別的活兒。這樣，我就用剩下的銀子做了這個容器，讓陛下看看古人的莊重風格。也許您以前還從來沒有見過此類的東西。」

　　「至於那個鹽盒，如果我沒有記錯，那是陛下有一次主動讓我做的。當時正談論著拿來讓您看的這一類的東西，我給您看了我在義大利做的一個模型。您自己就決定給我1,000達克特的金子用來做這件活兒，並對我的提議表示了感謝。另外我好像還記得，活兒做好以後您對我大加讚揚。」

　　「關於那個門，我記得情況是這樣：有一次我們偶然談到這件事，您命令您的主要祕書維萊羅瓦閣下，他又把命令傳達給了馬爾馬納閣下和德拉·法閣下，大意是說這幾位閣下都要保證我的工作順利進行，讓我得到必需的資金。沒有這樣的安排，我根本不可能用自己的財力來啟動這麼大的一項工程。」

　　「要說那些銅頭像、朱庇特的墊座以及其他諸如此類的東西，我先聲明是我自作主張鑄造的那些頭像，目的是想熟悉法蘭西的土質，作為一個外國人，我事先對此一無所知。要是不先進行試驗，我就無法動手鑄造那些大件活兒。再說我做的那些墊座，我認為它們是鑄像不可缺少的東西。所以，我做的一切都是為了達到最佳效果，一點也不違背您的意願。」

　　「當然，我塑那尊巨像是要滿足我個人的願望，甚至一直到現在都是由我出資支付其費用，因為我覺得您是偉大的國王，我只是個無足輕重的藝

人，我有義務豎一尊像，為您的榮譽也為我的榮譽，這樣的像古人從來沒有見到過。」

「最後，既然我已知曉天主不想讓我擔當如此光榮的一項任務，我懇求陛下不必考慮支付我勞動報酬，我只有一點小小的請求，那就是允許我離開您的王國。現在如果您俯允我的請求，我就回到義大利，為我在此效力於您時度過的愉快時光而永遠感謝天主和陛下。」

46

國王伸出雙手，極有禮貌地把我扶了起來，對我說我應該繼續為他效力，我所做的一切都是對的，他感到很滿意。然後他轉身對身邊的侍從們一字不差地這樣說：「我堅信，就是天堂的門也不會做得更好了。」他說完了，儘管說的是我的好話，我還是再一次恭恭敬敬地謝過他，繼續請求他允許我離開，這時我的怒氣還沒有消下去。國王覺得我在聖駕面前太逞性上臉了，於是就厲聲地命令我住嘴，如果我不想惹他發火的話。接著他又說，他想給我堆積如山的金子，並答應我離開的請求；除了他讓我做的活兒以外，在此期間我自己做的東西他也感到很滿意；從此以後我再也不會和他吵了，因為他知道了我的脾氣；而對我來說，也應該瞭解他的脾氣，我的職責要求我這樣做。我回答說，我事事都感謝天主和陛下，然後我請他去看看巨像的進展情況。於是他來到我家，我揭開了那尊像，他讚不絕口，命令他的祕書支付我為此而花費的一切，不管這個數目有多大，只要我親筆寫個票據就行。然後他走的時候這樣說：「Adieu, monami.」[1]這是君主不常說的話。

---

1. 原文為法語，大意是「再見，我的朋友。」

47

回到王宮以後，他回想起我在上次的會見中說過的話，有些話極為恭順，還有些極其高傲，這使他頗為氣惱。他把其中的一些話對埃當普夫人和法蘭西的一個大貴族聖波洛閣下說了一遍。聖波洛閣下以前老是聲稱和我很要好，當然，在這種場合，他還是按法蘭西的習慣極為精明地表達了他的好意。事情是這樣的：國王在一次長談中抱怨說，他把我交給了費拉拉樞機主教，可樞機主教根本就沒有考慮過我的事；就他而言，我可能離開這個王國，所以他一定要把我交給一個更重視我的人，他不想再冒失去我的風險了。聽到這話，聖波洛閣下表達了想承擔這一任務的願望，說如果國王任命他為我的保護人，他一定使我沒有機會離開這個王國。國王回答說他很滿意，只要聖波洛能說明一下他打算如何看管我。夫人陰沉著臉坐在一旁，聖波洛威嚴地站著，拒不回答國王的問題。國王又重複了一遍，於是他這樣拍埃當普夫人的馬屁說：「我要把你的本韋努托吊死，這樣你就可以永遠把他留在你的王國了。」夫人突然大笑起來，說我真該吊死。國王為了陪他們也笑了，說他不反對聖波洛把我吊死，只要他能先找到一個在藝術上能比得上我的人；儘管我沒有遭此命運，國王還是授予他全權。

一場唇槍舌劍就這樣結束了，我安然無恙，真該讚美和感謝天主。

48

國王這時已經和皇帝講和，但與英國人的戰事仍在進行，這些魔鬼一直鬧得我們不得安寧，[1]所以陛下有別的事情需要料理而無暇玩樂。他命令皮耶羅・斯特羅齊乘戰艦到英國海域，即便是對這位偉大的指揮官來說，這也

---

1. 和平條約在1544年 9 月 18 日締結。英國軍隊在四天之前佔領布倫。英法之間的和平一直到1546年 6 月 7 日才實現。－英譯注

是一項很困難的任務。當時在戰略戰術上無人能和斯特羅齊相比，在不幸遭遇上也無人能和他相比。

　　一連幾個月我都沒有收到錢，也沒有接到活兒，於是我解雇了工匠，只留了兩個義大利人，我讓他們用我自己的銀子做兩個大容器，這兩人不會做銅器活兒。做完以後，我把它們帶到了屬於那瓦爾王后的一座城，它叫阿爾讓唐[1]，離巴黎有幾天的路程。到這個地方以後，我發現國王有些不舒服，費拉拉樞機主教對陛下說我來了。他沒有回答，我不得不在那裡閒等幾天。說實話，我一生中再沒有比這更難受的時候了。

　　我終於在一天晚上見到了他，把那兩個容器拿給他看。他格外高興，我看他心情很好，就求他開恩允許我回到義大利；我會把到期的七個月的薪俸留下來，等我要回程路費的時候再勞駕陛下付給我。我懇請他答應我的要求，因為當時正是打仗的時候而不是鑄像的時候；另外，陛下已經答應了畫家博洛尼亞一個類似的請求，所以我斗膽求他對我也一視同仁。

　　我說這些話的時候，國王一直專心地看著容器，有時也惡狠狠地瞪我一眼，不過我繼續盡最大的努力求他同意我的請求。他突然氣呼呼地從座位上站起來，用義大利語對我說：「本韋努托，你是個大傻瓜。把這些容器帶回巴黎，我想讓它們鍍上金。」他沒有再說別的就走了。

　　當時費拉拉樞機主教也在場，我走上前去求他再幫我一次忙，使我得到允許去義大利旅行，因為他已經幫了我一個大忙，讓我從羅馬的監獄中釋放出來，另外還幫了不少其他的忙。他回答說，他非常樂意盡最大的努力在這件事上滿足我，我可以放心地把這件事交給他，如果我願意的話，馬上就可以走，他會在國王面前盡力為我說話。我對樞機主教說，我知道陛下把我交

---

1. 阿爾讓唐屬於阿朗松公爵的領地。瑪格麗特先嫁給了阿朗松公爵，公爵死後她占有了他的封地。－英譯注

給他來保護，如果他允許，我馬上就走，我還答應只要他吭一聲我馬上就回來。然後樞機主教讓我回巴黎等八天，在此期間他會為我爭取獲得國王的批准；如果陛下不讓我走，他會馬上通知我；如果我收不到信，那就意味著我可以放心地走了。

49

我按照樞機主教的吩咐回到了巴黎，為我的三件銀器做了漂亮的盒子。二十天以後我開始做準備，把三件容器裝到一匹騾子上。這騾子是帕維亞主教借給我的，供我旅行到里昂，這時他又一次住進了我的城堡。

這樣，我就在不幸的時刻上路了，與我同行的有伊波利托·貢札加閣下，當時他領著國王的薪俸，同時還為加萊奧托·德拉·米蘭朵拉伯爵效力。這位伯爵手下的其他幾位侍從也和我們一起走，另外還有我們的佛羅倫斯老鄉利奧納爾多·泰達爾迪。

我讓阿斯卡尼奧和帕戈洛看管我的城堡和所有的財產，包括兩件剛剛開始製作的小容器，我把它們留下來是不想讓兩個年輕人閒著。我在巴黎的日子過得相當優裕，所以家裡有很多值錢的傢俱，所有這些財物的價值超過1,500克朗。我讓阿斯卡尼奧記住我給了他多麼大的好處，他一直是一個毛頭毛腦的小夥子，現在也該是他像大人一樣謹慎的時候了，所以我覺得留他保護我的財產和榮譽很合適。如果他對那些法蘭西的畜生有一點不滿就馬上告訴我，我會乘郵車從所在的任何地方飛奔而回，不僅來履行我對聖明的國王的偉大義務，而且還要捍衛我自己的榮譽。阿斯卡尼奧假惺惺地流著眼淚回答說：「我從來沒有見過比你更好的父親，我要永遠為你做一個孝子應該為一個慈父所做的一切。」於是我就走了，陪同我的有一個僕人和一個法蘭西小夥子。

剛過中午，國王的幾位司庫來到了我的城堡，他們絕對不是我的朋友。這幫無賴說我帶走了國王的銀子，並讓圭多先生和帕維亞主教馬上派人追回

陛下的容器，否則他們自己就會派個送信員去把它們要回來，同時還要狠狠地收拾我。主教和圭多先生嚇壞了，其實沒有必要那麼害怕，他們立即就派那個逆賊阿斯卡尼奧搭上了郵車。

大約半夜的時候，他找到了我。我還沒有睡著，翻來覆去地老想著這些不安的問題：我把財產和城堡交給誰了？啊，什麼樣的命運促使我去旅行！但願天主保佑樞機主教不和埃當普夫人一心，她最關心的就是使我失寵於聖明的國王。

50

我正這樣心神不寧地左思右想時，聽到了阿斯卡尼奧喊我的聲音。我馬上跳下床，問他帶來的是好消息還是壞消息。那個惡棍回答說：「我帶來的是好消息。不過你要把那仨容器送回去，那幾個無賴司庫一直喊著『停下來，小偷！』所以主教和圭多先生說你務必要把它們送回去。別的事你就不必掛念，只管放心走吧。」

我立即把那幾個容器交給了他，其中有兩個是我自己的財產，另外還有銀子和別的許多東西。我原來打算把它們帶到費拉拉樞機主教在里昂的修道院。有人指責我想把它們帶到義大利，但人人皆知，沒有特別許可是不可能將錢、金子或銀子帶出法蘭西的。所以請想一想，三件大容器，再加上盛它們的盒子，將騾子身上裝得滿滿的，這樣我是不是能夠通過國境！當然，這些東西很貴重又很美，萬一國王去世我會感到很不安，我上一次離開他的時候，他的健康狀況非常糟糕。所以我對自己說：「要是國王有個三長兩短，把這些東西交給樞機主教保管就不會丟。」

那麼長話短說吧，我讓騾子馱著容器和其他貴重的東西回去了。第二天上午，我和前面提到的幾個旅伴繼續趕路，一路上禁不住唉聲歎氣。不過有時候我以天主安慰自己說：「主啊，您明察秋毫！您知道，我這次旅行的

目的只是給我妹妹及其六個可憐巴巴的閨女送些救濟的錢物。她們的確有父親，但他已經很老了，一點錢也掙不到，所以我擔心他們的生計會很快陷入窘迫之中。我這是在做一件真正的善事，求我主給予幫助和忠告。」這是我一路上僅有的娛樂活動。

我們離里昂還有一天的路程，時間已接近22點，這時天上發出雷鳴的聲音，儘管當時天氣晴朗。[1]我騎著一匹快馬走在同伴的前面。雷聲過後，天上又發出一聲可怕的巨響，嚇得我以為世界末日到了。我勒住韁繩停下來一會兒，這時天上下起了冰雹，連一滴水都沒有。一開始冰雹比槍彈丸稍微大一點，打在身上相當疼。後來冰雹逐漸增大，一直到石弓彈丸一般。我的馬嚇得不敢往前走，我只好掉轉馬頭飛跑到我的同伴那裡，他們正躲在一片冷杉樹林裡。

這時，冰雹變得如同大檸檬。我開始吟唱起了「米澤里厄里」。我正對天主虔誠地唱著讚美詩，一個巨大的冰雹打斷了一根粗松樹枝，當時我正躲在那棵樹下面。另一個冰雹擊中了我的馬頭，差一點把牠打暈過去。還有一個打了我，但沒直接打上，要不然我就沒命了。可憐的老利奧納爾多·泰達爾迪像我一樣正跪在地上，這時也狠狠地挨了一下，頓時把他打趴了下去。我一看樹枝不頂事，而且我還要吟誦我的「米澤里厄里」，就馬上用斗篷包住頭。同時我喊叫著利奧納爾多，他正尖叫求救：「耶穌！耶穌！」他要是能救自己，耶穌就能救他了。我照顧他的安全比照顧我自己還難。

冰雹肆虐一陣子之後最終停了下來。我們一個個被打得青一塊紫一塊，這時就掙扎著爬上了馬。在去投宿的路上，我們相互展示著各自的傷痕和腫塊。但走了大約一里，我們看到了一幅難以形容的淒慘景象，比我們受的

---

1. E l'aria era bianchissima. 這也許應該譯成：空中閃耀著電光。歌德和我在上面譯的一樣。－英譯注

罪還要厲害。所有的樹葉子被擼了個精光，樹被毀得一塌糊塗，地裡躺著死去的牲畜，很多放牧人也喪了命。我們看到很多冰雹，大得兩隻手都抓不起來。這時我們才感到自己已是兩世為人，真是多虧了我們對天主的禱告和「米澤里厄里」，光靠我們自己是不行的。

我們對天主千恩萬謝，在第二天來到了里昂，在那裡停留了八天。到八天頭上，我們的體力和精神得到了恢復，接著又繼續趕路，平安無事地過了山。到了山那邊，我買了一匹小馬，因為我帶的行李已經使我的馬累得太狠了。

51

我們到義大利一天以後，加萊奧托·德拉·米蘭朵拉伯爵趕上了我們。他是乘郵車來的，看見我們以後他下了車，對我說我不該離開法蘭西，我不要再往前走了，如果我馬上返回，我的事業會比以前更加興旺。另一方面，我要是一意孤行，就等於把主動權交給了我的仇人，給他們提供傷害我的機會。我要是回去就能阻止他們的陰謀，我最信任的人正是最奸詐的人。他只說了那些他瞭解得很清楚的事情。確實，費拉拉樞機主教已經和那兩個我留下來為我掌管事務的無賴勾搭在一起了。

伯爵再三叮囑我一定要回去之後，乘郵車繼續往前走，而我由於受了同伴的影響，一時拿不定主意是不是要回去。我心裡感到萬般痛苦，有時候想儘快抵達佛羅倫斯，有時候又想重返法蘭西。最後為了擺脫這種猶豫不決造成的焦躁不安，我決定乘郵車到佛羅倫斯。我無法與驛站長商量通，執意要擠上車，到佛羅倫斯去受熬煎。

我與伊波利托·貢札加閣下分了手，他趕往米蘭朵拉，我則掉頭去了帕爾馬和皮亞琴察。在皮亞琴察的街上，我碰見了皮耶爾·路易吉公爵，他盯著我的臉認出了我。我知道就是因為他我才被監禁在聖天使城堡，所以我一看見他就熱血沸騰。但我已經躲不過去了，於是就決定拜見他。

我到他跟前時他剛從桌子旁站起來，陪伴他的是蘭迪，此人後來把他謀害了。[1] 我一到他跟前，他就以無比的尊重和親熱接待了我，還趁機向在場的紳士們說，在我這一行當中我是世界上首屈一指的藝術家，還說我曾在羅馬監獄中受到長期關押。然後他轉身對我說：「我的本章努托，我為你的不幸感到非常悲痛，我也清楚地知道你是無辜的，但我對你愛莫能助。總而言之，那是我父親想滿足你的一些仇人，而且他是從他們那裡聽說你說了他的壞話。我相信根本沒有那回事，我確實對你的災難感到非常難過。」

　　這些話他翻來覆去地說，最後他好像要求我寬恕他。然後他詢問了我為最篤信基督教義的陛下所做的活兒，我向他詳細介紹的時候，他在一旁洗耳恭聽。接著他問我是不是願意為他效力。對此我回答說，我的名譽不允許我這樣做，不過我要是完成了那些已經為國王開始做的大批的活兒，我倒是願意離開任何君王而專為公爵大人效力。

　　由此我們可以看出，任何冤枉無辜者的人，都無法逃脫天主的威力和德行的懲罰。這個人等於是當著眾人的面向我請求寬恕，而正是這些人後來為我和很多他殺害的人報了仇。所以任何君主，不管他有多麼偉大，都不要像我所認識的許多人那樣嘲笑天主的公道，他們殘酷地虐待了我，這些事情我到適當的時候再講。

　　我寫這些事情並不是庸俗地自吹自擂，我只不過是要答謝天主，是他把我從很多次的困苦中解救出來。我每天遇到挫折時也總是向他老人家訴說，求他老人家保護我。我每一次竭盡全力自救以後，如果我失去勇氣而且力量衰微，這時天主的神力就會顯現，就會突然襲擊那些無理傷害其鄰居的人，襲擊那些忽視來自天主嚴肅而又光榮的訓令的人。

---

1. 皮耶爾·路易吉於1547年 9 月 10 日被暗殺，參加這一陰謀的有蘭迪和其他一些貴族，其原因有他政治上的錯誤和糜爛的私生活。—英譯注

52

我回到旅店以後，發現公爵給我送來了豐盛的佳餚美酒。我飽餐一頓之後上馬向佛羅倫斯走去。

到那以後，我找到了我妹妹及其六個女兒，最大的已到了結婚的年齡，最小的還在吃奶。她丈夫由於城裡的各種情況失了業。一年多以前，我曾經送來一些寶石和法蘭西的珠寶，價值約二千達克特。這一次我又帶來了同樣的東西，價值大約一千克朗。我給他們的補助是每個月 4 個金克朗，可我發現他們總是將這些物品變賣不少錢。我妹夫極為老實，他怕惹我生氣，就把他幾乎所有的東西都當了出去，整天為利息發愁，而我的錢則一點未動。看來我出於仁慈所給的補助費還不能滿足她家庭的需要。我看他辦事誠實，就想多給他些錢，我還打算在離開佛羅倫斯以前為他所有的女兒都做好安排。[1]

53

當時是1545年 8 月，佛羅倫斯公爵來到離佛羅倫斯十里的波焦－阿卡亞諾。我到那裡去拜見他，唯一的目的是盡職責，一是因為我是佛羅倫斯人，二是因為我的先輩都是麥地奇家族的追隨者，而且我喜愛公爵科西莫的程度不亞於他們之中的任何人。我剛才說過，我去波焦的唯一目的是拜會他，並不打算像萬能的天主當時為我安排的那樣答應為他效力。

我被領進去以後，公爵很友好地接待了我，然後他和公爵夫人就我為國王做的活兒問了一些問題。我十分樂意地作了詳細的回答。聽完我的敘述，他回答說這些他都聽說了，我說的都是實話。接著他以同情的口吻對我說：

---

1. 這一段的意思有些含糊不清。不過切里尼好像是說，他妹夫沒有動用賣珠寶積攢下來的錢，然後因為補貼不夠欠了債，並且失業了。－英譯注

「如此偉大的傑作只得到這麼一點報酬！本韋努托朋友，你要是想給我也做點活兒，我給你的報酬要比你的國王給的高得多，你的心好，說起他你還這樣感恩戴德。」我明白了他的意思以後，就向他講了我欠陛下的人情，他先把我從那個魔窟般的監獄中解救出來，然後又給我提供條件做那些了不起的活兒，這些活兒任何像我這樣的藝術家都沒有機會去做。

我說這話的時候，公爵大人在椅子上如坐針氈，看樣子他不能容忍我把話說完。我收住話以後，他回答說：「你要是有意為我效力，我對待你的方式會使你吃驚，只要你做的活兒使我滿意，當然我對此毫不懷疑。」我作為一個不幸的無名小卒，年輕時就離開了佛羅倫斯，這時非常渴望向家鄉的那所傑出的學校[1] 顯示一下，我從事的藝術門類是它所想像不到的。於是我對公爵說，我願意用大理石或銅在他那漂亮的廣場上為他豎一尊巨像。他回答說，他想先讓我做一個珀爾修斯[2] 像試一試，他早就想要一個這樣有永久價值的作品，並讓我為它做個模型。

我很高興地接受了這個任務，幾個星期以後就做好了模型，它大約有 1 肘尺高，是用黃蠟做的，所有的細節都經過精雕細刻。我是經過最詳盡的研究後，用最精湛的技術將其做成的。[3]公爵回到了佛羅倫斯，但好幾天以後我才有機會讓他看我的模型。看樣子他好像以前從來沒有見過我，也沒有和我說過話，這使我擔心將來和這位大人打交道凶多吉少。

不過後來有一天午飯後，我把模型拿到他的保管庫，在那裡他和公爵夫人以及宮廷裡的幾個侍從一起看了它。他一見就非常高興，將它大肆吹捧一

1. 這所學校就是佛羅倫斯的「美術大師學校」，在此之前該校主要把切里尼看成是一個金匠。－英譯注
2. 希臘神話中的英雄，其英雄業績包括斬殺了相貌醜陋的墨杜薩和從海怪魔掌下救出了美麗的安德洛墨達。
3. 也許這就是那個現藏於佛羅倫斯國立博物館的模型。－英譯注

番，這時我才感到他可能真是個藝術鑒賞家。他極為滿意地再三玩味之後這樣說：「你要是能把這個小模型放大以後做得同樣完美，本韋努托，它將是廣場上最漂亮的作品[1]。」我回答說：「大人，現在廣場上已經豎立著偉大的多那太羅和無與倫比的米開朗基羅的作品，他們是自古代以來兩位最偉大的人。既然大人對我的模型如此讚揚，我有信心用銅把它做得至少有三倍這麼好。」我這樣說沒有引起絲毫的爭議。公爵表示這些事他全明白，他知道能做成啥樣子。我回答說，我取得的成就足以消除他的疑慮，我有絕對的把握做得遠遠超過我對大人的許諾，但他要給我提供做活兒需要的資財，要不然我就無法完成任務。對此，大人吩咐我把要求寫在一份申請書上，詳細說明我所有的需求，他會讓人一一照辦。

毫無疑問，我要是精明地用契約的形式得到我幹活兒所需要的一切，就不會惹出那麼大的麻煩了，招惹這些是非都是我自己的錯。但他也太想完成這件作品了，太情願做那些初步的準備工作了。所以，我沒有看出來他更像一個商人而不像個公爵，於是就非常坦率地和他打交道，好像我要對付的是一個君主而不是一個生意人。

我把申請書遞交了上去，他答應的條件極為慷慨。這一檔的內容如下：「最尊貴的大人，我的保護人，任何有效的申請和我們之間涉及任何價值的契約，都不依據言語或文字。整個事情的關鍵，就是我要按照自己的承諾完成我的作品。如果我這樣完成了作品，我相信最尊貴的大人不會忘記對我的許諾。」看到我寫的這份材料，公爵被我辦事和說話的方式迷住了，他和公爵夫人開始對我恩寵有加。

---

1. 當時的廣場上已有了多那太羅的猶滴像和米開朗基羅的大衛像。－英譯注

54

　　這時，我心急如焚地想開始幹活兒，於是就對公爵大人說，我需要一所房子來安頓我自己並支上爐子，以便開始泥和銅的作業，而且還根據不同的要求進行金和銀的作業。我知道，他很清楚我在這幾個領域裡能夠多麼得心應手地為他效力，所以我要求一個合適的住所來從事我的工作。

　　為了讓公爵大人看出來我是多麼迫切地希望為他工作，我已經選好了一座合適的房子，它位於一個我很喜歡的地方。我不想佔用大人的任何錢物，就拿出從法蘭西帶來的兩顆寶石，以此來求他為我買那座房子，並讓他保存著寶石，直到我憑自己的勞動把房子掙回來為止。這兩顆寶石是我的工匠按我的設計精工製作的。他仔細看了寶石以後說了如下暖人心房的話，我聽了以後產生了一種美妙的幻想：「把你的寶石拿回去，本韋努托！我要的是你，不是寶石。你將免費得到房子。」接著，他在我寫的申請書下面簽署一項命令，這份命令我一直保存在我的書信文件集裡。命令的內容如下：

　　把房子的事過問一下，誰是賣主，什麼價格，孤想滿足本韋努托的要求。[1]

　　我當然以為這足以使我得到那所房子，我太相信我所做的一定會遠遠超過我的許諾了。

　　公爵大人把這一命令交給了他的總管家去執行，他名叫皮耶爾·弗朗切斯科·里喬君。此人來自普拉托，曾經是公爵的老師。於是我就和這個蠢驢

---

1. 這份申請書和命令現在仍然保存著，它們證明了切里尼說的這件事完全屬實。—英譯注

談，向他講了我的要求，因為和這所房子相連的有一個庭園，我想在那裡建個作坊。他把這件事交給了一個骨瘦如柴的工薪出納員，他叫拉坦齊奧·戈里尼。這個乾癟的矬子手伸出來如同蜘蛛，說起話來像蚊子叫，辦起事來似蝸行牛步一般。他總算在一個倒楣的時刻給我送來了石頭、沙子和石灰，如果精打細算的話，大概夠用來建一個鴿子窩。

我一看事情進展得如此冷冷清清，心就涼了半截，不過我安慰自己說：「雖然開頭不順，但說不定會有好結局哩。」我抱有希望還因為我注意到，最近有數千達克特被揮霍到一些粗陋的雕塑上，這些東西都是由布阿喬·班迪內利[1]那個畜生製作的。於是我振作精神，不停地催促拉坦齊奧·戈里尼動作快一點，就像催一個瞎侏儒趕一群瘸驢一樣。在這種困難的情況下，我用自己的錢不久就規劃好了作坊的地基，按我自己的習慣，用火十分艱難而又有點不耐煩地燒掉了地上的樹和藤蔓。

另一方面，我由木匠塔索[2]控制著，他是我的好朋友，我讓他為珀爾修斯像做一個木框。這個塔索是個最傑出的工匠，我認為他是那門手藝中最好的。他生性樂觀開朗，我啥時候去看他，他都是笑臉相迎，嘴裡用假嗓子唱著歌。就在我的氣已泄了一半的時候，從法蘭西傳來的消息說，我在那邊的事情又出了岔了。在佛羅倫斯這邊，由於我的保護人那不冷不熱的態度，前景也不太妙。所以他的歌我都是聽他唱完一半，最後我和這位朋友一起高興一陣兒，盡可能地驅散鬱結在心頭的一點憂愁。

1. 即前面提到的班迪內羅。參見卷一第 7 章的註腳。
2. 參見卷一第 13 章的註腳。

55

　　我把上面提到的一切事情安排就緒，並為我的大工程積極地準備著－－事實上已經用了一部分石灰－－這時我突然接到通知去見總管家。

　　我在計時鐘[1]大廳見到了總管家，那時公爵大人已吃過午飯。進去以後，我向總管家表示了相當的尊重，他則對我冷若冰霜。然後他問我，是誰把我安排到那所房子裡的，誰授權讓我在那裡建房的，說他對我這樣不知天高地厚感到非常驚奇。我回答說，是公爵大人把我安排到那裡的，是大人以其公爵的名義對拉坦齊奧·戈里尼下的命令。「拉坦齊奧運來了石頭、沙子和石灰，提供了我需要的東西，他說是按您的命令這樣做的。」

　　我這樣說完以後，那個畜生更為刻薄地對我起誓，說我以及我提到的那些人誰也沒有說實話。這一下子刺痛了我的心，我喊道：「噢，總管家，只要您使用的語言與您高貴的身份相稱，我就尊敬您，對您說話時就像對公爵那樣充滿敬意。你要是對我來另一套，我不過稱呼你皮耶爾·弗朗切斯科·里喬君罷了。」[2]他氣得看樣子當場就要瘋，預示著天主註定要給他這一懲罰。[3]

　　罵了一通之後，他吼道，他對自己與我這樣的人說話感到奇怪。我頓時上了火，喊道：「好，記住你的話，皮耶爾·弗朗切斯科·里喬君！我會告訴你和我平起平坐的都是些啥人，而像你這樣的又是些啥人－－不過是教小孩學字母的村夫子！」他的臉抽搐著，同時他又抬高了嗓門兒，用更難聽的腔調重複著同樣的話。我也擺出了威脅的架子，用傲慢來對他的傲慢，明白地對他說，像

---

1. 這一著名的宇宙計時鐘是由洛倫佐·德拉·沃爾帕亞在大約1484年的時候為洛倫佐·德·麥地奇製作的。－英譯注

2. 按當時的習慣，「先生」（Messer）是對上等人的尊稱，「君」（Ser）是對平民的尊稱。－英譯注

3. 據記載，里喬在患了幾年的精神錯亂之後約於1559年去世。－英譯注

我這樣的人可以和教皇、皇帝和偉大的國王在一起侃侃而談，也許這樣的人在世上活著的沒有第二個，而像他那一號人在任何一個門口都能碰見十來個。

聽到這話，他一下子跳到廳裡的一個窗座上，說我不敢再重複一遍說過的話。我又說了一遍，而且火氣更大，勁頭更足，又說我不想再為公爵效力了，我要回到法蘭西，我在那裡一直都是受歡迎的。那個畜生呆若木雞地待在那裡，嚇得面如土色一般。我怒衝衝地走了，決定離開佛羅倫斯。我要是離開就好了！

我認為公爵不會馬上聽說這火暴的一幕，因為我等了好幾天沒有聽到他的動靜。我再也不想佛羅倫斯了。除了關心我妹妹和我外甥女的事情如何安排之外，我別無他求。我準備用我帶來的那點錢儘量地把她們贍養好，然後我就回到法蘭西，再也不踏進義大利一步。我這樣想好以後，就不打算再向公爵或任何人辭行了，而是要儘快地離開這裡。

一天上午，總管家主動派人低三下四地請我去。他先來一通長篇大論，我聽了半天發現既沒有條理，也沒有文采，更沒有內容，簡直沒頭沒尾。我只大概猜出來他自稱是一個虔誠的基督徒，對誰也沒有惡意，並以公爵的名義問我願意接受多少薪俸。

聽到這話，我警惕地站在那裡好 會兒沒有回答，拿定了主意不接受這份差事。他看我拒絕回答，還算是機靈地插了一句：「本韋努托，公爵希望有個回話，我這樣對你說是在為大人代言。」於是我回答說，如果這是大人的意思，我很樂意回答。我讓他告訴公爵，我不能接受一個比他雇的任何藝術家都要低賤的職位。總管家回答說：「班迪內利一年得到 200 克朗。如果你對這個數目感到滿意，你的薪俸就這樣定了。」我同意了這個條件，又說我做活兒的賞金可以在看完活兒以後再給我，這一點我就完全讓公爵大人看著辦了。

這樣，我就違心地繼續幹起來，公爵一如既往地對我恩禮有加。

56

我經常收到來自法蘭西的信件，那是我最忠實的朋友圭多‧圭迪先生寫的。不過信上說的都是好消息，阿斯卡尼奧也讓我只管放心，如果有啥事的話，他會馬上告訴我。

這時，國王聽說我已經開始為佛羅倫斯公爵效力了。他是世上最好的人，常這樣問道：「本韋努托為什麼不回到朕這裡來？」他向我的兩個工匠追問這件事，這兩個人回答說，我不斷寫信說我在那裡很好，他們認為我不想再回來為陛下效力了。這些蠻橫無理的話實際上根本不是我說的，國王聽說以後生氣地說：「他是無緣無故走的，我不會再把他召回來，就讓他待在那裡吧。」

這樣，那兩個賊胚子正好達到了他們的目的。我要是回到法蘭西的話，他們就會再次成為我手下的小小工匠；而我要是不在那裡的話，他們就會山中無老虎猴子稱大王了，所以他們千方百計地阻止我回去。

57

供我製作珀爾修斯像的作坊正在建造的時候，我常在一樓的一個房間裡幹活兒。我在這裡做了石膏模型，其大小與要做的銅像一模一樣，並打算用這個模子來鑄造。但我發現這樣做要花很長時間，於是就決定再換個辦法試試。這時建成了一間很糟糕的工作室，是用磚砌的，建得真是一塌糊塗，我一想起來就頭痛。因此我開始製作墨杜薩[1]像，用鐵做成了框架，然後我放上泥，泥塑好以後再烘乾。

我除了幾個小夥計以外沒有助手，其中有一個長得很漂亮，他娘是個婊子，名叫甘貝塔。我用這個小夥子做模特兒，因為這門藝術唯一的教科書就

---

1. 也譯「梅杜莎」，希臘神話中可怕的戈耳貢三姐妹之一，其相貌醜陋無比，看到她的人會立即變成石頭，後被珀爾修斯斬首而死。

是天生的人體。由於我不能一個人幹所有的活兒，我就四處尋找工匠來加快工程的進度，但一個人也找不到。事實上在佛羅倫斯有人願意來幹，但班迪內羅不讓他們來。他讓我缺了一段時間的幫手，然後對公爵說我想挖走他的工匠，因為我自己沒本事製作這麼大的一尊像。我向公爵訴說了那個畜生給我帶來的煩惱，求他從工程隊[1]裡給我抽調一些工匠來。他聽了我的請求以後又去聽班迪內羅的讒言，我發現以後就一個人盡最大的努力幹了起來。工作量是巨大的，我必須日夜不停地使出渾身解數。

就在這時，我妹夫生了病，幾天以後就去世了，把我還年輕的妹妹以及六個大大小小的女孩撇給了我。這是我在佛羅倫斯經歷的第一次大磨難，成為這樣一個不幸家庭的家長和保護人。

58

我擔心出差錯，就派人找來兩個勞工清理庭園的廢物。他們來自蓬特－韋基奧[2]，一個是 60 歲的老頭兒，另一個是 18 歲的小夥子。

雇了他們大約三天以後，小夥子對我說老頭兒不想幹，我最好把他打發走，他不但自己閒著，還不讓他的同伴幹；我在那兒要幹的一點活兒他自己就能幹完，根本不用再把錢扔給別人。這個年輕人名叫貝爾納迪諾·曼內利尼，是穆傑洛的。我看他這麼喜歡幹活兒，就問他願不願意為我效力，這樣我們當場就說定了。他為我養馬，管理庭園，不久又試著幫我在作坊裡幹活兒。他幹得很成功，逐漸地就把這門手藝學得相當好。我從來也沒有比他更好的助手。我決心在這個人的幫助下完成整個工程，於是就對公爵說班迪內羅在撒謊，我不要他的工匠照樣能幹得很漂亮。

---

1. 指「大教堂工程隊」，這是一個負責維修佛羅倫斯大教堂的常設機構。－英譯注
2. 義大利語「老橋」之意。

就在這時，我的腰出了點小毛病。由於不能幹重活兒，我就很高興地和兩個年輕的金匠待在公爵的保管庫裡。這兩個人叫詹帕戈洛和多梅尼科·波吉尼[1]，他們在我的指導下製作了一個小金杯。它是用淺浮雕刻成，有很多人像和其他漂亮的裝飾，公爵大人想把它給公爵夫人，供她喝水用。他又讓我做了一個金腰帶，我在上面裝飾有寶石、精緻的人面像和其他想像出來的東西。公爵經常來到保管庫，極有興致地看我幹活兒並和我談話。

　　我的身體好轉以後，我把泥弄來為公爵大人塑了一尊像，比真人要大得多，那是他來這裡玩兒的時候我為他塑的。[2]他對這件作品非常滿意，對我好得要命，再三求我搬到他的邸宅裡去幹活兒，他要為我選寬敞的房間，支上爐子並

耶穌受難像
Crucifix
1562
Marble, height 185 cm
Monasterio de San Lorenzo, El Escorial

1. 詹帕戈洛·波吉尼（1518－1582），金匠和石刻匠，一開始為科西莫一世效力，後來到馬德里從事徽章製作，很受腓力二世的青睞。多梅尼科·波吉尼（1520－1590），徽章製作家和雕塑家，在佛羅倫斯的博博利花園製作了不少雕像。－英譯注
2. 這是一尊半身銅像，現存佛羅倫斯國立博物館。－英譯注

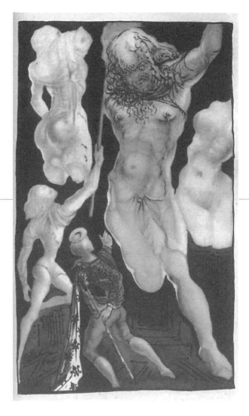

切里尼和驛站站長的兩個兒子對峙
By Salvador Dalí

配備好我需要的一切，因為他非
常喜歡看藝術品的製作過程。我
回答說這是不可能的，要是這樣
的話，我一百年也完不成任務。

59

公爵夫人也對我格外地彬彬
有禮，她想讓我為她一個人幹活
兒，忘掉珀爾修斯和其他的一切。而我本人面對這些接踵而來的虛名浮譽
則很清醒，我心裡明白，用不了多久，我那害人的厄運就會給我帶來新的災
難，因為我眼前一直浮現著我想幹好事時鑄成的大錯。

我指的是在法蘭西的事情。對於我的離開，國王咽不下這口氣；但他想
讓我回去，只要不使他做出讓步就行。我覺得自己一點錯也沒有，我不會屈
服，我認為我要是低聲下氣地寫封信的話，我的仇人就會用他們法蘭西的方
式說我認錯了，他們冤枉我的那些錯事就證明是真的。於是我就保持自己的
尊嚴，以高傲冷漠的語氣寫信，這正是我那兩個叛逆徒弟求之不得的。我在

給他們的信中誇耀說，我在自己的老家深蒙公爵夫婦的恩遇，他們是佛羅倫斯至高無上的主人。他們一收到這樣的一封信就去找國王，纏著他要那個城堡，要求享有和我同樣的待遇。仁慈的國王明察秋毫，根本就不同意那兩個壞蛋的無理要求，他已察覺到他們的險惡用心。但他想吊著他們的胃口，也想給我回來的機會，就讓他的司庫以很生氣的口吻給我寫了一封信，這個司庫叫朱利亞諾・博納科爾西先生，是個佛羅倫斯人。信的大意如下：如果我想維護自己一直享有的誠實的名譽，我就應該在無緣無故地離開法蘭西之後向陛下說明自己所做的一切。

　　收到這封信以後我極為高興，就是叫我自己寫也只能寫成這個樣子。我坐下來寫回信，整整寫滿了九頁紙。在這封信中，我詳細地描述了我做的所有的活兒，做這些活時一切異乎尋常的經歷，以及做活兒所花費的一切款項。所有的錢都是由兩個文書以及陛下的一個司庫支付的，我可以拿出所有的收款人開的收據，不論是貨物收據還是勞務收據。這些錢我一個子兒也沒有侵吞，做好的活兒我也沒有收取任何報酬。我帶回到義大利的只有陛下對我的厚愛和他金口玉言對我的許諾。「現在除了供我在法蘭西生活的薪俸之外，我沒有任何收入，而且仍然欠我 700 金克朗，因為我不到回去的時候作路費用就不支取這筆錢。我知道，我的仇敵出於忌妒而玩弄陰謀對我進行陷害，但我相信真理必勝。我為最篤信基督教義的陛下感到自豪，決不會做出利令智昏的事來。我的確知道，我為他所做的要遠遠超過我的承諾。儘管答應的報酬還沒有給我，我仍然渴望使陛下相信，我將一如既往地守正不撓、高風亮節。如若陛下對此有絲毫的懷疑，我將肋生雙翅向陛下稟明我的所作所為，縱有生命危險也在所不惜。但我注意到，現在人們將我視如敝屣，因而我無心回去自尋煩惱，我知道無論我走到何處都不會缺衣少食。不過要是叫我回去，我隨時都會回應。」這封信還包括很多值得國王注意的進一步的詳情，而且很得體地維護了我的面子。

信送出去以前，我把它拿給了公爵，他很有興趣地看了一遍。然後我就把它發往法蘭西，寄給了費拉拉樞機主教。

60

大約這個時候，公爵的珠寶經紀人貝爾納多內・巴爾迪尼從威尼斯帶來了一顆大鑽石，其重量超過三十五克拉。維托裡奧・蘭迪的兒子安東尼奧也想讓公爵買下它。這顆鑽石本來雕琢得有一個尖頭，由於它不產生這樣的鑽石應該有的純潔的光澤，鑽石的主人就把尖頭切掉了。事實上它既不適合尖頭，也不適合切平面。[1] 非常喜歡寶石的公爵儘管不是個鑒定寶石的行家，他仍然向那個賴皮貝爾納達喬[2] 表示了他想買這顆鑽石的願望。那個傢伙想自己獨得把鑽石騙賣給佛羅倫斯公爵的榮譽，所以就不讓他的夥伴安東尼奧・蘭迪知道這件事。

這個蘭迪從小就和我要好，他發現公爵很信任我，就把我叫到一邊（那是中午之前在新市場的一角），對我這樣說：「本韋努托，我相信公爵會讓你看一顆鑽石，看樣子他想買，你會看到那是顆大鑽石。請幫忙做成這筆買賣，我的要價是17,000克朗。我敢肯定他會徵求你的意見，你要是看他想買，我們就想辦法讓他得到它。」安東尼奧表示，他很有信心以那個價錢賣掉那顆寶石。我回答說，如果我的建議被接受，我就根據自己的判斷來表態，對鑽石不抱任何偏見。

我在前面說過，公爵每天都到我們金匠作坊裡待幾個小時。我和安東尼奧・蘭迪的談話過後大約一個星期，他在一天的午飯後拿給我看了那顆鑽

---

1. 義大利人將經過雕琢的鑽石分為三類：有切平面的（in tavola）、有琢面的（a faccette）和有尖頭的（in punta）。－英譯注

2. 即剛才提到的貝爾納多內。

石，根據對它形狀和重量的描述，我一眼就認出了它。我已經說過，它的水色[1] 不是很好，因此被切平了，所以我一看它是那個樣子，就不想讓公爵買它。不過我還是問公爵大人想讓我說啥，因為珠寶匠為君主估價寶石很有蹊蹺，君主購買寶石以後估是一回事，購買以前估是另一回事。他回答說已經買過了，他只是想聽聽我的意見。我不想避而不談對這顆鑽石的真實想法。他讓我看了寶石的邊緣有多美，我回答說，鑽石的這個特徵並不像他想像的那麼美，那是由於尖頭被切掉而造成的。公爵發現我說的是實話就露出一臉怪相，他讓我好好估一估它值多少錢。我心想，蘭迪對我說是17,000克朗，公爵買時可能最多不超過15,000克朗。我感到我要是說實話他肯定會生氣，於是就決定讓他蒙在鼓裡。我把鑽石遞還給他，說：「您大概付了18,000克朗。」公爵一聽「哇」地大叫一聲，嘴張得像個瓢似的，喊道：「現在我才知道你對這一行一竅不通。」我反駁說：「是您錯了，大人。您考慮的是維護這顆鑽石的身價，而我考慮的則是看出它的本相。請您起碼要告訴我付了多少錢，這樣我才能從大人的角度將它看個究竟。」公爵站了起來，咧了一下嘴回答說：「它花了我25,000多克朗，本韋努托。」

他這樣說著就走了。當時在場的有那兩個金匠詹帕戈洛和多梅尼科・波吉尼，正在鄰近的房間裡幹活兒的刺繡工巴基亞卡[2] 聽到動靜以後跑了過來。我對他們說，我本不該讓公爵買它，即便是他想買，安東尼奧・蘭迪在八天以前給我提供的價格是17,000克朗。我相信我能以15,000或更低的價錢買到它。公爵顯然是想維護它的身價，要不然安東尼奧・蘭迪願意以那個價格出手的時候，貝爾納多內咋能這樣耍弄公爵大人呢？我們根本就不信這件事果然如公爵所說的那樣，對他所謂的貴耳賤目也就付之一笑。

---

1. 指寶石的透明度和光澤度。
2. 其真名是安東尼奧・烏貝蒂尼（1499－1572），當時著名的刺繡工。—英譯注

61

在此期間，我繼續做著墨杜薩像。我在鐵框架上堆上泥，做得像個解剖用的屍體，比以後做的銅像大約瘦半寸。我把它烘乾，然後在表面塗上一層蠟，以便將來按我的想法完成像的製作。公爵經常來觀看，他老擔心我做不好銅像，甚至想讓我請個師父替我鑄。

公爵繼續不斷地對我的學識和才藝給予最高度的評價，這使他的總管家也毫不示弱地想方設法陷害我。這個總管家在宮廷中身居要職，能夠影響不幸的佛羅倫斯城裡的治安官和所有的官員。請想一想，一個普拉托人，我們的夙世冤家，一個製桶匠的兒子，世上最無知的呆子，竟然爬到了這樣一個舉足輕重的顯要位置，其原因只不過是他曾經當過科西莫·德·麥地奇任公爵以前的臭教師！我剛才說過，他一直處心積慮地要壞我的事。他發現我無懈可擊，最後就想出一個辦法來害我。

他找到我徒弟琴喬的母親甘貝塔，這一對野鴛鴦串通一氣－－一個是險詐的村學究，另一個是下賤的老騷貨－－設下一個圈套，要把我嚇得滾出佛羅倫斯。甘貝塔經不住她那婊子本能的驅使，就遵照那個狂妄的無賴教書匠和總管家的命令出來活動了－－我還要補充一句，他們還拉攏過來了治安官，他是個博洛尼亞人，後來由於類似的陰謀活動而被公爵解職。

一個星期六的晚上日落以後，甘貝塔和她兒子一起來到我家，對我說她出於對我的關心而把她兒子關在家裡好幾天。我回答說，因為我而把他關起來實在沒有道理。我嘲笑了她的婊子伎倆，當著她的面對小夥子這樣說：「琴喬，你知道我和你是不是幹過醜事。」他流著淚回答道：「沒有！」一聽這話，他母親搖著頭對他吼道：「噢，你這個小流氓！你以為我不知道這些事？」然後她轉身求我把小夥子藏在我家裡，因為治安官正在追他，在我家以外的任何地方都會把他抓住，但在我家裡他們卻不敢動他。我回答說，我家裡住著守寡的妹妹和六個良家姑娘，我不想讓任何外人到那裡去。於是

她就說，總管家已對治安官下了命令，我肯定會被抓起來；如果我不想隱匿她兒子，付給她 100 克朗抵帳也可以；總管家是她的老朋友，她可以說服他，這一點我可以放心，只要我拿出來 100 克朗現金。

這一欺詐行為氣得我哇哇暴叫：「滾蛋，不要臉的婊子！要不是考慮到我的好名聲，考慮到你這個倒楣兒子的清白無辜，我早就用腰裡的這把匕首抹了你的脖子了。我已經有兩三次握住匕首把子了。」我說著這話又劈裡啪啦地揍了她一頓，然後把她娘兒倆趕到街上去了。

62

考慮到那個惡學究的霸道和淫威，我想還是離他的魔爪遠一點為妙。於是第二天一大早我就上馬奔威尼斯而去，給我妹妹留下了價值將近兩千克朗的珠寶和其他物品。我帶著我的僕人貝爾納迪諾，到了費拉拉以後我給公爵大人寫了封信，說我儘管未經指派就走了，不用叫我自己還會回去的。

到了威尼斯，我想到厄運花樣翻新地對我進行折磨，但同時又感到自己畢竟安然無恙，於是就打定主意照例對它敬而遠之。我這樣一邊考慮著自己的事情，一邊逛著那座美麗豪華的城市，拜訪了令人欽佩的畫家提香，還有來自我們佛羅倫斯的能幹的雕塑家和建築師雅各·德爾·聖索維諾。這位雕塑家被威尼斯執政團委以重任，我們年輕的時候在羅馬和佛羅倫斯時就已相識。這兩位天才人物極為友好地接待了我。

第二天，我又見到了洛倫齊諾·德·麥地奇先生[1]，他馬上拉住我的手，對我表示了所能想像的最熱烈的歡迎，我在佛羅倫斯為公爵亞歷山德羅鑄硬幣時就和他認識，後來在巴黎為國王效力時又見過面。那時他旅居在朱利亞諾·博納科爾西先生家裡，由於到別處玩要冒最大的生命危險，他常到我家裡一待

---

1. 即謀殺亞歷山德羅的兇手，他自己又在1548年被兩名托斯卡納的刺客暗殺。－英譯注

就是半天，觀看我做那些大件活兒。我剛剛說過，由於我們以前認識，他拉著我的手把我領到他的住所，在那裡我見到了最高執政官德利·斯特羅齊，也就是皮耶羅大人的兄弟。大家歡聚的時候，他們問我打算在威尼斯待多久，他們以為我是在返回法蘭西的路上。我對這些紳士說，我由於前面講過的原因而離開了佛羅倫斯，打算兩三天以後就回去繼續為公爵效力。一聽這話，最高執政官和洛倫齊諾先生轉身極為嚴厲地看著我，我感到極度不安。然後他們對我說：「你回到法蘭西要好得多，你在那裡又有錢又有名。你要是回到佛羅倫斯就會失去在法蘭西得到的一切，除了煩惱之外將一無所獲。」

對此我沒有回答，第二天我就不聲不響地走了，還是向佛羅倫斯走去。在此期間，那一毒計緊鑼密鼓地策劃了一陣之後終於泡了湯，因為我已經給我的主人公爵寫了信，向他詳細說明了我逃到威尼斯的原因。我去見他的時候沒有任何禮儀，他像平常那樣正言厲色地接待了我。這樣僵持了一會兒之後，他開始對我露出笑臉，問我到哪裡去了。我回答說，我的心一直沒有離開大人一絲一毫，儘管一些重要的原因迫使我出去遊逛了一陣子。這時他的態度又緩和了一些，問了我有關威尼斯的情況，這樣我們又談了一段時間。最後他吩咐我繼續幹活兒，完成那個珀爾修斯像。

於是我就興高采烈地回家，安慰了我的家人，也就是我妹妹和她的六個女兒。這樣我又開始幹活了，而且下了我最大的勁兒。

63

我鑄的第一尊銅像就是公爵大人的半身像，其模型我是患腰疼病的時候在金匠作坊裡製作的。完成以後我很高興，儘管我做它的唯一目的是要獲得將泥用在銅像澆鑄上的經驗。我當然知道，令人欽佩的雕塑家多那太羅是用佛羅倫斯的泥來鑄銅像的，但我感到他在製作的時候遇到了巨大的困難。我認為這是由於土質的毛病，所以我想在做珀爾修斯像以前先做做實驗。通過

實驗我才知道，土質沒有問題，是多那太羅沒有掌握住它的特點，因為我可以看出來，他吃了很多苦頭才把像鑄出來。於是，就像我前面說過的那樣，我對土進行了加工，發現它很好用，就用它鑄出了半身像。但由於我還沒有建好自己的爐子，就用了鑄鐘匠札諾比‧迪‧帕尼奧師父的爐子。

我一看半身像澆鑄得輪廓鮮明、光潔俐落，就馬上在公爵為我建的作坊裡支起了一個小爐子，是按我自己的想法設計的，就在公爵給我的那所房子裡。爐子一支好，我就全力以赴地鑄造墨杜薩像，也就是那個在珀爾修斯腳下縮成一團的女人。這是件極端困難的工作，我亮出了平生所學的全部著數，以免出差錯。

用我的爐子搞的第一次澆鑄極為成功，表面光潔異常，朋友們認為我不需要再潤飾了。當然，一些德意志人和法蘭西人聲稱自己身懷絕技，銅像澆鑄好以後可以不必潤飾，這純是胡說八道，因為銅像鑄好以後還要徹底檢查一遍，並用錘子和鑿子敲打，就像古人和現代人所做的那樣－－我是說那些懂得銅像製作的現代人。

這次澆鑄的結果使公爵大人極為滿意，他常到我的作坊觀看，以他表現出的興趣鼓勵我竭盡全力。可是那個班迪內羅老是在公爵耳邊瞎嘀咕，他那強烈的忌妒心使大人相信，我一開始做成功一兩尊像算不了啥；我根本不可能將這麼大的一件作品拼到一起，因為我幹這一行是新手，大人應該小心，別把錢給糟蹋了。

你還別說，他這樣叨叨來叨叨去，還真把公爵的耳朵給叨軟了，結果我應該付給工匠的一部分工錢被收回去了。我被迫去找公爵大發牢騷。一天上午，我到僕人路去拜訪他時這樣說：「大人，我現在得不到完成任務所必需的錢了，我擔心您已對我失去了信任。我再一次告訴您，我完全可以把這尊像做得比模型好三倍，就像我原來向您保證的那樣。」

64

我可以看得出來，這一番話對公爵沒起啥作用，他始終一言不發。這時我突然上了火，繼續對他說道：「大人，說實話，這座城市一直都是造就最偉大的天才人物的學校。可是當一個人認識到自己的價值，學到一些知識，希望為故鄉及其偉大的公爵增光添彩的時候，他就完全應該到外地去工作。為證明此話的正確性，我只需要向您提一下過去的多那太羅和偉大的李奧納多・達文西，還有現在無與倫比的米開朗基羅・博納羅蒂，他們都以自己的天才為您增了光。我也同樣希望能像他們那樣發揮自己的作用，所以請大人允許我走。我還要提醒您不要辭退班迪內羅，而是要給他超過他要求的東西。他要是到外地去，他的無知和傲慢必將為我們最光榮的佛羅倫斯學校丟臉。答應我的要求吧，大人！我不再要到目前為止的勞動報酬，只求大人高抬貴手。」他看我態度堅決，就有些生氣地說：「本韋努托，你要是想完成塑像就什麼也不會缺。」於是我謝過他，說我最大的願望莫過於讓那些眼饞的人看看，還是我去完成那件敲定的活兒。

我離開大人以後收到一點補助，但還不夠，只好自掏腰包，使工程的進度比蝸牛爬得稍微快一點。

我喜歡在晚上到公爵的保管庫去，多梅尼科・波吉尼和詹帕戈洛兩兄弟在那裡做公爵夫人的金杯以及我前面提到的那個腰帶。大人還讓我做一個垂飾的小模型，用來鑲嵌貝爾納多內和安東尼奧・蘭迪讓他買的那顆大鑽石。我想洗手不幹這件活兒，但公爵軟硬兼施，非讓我幹不可，這樣一直拉扯到天黑四個小時以後。實際上他白天也催我幹下去，但我不同意，儘管我相信會惹他生氣。

一天晚上，我去得比平常要晚，於是他就說：「你不受歡迎！」我回答說：「大人，那不是我的名字，我叫『受歡迎』！但我想您是在開玩笑，所以我就不再多說了。」他回答說，他根本不是開玩笑，他說的是正經話。我

的行為應該檢點，因為他聽說我仰仗他的庇護騙了一個又一個的人。我求他說出我騙過的一個人來。他一聽就火了，說：「去，還給貝爾納多內你拿他的東西！這不，我說出來了一個。」我說：「大人，謝謝您，勞您大駕費神聽我說幾句話。不錯，他借給我一臺舊秤、兩個鐵砧、三把小鐵錘，這些東西十五天以前我就讓他的工匠喬治・達科爾托納拿回去了。是喬治親自來拿的。如果您從誹謗者或其他人那裡打聽到什麼，然後您能證明我從出生那天直到現在曾經從任何人那裡騙到任何東西，不論是在羅馬或是在法蘭西，那就請大人無論怎麼懲罰我都可以。」

公爵看我肝火正盛，就擺出一副穩重寬厚的貴族架子說：「那些話說的不是做好事的人。所以如果事實正如你所說的那樣，我將一如既往地善待你。」對此我回答說：「我要告訴大人，貝爾納多內的卑劣行為迫使我問一下，那顆切掉尖頭的大鑽石花掉您多少錢。我想證實一下那個無賴為啥要讓我丟醜。」公爵回答說：「我花了 2 萬 5 千達克特。你為啥要問我？」「大人，因為在那一天，在那一時刻，在新市場的一角，維托里奧的兒子安東尼奧・蘭迪求我誘使大人買它，我一問他就說鑽石要價 1 萬 6 千達克特[1]。現在大人該知道它的價格是多少了。多梅尼科・波吉尼和他哥哥詹帕戈洛就在這裡，他們能為我作證，當時我馬上就向他們說了這件事。從那以後，我就再也沒有提過它，因為您說我不懂，我就以為您是在維護寶石的身價。我想告訴您，大人，我確實懂，就我的人品來說，我認為我的誠實絕不亞於世上任何一個人。我不會一下子奪去您八千或一萬達克特，而是會以自己的勤勞去掙它。我在大人手下當一名雕塑匠、金匠和鑄幣匠，要說叨登人家的私事－－我決不幹！我說這些是為自己辯護，不是為了告發人要賞錢。我當著恁多正人君子的面說這件事，是不想讓大人相信貝爾納多內的話。」

1. 切里尼忘記了前面說的蘭迪的要價是 1 萬 7 千達克特。－英譯注

公爵聽完這番話氣呼呼地站了起來，他派人去找貝爾納多內，此人嚇得一直逃到威尼斯，安東尼奧・蘭迪也和他一起走了。蘭迪對我說，他說的不是那顆鑽石，而是另外一顆。於是他們又從威尼斯回來了，我馬上去找公爵，這樣說道：「大人，我對您說的是實話，貝爾納多內說的他借給我工具的事是假的。您最好查證一下這件事，我馬上就去找治安官。」公爵回答說：「本韋努托，像以前那樣做一個誠實的人，你不必擔心。」於是這件事就煙消雲散了，我再也沒聽見有人提過它。

像以前那樣做一個誠實的人，你不必擔心。」於是這件事就煙消雲散了，我再也沒聽見有人提過它。

我忙著加工他的寶石，做好以後我拿給公爵夫人，她說，她像喜歡貝爾納多內讓他們買的那顆鑽石一樣喜歡我的鑲嵌。然後她要我將鑽石別在她胸前，並給了我一根大別針，我用針將寶石別上，得到了她的好感以後我就走了。[1]

後來，我聽說他們讓一個德意志人或其他外國人將寶石重新鑲嵌一番－－這是真是假我不敢斷言－－這是貝爾納多內的主意。他說，把鑽石鑲嵌在一個不那麼精巧的底座上會更好看一些。

65

我相信我已經講過了金匠多梅尼科和詹帕戈洛兩兄弟如何在公爵的保管庫裡做金器，活兒是由我設計的，上面有淺浮雕刻成的人物像和其他漂亮的裝飾圖案。我常對公爵大人說：「大人，如果您願意支付工匠的工錢，我準備為您的鑄幣廠製作硬幣，還想做您的像章。我願意同古人一爭高低，並相信能超過他們。自從當年我為教皇克萊門特製作像章以來，我的手藝已大有

---

1. 值得注意的是，《自傳》的手稿從這裡開始由切里尼親筆撰寫。－英譯注。在此之前，《自傳》是由切里尼口授、一個 14 歲的聽寫員筆錄的。－中譯注

長進，現在我要是再做，肯定比以前強得多。我相信我做的硬幣肯定會超過以前為公爵亞歷山德羅所做的，而那些硬幣到現在還有口皆碑。同樣，我還能為您做大件的金銀餐具，就像我以前常為那位偉大的法蘭西國王弗朗索瓦所做的那樣，多虧了他為我提供的諸多便利條件，我一點也沒有耽誤製作巨像和其他雕塑作品。」對此，公爵回答說：「你幹吧，我會考慮的。」但他從來沒有給我提供任何設備或資助。

一天，公爵大人交給我好幾磅重的銀子，對我說：「這是我的銀礦[1]產的一些銀子，拿去做個漂亮的銀器。」我不想耽誤我的珀爾修斯像，但同時還想為公爵效勞，所以我把銀子以及我的設計和蠟模型交給了一個名叫皮耶羅・迪・馬蒂諾的無賴，他也是個金匠。他一開始就做得很拙劣，後來乾脆不做了，結果我花的時間比我自己接手做還要多。過了幾個月，皮耶羅沒有做這件活兒，也沒有叫工匠們做，於是我讓他把活兒還給我。我費了很大周折才把銀器要回來，就像我前面說過的那樣，他一開始就做得很糟糕，剩下的銀子也一併要了回來。公爵聽到這一風聲以後，就派人要走了容器和模型，而且根本就沒有對我說個因由。我再說一句也就夠了：他把我的部分設計輾轉交給了威尼斯和別處的不少人，結果做得一塌糊塗。

公爵夫人不斷地催我為她做金匠活兒。我經常對她說，每一個人、甚至整個義大利都知道我是個傑出的金匠，但義大利還沒有見過我在雕塑上有何作為。藝術家之中有些憤怒的雕塑家嘲笑我，把我叫做新雕塑家。「現在我想讓他們看看我是個老雕塑家，如果天主能保佑我為公爵大人那個宏偉的廣場做好我的珀爾修斯像。」後來我就閉門不出，晝夜不停地幹，乾脆就不在宮中露面。

---

1. 科西莫的銀礦在坎皮利亞和彼得拉桑塔，但他在開採中賠的錢多、賺的錢少。—英譯注

不過我還是想保持公爵夫人對我的好感，我為她做了一些小銀盃，只有小奶鍋那麼大，上面用最罕見的古代風格刻上了雅致的人面像。做好以後我拿給夫人看，她最為彬彬有禮地接待了我，償還了我花費的金銀。然後我求她告訴公爵，我承擔這麼大的工程卻只得到很少的資助，我還求她提醒大人不要輕信班迪內羅的讒言，那樣會妨礙我完成珀爾修斯像。聽完我陳訴的苦衷，公爵夫人聳聳肩說：「公爵心裡肯定非常清楚，他那個班迪內羅一錢不值。」

66

這時我待在裡裡，輕易不到宮裡去，一心趕製我的塑像。我得自掏腰包支付工匠報酬。公爵曾命令拉坦齊奧‧戈里尼給他們開了十八個月的工錢，這時他煩了，就停發了這筆錢。我問拉坦齊奧為啥不再給錢了。此公揮著他那雙蜘蛛一般的手，像蚊子一樣尖叫著回答說：「你為啥不完工？看樣子你永遠也幹不完了。」我憤怒地回答說：「你，還有那些膽敢認為我完不了工的人，統統都要染上瘟疫！」

我回到家裡，對我那不幸的珀爾修斯像感到絕望，想起自己拋棄在巴黎的富貴榮華，在賢明的國王弗朗索瓦的保護下我應有盡有，而在這裡卻捉襟見肘，想到這些我哭了，好多次我都想一死了之。

有一次，我騎上我的一匹好馬，往錢袋裡裝了 100 克朗，到菲耶索萊去看望我的一個私生子，他寄養在我的女友那裡，她是我的一個工匠的妻子。到了家裡，我看到孩子身體挺好，我親了他，心裡非常難過。我走的時候他不讓我走，用他那小手抓住我號啕大哭。他只有兩歲左右，沒想到這麼小的娃娃竟有這麼悲痛。絕望之中我下定決心，要是碰見班迪內羅（他每天晚上都到聖多梅尼科那邊他的一個農莊住宅去），我抓住他就把他摔死。想到這裡我便甩開孩子，任憑他在那裡呼天搶地。

我向佛羅倫斯走去，剛走進聖多梅尼科廣場，班迪內羅就從另一個方向

過來了。我馬上決定大開殺戒。但我來到他跟前一看，他沒帶武器，騎著一頭半死不活的騾子或驢，帶著一個十歲的男孩。他一看見我就嚇得面如死人一般，渾身上下哆嗦不止。我馬上就覺得動武是很卑鄙的，於是就對他說：「不要怕，膿包！打你有失我的身份。」他畢恭畢敬地看著我一言不發。這時我開始鎮靜下來，感謝仁慈的天主阻止了我一次可怕的暴力行為。殺氣消散以後，我的情緒開始好轉，我對自己說：「只要天主讓我動手，我就要剪除我所有的仇敵，這要比抓住一個仇人出出氣要解恨得多。」想著這個好主意，我回到了家裡。

三天以後，噩耗傳來，我那唯一的兒子被他的保姆，也就是我的女友悶死了，這給我帶來了一生中最大的悲痛。不過我像往常一樣跪在地上，含著眼淚答謝天主說：「主啊，您給了我孩子，您又帶走了他，我衷心感謝您做的一切。」這一巨大的悲痛幾乎使我喪失理智，但我還像往常那樣隨遇而安，盡可能地使自己適應新的情況。

67

大約這個時候，一個小夥子辭掉了在班迪內羅那裡的工作，問我能不能給他活兒幹。他叫弗朗切斯科，是鐵匠馬泰奧的兒子。我同意了，就安排他潤飾剛用銅鑄出來的墨杜薩像。

兩個星期以後，他說他見到了他師父，也就是班迪內羅，師父對他說，如果我想做一尊石像，他會給我一塊漂亮的石頭。我馬上回答說：「對他說我願意要。也許這塊石頭會成為他的絆腳石，他老是找我的事，也不想想他在聖多梅尼科廣場遇到的巨大危險。告訴他，我一定要得到那塊石頭。我從來沒有說過他，而那個畜生卻一直不停地給我惹麻煩。我相信，你來我這裡幹活兒肯定是按他的命令來給他當眼線的。去吧，告訴他我一定要那塊石頭，他不願意也得給，你一定不能空著手回來。」

68

　　我有好多天沒有在宮裡露面了。一天上午，我突然心血來潮到那裡去了，公爵剛要吃完飯。我聽說那天上午大人談到了我，對我評價很高，尤其讚揚了我鑲嵌寶石的技術。所以公爵夫人一看見我就讓斯福爾札先生[1] 去叫我。我來到尊貴的夫人面前，她讓我把一顆小尖頭鑽石鑲嵌在一枚戒指上，並讓我趕快做，說她一直想戴上它。同時她把尺寸和寶石給了我，寶石價值大約 100 克朗。這時，公爵對夫人說：「毫無疑問，本韋努托以前在這門藝術上蓋世無雙，可現在他不幹這一行了，我相信你要的這種小戒指會給他帶來太多的麻煩。所以，我請你不要勉強他做這個小玩意兒，這對他來說已經非同小可了，因為他長久不練，功夫都荒疏了。」我謝過公爵的好意，但求他允許我為夫人聊盡微力。

　　於是我就接過戒指，沒過幾天就完成了。這枚戒指是戴在小指上的，所以我雕刻出了四個兒童像和四個人面像，這些像組成了圓環。我還騰出地方做了一些上彩的水果和連接環，這樣寶石和底座就聯結得天衣無縫。然後我把它拿給了公爵夫人，她溫文爾雅地對我說，我做得非常漂亮，她會記住我的。後來她把這枚戒指送給了腓力國王。[2]

　　從那以後，她不斷地給我安排活兒，不過很客氣，所以我盡全力為她效勞，儘管我輕易不見她拿出錢來。只有天主知道我急需錢，因為我要完成珀爾修斯像，還雇了一些工匠，他們的工錢都是我自掏腰包支付的。這時我頭露面的次數比前一段多了起來。

---

1. 斯福爾札・阿爾梅尼，佩魯賈人，公爵的管家。科西莫於1566年親手將他殺死。─英譯注
2. 指西班牙國王腓力二世、英國女王瑪麗一世的丈夫。

69

一個節日的午飯後，我進了宮，來到計時鐘大廳，看到保管庫的門敞開著，我朝那裡走的時候公爵喊了我，他友好地打了一聲招呼說：「歡迎！請看帕萊斯特里納家的斯特凡諾大人[1]送給我的這個箱子。打開它，看看裡面是啥。」

我打開一看，便對公爵驚叫起來：「大人，是一尊希臘石像，美得令人驚奇。我敢說，在我所見到的古代作品中，沒有任何一個男孩像製作得如此漂亮，風格如此優美。如果大人允許，我想將它修復－－頭、胳膊和腳。我想添一隻鷹，這樣我們可以給小夥子命名為該尼墨得斯[2]，當然，修補雕像不是我的事，那是草包匠人幹的活兒，他們會昧著良心幹。不過，這位古代大師所展示的藝術呼喚著我去幫助他。」

公爵看到雕像這麼美感到非常高興，他問了我很多問題，說：「詳細地告訴我，本韋努托，這位古代大師的藝術使你如此推崇，那麼他的藝術究竟表現在哪兒？」於是我就盡我的能力，向他講了雕像的殘存部分所表現出的工藝美、無懈可擊的技術和罕見的風格。[3]就這些話題我講了很長時間，我發現公爵大人非常感興趣以後就講得更加起勁了。

70

我正這樣津津有味地向公爵講著，一個侍從官從保管庫裡走了出來，同時班迪內羅走了進去。公爵一看見他，臉就抽搐起來，然後冷冰冰地問他：「來此有何貴幹？」班迪內羅沒有回答，掃了一眼那個箱子，當時蓋子開

---

1. 著名的將領，先後在西班牙、法蘭西和佛羅倫斯服役。－英譯注
2. 參見卷二第 20 章的註腳。
3. 切里尼修復的這一雕像現存佛羅倫斯國立博物館。－英譯注

著，雕像露了出來。他突然奸笑起來，搖著頭轉身對公爵說：「大人，這正好說明我經常對您說的話是正確的。您要知道，古人根本不懂解剖學，所以他們的作品錯誤百出。」我默不做聲，對他的話聽而不聞，事實上我背著臉根本就不理他。

那個畜生巧舌如簧地瞎說完後，公爵說道：「噢，本韋努托，這和你剛才的一番高談闊論迥然不同。來為這尊像說句話吧。」公爵的盛情難卻，於是我這樣說道：「大人，您要知道，巴喬·班迪內羅這個人從頭到腳都壞透了，他一直都是這麼壞。所以，無論任何東西，哪怕它十全十美，在他那雙賊眼看來也是一無是處。我這個人只喜愛美的東西，所以能夠更清楚地看出真相來。因而，我對大人說這尊像好只不過是說了句大實話，而班迪內羅所說的則是他那壞透的身上流出的一點壞水。」公爵聽得心花怒放，班迪內羅則神情沮喪，臉變得如醜八怪一般－－他那張臉生就的醜陋無比－－那一副寒磣相可想而知。

這時公爵走了，他穿過一樓的幾個房間，班迪內羅在後面跟著。幾個管家扯著我的斗篷讓我也跟了上去，所以我們一起陪著公爵來到一個房間，他坐了下來，我和班迪內羅分別站在他的左右兩側。我閉口無言，大人的隨從盯著班迪內羅，小聲地笑談著我在那邊的房間裡說過的話。這時，班迪內羅開始發話：「大人，我的赫拉克勒斯和卡科斯[1]揭幕的時候，我相信寫我的十四行詩有一百首，充滿了無知的小人對我的惡毒咒罵。」[2]我回答說：「大人，米開朗基羅·博納羅蒂向人展示他的聖器室的時候，人們看到了很多漂亮的雕像。我們佛羅倫斯那座了不起的學校裡的天才人物總是喜歡真實和美好的東西，所以他們發表了一百多首十四行詩，競相讚美那些傑作。所

1. 卡科斯是羅馬神話中的噴火巨人，火神伏爾甘的兒子，因偷了赫拉克勒斯的牛而被打死。

2. 瓦薩里證實了這一説法。佛羅倫斯人極為憤怒是因為班迪內羅從米開朗基羅手裡奪走了作品創作權。作品揭幕是在1534年，公爵亞歷山德羅不得不監禁諷刺詩的作者。－英譯注

以，就像班迪內羅的作品應該受到他所說的人們的咒罵那樣，米開朗基羅的作品也應該受到人們的熱情讚揚。」

我說的這番話使班迪內羅怒火中燒，他轉身對我吼道：「還有你，你對我的作品有啥可說的？」「你要是有耐心聽下去，我就告訴你。」「你說吧。」他回答道。公爵和他的隨從都準備認真聽我講。於是我就開始慷慨陳詞：「你要知道，指出你的雕像的缺陷我會感到非常痛苦，不過我不打算談我個人的感受，我只想概括一下最公正的佛羅倫斯學校是怎麼評價的。」那個畜生不住地說著難聽話，一邊說一邊指手畫腳，氣得我越說越粗魯，他要是規矩些我就不會那樣說了。「那麼，這個公正的學校說，要是把你那赫拉克勒斯的頭髮剃掉，他的顱骨裡就盛不下腦子了。他們說，很難區分他的相貌是個人還是個獅子與牛混合成的雜種，臉與身體的動作也不協調，和脖子連接得極為拙劣，一點藝術性也沒有，再沒有這麼難看的東西了。他那懶散的雙肩好像驢子的前鞍橋。他的胸部以及全身的肌肉不是根據人塑造的，而是根據靠在牆上豎立起來的一袋瓜設計的。腰的塑造好像根據一袋細南瓜設計的。誰也說不清他那兩條腿是怎麼和那爛身子連在一起的。我們看不出來他靠哪條腿站著、哪條腿用力，看樣子他用的哪條腿也不是，才疏學淺的雕塑家有時候會那樣處理。顯然，他的軀體往前傾斜 1/3 肘尺還要多，單憑這一點就可以說是二把刀、三腳貓犯的最嚴重、最不可原諒的錯誤。對於胳膊，他們說兩條胳膊伸得沒有一點風度，顯示不出一點真正的藝術才能，好像你從來沒有見過裸體模特兒一樣。另外，赫拉克勒斯的右腿和卡科斯的右腿之間是一團肉，所以他們兩人要是分開的話，不僅是一個人，而是兩個人都在連接的地方缺腿肚。他們還說，赫拉克勒斯的一隻腳在地下，而另一隻腳好像放在燒紅的煤塊上。」

71

我這樣一一列舉卡科斯的可惡的缺點，那個傢伙可就受不住了。首先，我說的是實話；其次，我是當著公爵和在場所有人的面撕下他的假面具，從表情和姿勢上看，人們一開始感到吃驚，然後就相信我說的千真萬確。他突然大叫起來：「你血口噴人！為啥不說我的設計？」我反駁道：「優秀的設計者根本不會做出壞作品，所以我相信，你的設計圖和你的雕像沒啥兩樣。」他看到公爵臉上眉飛色舞，其他的旁觀者也做出挖苦的動作，就擺出一副蠻不講理的架勢，扭過來他那醜陋無比的臉對著我尖叫道：「閉嘴，你這雞奸犯。」

公爵聽到這話一皺眉，其他的人撇著嘴怒視著他。他對我的當眾侮辱差點沒把我氣瘋，但我很快就恢復了理性，就將它一笑置之：「你瘋了！這太不像話了。我真希望能懂得你提到的崇高藝術。人們說，朱庇特和該尼墨得斯在天堂裡玩過它[1]；在塵世間，一些最偉大的皇帝和國王也那樣玩。而我不過是一個平頭百姓，既沒有權力、也沒有能耐去享受它。」我一說完，公爵和他的隨從再也忍不住了，一個個笑得前仰後合。

您要知道，諸位看官，雖然我表面上喜眉笑眼，可肚子裡肺都氣炸了。你想想，一個最下流的惡棍，竟敢當著這麼偉大的一位公爵的面來糟踐我。但您還要知道，他糟踐的是公爵而不是我，我要是不在御前，早就把他打死在地上了。

那個無賴一看人們不停地笑就想改變話題，想把人們的注意力轉移開，不再笑他，於是他就這樣說：「本韋努托這個傢伙到處瞎吹，說我答應給他一塊石頭。」我馬上就打斷他的話：「你說啥？不是你派你的工匠弗朗切斯科對我說，我要是想做石像，你就給我一塊石頭嗎？我接受了，並且打算要

---

1. 在西方神話中，朱庇特與該尼墨得斯被認為是一對同性戀者。

它。」他反駁道：「放心吧，你永遠也得不到它。」剛才他侮辱我以後我仍然感到心如刀割，這時我就失去了理智，忘記了我是在公爵的御前，於是就怒火滿腔地吼叫道：「你記住，你要是不把那塊石頭送到我家，你就準備好下地獄吧；只要你還待在這個世上，我就非讓你斷了這口氣不可。」

這時，我突然想起自己正站在一位偉大的公爵面前，於是就恭順地轉身對大人說：「大人，一隻老鼠壞了一鍋湯，這個人的愚蠢行為一時把我氣糊塗了，我冒犯了大人，忘乎所以了，我乞求您的寬恕。」公爵對班迪內羅說：「你真的答應給他石頭了嗎？」他回答說是真的。這時公爵對我說：「去到工程隊選一塊你滿意的石頭。」我申辯說，他已經答應給我送到家了。我們兩人又說了一些不客氣的話，我始終拒絕以別的方式得到石頭。

第二天上午，一塊石頭送到了我家。我問是誰送的，他們對我說是班迪內羅，而這正是他答應給我的那塊石頭。[1]

72

我馬上就派人把石頭搬到我的工作室，然後就開始鑿。在粗鑿期間，我做了個模型。但我已急不可待地要做石雕像，根本沒有耐心按藝術的要求把模型做好。我很快就發現這塊石頭敲打起來聲音不正常，這使我常常後悔不該動手做這件活兒。不過我還是儘量地做出來了－－也就是阿波羅與雅辛托斯[2]，這件作品[3]現在仍在我的工作室裡沒有完成。

我這樣忙著的時候，公爵來到我家，他常這樣對我說：「把你的銅像放一放，我想看你做這尊石像。」於是我拿起鑿子和錘子歡快地幹起來。他問我石

---

1. 瓦薩里在他的《班迪內羅傳》中證實了切里尼說的這件事。但據他的描述，班迪內羅在這次唇槍舌劍中似乎並沒有切里尼說的那樣狼狽。－英譯注

2. 這是希臘神話中的又一對同性戀者，後雅辛托斯被阿波羅誤殺。

3. 這件作品現存佛羅倫斯國立博物館。－英譯注

像模型的情況，我回答說：「公爵，這塊石頭已經破裂了，但我還是想用它雕出點東西來，所以我沒有能做好模型，不過我會盡最大的努力幹下去。」

公爵派人火速趕到羅馬去弄一塊希臘石頭，以便讓我修復那個古代的該尼墨得斯，就是因為它我才與班迪內羅吵了一架。石頭運來以後，我覺得將它截斷去做該尼墨得斯所缺少的頭、胳膊和其他部位實在太可惜了，所以我就另找了一塊石頭代替，而將這塊希臘石頭留著做那喀索斯[1]，依據的是一個小蠟模型。

我發現這塊石頭有兩個洞，有 1/4 肘尺深，足足兩寸寬。這樣我就得選擇像的姿態，這可以從雕像上看出來，以此來避開那兩個洞。但由於長年累月的風吹雨打，雨水已經從洞裡滲透到石頭內部，結果石頭已經腐蝕了。對於這一點我在阿爾諾河發大水[2]的時候已經驗證過了，當時河水漫進我的作坊，深達一肘尺半還要多。那喀索斯像放在一塊方木上，水把它沖倒了，石像從胸部上面摔成兩半。我不得不把它們連接起來。為了使斷縫不被人看出，我用花環將它盤繞起來，現在仍可以在像的胸部看到它。[3]我繼續製作像的表面，利用的是日出之前的個把小時，有時候利用節日，這樣才不耽誤製作珀爾修斯像。

一天上午，我正準備好幾個小鑿子開始製作那喀索斯像，一個很小的碎鋼片飛進了我的右眼，深深地鑽進瞳孔裡取不出來了。我以為這只眼肯定要失明了。

過了一些日子，我派人請來了外科醫生拉法埃洛・德・皮利師父。他弄來幾隻活鴿子，讓我躺在一張桌子上，抓住鴿子後在翅膀下面切開一根大血

---

1. 希臘神話中的美少年，因拒絕回聲女神的求愛而受懲罰，死後化為水仙花。

2. 切里尼指的是1547年的大洪水。－英譯注

3. 此像現存佛羅倫斯國立博物館，胸部上面的斷縫清晰可見。

管，然後讓血滴到我眼裡。我頓時感到很舒服，兩天以後碎片就出來了，我的視力大為好轉。

離聖露西亞[1]節還有三天的時候，我用一個法蘭西克朗趕製出一隻金眼睛，讓我的一個外甥女把它奉獻到露西亞的聖壇上，我那六個外甥女是我妹妹利佩拉塔的女兒。那個女孩 10 歲了，在她的陪伴下，我答謝了天主和聖露西亞。

這以後的一段時間我沒有做那喀索斯像，而是在我前面提到的重重困難之中趕製珀爾修斯像。我打算把它完成，然後永遠離開佛羅倫斯。

73

墨杜薩的澆鑄極為成功，這使我完成珀爾修斯的信心大增。蠟我已經塗好，我相信用銅鑄出來以後，肯定可以和墨杜薩相媲美。蠟模型產生的效果實在太好了，公爵看了以後完全被它的美所吸引。也許是別人對他說用金屬鑄造達不到同樣的效果，也許是他自己就是這樣認為，反正他往我這裡來得比以前更勤了。

有一次，他對我說：「本韋努托，這尊像用銅鑄不成，藝術規律不容許那樣做。」公爵的這句話使我感到椎心泣血一般，我回答說：「大人，我知道您對我沒有多少信心，我相信這是因為您輕信了我的仇人對我的譭謗，要不然就是您根本不懂藝術。」我剛說完這句話他就插嘴說：「我承認自己是個鑑賞家，實在是很懂藝術。」我回答說：「您像個公爵，不像個藝術家。如果您像您想像的那樣懂行的話，您就會根據我已經拿出來的作品對我予以信任。」

---

1. 露西亞是義大利錫拉庫札的處女殉教者，西元 304 年死於羅馬皇帝的宗教迫害。據說她的眼睛非常美麗，再加上她的名字在拉丁語中就是「光明」的意思，所以她後來被尊奉為眼睛的保護神。到切里尼的時代，對她的崇拜已遍及整個義大利和西班牙。

「這些作品的第一個是您那巨大的半身銅像，現在在埃爾巴。第二個是修復的該尼墨得斯石像，它給我帶來了重重困難，費了我很多事，我覺得從頭再做一尊像倒還容易些。第三個就是大人面前的這尊墨杜薩像，這是我用銅鑄造的，我在製作中所顯示的功力和技術要勝過從事這一藝術的任何前輩藝術家。」

　　「大人請看！那個爐子完全是我建起來的，我用的方法和別人的方法大不一樣；除了很多技術上的改進和精巧的裝置以外，我還給它增加了兩個金屬出口，要不然就不可能把這尊曲裡拐彎很難鑄造的像完美無缺地澆鑄出來。正是由於我對方法和器具的真知灼見，這尊像才得以製作成功，這在所有的同行看來都是不可能的。」

　　「大人，我還想讓您知道，我在法蘭西的時候，在最令人欽佩的國王弗朗索瓦手下完成了很多偉大艱巨的工程，毫無疑問，唯一的原因就是那個聖明的國王給了我慷慨的資助和大批的工匠供我使喚，因而使我的勇氣大增。我要多少人就給我多少人，有時候雇的人超過四十個，全部是我挑選的。這就是我在那麼短的時間內完成了那麼多優秀作品的原因。我說，大人，相信我吧，給我提供我需要的幫助吧。我相信我能夠完成一件使您心滿意足的作品。但您要是繼續給我潑冷水，不預付給我必不可少的資助，不論是我還是世上活著的任何人，誰都無法完成有絲毫價值的作品。」

74

　　公爵儘量克制自己，站在一旁聽我表白。他在那裡如芒刺在背，身子不停地轉過來轉過去。而我，不幸的我，絕望之中想起了在法蘭西時的尊貴顯達，不禁黯然神傷。他突然喊叫起來：「行啦！告訴我，本韋努托，墨杜薩那了不起的頭，由珀爾修斯抓在手裡高高地舉起，這怎麼可能完美無缺地澆鑄出來呢？」

我馬上就回答說：「請看，大人！如果您真的像您聲稱的那樣具有藝術知識，您就一點也不必為您說的那個了不起的頭擔心。另一方面，我們倒是有足夠的理由擔心這只右腳，它是那麼低，離別的部位又那麼遠。」

　　聽到這話，公爵有些生氣地轉身對他的幾位侍從說：「我相信這個本韋努托以專門和別人作對為榮。」然後他扭過臉來以嘲笑的神情看著我，他的幾個侍從也亦步亦趨地加以效仿，公爵對我這樣說道：「我將洗耳恭聽你為解釋自己的觀點而提出的任何理由，也許這能使我相信它的可能性。」

　　我回答道：「我提出的理由必定無可指摘，大人會感到它有充分的說服力。」我接著說道：「您要知道，大人，火的本性是往上升，所以我向您保證墨杜薩的頭能完好地澆鑄出來。但由於火自己不會往下降，我要用人工的方法迫使它下降 6 肘尺，所以我以這個最有說服力的理由向您保證：腳不大可能澆鑄出來。不過我可以很容易地將它修補出來。」公爵說：「您為啥不設計得讓腳也像你保證的頭一樣可以澆鑄出來呢？」我回答說：「那我就要建一個大得多的爐子，管道就要像我的腿一樣粗，這樣就能使熔化的金屬靠自身的重量降落到那個部位。現在我的管子到像的腳部有 6 肘尺，還沒有兩個指頭粗，這我已經說過。但要做一個大些的又划不來，因為我可以很容易地把缺的地方補出來。我估計模子澆滿一大半以後，從中間往上，由於火會自然上升，這樣珀爾修斯和墨杜薩的頭就會很漂亮地澆鑄出來了，這一點您儘管放心。」

　　我就這樣解釋了我那令人信服的理由，另外又說了很多諸如此類的話，要把這些都寫下來實在是太冗長乏味了。而公爵聽了以後搖搖頭，連招呼也不打就走了。

75

這樣陷入了孤立無援的境地以後，我重新鼓起勇氣，驅散了縈繞心頭的愁雲慘霧，在此之前我一想起離開了法蘭西，就常常後悔得淚如泉湧。我離開法蘭西只不過是為了重訪我親愛的故鄉佛羅倫斯，以便接濟我的六個外甥女。但我已經發現，這一善意之舉已經成為我大災大難的開端。不過我相信，我的珀爾修斯像一旦完成，所有這些痛苦都將轉化為齊天的洪福。

於是我抖起精神，用我全部的體力和財力，將我剩下的錢都拿出來，開始幹起來。首先，我從塞雷斯托里的森林裡弄來幾車松木，那個地方就在蒙特盧波附近。松木還在路上的時候，我用好幾個月以前就準備好的泥蓋在珀爾修斯上面，以便使它及時風乾。做好泥膜（這是我們的行話）以後又用鐵梁將它圍起來，然後我就開始用文火把蠟抽出來。熔化的蠟從我做的很多通風管裡流出來。通風管越多，模子澆注得越好。蠟流完以後，我圍著珀爾修斯模型建了一個漏斗狀的爐子。那是用磚壘的，壘時上面一塊磚與下面一塊交錯開，這樣就留出了很多孔眼讓火透氣。然後我開始陸續地放木柴，讓火一直燒了整整兩天兩夜。最後蠟全部流完了，模子也烘乾了，我就開始挖坑來放模子。我嚴格按照藝術規律，做得一絲不苟。

這一部分活兒幹完以後，我用起錨機和粗繩索把模子抬到垂直位置，小心翼翼地把它吊到爐子上方 1 肘尺的地方，這樣它就正好對著坑的中央。接著我又輕輕地把它落到爐子底部，小心謹慎地把它放穩以確保其安全。這椿細活兒完成以後，我就開始用挖出來的土把它封起來，隨著土越堆越高，我就在適當的地方安放了通風管[1]，這是土製的小管子，恰似人們所用的排水管一類的東西。

---

1. 這些通風管被插進了切里尼所說的泥膜裡。它們有兩個作用：一個作用是讓蠟流出來，這樣可以為熔化的金屬騰出空間；另一個作用是讓空氣從泥膜裡排出去，以便熔化的金屬順利進入。－英譯注

最後，我確信模子已經固定，坑已經填住，通風管也安裝完畢，而且我還發現我的工匠懂我的方法，這一方法和幹這一行的其他所有師父使用的方法都不一樣。我相信他們靠得住，於是我就轉身去照看爐子，我在裡面堆了很多銅錠和其他銅料。這些銅塊是按照藝術規律堆放的，也就是一塊一塊地擺得讓火可以從中間穿過去，這樣它們就會更快地受熱熔化。

最後，我精神十足地命令點燃爐子。松木柴堆了起來，一方面由於木柴的松脂，另一方面由於我設計的良好的通風，爐子的燃燒情況極佳，我不得不來回跑著照看它。這樣的幹法我難以承受，但我迫使自己使出渾身的解數。更糟糕的是作坊著了火，我們擔心房頂會塌下來砸到我們頭上。這時外面又下起了雨，大風從園子裡不停地往裡吹，明顯地降低了爐子的溫度。

我與這些不利的境況拼搏了好幾個小時，我這強壯的身體已經掏出了十二分的勁兒，最後我實在受不住了，一陣最為劇烈的高燒突然向我襲來。我感到非回去倒在床上不可。我不得不痛苦地違背自己的意志離開現場了，於是我轉向我的助手，一共大約有十幾個人，有鑄工師父、手工匠、鄉下人和我自己的學徒工，其中有穆傑洛的貝爾納迪諾·曼內利尼，他是跟了我好幾年的徒弟。我特別對他說：「我親愛的貝爾納迪諾，你要注意遵守我教給你的規則，動作一定要迅速，因為金屬很快就要熔化了。你不能出錯；這些可以依賴的人把管道準備好；你可以很容易地用這對鐵鉤把那兩個塞子頂回去；我相信模子能奇跡般地澆注好。[1]我感到病得比以往任何一次都厲害，

1. 這句話裡的幾個術語需要解釋。「管道」（canali）是一種流槽，可供熔化的金屬從爐裡流到模子裡；「鐵鉤」（mandriani）是一端帶有彎鉤的長杆，用來部分或全部打開爐口的「塞子」（spine），以便讓熔化的金屬由管道進入模子。金屬流到模子以後進入了外模子（tonaca，即切里尼所説的「泥膜」）與內膜膽（anima）之間的空隙，正好填滿原來蠟所佔據的空間，蠟正如切里尼所説是用文火加熱後取出的。模子（forma）由兩部分組成：一部分是使銅像成型的外殼（即「泥膜」），另一部分是實心的圓形內膽，放在外殼裡面並與它保持一定的距離，可用來控制金屬的流入。－英譯注

我肯定活不了幾個小時了。」我就這樣絕望地離開了他們上了床。

76

我一上床就命令我的女僕給作坊裡所有的人送酒飯，同時我還喊道：「我活不到明天了。」他們試圖鼓勵我，說我的病會好的，我只不過是勞累過度而已。這樣我與高燒搏鬥了兩個小時，而且體溫在不斷地升高，我不停地喊著：「我不行了。」我的女管家名叫莫納‧菲奧雷‧達‧卡斯泰爾‧德爾‧里奧，她又能幹心腸又好[1]。這時她不停地罵我沒出息，而同時又盡可能地對我加以照顧。儘管她很堅強，但看到我身心遭受的巨大痛苦，也禁不住傷心落淚，不過她盡可能地背著我不讓我看見。

我正這樣受著煎熬的時候，看到一個人進了我的房間，他的身子擰了幾道彎，像個大寫的「S」。他說話的聲音淒切哀慟，就像是與斷頭臺上的人訣別一樣。他對我這樣說：「啊，本韋努托！你的像毀壞了，已經沒有挽救的希望了。」

我一聽到那個可憐蟲的哀鳴就發出一聲嚎叫，大概燒火的地方也能聽得到。我從床上跳起來，抓起衣服就開始穿。女僕、我的夥計，以及每一個過來幫我的人，都遭到我一頓拳打腳踢，我不住地哀號著：「啊！逆賊！紅眼狼！這是背叛，是故意傷害！我向天主發誓一定要刨根問底，我死以前要讓世人看看，我做的事能使二十個人目瞪口呆。」

我穿好衣服後，三步並作兩步地到作坊去找事兒。那些人剛才我走的時候還情緒高漲，這時我看見他們站在那裡垂頭喪氣，一個個如木雕泥塑一般。我到那裡劈頭就說：「都給我站好！聽我說！都怨你們不聽我的話，現在我來和你們一起幹，一定要服從我。誰也不准違抗我，在這種情況下我需要的是手、是耳朵，不是嘴。」

---

1. 據說，後來與切里尼結婚的那個婦女就是這位女管家。

我說完這番話，一個名叫亞歷山德羅·拉斯特里卡蒂師父的打破沉默說道：「你當心，本韋努托，你幹的這件事不符合藝術規律，是不可能成功的。」我轉過身去發了瘋似的對著他，嚇得他和所有的人都異口同聲地說：「我們同意了！你下命令吧！你說啥我們聽啥，只要讓我們活命。」我認為，他們這樣動情是因為他們覺得我很快就會一頭栽死在地上。

　　我馬上就去檢查爐子，發現金屬都凝固了，這種事故就是我們所說的「結塊了」。我讓兩個人到路那邊的屠戶卡普雷塔家弄來一堆幼櫟木柴，這些木柴在那裡已經放幹一年多了，是以前吉內夫拉夫人給我的，就是那個卡普雷塔的老婆。第一抱柴火一到，我就把它填到爐子下面的爐柵上。這種櫟木柴比任何別的柴火著得都旺；由於這個原因，在需要文火的地方，比如說鑄炮廠，人們就選用檀木或松木。

　　於是木柴著火了，呵！結的塊在熊熊大火的烘烤下逐漸地顫動、發光和冒火花！同時我不停地搖動管道，又派人到房頂去滅火，

切里尼與他的模特兒兒卡泰麗娜
By Salvador Dalí

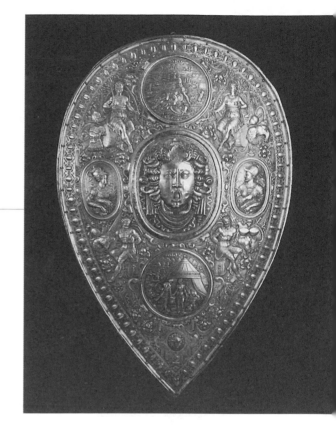

弗朗切斯科一世‧德‧麥地奇的盾徽
Shield for Francesco I de 'Medici
c. 1570
Chased and silver-Plated iron, height 76 cm
Staatliche Kunstsammlungen, Dresden

由於爐火不斷增大，房上的火也
大了起來。我還讓人用木板、毯
子和其他懸掛的東西堵住園子，
以擋住外面的風雨。

77

　　我這樣採取措施預防這幾種
禍患的時候，一會兒對這個人吼一聲，一會兒對那個人吼一聲：「把這個東
西拿到這裡，把那個東西拿到那裡！」在這緊要關頭，大家看到結的塊就要
熔化了，就在我的指揮下一個人頂三個人地幹著。這時我命人拿來半錠白
鑞[1]，大約有六十磅重，把它扔到爐子裡面結的塊中間。用這種方法，再加
上堆積木柴，一會兒用火鉗攪，一會兒用鐵棍攪，凝固的硬塊很快就開始熔

1.　一種以錫為主的錫鉛合金。

化。於是我感到又起死回生了，那些臭硬的笨蛋失算了，我渾身又來了勁，什麼高燒的痛苦、什麼對死亡的恐怖，統統被拋到九霄雲外。

這時突然發生了一聲爆炸，伴隨著一道巨大的火光，好像在我們中間打了一個霹靂。我們個個都嚇得毛骨悚然，我甚至比別人還要害怕。響聲和閃光消失以後，大家開始大眼瞪小眼。隨後我發現爐頂被炸飛了，銅汁從裡面冒著泡往外溢。於是我馬上打開模子口，同時頂開擋住銅汁的兩個塞子。但我發現它流得比平常要慢，原因大概是我們燒的大火耗盡了它的低值合金[1]。於是我派人找來了我所有的白鑞盤、碗和碟子，大大小小約有二百件，將其中的一部分一件一件地扔到管道裡，其餘的都扔進了爐子。

這一招果然靈驗，人人都會看到銅完全處於液化狀態，並且開始流入模子。這個時候大家喜氣洋洋，一個個對我俯首貼耳，七手八腳地給我幫忙，而我則是東一頭西一頭地一會兒下命令，一會兒親自下手。我大聲喊道：「啊，天主！您以無邊的神力起死回生，又在榮耀中升入天堂！」……這樣，不大一會兒模子就流滿了。我一看大功告成就雙膝跪倒，衷心地向天主表示答謝。

在一切都料理完畢以後，我轉向一條板凳上的一盤沙拉，狼吞虎嚥地吃了起來，並和大家一起把酒言歡。

然後我就美不滋兒地上了床，這時離天亮還有兩個小時，我酣然入睡，好像根本沒有生病一樣。

好心的女管家不等我吩咐就給我做好了一隻肥雞。我在早飯時分起床以後，她樂呵呵地過來對我說：「噢！這就是那個要死要活的人嗎？說實在話，我認為肯定是昨天晚上你怒火直冒、好像是魔鬼附體的時候，對我們的那一頓拳打腳踢把那要命的高燒嚇跑了！高燒也害怕挨打，就像我們人一

---

1. 鑄銅像用的是青銅，主要是銅錫合金。切里尼所説的「低值合金」顯然是指青銅裡面除銅以外的其他金屬。

樣！」全家上下也都從焦慮和繁重的勞動中解脫出來，他們馬上去買陶器來頂替我扔進去的白鑞器。然後大家在一起歡天喜地地吃飯，而且我想不起來我一生中有哪一天吃飯時有這麼高興，胃口有這麼好。

吃過飯以後，我接待了幾位幫過我忙的人的來訪。他們相互表示祝賀，為我們的成功感謝天主，說他們聽說並見到了其他師父認為不可能的事。我也感到有些沾沾自喜，認為我已經顯示了自己的才能，於是就信口自誇一番。我從腰包裡掏出錢來分給大家，人人都感到心滿意足。

那個邪惡的傢伙、我的死敵、公爵的總管家皮耶爾·弗朗切斯科·里喬先生知道了我的事以後心裡非常難受。我懷疑有兩個人使我的金屬結了塊，他們在回答總管家的問題時說我不是人，肯定是個不得了的魔鬼，因為我完成了任何技術都無法完成的事。他們確實不能相信一個普通的魔鬼能創造像我這樣的奇跡。他們將整個事情大肆誇張，可能是想為他們自己開脫責任，於是總管家給當時正在比薩的公爵寫信彙報了這一情況，而信寫得比他們兩人講的內容更加離奇古怪。

78

鑄像冷卻了整整兩天以後，我開始慢慢地把它揭開。我首先發現墨杜薩的頭澆鑄得極為漂亮，這多虧了那些通風管，正像我對公爵說過的那樣，火的本性是往上升。再往下揭，我發現另一個頭，也就是珀爾修斯的頭，絲毫也不遜色，這使我大為驚奇，因為它比墨杜薩的頭要低得多。模子口開在了珀爾修斯頭上面和肩膀後面，我發現像的頭部把爐子裡所有的銅都用完了。管道口連一點碎片也沒有剩下，鑄像完整無缺，這真是個奇跡。驚奇之中，我好像看見天主的手在安排著一切、控制著一切。

我繼續順利地往下揭，發現各個部位都澆鑄得十全十美，最後揭到鑄像站立的右腳。腳後跟鑄出來了，再往下揭，我發現整個腳好像是完好無缺。這

一方面使我感到非常高興，但另一方面又使我感到有些遺憾，只不過是因為我曾對公爵說腳澆鑄不出來。不過我全部揭完以後才發現，腳趾及其上面的一塊地方沒有澆鑄出來，所以這只腳缺了大約一半。我知道將它修補好要費我一點點力氣，但我還是感到很高興，因為這樣我就可以向公爵證明我對自己的業務是多麼內行。事實上腳澆鑄得要比我預期的好得太多了，其原因就是我用的銅比藝術規則規定的要熱一些，這些我在前面已經講過了。另一個原因是我被迫用白鑞杯子和盤子來補充合金，這一招我認為以前從來沒有人用過。

這時我確信已經大功告成，於是就急忙趕到比薩，在那裡找到了公爵。他極有禮貌地接待了我，公爵夫人對我也是如此。儘管總管家已告訴了他們整個事情的經過，但他們聽了我親口講述以後，認為我的成就比總管家講的還要了不起，還要令人驚奇。我講到了珀爾修斯的腳，說那個部位澆鑄得有缺陷，正像我以前告訴大人的那樣，這時我看見他臉上露出驚異的神情，然後又向夫人講了我是如何事先預料到這一點的。

我看到公爵夫婦對我這麼好，就請求公爵允許我到羅馬去。他極為爽快地答應了我的請求，並囑咐我儘快回來完成珀爾修斯像，同時給了我介紹信，讓我交給他的使節阿韋拉爾多·塞里斯托里。那時朱利奧·德·蒙[1] 剛當選教皇沒有幾年。

79

離家以前，我指示工匠們按我教給他們的方法繼續幹。我這次出門的原因如下：我曾經為安東尼奧的兒子賓多·阿爾托維蒂製作了一尊和真人同樣大小的半身銅像[2]，並將它送到羅馬交給了他。他把銅像安放在書房裡，裡

---

1. 又名喬瓦尼·馬里亞·德爾·蒙特·聖索維諾。此人於1550年 2 月當選為教皇，號稱尤利烏斯三世。－英譯注
2. 此像現存波士頓的加德納博物館。－英譯注

面還擺放著很多古董和其他藝術品。但這個書房並不是為擺放塑像或繪畫而設計的，因為它的窗戶太低了，這樣從下面進來的光線就破壞了這些藝術品在更有利的環境中產生的效果。

有一天，賓多正站在門口，正好雕塑家米開朗基羅·博納羅蒂從那裡路過，所以他請米開朗基羅進來看看他的書房。於是米開朗基羅就進了屋，他四下打量了一下說：「是哪位大師把你的像製作得這麼好？你要知道，這尊像在我看來毫不亞於那些古董，甚至超過了那些古董。而且古董裡面還有很多漂亮的東西可看。假如這些窗戶再高一些而不是這麼低的話，你的藏品看起來效果會更好，你的這尊像就是放在這麼多優秀作品中間也毫不遜色。」

米開朗基羅從賓多那裡走了以後，很客氣地給我寫了一封信，信的內容如下：「我親愛的本韋努托，好多年來您一直是我所知道的最偉大的金匠，而從今以後我還會知道您是位同樣偉大的雕塑家。我要告訴您：賓多·阿爾托維蒂先生讓我看了他的半身銅像，並對我說那是您製作的。我對這件作品感到非常滿意，但使我不快的是它擺放的地方光線太壞了。如果照射它的光線合適，它就會顯露出一件優秀作品的本色。」[1]這封信充滿了對我最熱情洋溢的讚美。

我動身去羅馬以前把信拿給公爵看，他以濃厚的興趣看過信以後對我說：「本韋努托，如果你能給他寫信勸他回到佛羅倫斯，我將讓他成為四十八人團[2]的成員。」於是我滿腔熱忱地寫了一封信，以公爵的名義向他許諾得比授權與我的多一百倍。我怕有啥不妥的地方，就在封信以前把它拿給公爵過目，並對他這樣說：「大人，也許我給他的許諾太多了。」他回答說：「米開朗基羅應該得到比你的許諾還要多的東西，我還要給他更大的好處。」這封信寄出後米開朗基羅沒有回信，我可以看出公爵對他非常生氣。

1. 米開朗基羅於1552年寫信給切里尼讚揚這尊半身像，但語氣要比切里尼講述的克制一些。－英譯注

2. 克萊門特七世於1532年設立的三個委員會之一，其職能相當於參議院。－英譯注

80

我到羅馬以後，就住在賓多・阿爾托維蒂家裡。他馬上就對我講了他讓米開朗基羅看銅像的情況，以及米開朗基羅對它的讚揚。所以我們就此話題談了一段時間。

我要講一講製作這尊像的原因。賓多手裡有我的1,200金克朗，後來他以自己的名義把這筆錢連同他自己的4,000克朗借給了公爵，一共借出去了5,000克朗[1]，而我則得到了我的那筆錢的利息。這就引出了我為他製作銅像的事。他看到半身像的蠟模型以後，派他的一個名叫朱利亞諾・帕卡利的文書給我送來了 50 個金斯庫多[2]。我不想要這筆錢，所以就讓送錢的人把它退還給了賓多，後來我對他說：「你拿著那筆錢替我收利息我就很滿意了，這樣我可以得點好處。」

這一次我們算帳的時候，我發現他對我很不友好，不像以往那樣對我熱情相待，而是擺出一副冷冰冰的架勢。雖然我住在他家，他也沒有露過笑臉，一天到晚悶悶不樂。不過我們還是很快就算清了帳。我為他製作的像，包括銅在內，不再向他要錢。我們還商定，在我的有生之年，我把我的錢以百分之十五的利息存在他那裡。

81

我要辦的另一件要事就是去晉見教皇。我正與教皇說著話，公爵的使節阿韋拉爾多・塞里斯托里先生來到了。我已經向教皇提了一些建議，我想他會同意的，由於我在佛羅倫斯遇到的巨大困難，我很想回到羅馬。但我很快就發現，那位使節把我的事攪黃了。

---

1. 準確地說，借給公爵的這筆錢應該是5,200克朗。－英譯注
2. 斯庫多為16－19世紀義大利流通的金幣或銀幣。

然後我去拜訪米開朗基羅·博納羅蒂，又向他說了一遍我以公爵的名義從佛羅倫斯給他寫的那封信的內容。他回答說，他正忙於建造聖彼得大教堂，這使他無法離開羅馬。我回答說，既然他已經設計好了模型，就可以把活兒留給他的僕人烏爾比諾去幹，此人能毫髮不爽地執行他的命令。我又說了很多將來的好處，這都由公爵寫在一張便條上。這時他瞪了我一眼，以嘲笑的語氣對我說：「你倒是願意！你對他還怪滿意嗎？」雖然我回答說我極為滿意，公爵對我非常好，但看樣子他基本上知道我的苦衷，並斷然回答說他很難離開羅馬。我又說，他能回到自己的老家是再好不過的事，那裡的統治者是一位以主持公道而著稱的公爵，他是世界上最偉大的藝術和知識的愛好者。

我說這番話的時候，他身邊有一位來自烏爾比諾的僕人，這個僕人在他手下好多年了，看樣子是他的貼身僕從和管家而不是別的，這一點很明顯，因為他對藝術一竅不通。我正勸得米開朗基羅無話可說的時候，他突然轉向烏爾比諾，好像是徵求他的意見。於是那個傢伙土里土氣地大聲叫道：「我永遠也不離開我師父米開朗基羅，除非我扒了他的皮，或者他扒了我的皮。」這冒傻氣的話使我笑了起來，我沒有說告別的話，一屈身就退出去了。

82

我與賓多·阿爾托維蒂做了一筆倒楣的交易，半身像白扔給他了，本錢也落到了他手裡，我這一輩子也要不回來了。這使我看清了商人的信條是個啥玩意兒。於是我沒精打采地回到佛羅倫斯。

我馬上進宮去拜見公爵，進去後才知道他正在蓬特－里夫雷迪那邊的卡斯特洛。在宮裡，我碰見了總管家皮耶爾·弗朗切斯科·里喬先生，我湊上去向他打招呼的時候，他無比驚訝地說：「啊，你回來啦？」他又同樣驚訝地拍拍手說：「公爵在卡斯特洛！」然後轉身就走了。我一點也鬧不清這個畜生為啥這樣陰陽怪氣地對待我。

我馬上又去了卡斯特洛，進了公爵所在的庭園，我老遠就看見了他。但他一看見我就露出吃驚的樣子，並表示讓我做自己的事。我本以為他會像我沒去羅馬以前那樣對待我，甚至比那時對我還要好，但這時我一看他對我這樣無理，就非常傷心地回到了佛羅倫斯。

　　我繼續做著塑像，一邊幹一邊絞盡腦汁想著為啥公爵突然換了一副嘴臉。斯福爾札先生以及其他幾個公爵身邊的近臣莫名其妙地看著我，我就問斯福爾札到底是咋回事。他只是皮笑肉不笑地說了句：「本韋努托，還是儘量做個老實人，不要操閒心。」

　　幾天以後，我見到了公爵，他很勉強地接待了我，問我在羅馬做了些啥。我儘量地維持著談話，向他講了有關賓多·阿爾托維蒂半身像的全部經過。他顯然認真地聽著，於是我又講到米開朗基羅·博納羅蒂。對此他感到很不高興，但烏爾比諾關於扒皮的蠢話使他大笑起來。然後他說：「這麼說，受罪的必定是他！」於是我就告辭了。

　　毫無疑問，總管家皮耶爾·弗朗切斯科君肯定在公爵面前說了我的壞話，但沒有達到目的。這是因為熱愛真理的天主保護著我避開了一場可怕的災難，就像他以前所做的那樣。而且我還希望他繼續保護我直到我生命的盡頭，無論我人生的道路上有多少艱難險阻。所以，我以大無畏的精神勇往直前，支持我的只有天主的神力。我也希望不會受到命運女神或災星的惡毒攻擊。但願我一直蒙受天主的聖恩！

83

　　仁慈的看官請你注意，一件非常可怕的事情發生了。

　　我竭盡了全力去完成塑像，晚上我就到公爵的保管庫，幫助在那裡為大人幹活兒的金匠。實際上他們主要是按照我給他們的設計進行操作的。我發現公爵喜歡看我幹活兒，喜歡和我談話，所以我就想有時候白天也到那裡去。

有一天，公爵像往常那樣來到我所在的那個房間，主要是因為他聽說我回來了。他馬上就和我談了起來，提出了幾個有趣的話題，對此我談了我的看法，他聽得眉飛色舞，我以前從來沒有見過他這麼樂過。突然，他的一個大臣進來了，到他耳邊嘀咕了一件要事，公爵馬上站了起來，和那位大臣一起到了另一間屋子。

這時，公爵夫人派人來察看公爵的動向，她的侍從回去報告說：「公爵正和本韋努托在一起又說又笑，心情非常好。」夫人一聽馬上就來到保管庫，一看公爵不在，就在我們旁邊坐了下來。她先看了一會兒我們幹活兒，然後極為溫文爾雅地轉向我，讓我看一條項鍊，上面的珍珠又大又漂亮。她問我項鍊咋樣，我說它實在是非常漂亮。然後她這樣說道：「我想讓公爵為我把它買下來，所以，我親愛的本韋努托，我求你在公爵面前盡可能地讚美它。」

聽到這話，我以極為尊敬的語氣向夫人吐露了實情：「夫人，我還以為這個項鍊已經屬於您了呢。既然我知道了您還沒有得到它，我就想，不，我就有責任說一說您要是得到它以後我就不說的話，那就是我憑藉成熟的職業經驗發現了珍珠有非常嚴重的缺陷。由於這個原因，我絕對不會讓您買它。」她回答說：「商人的要價是6,000克朗，要不是你說的那點毛病，項鍊的價值要超過12,000克朗。」我回答說：「即使是完美無缺的項鍊，我也不會勸別人出5,000克朗去買它，因為珍珠不是寶石，只不過是水生物的骨頭，時間一長就會失去光澤。而鑽石、紅寶石、綠寶石、藍寶石則永遠不會變色，這四種是寶石，這些才值得買。」

我說完這話，夫人已有幾分不悅。她說：「我想要這串珍珠，所以請你把它交給公爵，把它誇讚一番。即便是說出言過其實的話來也不要緊，這樣說是為我幫忙，這會對你有好處。」

我這個人從來都是最好說實話，最恨說瞎話。但我不願意得罪這麼尊貴的一位公爵夫人，迫於無奈，我違心地拿著那串該死的珍珠來到公爵所在的

那間屋。他一看見我就說：「噢，本韋努托，你到這兒有啥事？」我拿出那串珍珠說：「大人，我來讓您看一串最漂亮的珍珠項鏈，論品質屬於極品，最能配得上大人。我簡直不能相信在一個項鏈上串八十顆珍珠居然有如此漂亮，所以我建議您把它買下來，這是真正的稀世珍品。」他馬上就回答說：「我不願意買它。那些珍珠並不像你說的那麼好，我見過這個項鏈，我看不上它。」然後我接著說：「原諒我，大人！這些珍珠在稀有和美的程度上超過任何項鏈上的珠子。」

夫人已經起身，站在門後一字不漏地聽著我說的話。呵，我花說柳說，把那些珍珠吹得天花亂墜，比我上面描寫的還要好一千倍。這時公爵轉過身來和顏悅色地對我說：「噢，我親愛的本韋努托，我知道你對這些事情有良好的判斷力。如果這些珍珠像你所說的那樣稀奇，我會毫不猶豫地買下來，一是為了使夫人高興，二是為了佔有它們，因為我總是需要這些東西，既為了夫人，更為了我那些兒女。」

聽他這麼一說，我覺得既然已經說了瞎話，那就大膽地說下去吧。我儘量地使瞎話聽起來像實話一樣，我相信了夫人答應的在必要時幫助我的話。事成之後，我的傭金是二百多克朗，夫人曾明確表示給我這麼多。但我決定分文不要以維護自己的信譽，以此向公爵證明，我不是見錢眼開才這麼做的。大人又一次以最客氣的語氣對我說：「我知道，在這些事情上你是最高明的鑒賞家，所以如果你像我一直信任的那樣誠實，那就請你說實話吧。」

我頓時臉紅到眼圈，同時湧出了滿眼的淚水，我對他說：「大人，我要是對您說實話就會成為夫人的死敵，這將迫使我離開佛羅倫斯，我的仇人馬上就會糟踐珀爾修斯像，而我已經向大人最高貴的學校宣稱它是一件傑作。情況既然是這樣，我就把自己託付給大人您了。」

84

公爵這才恍然大悟，知道我剛才說的似乎是被人逼出來的，於是他回答說：「如果你信任我，你就啥也不要怕。」我又說：「哎呀，大人！怎樣才能防止這話傳到夫人的耳朵裡呢？」公爵舉起手，信誓旦旦地表示說：「請放心，我對你說的話一定守口如瓶！」立下這君子協定以後，我就根據自己的看法說了實情，也就是說，那些珍珠的價值不超過2,000克朗。

夫人以為我們不談了，因為這時我們儘量壓低了聲音，她就走上前來這樣說道：「大人，請開恩為我買下這個項鏈，我非常喜歡它，您的本韋努托也說過，他從來沒有見過更好的一串珍珠。」公爵回答說：「我不想買它。」「大人，您為啥不滿足我的心願買下它？」「因為我不想把錢扔到窗戶外面去。」夫人又說：「您說的扔錢是啥意思？您這麼器重的本韋努托已經告訴了我，三千多克朗就是個便宜價。」公爵說：「我的夫人！本韋努托已經對我說了，我要是買了這個項鏈就等於把錢扔了，這些珍珠既不圓也搭配得不好，而且有些還褪了色。你要是不信就看看這裡！看看那裡！考慮一下這個再想想那個。這個項鏈根本就不是我要的東西。」

聽了這話，夫人惡狠狠地瞪了我一眼，然後朝著我的方向威脅性地點了一下頭就退了出去。我感到還是馬上離開並永別義大利為好。但我的珀爾修斯像還沒有完成，在沒有向公眾展示它以前我不願意走。但我讓每個人都想一想，我的處境又是何等的困窘！

公爵當著我的面對他的門衛下了命令，無論我啥時候到宮裡去，他們都要讓我進入他的房間，到他所在的任何地方去找他。夫人也對這些人下了命令，只要我在宮門前一露臉就把我趕走。所以我只要一去，那些傢伙就離開門口趕我走，同時他們還小心不讓公爵發現他們在幹啥。如果他比那些混蛋們先看見我就喊我，或者招招手讓我繼續往前走。

這時，夫人派人去找經紀人貝爾納多內，她以前經常向我抱怨這個人，說他是個窩囊廢，一點用處也沒有。這時她又對他信任起來，就像她以前信任我一樣。他回答說：「夫人，把這件事交給我吧。」於是這個無賴就拿著項鏈去找公爵。

公爵一看見他就讓他滾開。但這個賴皮扯著他那破嗓子，像驢叫一樣地這樣說道：「啊！我親愛的大人，看在天主的分上為可憐的夫人買下這串項鏈吧，她想它就要想死了，沒有它她實在活不下去了。」這個傢伙東一句西一句地說了一大堆不著邊際的廢話，氣得公爵再也忍不住了，於是就沖他喊著：「滾開，要不然就把你的腮幫子鼓起來讓我打！」

這個惡棍很清楚他來的目的。他要是鼓起腮幫子或唱一首 La Bella Franceschina[1]，就能讓公爵買下項鏈，這樣他就能得到夫人的青睞，同時也能得到一筆傭金，這一數目高達幾百克朗。結果他硬是把腮幫子鼓了起來。公爵劈臉就給了他幾巴掌，而且為了把他趕走還打得很重。這幾記響亮的耳光不僅把他的臉打紅了，而且眼裡還打出了淚。雖然臉上火辣辣地疼，那個惡棍還是這樣說：「看！大人，您這樣一個忠實奴僕坐得正站得直，甘願忍辱含垢，只要可憐的夫人能心滿意足。」公爵煩透了這個無恥的流氓，也許是為了補償他打的那幾巴掌，也許是為了他那隨時都準備滿足的夫人，他這樣叫道：「滾蛋，你這該死的傢伙！去把它買下來，我願意滿足夫人的要求。」

從這件事上我們可以看出，邪惡的命運女神是如何遷怒於一個正直無辜的人，那不要臉的運氣之神是如何幫助一個可恥的無賴。我永遠失去了夫人的恩寵，因此也幾乎失去公爵的保護。那個惡棍卻得到了那一大筆傭金，也得到了他們的垂青。所以，在這個世界上，光靠誠實和有才能是根本不行的。

---

1. 當時很流行的一首民歌。－英譯注

85

　　大約在這個時候，錫耶納戰爭爆發了。[1] 公爵為加固佛羅倫斯的城防，就把大門分配給了他的建築師和雕塑家。我分到了普拉托大門和阿爾諾的小門，這個小門就在通往磨坊的路上。騎士班迪內羅分到了聖弗里亞諾門。帕斯誇利諾·丹科納分到了聖皮耶爾·加托里尼門。木雕藝人朱利安·迪·巴喬·達尼奧洛分到了聖喬治門。另一個木雕藝人帕爾蒂奇諾分到了聖尼科洛門。雕塑家弗朗切斯科·達·聖加洛，人稱馬爾戈拉，分到了聖克羅切門。焦萬·巴蒂斯塔，外號塔索，分到了平蒂門。[2] 其他的堡壘和大門分給了各個不同的技師，這些人的名字我已經想不起來了，實際上我和他們也沒有什麼瓜葛。

　　當然，公爵在任何時候都是個很有才能的人，他親自到城的各處巡視，一旦他拿定主意，就派人找他的一個工薪出納員拉坦齊奧·戈里尼。當時這個人在某種程度上已經是個業餘的軍事建築師了，所以大人讓他設計各個城門的防禦設施，並給我們每個人都送來了根據計畫繪製的各個城門圖。

　　我仔細看了給我的設計圖以後，發現在很多細節上有問題，所以就馬上拿著圖紙去找公爵。我試圖指出這些毛病時，公爵打斷了我的話，生氣地說：「本韋努托，要說製作雕像我馬上就給你讓位，要說搞城市設防，我看你得讓位於我。按我給你的設計執行去吧。」聽了他的豪言壯語，我慢條斯理地說：「大人，即便是在我的雕塑藝術方面，您也給過我教誨，因為我們常就這一學科交換意見。現在說到您的城防問題，您也不妨屈尊聽我幾句，這件事可要比製作雕像重要得多。如果您允許我和您一起探討這一問題，您就能更好地教導我如何為您效力。」

---

1. 1552年，皮耶羅·斯特羅齊為法蘭西國王亨利二世統帥大軍攻打西班牙人。1555年錫耶納投降，戰爭結束。1557年，腓力二世將錫耶納割讓給了科西莫·德·麥地奇。－英譯注

2. 除了帕斯誇利諾之外，我們對這些藝術家的瞭解僅限於切里尼的描述。－英譯注

他見我說話這麼客氣，就與我一起商量設計的問題。我清楚地證明了設計的方法不對，他聽了以後說：「那麼你就自己去搞個設計吧，完了讓我看看咋樣。」於是我就根據加固那兩個城門的正確原則搞了兩個設計，然後拿給他看。他辨明瞭正誤以後高興地說：「去按你的方法做吧，我對它感到很滿意。」隨後我就全力以赴地幹了起來。

86

守衛普拉托門的有一個倫巴第軍官，是個兇狠的彪形大漢，說話粗俗不堪，他的傲慢與無知極為般配。這個人馬上就問我在那裡幹啥。我很有禮貌地拿出我的設計圖，費盡了口舌向他解釋我的目的。那個畜生頭搖得像撥浪鼓似的，支撐身體的腿來回地換著，用手不停地撚著他那濃密的八字鬍。最後他把帽子往下一拉蓋住眼，吼道：「去吧！該死！你囉唆了半天我一點也不懂。」這個畜生快把我煩死了，我說：「那你就不用管了，我懂。」然後轉身就去辦我的事。

這時，他開始伸著頭威脅我，把左手放在劍柄上，把劍頭翹起來喊道：「喂！師父，你是不是想和我比試比試？」這個傢伙激怒了我，我極為生氣地扭回頭喊道：「在你身上穿個窟窿，比在城門上建堡壘還省事哩。」我們兩人都立即抓住劍，但沒有拔出來，因為有很多老實人、佛羅倫斯的公民以及一些官員跑了過來。大部分人都指責那個軍官，說他錯了，我已經對他夠忍讓了，這事要是傳到公爵的耳朵裡他才要倒楣哩。於是他就去辦他自己的事去了，我開始建我的堡壘。

那裡的事情安排妥當以後，我又去到阿爾諾的小門，在那裡我見到一個來自切塞納的軍官，他在我認識的所有軍人中最有教養、最有禮貌。看樣子他就像一個溫順的大姑娘，但在需要的時候就能成為世界上最勇敢、最殘忍的兵士之一。這個可愛的小夥子聚精會神地看著我幹活兒，直把我看得很不好意思。

我看他想瞭解個究竟，就很客氣地向他講了我的設計。我這樣說也就夠了：我們倆一個比一個客氣，結果我建的這個堡壘比那一個強得太多了。

那兩個堡壘將近建成的時候，皮耶羅·斯特羅齊的軍隊發動了突然進攻，普拉托的人們嚇得紛紛棄家而逃，大車小車地拉著各自的家當蜂擁進城。那場面真是人如潮湧、車馬盈門，鬧騰得就像翻了天一般。我吩咐守城門的士兵嚴加提防，以免在這裡發生不幸，就像都靈城門發生的那樣。吊門一旦放下就起不到作用了，而且必然要懸在其中的一輛馬車上。

那個當軍官的大個子畜生聽到我的話以後就糟踐我，我便給他來個以牙還牙。我們吵得比上一次還要厲害得多，幸虧人們把我們拉開了。堡壘建好以後，我得到了幾十克朗，這是我沒有想到的，因而格外高興。然後我就非常高興地去繼續製作我的珀爾修斯像。

87

那時候，阿雷佐附近的鄉村裡發現了一些古代文物。其中有一件是喀邁拉[1]，就是那個可以在鄰近宮殿大廳的房間裡見到的銅獅子。與喀邁拉同時發現的還有一些小塑像，也是銅的，上面覆蓋著土和鏽，個個都是缺胳膊少腿或者沒有頭。

公爵喜歡在空閒的時候用金匠的小鑿子親自去清理這些小塑像。有一次，我因事去找他，我們談話的時候他遞給我一把小錘子，我用錘去敲他拿著的鑿子，這樣就把像上面的土和鏽除掉了。這樣我們度過了幾個晚上，後來公爵讓我修復這些塑像。他對這些小玩意兒著了迷，叫我白天也去幹，我要是去晚了他就派人去叫我。我經常對公爵讓步，這樣我在白天丟下珀爾修斯就會出現幾個惡果。第一個，這是最使我擔心的，就是公爵見我花了這麼

---

1. 希臘神話中生有獅頭、羊身和蛇尾的怪獸。

長的時間製作那尊像，他自己就會感到膩煩，後來他確實是這個樣子。[1]另一個就是我一走，我那幾個工匠就會在兩方面進行搗蛋：一是毀壞我的作品，二是在那裡磨洋工。這些理由使公爵同意我在24點以後再到宮裡去。

這時，我越來越博得公爵的好感，我每天晚上去找他，他都對我寵愛有加。大約這個時候，新房子建得靠近了那些獅子[2]。於是公爵便想住到宮裡一處更為僻靜的地方，他在新建的住所裡為自己裝修了一個小房間，並讓我從一個祕密的通道進去。我得先穿過保管庫，再走過大廳的平臺，然後通過幾個又小又暗的走廊和密室。

不過幾天以後，公爵夫人就不讓我這樣走了，她把我要經過的所有房門都上了鎖。結果我每天晚上進宮的時候都要等好長時間，因為夫人占著密室做她自己的事。她的身體不太好，我每次來都打擾她。由於這個以及其他的原因，她根本就不想看見我。雖然有諸多不便和煩惱，我每天照來不誤。

與此同時，公爵的命令也毫髮不爽，只要我一敲門立馬就開，我想到哪裡都通行無阻。結果有一次我悄無聲息地突然走進一間密室，正好在一很不方便的時刻撞見了夫人。她立即大發雷霆，可把我嚇壞了。她吼道：「你啥時候能修好那些小塑像？實話對你說，你這樣沒完沒了地進進出出，實在讓人受不了。」我好聲好氣地回答說：「夫人，唯一的女主人，我唯一的願望就是忠心耿耿地為您效力，對您言聽計從。公爵交給我的這項任務需要好幾個月才能完成，所以請您告訴我，您是不是不想讓我再到這裡來。如果是那樣的話我就不來了，無論是誰去叫我也不行。即便是公爵親自派人去叫我，我也說我有病了，決不再來打擾了。」對此她回答說：「我不是不讓你來，也不是不讓你服從公爵，我只是說你的活兒好像永遠也幹不完了似的。」

1. 珀爾修斯像的製作前後用了九年的時間（1545－1554）。
2. 獅子從很早的時候起就一直放在舊宮裡。－英譯注

也不知公爵是不是聽說過這件事，反正不管是啥原因，他還是一切照舊。快到24點的時候他派人去找我，他的送信員總是這樣說：「注意，不要忘了來，公爵在等你。」就這樣，我連續去了好幾個晚上，還是像以前那樣不方便。其中有一次，我像平常那樣去了，公爵大概正和夫人談論私事，他極為憤怒地轉身看著我。我嚇壞了，想退出去。但他喊住了我：「進來，本韋努托朋友，去辦你的事，我過一會兒就去找你。」我正往前走，加爾齊亞殿下扯住了我的斗篷，那時他還小，很天真地跟我玩了起來。公爵一看很高興，說：「看，我的孩子跟你多麼合得來！」

88

我清理這些小玩意兒的時候，世子、喬瓦尼殿下、費爾迪南多殿下和加爾齊亞殿下老是在我身邊亂轉悠，[1]只要公爵的眼睛一離開，他們就捉弄我。我求他們看在天主面上安靜一會兒，他們回答說：「那我們做不到。」我對他們說：「做不到的事就不能硬讓人家做！那你們就隨便吧！繼續鬧下去吧！」這時公爵和夫人都大笑起來。

還有一天晚上，我完成了珀爾修斯底座上的幾個小銅像，也就是朱庇特、墨丘利、密涅瓦和達那厄，[2]小珀爾修斯坐在他母親的腳旁，我把它們帶到我幹活兒的那個房間裡，擺成一排，稍高於人的視線，這樣就產生一種很漂亮的效果。

公爵聽說以後就比平時提前來了。給公爵報信的那個人好像高估了銅像的價值，用了「遠遠超過了古代的作品」之類的字眼，於是公爵與夫人愉快地談論著我的事走了進來。我馬上站起來去迎接他們。他以名副其實的王侯

---

1. 世子是弗朗切斯科殿下，當時是 12 歲，喬瓦尼殿下 10 歲，加爾齊亞殿下 6 歲，費爾迪南多殿下 4 歲。—英譯注
2. 墨丘利是希臘神話中眾神的信使，達那厄是珀爾修斯的母親。

風度接待了我，然後他舉起右手，可以看出手裡拿著一個極為漂亮的梨的接穗。「拿著吧，我的本韋努托！」他說道，「把這棵梨種在你的庭園裡。」聽到這話，我高興地揮了一下手說：「噢，大人，您真的讓我把它種在我家的庭園裡？」「是的，」他說，「就種在屬於你家的那個庭園裡。你明白了我的意思嗎？」我以大禮謝過公爵，同時也謝過夫人。

隨後他們兩人都坐在了銅像前面，用了兩個多小時的時間專門談論這些作品的美。夫人顯得興奮異常，說：「我不想讓這麼精美的像安放在底座上然後擺放在廣場上，那太可惜了，在那裡會被弄壞的。我想讓你把它們安放在我的一個房間裡，這是考慮到它們獨特的藝術價值而將其保存在那裡。」我以很多有力的論據反對這一打算，但我看到她堅決不讓我把它們安放在現在所在的底座上，我就一直等到第二天，大約 22 點的時候我進了宮。我查明公爵和夫人已經騎馬出去了，而且底座我已經準備好了，我就把銅像拿下來，用鉛框將它們固定到適當的位置上。

呵！夫人知道了以後就別提有多生氣了！要不是公爵勇敢地保護了我，我必定要為自己的魯莽行為付出高昂的代價。上一次因為珍珠的事她已經生了一次氣，這一次又因為銅像惹了她，所以她就設法讓公爵放棄了在我們作坊的娛樂活動。結果我就不再到那裡去了，我又像以前那樣，只要一進宮就會遇到重重阻礙。

89

我回到了涼廊[1]，我的珀爾修斯像已經運到了那裡。我繼續對它進行最後的潤飾，還是面臨著那些老問題，也就是缺錢，另外還有數以百計的橫生枝節，其中的一半就足以嚇倒一個鐵打的漢子。

---

1. 位於佛羅倫斯廣場，切里尼的珀爾修斯像仍然矗立在那裡。－英譯注

但我還是一如既往地鍥而不捨。一天上午，我在聖皮耶羅·斯凱拉焦教堂望過彌撒以後，那個畜生貝爾納多內，一個經紀人，一個不入流的金匠，一個靠著公爵的面子當上了鑄幣廠伙食長的傢伙，從我跟前走了過去。那個卑鄙的傢伙剛走出教堂就放了四個爆竹，那聲音從聖米尼亞托都能聽見。我喊道：「唷！豬，膽小鬼，驢！那是你這個無恥的傢伙弄響的嗎？」然後我就跑過去拿棍。他馬上就躲進鑄幣廠裡。我站在自己家的門後面，門半開著，我讓一個小夥子盯著街上，讓他對我說那個豬啥時候離開鑄幣廠。

我等了一會兒就不耐煩了，火氣也慢慢地消下去了。然後我想，背後下手殺人總不是辦法，那樣會招惹大禍，我就決定另想辦法報仇。這件事發生在聖約翰節之前的大約一兩天，於是我寫了四行詩，把它貼在教堂的一角，人們常到那裡去玩兒。這首詩的內容如下：

> 這裡埋葬的是貝爾納多內，
>
> 他是驢、豬、密探、經紀人和竊賊，
>
> 潘朵拉傳給他所有的邪惡，
>
> 從那裡再傳給布阿喬之輩。[1]

這件事和這首詩都傳到了宮裡，公爵和夫人都感到非常可笑。那個傢伙自己還蒙在鼓裡的時候，成群結隊的人都停下腳步看那首詩，然後就縱聲大笑。

由於人們都往鑄幣廠的方向看，都把眼睛盯住貝爾納多內，他兒子巴喬師父看出人們的意圖以後，就憤怒地把那張紙撕下來了。他的老子咬著大拇

---

1. 如果我能看懂切里尼那含糊不清的句子，他是想用這一短詩來個一箭雙雕－貝爾納多內和他兒子巴喬。但他一般用「布阿喬」指巴喬·班迪內利。－英譯注

指，[1] 尖叫著發出一種可怕的威脅聲，聲音是從鼻子裡出來的。他確實勇敢地發出了挑戰。

90

公爵聽說我的整個珀爾修斯像已經完工並可以展示以後，有一天他去觀看。從他的舉止上看，顯然他對像感到非常滿意，但隨後他轉身對陪伴他的幾個侍從說：「這尊像在我們看來是很不錯，但還要得到公眾的喜愛才行。所以，我的本韋努托，在你給它最後潤飾以前，我想讓你看在我的面上把靠廣場一側的部分支架拆除，看選在哪一天快到中午的時候，這樣我們可以聽聽人們的反應。毫無疑問，把它完全暴露在光天化日之下以後，它的效果就和在這個圍欄裡大不一樣。」

我極為謙恭地回答說：「您要知道，大人，那樣看起來會比現在好一倍還要多。難道大人忘記了在我家的庭園裡看到它的情景了嗎？在那一大片空地上，它看起來是何等的威風凜凜！結果班迪內羅從無辜嬰孩[2]園過來看它，儘管他生性邪惡，還是不得不讚揚它，要知道他這個人一輩子也沒有說過任何東西或任何人的好話！我發現大人太輕信他了。」我說完以後，他有點生氣地冷笑了一下，但隨後又十分和氣地回答說：「照我說的做，我的本韋努托，就算是讓我高興高興。」

公爵走了以後，我命人把掩蔽物移走。但七零八碎的東西還缺得不少，如金子、顏色以及其他需要最後修整的地方，所以我氣得嘟嘟嚕嚕地發牢騷，咒罵那倒楣的日子把我帶到了佛羅倫斯。我離開法蘭西所造成的損失是巨大的，是無可彌補的，這一點我心裡再清楚不過了。另外我還看得出來，將來跟著這

---

1. 咬大拇指是向別人挑戰的一種表示。－英譯注
2. 典出《聖經·馬太福音》。希律王為殺害剛出生的耶穌而屠殺了不少無辜的嬰孩。

位公爵和保護人想飛黃騰達一點門兒也沒有。從開始到中間一直到結束，我辦的每一件事都疙疙瘩瘩。所以，第二天我窩憋了一肚子氣把像揭開了。

也是老天有眼，我把像一揭開就引來一片歡呼讚美之聲，這給了我不小的安慰。人們一個勁兒地往門柱上貼十四行詩，我在給像作最後潤飾的時候用布簾把門擋住了。我相信在我揭像那天的幾個小時之內，人們釘上去的十四行詩足有二十多首，每一首都對塑像推崇備至。後來我又把它擋住以後，每天仍有人獻十四行詩，另外還有拉丁語和希臘語的詩作。當時正值比薩大學放假，所有的教師和學生都競相寫詩，看誰對它讚美得最好。

但最使我感到高興、最使我感到有望得到公爵支持的，是那些藝術家、雕塑家和畫家也加入了這一競相讚美的行列。我最看重的是那位傑出的畫家雅各・蓬托爾莫所寫的讚美詩，更看重他的高足布隆及諾的大作。布隆及諾對僅僅公佈他的詩作已經感到不滿足，於是就派他的徒弟山德里諾專程把詩送到我家。[1] 他的詩對我的作品詠贊有加，其風格高雅無比，僅憑這一點我就感到這麼多年的苦總算沒有白吃。後來我又把像擋住了，繼續對它進行修整。

91

我的珀爾修斯短暫的亮相引來高貴的佛羅倫斯學校的一片讚揚。儘管公爵對此知道得一清二楚，他還是這樣說道：「本韋努托嘗到了一些甜頭，這將激勵他更快更勤奮地圓滿完成任務，對此我深感欣慰。但最後珀爾修斯向各個方向全面曝光以後，就別再讓他指望公眾還會大肆地吹捧它。與此相反，恐怕到那時他就會深切地感受到它所有的缺陷，甚至比它實有的缺陷還要多，所以要讓他思想上有所準備。」

---

1. 雅各・蓬托爾莫（1494－1556）和他的學生布隆及諾（1503－1572）均為當時傑出的佛羅倫斯畫家。布隆及諾還是個詩人，他寫的兩首讚美珀爾修斯像的十四行詩被保存至今。－英譯注

這正是班迪內羅在公爵耳邊嘀咕的話，他引證了安德莉亞·德爾·韋羅基奧的作品，就是奧爾薩米凱萊前面那尊漂亮的基督和聖托馬斯銅像。同時他還提到了很多別的像，甚至還狂妄地攻擊了天才的米開朗基羅·博納羅蒂的那尊了不起的大衛像，指責它只有從正面看才好看。最後他還提到了那些鋪天蓋地的十四行詩，那是人們諷刺他的赫拉克勒斯和卡科斯像的，並以辱罵佛羅倫斯人結束了他的不經之談。公爵太相信他的話了，於是就鼓勵他這樣說，公爵自己也認為事情必然如此，因為那個好眼紅的傢伙班迪內羅從來就沒有停止過煽陰風點鬼火。

有一次，那個該受絞刑的傢伙、經紀人貝爾納多內參加了這樣的一次談話。為了給班迪內羅幫腔，他對公爵說：「您要知道，大人，大像和小像天差地遠。我不否認，在製作小像方面他是行家裡手。但您很快就會看到，他在另一個藝術領域非栽跟頭不可。」除了這些讒言之外，他還哩哩囉囉地說了一大堆，其細作的本相暴露無遺，另外還有更仆難數的謊言。

92

謝天謝地，我的整個工程終於全部完成了，在一個星期四的早上，我把它展現在公眾面前。[1] 太陽還沒有完全露出來，人們就從四面八方聚集過來，人數之多真是語言難以形容。所有的人都競相用最美的語言讚美它。

公爵坐在宮殿二樓的一個窗戶旁，正好在入口的上方，在那裡半遮半掩地聽著人們對塑像的議論。聽了好幾個小時以後，他心花怒放地站了起來，轉身對他的侍從斯福爾札先生說：「斯福爾札，去找本韋努托，向他轉達我的話，就說他給我帶來的欣喜遠遠超出了我的預料。還說我要重賞他，賞得會讓他吃驚，所以讓他沉住氣。」

---

1. 那是1554年的 4 月 27 日。－英譯注

果然，斯福爾札先生履行了這一光榮使命，這給了我極大的安慰。那一天我心裡樂開了花，一是由於公爵傳來的喜訊，二是由於人們都無限景仰地看著我。這些人裡面有兩位紳士，他們是受西西里總督的委派到公爵這裡辦公事的。這兩位可愛的先生在廣場上碰見了我。我走過去的時候有人把我指給了他們，他倆就發了瘋似的追了上來，然後把帽子拿在手裡一本正經地演說一番，那個客套勁兒就是對付教皇也綽綽有餘。我向他們點了一下頭，極為謙卑地應酬一番。與此同時，他們嘴裡不停地說著讚美的話，最後我求他們行行好和我一起離開廣場，因為這時看我的人比看珀爾修斯的還多。後來他們客氣地邀請我到西西里去，並答應提供足以使我滿意的條件。他們對我講了修士焦萬·阿尼奧洛·德·塞爾維[1]如何為他們建了一個噴泉，整件作品完整無缺，上面裝飾有大量的人像，雖然其風格看來不如珀爾修斯的好，但給予作者的報酬卻十分優厚。

　　我不想再讓他們說下去了，於是就說：「你們的話使我感到驚訝，這分明是要我背棄公爵，而他是世上最偉大的藝術保護人。我現在是在自己的老家，這裡是各門藝術和知識的著名學校！我要是財迷心竅的話就會待在法蘭西了，那裡有偉大的國王弗朗索瓦，他每年給我的生活費是1,000克朗，另外還付給我所有的勞動報酬。為他效力我一年可收入四千多金兌朗。」

　　這樣我就打斷了他們的恭維，謝過他們對我的高度讚揚，這確實是對藝術家艱辛勞動的最好報答。我對他們說，他們給了我極大的鼓舞，所以我希望幾年以後再拿出一件優秀作品來，我相信它會使我們著名的佛羅倫斯學校更為滿意。兩位紳士想接著再恭維一番，我連忙脫帽向他們深深地鞠了一躬，十分有禮貌地和他們告別了。

---

1. 此人是安德列亞·費魯齊和米開朗基羅的學生，其主要作品是建在墨西拿的兩個噴泉。－英譯注

93

又過了兩天，人們的讚譽之聲與日俱增，這時我決定去見公爵。他滿面春風地對我說：「我的本韋努托，你讓我感到十分滿意，我答應要賞得你感到驚訝，而且我告訴你我不打算拖過明天。」

聽到這最受歡迎的保證，我的整個身心一下子轉向天主，熱誠地向他表示感謝。我走到公爵身邊吻了他的長袍，高興得幾乎流出淚來。然後我又說道：「啊，我榮耀的公爵大人，真正的、最慷慨的藝術愛好者，藝術工作者的知心人！我求您給我八天的時間，讓我先去答謝天主，只有我才知道自己受了什麼樣的苦，是我真誠的信仰才感動了他老人家幫助我的。為了對此以及其他了不起的恩惠表示感謝，我想出門朝聖八天，一直不停地答謝神聖的天主，他從來都不會拒絕幫助那些真心向他求助的人。」公爵問我想到哪裡去，我回答說：「明天我想去瓦隆布羅薩，從那裡到卡馬爾多利和埃爾莫，然後我要繼續前往巴尼－迪聖馬利亞，甚至到塞斯蒂萊，因為我聽說那裡有漂亮的古代文物可看。然後我就從聖弗朗切斯科－德拉－阿爾韋尼亞返回，再一次謝過天主之後，我就高興地回來為您效力。」公爵馬上熱情地回答說：「去去就回，你真讓我感到高興。不要忘了在便條上給我寫幾句話，其餘的你就不用管了。」

當天我就寫了四行詩感謝大人對我的恩惠，然後把它交給了斯福爾札先生，他又交到了公爵手裡。公爵拿起來看了以後又遞給了斯福爾札先生，說：「每天都把它放在我能看到的地方，要是本韋努托回來後發現我沒有辦他的事，我想他會要了我的命。」公爵笑著吩咐不要忘了提醒他。

當天晚上，斯福爾札先生就把這些話一五一十地講給我聽，他還笑著對我說，他對公爵給予我恁大的恩惠感到驚訝。他還高興地說：「去吧，本韋努托，快去快回，我真是妒忌你。」

94

　　為了答謝天主，我離開了佛羅倫斯，一路上不停地唱著讚美他老人家的聖歌和禱文。我的心情極為愉快。當時正是初夏時節，天氣晴和，我走在以前從來沒有到過的鄉間，那裡的風景真是美極了。我帶了一個手下的年輕工匠當嚮導，他來自巴尼奧，名叫切薩雷。我沾了他的光，受到他父親及其全家最盛情的款待。他家裡有一位 70 多歲的老人，談吐十分風雅。這位老人是切薩雷的伯父，論職業是外科醫生，也涉獵煉金術。這個非凡的人物使我發現巴尼奧有金銀礦，並讓我看了附近很多有趣的東西，所以我在這裡玩得極為開心。

　　後來我們倆已經很近乎了，他也能信任我了，有一天他對我這樣說：「我有一個想法不能不對你說，要是公爵大人能注意到它的話，可能對他有好處。是這樣：離卡馬爾多利不遠的地方有一個山口，其防守十分薄弱，皮耶羅·斯特羅齊不但可以安然通過，而且可以直搗波皮村。」老人家對這一講述還不滿意，又從口袋裡拿出一張紙，在上面畫出了整個地區的地圖，這樣危險的嚴重性一看地圖便一目了然。

　　我拿起地圖馬上就離開了巴尼奧，經由普拉托－馬尼奧和聖弗朗切斯科－德拉－阿爾韋尼亞飛奔回家。到了佛羅倫斯，我只停下來脫掉馬靴，然後就匆匆地向宮殿走去。

　　我正好在修道院的對面見到了公爵，他正從大法官的邸宅旁過來。他一看見我就很有禮貌地接待了我，並有些吃驚地說：「你咋回來得這麼快？我至少會等你八天的。」我回答說：「我是回來為您效力的，要不然我會很樂意地在那可愛的鄉間多待上幾天。」「那麼，有什麼好消息嗎？」他說。我回答說：「大人，我要向您透露一件最為重要的事情。」於是我跟著他進了宮，到那裡以後，他悄悄地帶我來到一個房間，我們倆在那裡待了一會兒。這時我向他講述了整個事情，並讓他看了那張小地圖，他對此好像感到很滿意。我對他說，應該馬上採取措施。他考慮了一會兒說道：「我可以告訴

你，我們已經和烏爾比諾公爵談妥了，由他來把守那個山口。但你不要說這件事。」然後他就十分友好地讓我走了，於是我就回家了。

95

第二天，我又去見公爵，交談了幾句以後，他樂呵呵地對我說：「明天，明天一定，我是說辦你的事，你就放心吧。」我相信他說話一定算數，於是就焦急地等待著第二天的到來。

這一天總算盼到了，所以我就進了宮。世上的事情總是這樣，壞消息比好消息傳得快。公爵的大臣賈科波·圭迪先生[1]張開他那歪嘴，用很傲慢的腔調喊了我一聲。他把身子挺得僵直，對我這樣說道：「公爵說，他想讓你給珀爾修斯像開個價。」我一下子驚得目瞪口呆，但我很快就回答說，我不習慣給自己的作品定價，這也不是大人在兩天以前所許諾的。那個人抬高了嗓門，毫不含糊地以公爵的名義命令我說出我想要多少錢，要不然公爵會很不高興。在此之前，我不但希望得到一筆可觀的報酬，我看出了公爵對我表現出的盛情厚意；而且我更希望得到他的恩寵，因為我從來沒有向他要過任何東西，只求得到他的喜愛。可我完全沒有想到他會這樣對待我，所以我大為震怒，更令我氣惱的是那個陰毒的癩蛤蟆對我發號施令的噁心樣。我嚷嚷著，公爵就是給我 1 萬克朗也不足以報答我，我要是早知道會落到這樣一個討價還價的地步，我就不來給他幹了。那個蠻橫的傢伙一聽這話就開始罵我，我就和他對罵起來。

第二天，我去拜見公爵時，他向我招了招手。我走到他跟前，他生氣地叫嚷道：「用 1 萬克朗可以建城市和大宮殿。」我回答說：「大人，您要是想找會建城市和宮殿的人太容易了，這樣的人比比皆是；但能製作出第二個珀爾修斯像的人，恐怕在整個世界上您一個也找不到。」說完這話，我轉身就走了。

---

1. 圭迪曾在給班迪內利的一封信中提到他恨切里尼。－英譯注

幾天以後，公爵夫人派人去找我，勸我讓她來解決我和公爵之間的分歧，她認為她能把這件事處理得使我滿意。聽到她的良言相勸，我回答說，除了公爵的恩惠以外，我從來沒有為我的勞動成果索要過任何報償，而大人也曾向我保證給予我隆恩。自從我為兩位大人效力的第一天起，我就把這些話說透了，因此就沒有必要再讓二位操心了。我又說，如果大人給我一個克拉齊亞[1]作為報酬，我就感到很滿意了，只要他不讓我失寵就行。聽到這話，夫人露出一點微笑，說：「本韋努托，照我說的做對你會有好處的。」說完她就轉身走了。

我以為像我上面所描述的那樣謙卑是我的最佳對策，但結果證明我做出了最糟糕的選擇。她雖然對我有氣，可也不是沒有一點雅量的。

96

大約在這個時候，我與公爵的國民軍軍需官吉羅拉莫·德利·阿爾比齊[2]交往甚密。有一天，這位朋友對我說：「我說本韋努托，把你和公爵之間的那點意見分歧搞清楚不是挺好嘛。我向你保證，只要你信賴我，我就能解決這個問題。我這不是說著玩兒的。公爵現在真的生氣了，為這事你肯定要倒楣。我就說這麼多，我不能把知道的都抖摟完。」

要說也是，上次和公爵夫人談過話以後，有個人對我說－這傢伙很可能是個無賴－有一次他聽見公爵這樣說：「誰能給我不到兩個法尋，我就把那個珀爾修斯像扔掉，這樣我們的分歧就解決了。」這話使我感到很憂慮，於是我就委託吉羅拉莫·德利·阿爾比齊安排與公爵的協商事宜。我對他說，只要讓我繼續得到公爵的恩惠，咋辦都行。

---

1. 克拉齊亞（crazia）是托斯卡納的一種小面值硬幣。－英譯注
2. 麥地奇家族的忠實追隨者，科西莫母親的堂兄弟，後來成為切里尼的一個孩子的教父。－英譯注

那個老實人非常善於和士兵打交道，尤其是那些國民軍，他們絕大部分都是鄉巴佬。但他不喜歡雕塑藝術，所以不瞭解這方面的情況。結果他對公爵是這樣說的：「大人，本韋努托把他的事交給我了，他讓我把他託付給您。」公爵回答說：「我也願意請你幫忙，並服從你的裁決。」於是吉羅拉莫起草了一份協議，看樣子挺像回事。他在協議中給了我很大的面子，將公爵應支付給我的報酬定為3,500金克朗。這不應被看作是對這樣一件傑作十足的報價，它只不過是一筆賞金。反正欠我的錢就這樣清償了，另外還有很多諸如此類的話，說的都是我剛才提到的那一筆金額。

公爵十分高興地簽署了這份協議書，而我看了以後則如冷水澆頭一般。夫人聽說了以後這樣說道：「那個可憐蟲要是把他的事交給我就好了，我會給他5,000克朗金子。」有一天，我進宮的時候，她又當著阿拉曼諾·薩爾維亞蒂先生的面把這話重複了一遍，然後又嘲笑了我，說我倒楣真是活該。

公爵下了命令，每月付給我 100 金克朗，直到付清那筆款項為止。這樣過了好幾個月。後來，負責辦這件事的安東尼奧·德·諾比利先生開始只給我50，再往後給我 25，有時候乾脆一點也不給。我一看帳結得這樣拖拖拉拉，就心平氣和地問安東尼奧，請他說明為啥不把帳給我結清。他的回答也是同樣客氣，但給我的印象是他把心裡的話吐露得太多了。還是請看官來評判吧。他對我說，他沒有按時付給我錢的唯一原因是宮裡缺錢，但他許諾，一旦有了錢就還清剩下的欠款。然後他又說：「蒼天在上！我要是不付清你的錢就是個十足的無賴。」聽他這樣說我有點吃驚，但我還是希望他有了錢以後能付給我。

但後來我發現完全不是這麼回事。我的錢被侵吞了。於是我就對他大發脾氣，氣鼓鼓地提醒他別忘了自己說過的話，他要是不付給我錢是個啥玩意兒。可惜他死了，直到現在還欠著我 500 克朗，現在已經快到1566年的年底了。[1]

1. 切里尼於1558年開始寫自傳，1562年擱筆。從這句話中可以看出，他後來又對自傳進行過修改。－英譯注

另外，我的薪俸中還有一筆欠款，我覺得這筆錢是被人忘記了，因為已經過去三年了也沒有給我。碰巧公爵生了重病，一連四十八個小時沒有小便。他看到醫生回天乏術，就感到自己八成要歸天了，於是就命令他的僕人償還所有的債務。我就這樣得到了那筆錢，但珀爾修斯的那一筆卻一直沒有見到。

97

對於那個倒楣的珀爾修斯像我真不想再說啥了，但有件極為離奇的事卻讓我非說不可，這件事我是不能漏掉的。所以我要退回去一段時間，以使我的敘述保持連貫。當時我對公爵夫人說，對於已經不屬於我掌握的事情，我就不能再說啥了，因為我已對公爵說，無論他給我啥我都願意接受。我以為這樣說是我的最佳對策，這樣做是想得到恩寵。我表現出俯首貼耳的樣子，想方設法使他消氣。

我還要補充一句，公爵和阿爾比齊達成協定之前的幾天表現出了對我極為不滿的樣子。原因是這樣的：我抱怨有些人對我太不像話，幹的事太缺德，這些人是阿方索‧奎斯泰利先生、財政

切里尼製作的耶穌受難像
By Salvador Dalí

署的雅各‧波爾韋里諾先生、沃爾泰拉的焦萬巴蒂斯塔‧布蘭迪尼君，尤其是最後這個小子最可惡。於是我就言辭激烈地陳述我的理由，公爵一聽大發雷霆。他怒衝衝地喊道：「這和你的珀爾修斯是一樣的，你張口就要 1 萬克朗。你是讓錢迷住心竅了。所以我要讓人對這尊像估估價，然後再按行家的估價付給你錢。」

聽到這話，我回答得太魯莽了，同時還帶著氣，這樣和偉大的君主打交道總是不合適的。我是這樣回答的：「佛羅倫斯就沒有人能製作這尊塑像，咋能估出它的真正價值呢？」他一聽這話火氣更大，說了很多氣話，其中有這麼一句：「現在佛羅倫斯就有一個人能製作這樣的像，所以他完全可以評判它。」他指的是聖雅各騎士班迪內羅。這時我回答說：「大人，您給了我資財，讓我在世界上最偉大的學校製作了一件重要的同時難度又很高的藝術品，我們那些無與倫比的大師們看過以後，對它的讚美超過了他們以前見過的任何作品。

「我最引以自豪的是那些既懂設計藝術又從事設計藝術者的讚美－尤其是畫家布隆及諾，他動手寫了四首十四行詩，風格極為典雅，對我褒獎有加。也許就是他的表率作用引來全城一片歡騰。我坦率地承認，如果布隆及諾從事的是雕塑而不是繪畫，他完全可能勝任像我這樣的一項工程。另外還有米開朗基羅‧博納羅蒂，我可以自豪地稱他為我的師父，我承認他年輕的時候也可能取得同樣的成功，但他吃的苦受的累也決不會比我少。可他現在已經老邁年高[1]，肯定幹不了這麼重的活兒。所以，我認為我有足夠的理由這樣說：世上無人能夠完成我的珀爾修斯像。

「另外，我的作品得到了我在這個世界上所期望的最高的讚賞，這主要是因為大人您不僅自己表示滿意，而且對它的誇讚要遠遠超過任何人。難道我還想要更高、更體面的獎賞嗎？我可以毫不含糊地說，您無法再給我錦上添花了，在任何寶庫中您也找不到更有價值的財富了。所以我認為，我得到的報酬已經太多了，為此我向大人表示由衷的感謝。」

公爵回答說：「你大概以為我沒有錢給你。從我自己來說，我答應付給你的錢要超過塑像的價值。」我回話說：「我並沒有想要大人更多的報償。我認為，一開始佛羅倫斯學校所給予我的報答就已經足夠了。有了這樣的安慰，我準備馬上就走，不再回到你給我的那座房子，也永不踏進這座城一步。」當時我們正在聖費利奇塔，大人正要到宮裡去。他聽到這些氣話以後轉身對我怒吼道：「你不要走，你千萬不要走！」我有些膽怯地跟著他進了宮。

到了宮裡，公爵派人去找比薩大主教德‧巴爾托利尼和潘多爾福‧德拉‧斯圖法先生[2]，請他們以他個人的名義命令巴喬‧班迪內羅仔細檢查一下珀爾修斯像並給它估估價，因為他想按價付錢。這兩個大好人馬上就去完成了這一使命。班迪內羅回答說，他已經仔細看過那尊像了，所以很清楚它的價值；但由於以前和我有過節兒，他無論如何也不會插手我的事。這時他們開始對他施加了一點壓力，說：「公爵命令我們告訴你，說你一定要為那尊像估價，否則他會非常生氣，你可以有兩到三天的考慮時間。你估好以後就告訴我們應付多少錢。」他回答說，他已經估好了，他不能違抗公爵的命令，我的作品製作得精美絕妙，所以他認為 1 萬 6 千克朗或更多對它來說並不算高。

這兩位彬彬有禮的好人將他的話報告給了公爵，他一聽大為震怒。他們還將這話對我說了。我回答說，無論如何我也不會接受班迪內羅的讚揚，「因為這個壞蛋誰的壞話都說」。我的話傳到了公爵那裡，這就是公爵夫人讓我把這件事交給她的原因。

我所寫的這些全是實情。我只想補充一句，我當時真該讓夫人過問這事了，那樣的話我很快就能把錢拿到手，而且拿到的錢還會多得多。

1. 當時米開朗基羅已年近 80，他比切里尼大 25 歲。

2. 德‧巴爾托利尼於1518年約 17 歲的時候擔任比薩大主教，是一位麥地奇家族的忠實追隨者。潘多爾福曾是法蘭西王妃卡泰麗娜‧德‧麥地奇的侍酒者。－英譯注

98

公爵派他的法律主事官萊利奧·托雷洛先生給我傳話，說他想讓我為聖馬里亞·德爾·菲奧雷大教堂的高壇製作一些淺浮雕銅像。說起來這個高壇是班迪內羅建造的，我當然不想費勁兒去美化他的臭作品。實際上那不是他設計的，他對建築一竅不通。設計者是朱利亞諾，是木雕藝人巴喬·達尼奧洛的兒子，就是這個巴喬毀壞了那個穹頂。[1]反正這麼說吧，它沒有顯示出

作者的任何才華。由於這兩個原因，我決定不接這個活兒，儘管我很有禮貌地對公爵說他讓我幹啥我就幹啥。於是他把這件事交給了聖馬里亞·德爾·菲奧雷大教堂工程委員會，讓他們與我達成一項協定，他將繼續給我每年200克朗的補助，其餘的資金由委員會提供。

在適當的時候我找到了委員會，他們向我轉達了公爵的安排。我覺得對這些人說話可以更坦率一些，於是我就向他們解釋說，用銅像表現這麼多的故事要花費一筆鉅款，而這筆錢等於是白白扔掉了。我擺了一大堆理

1. 是巴喬·達尼奧洛修改了布魯內萊斯基的穹頂設計。博納羅蒂常説，它看起來像個蟋蟀籠子。－英譯注

由，他們聽了連連點頭。首先，我說，那個高壇建得錯誤百出：不合比例、技能差、不方便、不好看、設計糟糕。其次，淺浮雕像放的位置太低，在人的正常視線以下，那將成為狗撒尿的地方，一天到晚臊氣熏天。所以我明確表示不願意幹。但我又不想虛度我一生中的黃金歲月，我很想為公爵大人效力，忠心耿耿地滿足他、服從他，於是我就提出了下面的建議。如果公爵想利用我的才能，就讓他把大教堂的中門交給我用銅來建造。這很招眼，會給公爵帶來更大的榮耀。我可以立下字據，如果我建造得不能超過洗禮堂中最好的門[1]，我就不要分文報酬。一旦我如約完成，我就讓人對它估價，並願意接受比行家的評估少1,000克朗的報酬。

委員會的成員們對這個建議非常滿意，於是馬上就向公爵彙報這件事，其中有皮耶羅·薩爾維亞蒂。他們期望公爵能對他們帶去的意見表示滿意，但結果恰恰相反。他回答說，我老是與他對我的要求背道而馳，所以皮耶羅只好空手而回。

我一聽說這件事馬上就去找公爵，他一看見我就有些不高興。不過我求他屈尊聽我申述來意，他回答說可以。於是我就從頭說起，用滴水不漏的論據說得他終於看清了那是咋回事，因為我說得很明白，他那樣做只不過是曠費大把的金錢。然後我又提個建議來消他的氣。我說，如果他不願意建門，無論如何也要給唱詩班建兩個高壇，而且這兩個都是大工程，這會給他的統治增光添彩。至於我，我願意製作大量的帶有適當裝飾的淺浮雕銅像。就這樣，我把他說服了，他命我去製作模型。

於是我就做了好幾個模型，為此我付出了巨大的努力。其中的一個有八個節間，製作的技巧要比其餘的高得多，而且在我看來也更適用。我把它們帶到宮裡幾次以後，公爵讓他的保管庫主管切薩雷先生給我傳話，讓我把它

---

1. 指吉貝爾蒂建造的「天堂之門」，當時的著名建築。－英譯注

們留在宮裡。公爵看過以後，我發現他選中了那個最不好看的。

一天，他派人去找我。在談論模型的時候，我擺了很多理由來說明為啥八邊形的高壇用起來要方便得多，產生的效果也更好。他回答說，他想讓我做成四邊形的，他更喜歡那種形狀，這樣他又興致勃勃地說了一大通。與此同時，我也不失時機地竭力為藝術而直言。

到底公爵是不是知道我說的是實話，他是不是想孤行己見，在這以後的好長一段時間裡，我對這些一直不知就裡。

99

大約這個時候，準備用來製作尼普頓的那塊巨石運來了。它是先沿著阿爾諾河，再到格里韋河[1]，然後在波焦－阿卡亞諾上岸，以便沿著這條坦途運到佛羅倫斯。

我到那裡去看了。我已知道夫人通過她的特殊影響設法把它給了班迪內羅。我不是出於忌妒去質疑他的這一權利，而是可憐那塊不幸的石頭。那麼請看看吧，無論任何東西，只要它註定要觸黴頭，你越想挽救它，它越是倒楣得厲害。這塊石頭到了巴爾托洛梅奧·阿馬納托[2] 手裡後就是這個樣子，關於此人，我會在適當的地方揭開他的真面目。我仔細看了這塊極為漂亮的石頭，測量了它的各個方位，回到佛羅倫斯以後，我就根據它的比例做了幾個小模型。

然後我就去了波焦－阿卡亞諾，公爵夫婦正和世子待在那裡。他們都正在吃飯，公爵夫婦在一間小餐室裡，所以我就和世子談了起來。我們談了好長時間，鄰近房間的公爵聽到了我的聲音，於是就屈駕派人叫我。我來到二

---

1. 切里尼在這裡出了點差錯，格里韋是條不通航的小河。看來這裡應該是翁布羅內河而不是格里韋河。－英譯注

2. 阿馬納托（1511－1592）接受了委託製作尼普頓像，該作品有時被認為是他的代表作。他於1555年從羅馬回到佛羅倫斯後深受科西莫的青睞，成為班迪內利的競爭對手。切里尼所描述的爭奪尼普頓像製作權的情形，與瓦薩里在《班迪內利傳》中的描述基本上是一致的。－英譯注

位大人面前，夫人十分文雅地向我打了招呼。談話開始以後，我逐漸地把話題引到了我見到的那塊大石頭上。我接著說道，他們的前輩曾經激勵幾個不同行當的藝術家參與競爭，這樣才使偉大的佛羅倫斯學校取得了如此輝煌的成就。那個漂亮的穹頂和聖約翰的門就是這樣製作出來的，另外還有很多好看的建築物和雕像也是如此，這些作品使這座城市在藝術上鶴立雞群，超過了自古代以來世人所取得的任何成就。

夫人一聽這話就有些不快，她說她很清楚我的意思，讓我再也不要在她面前提起那塊石頭，她不喜歡聽。我回答說：「這麼說，您是不想讓我擔當二位大人的代理人，不想讓我盡力來保證別人能更好地為您效勞了？您仔細考慮一下吧，夫人。如果二位大人覺得通過競爭來挑選尼普頓模型的方式合適，儘管您已決定把它交給了班迪內羅，這也會促使他為了自己的名譽而拿出更過硬的本事，他要是知道自己沒有競爭對手，就不會那麼賣力了。這樣一來，二位大人就會得到更好的服務，就不會使我們的藝術家感到沮喪；您就會發現我們之中到底是誰渴望在高雅的藝術領域中出人頭地，您也能向世人顯示出是真正熱愛並理解藝術的君主。」夫人氣憤地對我說，我已經使她失去了耐心，她想把石頭交給班迪內羅，接著她又說：「問問公爵吧，他也想讓班迪內羅得到那塊石頭。」

夫人說完以後，沉默了半天的公爵開始發話了：「二十年以前，我專門讓人從採石場給班迪內羅採了這塊漂亮的石頭。所以，我打算把它送給班迪內羅，他可以用它做任何他喜歡的東西。」我轉身對公爵這樣說：「大人，我請您耐心聽我說幾句話。」他讓我把所有想說的話都說出來，他願意聽下去。於是我就說：「您還記得，大人，班迪內羅用來製作赫拉克勒斯和卡科斯的那塊石頭本是為無與倫比的米開朗基羅·博納羅蒂採的。他已經製作了一個參孫[1]和四個人物的模型，這本來會成為世界上最優秀的作品。但您的

---

1. 基督教《聖經·士師記》中描述的一個大力士。

班迪內羅只用它做了兩個人物，而且兩個都是粗製濫造，看上去再沒有那麼難受的了。所以，說起那塊漂亮的石頭被糟蹋成那個樣子，我們的學校仍然感到憤憤不平。我相信，人們足足張貼了一千多首十四行詩來罵他那拙劣的製作，我知道您對這件事仍記憶猶新。大人，那些冥頑不靈、游談無根的尺二秀才承接了那項工程，他們從米開朗基羅手裡奪走了那塊石頭，把它交給了班迪內羅，他的成事不足敗事有餘已令天下人嗤笑。既然如此，大人，您還能容忍這一塊更漂亮、儘管已經屬於他的石頭在他手裡任其蹂躪嗎？為啥不把它交給一個能夠做到物盡其用的有才能的藝術家呢？大人，請您安排每一個願意參與的人都製作一個模型，然後把它們拿出來向整個學校展示，這樣您就能夠聽到學校的看法，您的慧眼必定能挑選出最好的來。這樣一來，您就不會白費錢財，也不會使藝術家們洩氣，這批藝術家在當今世界上超群絕倫，是為大人光耀門庭的翹楚豪傑。」

公爵極為耐心地聽著，然後從座位上站起來轉身對我說：「去吧，我的本韋努托，做個模型，把那塊漂亮的石頭掙回來。你說的全是實話，我完全承認。」夫人不忿兒地把頭往後一仰，嘴裡嘟囔著一些氣話，到底是啥意思我也沒有聽清楚。我十分尊敬地向他們鞠了一躬，然後就回到了佛羅倫斯，心急火燎地要動手做模型。

100

公爵回到佛羅倫斯後，沒事先通知我就來到我家。我讓他看了兩個設計得不同的小模型。他對兩個都很滿意，但他說他更喜歡其中的一個；他讓我認真完成他喜歡的那一個，這樣對我有好處。這時，公爵已經看過了班迪內羅以及其他雕塑家的設計，但據他身邊的很多侍臣說，他最稱道的還是我的那一個。

在和這件事有關的很多值得記錄的大事之中，我要提提下面的這件事。聖菲奧雷樞機主教到佛羅倫斯去訪問，公爵把他領到波焦－阿卡亞諾。樞機

主教在路上看到那塊石頭後對它稱讚不已，問公爵打算把它交給哪位雕塑家。公爵馬上回答說：「交給我的朋友本韋努托，他已為這塊石頭做好了一個漂亮的模型。」這話由好幾個值得我信任的人對我說了。

聽到公爵的話以後，我去找夫人，給她帶去了幾件金匠製作的小玩意兒，她看到後極為高興。然後她問我手頭有啥活兒，我回答說：「夫人，我出於興趣幹了一件活兒，這是人們所幹過的最費力的活兒之一。那是個用最白的石頭雕刻的基督像，然後固定在一個最黑的十字架上，其大小相當於一個高個子男人。」

她馬上問我做它幹啥用，我回答說：「您要知道，夫人，就是給我兩千金達克特我也不賣它。它做起來極為費力，我認為以前誰也沒有做過類似的活兒。我做它也沒有受任何君主的委託，因為我擔心自己不能勝任這項工作。石頭是我自己出錢買的，我又找了個年輕人幫我幹，他在我手下已經有大約兩年了。連買石頭帶做支撐它的鐵框架，再加上支付工錢，我已經花掉了三百多金克朗。所以，給我兩千我不會賣。但如果您能屈尊幫我一個誰也無話可說的忙，我就會很樂意地把它送給您。我所要求的是：對於公爵命人為那塊巨石所製作的尼普頓模型，您不要表示贊成或反對的意見。」

她非常生氣地回答說：「這麼說，你是看不起我的幫助或反對嘍？」「恰恰相反，夫人，我太看重您的意見了，要不然我為啥要送給您價值兩千達克特的禮物呢？但我對自己的模型充滿信心，我為它花費了大量的心血，一看就知道其作者受過良好的訓練，所以我希望能贏得勝利，即便是和偉大的米開朗基羅‧博納羅蒂競爭我也不怕，我是向他而不是向別人學到我的全部知識的。米開朗基羅博學多才，而其他人在藝術上則是淺嘗輒止，所以與他競爭會比與別人競爭更能使我感到高興。與我那令人崇敬的師父競爭會給我帶來很多榮譽，而與其他人競爭我的收穫將會少得可憐。」我說完以後，她有些不悅地站了起來，然後我就回去全力以赴地做我的模型。

模型做好以後，公爵前來觀看，他帶來了兩個使節，一個是費拉拉公爵的，另一個是盧卡執政團的。他們都很高興，公爵對這兩位說：「說實在話，本韋努托應該得到那塊石頭。」於是兩人給了我最高的讚譽，尤其是那個盧卡的使節[1]，他是個學識淵博的人。

　　我與他們拉開了一定的距離，這樣他們可以很隨便地交換意見。但我聽到讚揚的話以後，就走上前去對公爵說：「大人，現在您可以採取另外一個好辦法：命令每一個願意參與的人做一個泥模型，和將來用石頭做的一般大小。這樣您就可以更好地評判應該把活兒交給誰，而且我還可以看到，如果您沒有把它交給那個應該得到它的雕塑家，他也不會冤枉那麼狠，因為這能反映出您不守信譽，將來您就會蒙受失利的打擊和人們的羞辱。另一方面，如果您把它交給了應該得到它的人，您首先就能得到巨大的榮譽，您的錢財就會用得妥帖，藝術家們也會認為您是行家裡手。」

　　我剛說完，公爵就聳聳肩要走。兩位使節告辭時，盧卡的使節對公爵說：「大人，您的這個本韋努托真是厲害！」公爵回答說：「他比你想像的還要厲害得多。他要是不那麼厲害就好了，若那樣的話，他就會擁有很多現在還沒有的東西。」這些話是那個使節後來對我說的，他訓斥了我，要我改變自己的品行。我對他說，我最大的願望就是成為大人真誠的僕人，但我不懂溜鬚拍馬。

　　幾個月之後，班迪內羅死了。人們認為，他的死除了由於他那放縱的生活習慣以外，另一個重要因素就是他眼看著要失去那塊石頭時所感到的奇恥大辱。

1. 此人大概是吉羅拉莫‧盧凱西尼。－英譯注

101

　　班迪內羅聽到了我正忙於做耶穌苦像的消息，就像我前面說過的那樣，他馬上找到一塊石頭，製作了一尊哀悼基督像[1]，這尊像可以在報喜教堂裡看到。我把我做的耶穌苦像獻給了新聖馬利亞教堂，把它固定在牆上的鐵夾子也已經安好了。我只要求允許我在基督腳下的地上建一個小石棺，將來我死的時候就躺到那裡面。教士們對我說，沒有他們的建築委員會的同意就不能允許我這樣做。我回答說：「好兄弟，你們答應我安放耶穌苦像以前為啥不問一問你們的委員會呢？沒有經過他們的允許，你們就讓我安夾子和其他必要的裝置。」

　　由於這個原因，我拒絕把我艱苦勞動的成果送給新聖馬利亞教堂，儘管委員會的監督人來向我要耶穌苦像。我馬上就去找報喜教堂。我向他們講了把耶穌苦像送給新聖馬利亞教堂時提出的條件，報喜教堂的那些好心的教士們一聽，馬上一致同意讓我把它放到他們那裡，並讓我根據自己的心願建造墳墓。

　　班迪內羅聽說這事以後就加緊製作他的哀悼基督像，並求公爵夫人把帕齊教堂送給他作的紀念館。他費了一番周折以後得到了它，一得到允許，他就匆忙地豎起他的哀悼基督像。到他死的時候，那個雕像也沒有全部完工。

　　這時夫人說，他活著的時候她保護了他，他死了以後她還要保護他，儘管他已經死了，我也永遠別想得到那塊石頭。關於這塊石頭，有一天經紀人貝爾納多內在鄉下碰見我的時候說，夫人已經把它給了人了。我回答說：「不幸的石頭！在班迪內羅手裡它肯定要倒楣，而到了阿馬納托手裡，它的命運更要糟糕一百倍。」

---

1. 班迪內羅的這尊像表現的是死去的耶穌倒在福音作者聖約翰的左膝上。類似的題材多是由聖母而不是聖約翰來抱著耶穌，如米開朗基羅的作品就是如此。

這時，我已經接到公爵讓我做泥模型的命令，其大小相當於那塊石頭能容許的限度。他還給了我木料和泥，在我的珀爾修斯像所在的涼廊搭起了一個圍屏，並給了我一個工匠。我全力以赴地幹著，根據我精心的安排建起了木框架。我成功地做好了模型，也不管能不能在石頭上做它，我知道夫人已決定不把這件活兒交給我。結果我也不去管它。我只想愉快地幹活兒，希望能使夫人幡然悔悟，讓她認識到對不起那塊石頭和她自己，她畢竟是個聰明人，後來我確實看出了這一點。

　　佛蘭芒的喬瓦尼在聖克羅切修道院也做了個模型。佩魯賈的溫曾齊奧·丹蒂在奧塔維亞諾·德·麥地奇先生家裡做了另一個。第三個模型是莫斯基諾的兒子在比薩做的，第四個是巴爾托洛梅奧·阿馬納托在涼廊做的，涼廊被一分為二，我們兩人各占一半。[1]

　　整個作品的草圖我都畫好了。開始製作頭部時，這一部分我剛畫好草圖，公爵從宮裡出來了，畫家焦爾傑托[2]把他領到阿馬納托的工棚。這個人已經在那裡和阿馬納托及其所有的工匠一起動手幹了好幾天了。就在公爵看阿馬納托的模型時，我得知他好像對那個模型不太滿意。儘管焦爾傑托在一旁搖唇弄舌地給他灌迷魂湯，公爵還是搖了搖頭，轉身對詹斯特凡諾先生說：「去問問本韋努托，看看他的那尊巨像做得是不是可以讓我們一飽眼福了。」

　　詹斯特凡諾先生把這事辦得很妥帖，話也說得那麼客氣。他又說，我要是覺得我的活兒還不到看的時候就只管這樣說，因為公爵知道我承擔這麼大的工程只得到很少的援助。我回答說，我恭候他的光臨，儘管我的模型進展還不大，但公爵的智慧足以使他完全悟出它完成後的樣子。

1. 喬瓦尼·博洛尼亞（1529－1608）是著名的佛蘭芒雕塑家，在佛羅倫斯留有很多作品。丹蒂（1530－1576）的作品有時與米開朗基羅的相混淆。關於莫斯基諾的兒子弗朗切斯科·迪西莫內·莫斯卡的情況不詳。－英譯注
2. 即喬治·瓦薩里。－英譯注

這位好心的先生把我的話告訴了公爵，於是他就高興地來了。他一走進圍場看到我的模型，就露出極為滿意的樣子。然後他繞著模型轉了一周，在四個觀察位置上都停了一下，和最老到的行家所做的一模一樣。隨後他用點頭和贊成的手勢來表明他很滿意，但他只這麼說了一句：「本韋努托，你只要在像上再加個面層就行了。」然後他轉身對他的侍從讚揚我的作品說：「我在他家裡見到的那個小模型就使我感到很滿意，沒想到這一個更勝一籌。」

102

天主宰製萬物為我們造福，我是說為那些承認並信仰他的人造福，這樣的人永遠也不會失去他的保護。按照天主的旨意，大約這個時候，一個來自韋基奧的臭小子找上門來。他叫皮耶爾‧馬里亞‧丹泰裡戈利，綽號斯比耶塔，是個牧羊人。他和醫生圭多‧圭迪先生，也就是現在的佩夏行政長官關係密切，所以我想聽聽他的高見。

這個人想把他的農場賣給我，期限是我的有生之年。我不想去看它，我只想完成我的尼普頓模型。我也沒有理由去看這宗地產，因為斯比耶塔只賣給我它的收益[1]。他記錄下的這些收益包括多少蒲式耳的糧食，多少酒、油、地裡長著的穀物、栗子和其他農產品。我估算了一下，按當時的行情，這些東西加起來一共價值一百多克朗金子；而我付給他 650 克朗，這包括繳給政府的稅。結果，他留下一份親筆寫的交易備忘錄，大意是在我的有生之年他將一直提供價值那麼多的農產品，當時我想根本就沒有必要去看它。我只是盡我的能力問了問，斯比耶塔和他兄弟菲利波君是不是有足夠富裕的家境來給我良好的擔保。很多認識他們的人都向我保證說，我是絕對有保障的。

---

1. 切里尼的意思是斯比耶塔繼續經營農場，但付給切里尼它的年度收益。從下面的描述中還可以看出，這些收益是以實物支付的。－英譯注

我們商定去請商行的法律文書皮耶爾·弗朗切斯科·貝托爾迪君，一開始我就把斯比耶塔寫的備忘錄交給了他，希望這裡面的內容能寫進契約裡。但起草契約的文書只顧忙著詳述斯比耶塔提出的二十二個條件，結果忘了把賣主答應提供的東西寫進契約，反正我是這樣判斷的。他寫著，我幹著；他寫了幾個小時，我把尼普頓頭部的相當一部分也做好了。

契約簽字蓋章以後，斯比耶塔開始對我大獻殷勤，我也對他投桃報李。他送給我山羊、乳酪、雞、鮮凝乳和各種水果，直送得我感到不好意思。為了報答他的好意，只要他一到佛羅倫斯，我就把他從旅店拉到家裡和我一起住，還常常邀請與他一起來的親朋好友。

有一次，他開玩笑似的對我說，我買了農場以後已經過去那麼多個星期了，也沒有把我的事務交給工匠三天來看看，實在是不夠意思。他的甜言蜜語誘使我在一個對我不吉利的時刻去拜訪他。到他家以後，他待我如上賓，服侍我的那個周到勁兒就是公爵見了也得眼熱。他老婆甚至比他還更喜歡擁抱我。就這樣我們一直打得火熱，直到他和他兄弟菲利波君的計畫醞釀成熟為止。

103

與此同時，我並沒有停止製作尼普頓像，這時已經做得大致有個眉目了。我用了一種非常好的方法，這種方法在我使用以前根本就不為人所知。所以，儘管我知道由於上述原因我得不到那塊石頭，我還是希望能儘快把它完成，然後放在廣場上展覽，只不過是圖個自己高興。

那是個溫暖宜人的季節，再加上那兩個無賴對我畢恭畢敬，我決定到特雷斯皮亞諾我的鄉間別墅去。[1] 那是個星期三，正好是個雙重節日。中午我美餐了一頓，20 點以後我到了韋基奧。我在城門口碰見了菲利波君，看

---

1. 切里尼於1548年 10 月 26 日在佛羅倫斯東北部的一個村莊買了一片住宅，1556年又在那裡置了地。－英譯注

樣子他好像知道我要到哪裡去。他對我聳肩詔笑、曲意逢迎，把我領到斯比耶塔家裡，在那裡見到了那個小子的騷婆娘，她也摟住我親個沒完。我給了那個女人一頂質地最好的草帽，她說她從來沒有見過這麼好的草帽。直到這時，斯比耶塔仍然沒有露面。

天色將晚的時候，大家一起坐下來高興地吃飯。隨後他們給了我一間佈置一新的寢室，我睡覺的那張床乾淨得一塵不染。我的兩個僕人也根據他們的身份受到了同樣好的款待。第二天，我起床以後又受到同樣的禮遇。我去看我的農場，感到相當滿意，我收到了一些糧食和其他的農產品。

回到韋基奧以後，那個菲利波神父對我說：「本韋努托，不要擔心。儘管你在這裡沒有見到你應該見的一切，但你只管放心好了，將來你會得到足夠的補償，因為和你打交道的都是老實人。順便對你說一句，我們已經把那個幹活兒的打發走了，他不是個東西。」他說的這個幹活兒的名叫馬里亞諾·羅塞利，這個人經常對我說：「你要小心，到最後你就會發現我們中間到底誰最壞。」這個鄉巴佬說這話的時候心懷鬼胎似的譏笑著，猛地一甩頭，像是在說：「只要到那裡看看，你就知道是咋回事了。」

我在某種程度上受到了這些暗示的影響，但還遠不至於瞭解到事情的真相。農場離韋基奧有兩里遠，我從農場回來朝阿爾皮[1]去的時候碰見了神父，他像往常一樣客氣地等著我。然後我們一起坐下來吃早飯，那與其說是飯，不如說是精美的點心。

飯後，我穿過韋基奧散散步，那時市場剛剛開市，我發現所有的人都瞪著眼睛看著我，好像看一個怪物一樣。給我這一印象最深的是一個老先生，他在韋基奧已經住好多年了，老伴兒烘麵包在那裡賣。他在大約一里遠的地方有一份不錯的財產，但他喜歡這裡的生活方式，在韋基奧城裡住了一座屬於我的房

---

1. 阿爾皮是亞平寧山上的牧場。—英譯注

子。這座房子是和上面提到的那個名叫德拉豐特[1]的農場一起交給我的。這位可敬的老先生這樣說道：「我住的是你的房子，到時候我就付給你房租。你要是想提前要，我保證照辦。你放心，我絕對不會和你爭長論短。」

我們這樣說話的時候，我發現他盯著我的臉，我不得不這樣對他說：「喬瓦尼朋友，請你告訴我，你為啥不止一次地這樣看著我？」他回答說：「我很願意告訴你，只要你答應不說出來是我對你說的，我把你當成是一個可以信賴的人。」我答應他以後，他接著說：「你要知道，那個卑鄙的神父菲利波君在不久以前到處吹噓，說他兄弟斯比耶塔精明，講他如何把農場賣給了一個可以終生享有它的老人，而那個買主連今年都難活到頭。你是和一幫無賴混到一起了，所以你要多多保重，要提高警惕，你需要這樣做，我不想再多說了。」

104

我在市場散步的時候碰見了焦萬・巴蒂斯塔・聖蒂尼，我們兩人都被那個神父領回去吃晚飯。我們是提前在 20 點的時候吃的飯，因為我已對他們說明我打算到特雷斯皮亞諾去，這我在前面已經說過了。於是他們把一切都準備好了。斯比耶塔的老婆和一個名叫切基諾・布蒂的人一起忙前忙後，這個人就是策劃一切的罪魁禍首。

沙拉拌好以後，我們正準備入座，那個邪惡的神父令人作嘔地齜著牙說：「我請各位原諒，我要失陪了，有一件重要的事情需要我為我兄弟斯比耶塔去處理。他不在家，我不得不為他撐持著門面。」我們都想留住他，但都拗不過他，結果他走了以後我們就開始吃飯。

大家共用了幾盤沙拉以後，他們開始上煮熟的肉，每個人都有一碗。坐在桌子對面的聖蒂尼說：「你沒有注意到他們給你的那個碗和別的碗不一樣

---

1. 義大利語的意思是「源泉的」。

吧？你以前見過更漂亮的碗嗎？」我回答說，沒有注意到這一點。他還要我去請斯比耶塔的老婆和我們坐在一起吃，她一直和那個切基諾‧布蒂東一頭西一頭地忙乎得出奇。最後我把那個女人叫來了，她勸誘我說：「你不喜歡我做的飯，你看你吃得這麼少。」我一再誇她的飯做得好，說我還從來沒有吃得這麼開心過。最後我對她說，我已經吃飽了，我搞不清楚她為啥這樣死勸活勸地讓我多吃。

吃過飯已經是 21 點多了，我急著要趕到特雷斯皮亞諾，以便能在第二天上午回到涼廊繼續幹我的活兒。於是我謝過女主人，告別了大家就走了。

我走了還沒有三里，就感到胃裡像火燒一樣，疼得我好像走了一千年才到特雷斯皮亞諾。謝天謝地，我總算在天黑以後艱難地到了那裡。我直接去了別墅，然後就上了床。夜裡我睡不著覺，三番五次地起來解大便。

天亮以後，我感到直腸裡火辣辣地疼，我想看看究竟是咋回事，結果發現衣服上有血。我馬上意識到自己吃了有毒的東西，於是就忖量著那到底是啥玩意兒。我回憶著斯比耶塔的老婆在我面前擺放了與別人不一樣的盤子、碗和碟子，回憶著那個邪惡的神父、斯比耶塔的兄弟在忙乎了半天服侍我以後卻不願意和我們一起吃飯。我還想起來那個神父說，斯比耶塔做了一筆好生意，把他的農場賣給了一個終生可以享有它的老人，而這個人卻連一年也不能活。這些話是喬瓦尼‧薩爾代拉對我說的。

把這些線索綜合起來考慮，我斷定他們肯定是在配得味道很不錯的調味汁裡投放了一定的升汞，因為升汞產生的一切症狀我都有。我現在吃飯的時候除了放鹽以外很少放調味汁或佐料，但那一次我吃了兩口調味汁，因為它的味道美極了。再一想，我又想起了斯比耶塔的老婆千方百計地哄著我去吃完那些調味汁。因此，我敢肯定他們就在那個盤子裡給我放了升汞。

105

　　雖然我病得很厲害，但還是硬撐著去製作我在涼廊的巨像。但幾天以後我就架不住了，只好上了床。

　　公爵夫人一聽說我病了，就馬上把那塊倒楣的石頭交給巴爾托洛梅奧·阿馬納托去製作。[1] 他通過住在某街的某某先生給我捎口信，說我可以隨便處置我的模型了，因為他已經得到了那塊石頭。這位某某先生是巴爾托洛梅奧·阿馬納托妻子的一個情人，由於舉止文雅辦事謹慎而最受寵愛，於是阿馬納托就為他提供方便。關於這個話題有很多話可說，我不想學他師父班迪內羅，他老是對這件事避而不談。我只這樣說也就夠了：我對阿馬納托的信使說，這個結果我早就料到了，命運女神幫了他大忙真是瞎了眼，就讓他使出吃奶的勁兒去感恩戴德吧。

　　這些日子，我一直懊喪地躺在床上，照料我的是那個大好人、最傑出的醫生弗朗切斯科·達·蒙泰瓦爾基師父。和他在一起的拉法埃洛·德·皮利師父負責外科治療，因為升汞已經把腸子腐蝕得存不住大便了。

　　弗朗切斯科師父發現毒藥的勁兒已經過去了，實際上它的量還不足以制伏我那健壯的身體，所以有一天他對我說：「本韋努托，答謝天主吧，你已經贏得了勝利。不必擔心，那些流氓害不了你，我能把你治好。」拉法埃洛師父也插話說：「這將是人們所聽說的治療得最出色，也是治療難度最大的病例之一。我可以告訴你，本韋努托，你吃下去了一大口的升汞。」這時，弗朗切斯科師父打斷了他的話：「那很可能是某種毒蟲。」我回答說：「我知道那是啥毒，也知道是誰下的毒。」這時大家都默默無語。

　　他們照料了我六個多月，我調養了一年多才恢復生命的活力。

---

1. 下面的一部分在手稿裡被擦得無法辨認了，這很可能是切里尼自己幹的。阿馬納托的妻子蘿拉·巴蒂費拉的品行無可指責，切里尼曾在一首十四行詩中讚揚過她。—英譯注

106

　　這時，公爵到錫耶納去歡慶勝利[1]，阿馬納托在幾個月以前就到了那裡去建凱旋門。他的一個私生子留在了涼廊，把我蓋尼普頓模型的布揭掉了，那本應在完成以後才能揭的。

　　我知道以後，馬上就告訴了公爵的兒子弗朗切斯科殿下，他對我很友好。我對他說，有人揭開了我還沒有完成的塑像，要是像已經完成的話，這事我連問都不問。殿下威脅性地把頭往後一仰說：「本韋努托，不要介意你的像被揭開，那些人不過是自討苦吃。你要是想讓我去把它蓋住，我馬上就去。」他又當著在場的很多人的面對我說了很多好話。於是我請殿下給我必要的資助來把它完成，說我打算把它和那個小模型一起送給殿下。他回答說，他非常願意接受那兩件禮物，又說他會給我提供我要求的一切設施。

　　你還別說，這點小恩小惠使我獲益匪淺，事實上它拯救了我的生命。我在突如其來地受到這麼多災禍的打擊和煩惱的折磨以後感到元氣大傷，而這一點小小的鼓勵又使我產生了生存的希望。

107

　　這時，我從斯比耶塔手裡買到德拉豐特農場已經有一年了。除了那次他們企圖毒殺我以及數不清的敲竹槓行為以外，我發現農場的產出還不及原來許諾的一半。不過我手裡有契約，還有斯比耶塔親筆寫的報單，他當著證人的面承諾支付我上面提到的年度收益。於是我拿著這些證據去找法律顧問官。

　　那時，阿方索・奎斯泰洛先生還在世並擔任財政大臣，他是法律顧問委員會的成員，該委員會的成員另外還包括阿韋拉爾多・塞里斯托里和費代里戈・德・里奇。委員會成員的名字我已經記不全了，但我知道成員之中有一個亞歷

1.　那是在1560年 10 月 28 日。－英譯注

山德里家族的人。我只說一句也就夠了：那一屆委員會的成員都是達官顯貴。

我向法官們陳述了我的事由，他們眾口一詞地裁決斯比耶塔應該歸還我的錢，唯一的例外是費代里戈‧德‧里奇，他當時正雇用那個傢伙。其他成員全都十分遺憾地對我說，費代里戈‧德‧里奇不讓他們處理這件事。尤其是阿韋拉爾多‧塞里斯托里和亞歷山德里為這件事大鬧了一場，但費代里戈設法把事情一直拖到法官們離職。

一天上午，塞里斯托里在報喜堂廣場上碰見了我，他一點也不顧後果地大聲叫道：「費代里戈‧德‧里奇的勢力大得很，我們所有的人加在一起也頂不過他，所以你只好吃啞巴虧了，我們實在是無能為力。」這件事我就不想再說了，這樣會冒犯國家的最高當局。我只說一句也就夠了：由於一個富翁從中作梗，我受到了巨大的冤枉，只不過是因為他利用著那個羊倌。

108

這時公爵正在利沃爾諾，我到那裡去找他，只不過是向他請求辭職。當時我感到身體正在恢復，而我又無事可做，這樣白白浪費時間而不能從事藝術讓我感到非常痛苦。所以，我打定主意以後就到利沃爾諾找到了公爵，他格外有禮貌地接待了我。我在那裡待了好幾天，每天都和他一起騎馬出去。結果我有極好的機會來暢所欲言，因為公爵習慣騎出利沃爾諾四里遠，沿著海濱一直到他正在建的一個小堡壘。他不喜歡一大群人打擾他，所以讓我和他談話。

有一次，我發現他對我非常客氣，就談起了斯比耶塔的事：「大人，我想向您講一件非常離奇的事，然後您就會明白我為啥沒有完成在涼廊製作的那個尼普頓的泥模型。您要知道，我從斯比耶塔手裡買下了一個可以終生享有的農場」－長話短說吧，我向他詳細地講了整個事情的經過，說的全是實話，一點也沒有摻假。說到下毒的時候，我說我這個僕人要是在大人眼裡還算合格的話，他就不應該懲罰斯比耶塔或那些下毒的人，而是應該給他們很

大的好處，因為他們下的毒不足以致命，倒是正好夠用來清洗我腸胃裡面那要命的黏稠的東西。「那毒藥，」我說，「效果真好，我沒有服它以前也許只能再活三四年，而現在我相信由於它為我祛病強身，我完全可以再活二十多年。對於這一福分，我要最衷心地感謝天主。這證明了我有時候聽人說的那句諺語千真萬確，它是這樣說的：歪打正著。」

公爵聚精會神地聽著我的故事走了兩里多，他只說了這麼一句：「哼，流氓！」最後我說我還真得感謝他們，然後就轉到其他更輕鬆的話題上去了。

我一直等待著時機的到來，發現火候一到就請他高抬貴手放我走，這樣才不至於浪費掉我還能幹些事情的幾年光景。至於欠我的珀爾修斯像的款，他可以在適當的時候再還我。這是我說的大意，實際上我還說了很多好話，表達了我對公爵大人的感激之情。我說了半天以後他一言不發，看樣子他對我的話很生氣。

第二天，公爵最主要的大臣之一巴爾托洛梅奧‧孔奇諾先生來找我，多少帶著一點盛氣凌人的樣子對我說：「公爵讓我告訴你，你要是想走的話他同意，而你要是想幹活兒的話他會給你很多活兒，但願天主能給你足夠的力量把它們幹完。」我回答說，我最大的願望就是幹活兒，而且我還寧願從公爵手裡而不是世上的任何人手裡去接活兒。無論他是教皇也好，皇帝也好，國王也好，我寧願掙公爵半個便士而不願掙別人一個達克特。然後他說：「如果這是你的主意，你們二人就這樣說定了，別的話就不必再說了。那你就回佛羅倫斯吧，不必擔心，請你相信公爵對你的好意。」於是我又回到了佛羅倫斯。

109

我一到家，就有一個名叫拉法埃洛‧斯凱吉亞的人來找我，他是個金線織造工。他這樣對我說：「我的本韋努托，我想讓你和皮耶爾‧馬里亞‧斯比耶塔言歸於好。」我回答說，我們倆的事除了法律顧問官以外誰也解決不

了，現在的法庭上斯比耶塔不要再指望費代里戈‧德‧里奇給他撐腰了，那個人為了幾隻肥羊的賄賂，就不顧天主和他自己的尊嚴去支持這樣一件不光彩的事，去褻瀆神聖的正義。

我說完這些話以後，拉法埃洛一再好聲好氣地說，安安生生地吃一隻小鳥要比往桌子上擺一隻肥雞強得多，即便是你打得頭破血流以後能吃到它又能咋著？他又提醒我說，打官司猶如老牛拉破車，我有那功夫去做件漂亮的藝術品有多好哩，又有名又有利。

我知道他說的是大實話，於是就開始聆聽他的高論。所以我們很快就把這件事談妥了：在我的有生之年，斯比耶塔每年付給我 70 克朗金子租那個農場。

但到簽契約的時候，斯比耶塔不同意了，契約是由馬泰奧‧達‧法爾加諾君的兒子喬瓦尼君起草的。斯比耶塔說，我們商定的期限會使我們繳納最高的稅。他並不是要反悔；我們最好把租期定為五年，期限到了以後再延期。他承諾一定會延期，別的他也沒有再說啥。他的兄弟、那個賴皮神父也下了類似的保證。結果租期就定為五年。

110

我雖然想談一談別的話題，把那些勢利小人的齷齪事先放一放，但我還是要講一下契約規定的五年滿期後所發生的事。

那兩個混蛋出爾反爾，說他們要歸還我的農場，不想再租下去了。我當然對此表示不滿，而他們則煞有介事地攤開契約堵我的嘴，面對他們的藏奸耍滑，我是一點辦法也沒有。事情到了這一步，我就對他們說，佛羅倫斯的公爵和世子是不會容忍有人在他們的城如此含冤受屈的。

這一威脅還真見效，嚇得他們馬上派遣拉法埃洛‧斯凱吉亞，就是上次來跟我協商解決辦法的那個人。我還要補充一句，他們表示不願意像過去的

五年那樣支付我 70 克朗的租金，而我則回答說，一個子兒也不能少。於是拉法埃洛對我說：「我的本韋努托，你知道我是為了你好，那倆人已經把他們的事情完全交給我了。」然後他讓我看了一份寫有這樣內容的檔，上面有他們的簽名。我不知道他是他們的近親，而是以為他是個了不起的仲裁人，於是也把我的事毫無保留地交給了他。

就在 8 月的一個晚上，日落大約半個小時以後，這個令人難以捉摸的傢伙來找我，給我施加極大的壓力，要我務必當場就寫好契約。他這樣做是因為他心裡明白，要是等到第二天，他的騙術就不靈了。於是契約生效了，其大意是，在我的有生之年，他們要付給我 65 克朗的租金，在兩個半年期之內付清。儘管我極力反對，不願忍受這不公平的待遇，但一點用也沒有。拉法埃洛亮出了我的簽名，結果人人都說我的不是。同時他還一再說他都是為了我好，他一直都是幫助我的。法律文書也好，聽說這件事的任何人也好，誰都不知道他是那兩個無賴的親戚，他們都說是我錯了。所以，我只好忍氣吞聲地知白守黑，我要做的也就是得過且過吧。

這件事過去不久，也就是在1566年 12 月，我又犯了另一個錯誤。我花了 200 克朗從他們那裡，更確切地說是從斯比耶塔那裡買下了半個德爾波焦農場，它緊挨著我的拉豐特農場[1]。我們商定的條件是我給他們租借權，三年以後歸還。我是出於好意才這麼做的。我要是把他們對我幹的壞事都攤出來，恐怕是擢發難數。所以我把一切都託付給天主，我知道他一直保護著我免遭毒手。

---

1. 即前面提到的「德拉豐特農場」。

111

　　我的耶穌苦像做好以後，我覺得把它抬高到地面以上幾尺要比低一些效果更好。這樣放以後看起來就是比原來好看得多，我感到非常滿意。所以，我把它擺出來供每一個想看的人看。

　　按照天主的意志，公爵夫婦聽說了這件事。他們從比薩回來以後突然來了，宮裡所有的貴族都陪著，唯一的目的是看看耶穌苦像。他們大飽眼福以後，每個人都讚不絕口，所有的貴族和隨從都交口稱譽。我一看他們對我的作品這麼滿意，就有點開玩笑似的向他們表示感謝，說要不是他們拒絕給我那塊做尼普頓的石頭，我絕對不會去承擔這麼艱巨的一項工程，在我以前任何一個雕塑家也沒有做過類似的活兒。「當然，」我接著說，「這個耶穌苦像花去我好長時間的難以想像的艱苦勞動，但這花得值，尤其是現在兩位大人對它這麼抬舉更是如此。我再也找不到比兩位大人更配得上擁有它的人了，所以我很高興地把它作為禮物送給您[1]。」

　　這樣說完以後，我懇求他們在離開以前賞光跟我到我住宅的一樓去一趟。他們欣然同意，馬上就站起來離開了作坊，一進屋就看見了我做的尼普頓和噴泉的小模型，公爵夫人以前還沒有見到過。她看到以後驚叫起來，那個神情真是用語言難以描述，然後她轉身對公爵說：「我敢以生命擔保，在我的想像中它絕對沒有十分之一這麼美！」公爵不止一次地對她說：「我以前沒有對你這樣說過嗎？」這樣他們又對我大加讚揚一番。

　　隨後夫人把我叫到她身邊，對我說了很多讚美的話，而我聽起來像是對我道歉一樣（實際上這些話可以被看作是請我原諒）。接著她又對我說，她想讓我根據自己的趣味採一塊石頭做這件活兒。對她的這一美意我回答

1. 公爵夫人不願意作為禮物收下它。公爵以1,500金克朗買下了它，並於1565年把它存放在皮蒂。1576年，弗朗切斯科大公把它送給了西班牙國王腓力二世，腓力把它放在了馬德里附近的埃斯寇里亞爾博物館，現在仍然保存在那裡。－英譯注

說，如果二位大人願意給我提供必要的設備，我會很高興地看在他們的分上承擔這一艱巨的工程。公爵馬上回答說：「本韋努托，你會得到你所要求的所有設備，另外我還會給你更多的設備，它們的價值要遠遠超過你要求的東西。」說完這些好話以後他們就走了，我感到非常稱心如意。

112

好多個星期過去了，但沒有人再說起我的事，把我整個給擱在一邊了。我憂心如焚，感到這事八成又黃了。

大約在這個時候，法蘭西王后派巴喬·德爾·貝內先生來找公爵借錢，據說公爵慷慨解囊。我和巴喬·德爾·貝內先生曾經是很要好的朋友，這次在佛羅倫斯重逢，我們都感到非常高興。談話中，他講了公爵大人對他的盛情美意，又問我手頭有啥大作。我向他和盤托出了尼普頓和噴泉的事，以及公爵夫人對我的不公正。這時，他向我講了法蘭西王后如何急於完成她丈夫亨利二世的墓碑，達尼埃洛·達·沃爾泰拉如何承擔了一個騎馬的大銅像，但他答應做的時間已經過去了，又說那座墓還需要大量的豪華裝飾物。我要是願意回到法蘭西住我的城堡，她會為我提供我要求的一切設備，只要我答應為她效力。這些建議是他代表王后提出來的。我讓巴喬先生去向公爵要我，公爵要是答應的話，我就會很樂意地回到法蘭西。他興奮地回答說：「那我們就可以一起回去了！」他以為這件事就算定了。

第二天在與公爵談話的時候，他提到了我，說公爵大人要是不反對的話，王后願意讓我為她效力。公爵毫不猶豫地回答說：「本韋努托在他那一行中的天才舉世皆知，但目前他不想再幹了。」然後他們就轉談別的話題。

第二天，我去看望巴喬先生，他向我講了他們談話的內容。這時我失去了耐心，叫道：「天哪！公爵大人啥也不給我做，而我做成了世上最難做的活兒之一，它花了我兩百多克朗，那是我從牙縫裡擠出來的！哼，只要公爵

讓我幹，我啥活兒幹不出來！我對你說句大實話，他們對我太不公正了！」

　　這位好心的先生把我說的話告訴了公爵。公爵對他說，我們是在開玩笑，他想讓我為他自己效力。結果我氣得不止一次地想不辭而別。但王后害怕得罪公爵，也就不再提這件事了。結果我仍然待在這裡，真是讓我感到十分遺憾。

　　大約這個時候，公爵外出了，陪他的有宮裡所有的人和他所有的兒子，除了在西班牙的世子之外。他們取道錫耶納沼澤地，從這條路到了比薩。沼澤地裡冒出來的毒氣首先侵襲了樞機主教，幾天以後他就像得了瘟疫似的發起燒來，病不多久便一命嗚呼了。他是公爵的心尖兒，又漂亮又善良，他的去世深深地觸動了每一個人。我等了好幾天，等到他們的淚乾了以後，我就動身去了比薩。

　　　　　　……自傳手稿到此結束

尾・聲

1562年以後切里尼的生平述略

切里尼的自傳突然在歷史學家們認為是一個重要關口的地方戛然而止。不用說，佛羅倫斯編年史的學者們都知道，樞機主教德·麥地奇於1562年秋天在比薩的沼澤地打獵時，突然有些神祕地死去了；緊接著，加爾齊亞·德·麥地奇殿下幾天以後也在比薩溘然長逝。據人們普遍的說法，樞機主教在一次爭吵中被他的兄弟加爾齊亞致命地傷害，他們的父親，也就是大公在狂怒之下又將加爾齊亞刺殺。稍後不久，大公夫人萊奧諾拉也與世長辭。據認為，她的死既不是由於喪子的悲傷，也不是由於她自身的疾病，而是由於對家庭內訌的極端恐懼。

要說三個人都是自然死亡似乎令人有點懷疑，切里尼突然停止敘述這些事情就充分說明了這一點。不過令人遺憾的是，他沒有講述對比薩的訪問。他與大公一家一直保持著密切關係，這給了他很多機會來瞭解一些私事的真相。毫無疑問，他很可能要描述的大公一家的痛苦，肯定會給我們留下極為深刻的印象。

按照舊的佛羅倫斯曆法，切里尼死於1570年 2 月 13 日，若按照現代曆法則是死於1571年。所以，他的《自傳》完成以後，他又活了七年多。他在這幾年的事蹟，可以從他的私人備忘錄、他寫給麥地奇公爵以及佛羅倫斯市政委員會的申請書和提到他的一些官方文件中略見一斑。

不知何故，他在自傳中沒有提1562年以前他在佛羅倫斯經歷的一些重要事件。這些事件也要在這裡提一下。1554年年底，他被冊封為佛羅倫斯貴族。1556年他兩次入獄，罪名不詳，但從他的一些詩歌和申請書來看，很可

能起碼有一次是被指控為傷風敗俗。1558年6月2日，他第一次削髮為僧，但並沒有正式成為修士。1560年，他被解脫了預誓的束縛，大約四年以後與一位婦女結了婚。據他的備忘錄記載，她的名字叫皮耶拉・迪・薩爾瓦多雷・帕里吉。她可能就是澆鑄珀爾修斯像時對他十分親切的那個人，另外1559年他看望斯比耶塔回來以後生病期間，也應該是得到她的護理。不過，這樣驗明她的身份並沒有多大把握。據說他有四個兒子和四個女兒。

1559年，一次慷慨的施捨行為使切里尼捲入一系列的糾纏之中，這件事也值得簡要地提一下。

一位名叫多羅泰亞的婦女長期為切里尼當模特兒，她是多梅尼科・帕里吉的妻子。她丈夫姓斯普塔塞尼，是個窩囊廢，由於與人吵架而被監禁在斯廷凱，一家人陷入極度的貧困之中。7月8日，切里尼將多羅泰亞和她兒子安東尼奧以及女兒瑪格麗塔領到他自己家裡。他供養著這一家人，同時還支付斯普塔塞尼在獄中的伙食費，直到12月25日他出獄為止。

他對這一家人的好意並沒有到此為止。十一個月以後，也就是到了1560年11月，他收養了那個男孩安東尼奧・斯普塔塞尼，給他起名叫努蒂諾（「本韋努蒂諾」的昵稱），成年後轉讓給他一筆1,000克朗的錢，條件是他要從事雕塑業。沒想到這孩子又笨脾氣又壞，非常令人頭疼。切里尼認為他是一塊不可雕琢的朽木，將來百事不成。唯一的出路就是讓他成為一名修士，這是屢教不改的遊手好閒者和沒有出息的人的當然歸宿。於是努蒂諾到農齊亞塔的聖方濟各修道院裡當了一名見習修士。在那裡他被取名為拉坦齊奧，但他好像並沒有起誓正式出家。切里尼仍然像父親一樣對他行使監護權，他很操心的一件事就是不讓這孩子接觸他父親的那幫狐群狗黨。這個無用的傢伙在比薩住了幾年。但在一年之前不久，孩子的父母一起回到佛羅倫斯，對他兒子學做修士大為不滿，竭力破壞切里尼為拉坦齊奧的未來做出的安排。切里尼不讓拉坦齊奧去看望父親。這個見習修士不服從這一命令，於是在1569年的初春，切里尼正

式剝奪了他作為養子的名分，以後就不再管他了。

　　但他想擺脫這幾個纏手的被保護人還真不容易。1570年，多梅尼科‧斯普塔塞尼對切里尼提起訴訟，以迫使他撫養那個年輕人（現在我們還要再稱他為安東尼奧），並要求得到其養父的一部分財產。被告輸了這場官司。1570年 6 月 2 日，切里尼被判撫養安東尼奧。

　　切里尼對這一判決不服，於是就去找大公。從對他的上訴書的複文中可以看出，他的財產最終並沒有落到安東尼奧‧斯普塔塞尼手裡，但切里尼還是要在有生之年每年付給那個年輕人一筆補助金。

　　在這件事的整個過程中，切里尼一點也沒有喪失名譽，也沒有任何跡象顯示安東尼奧‧斯普塔塞尼被認為是切里尼的私生子。與此相反，在1570年 6 月 2 日對他不利的判決書中，那個年輕人被描述為 "figliuolo suo adottivo e legittimo e natural di Domenico d' Antonio Sputasenni di Firenze." [1]。所以我們有理由相信，切里尼與斯普塔塞尼一家的糾葛，純是由於他的古道熱腸所引起的。[2] 他的這一舉動和他對待其妹妹和外甥女的骨肉之情是一樣的，就是為了她們他才決定離開弗朗索瓦國王，這是他複雜的性格中柔心弱骨的一面。

　　1561年 3 月（新曆），切里尼得到了大公贈送給他的在薔薇叢路的一座房子。科西莫‧德‧麥地奇稱讚他是「一位無與倫比的青銅鑄造藝術家和雕刻家」。這些讚譽之辭證明，切里尼這時備受其保護人的青睞。這座贈送的房子後來由一份正式的契約加以確認，將來還可以由他的後嗣繼承，契約上簽署的日期是1563年 2 月 5 日（新曆）。

　　在切里尼一生的最後十年中和他有關的檔顯示，他經常就欠他的珀爾修斯像和其他藝術品的報酬與大公打官司。從這些檔中可以看出，不知是因

---

1. 這段義大利語的大意是：他所收養的佛羅倫斯的多梅尼科‧安東尼奧‧斯普塔塞尼的合法的親生兒子。

2. 值得一提的是，1565年以前切里尼娶的那個女人也姓斯普塔塞尼。—原注

為他本人對藝術的荒疏，還是因為他那高貴的保護人對他睨而視之，總而言之他不再被雇來承擔重要的工程了。同時我們還可以從這些檔中看出，他與佛羅倫斯的金匠進行投機買賣，還投資購買了一些土地。自從1559－1560年間的那場病以後，他的身體再也沒有強壯起來，再加上家務拖累和歲月不饒人，最終導致他中止了藝術活動。

1564年 3 月 16 日，佛羅倫斯人在聖克羅切教堂為米開朗基羅·博納羅蒂準備隆重的葬禮，切里尼和阿馬納托一起當選為雕塑藝術的代表，布隆及諾和瓦薩里則作為繪畫藝術的代表走在送葬的行列之中。瓦薩里在他的《米開朗基羅傳》中說，切里尼由於身體不好而沒有參加葬禮，這對於一個極為真誠地熱愛義大利最後一位藝術大師的人來說，無疑是一件憾事。

切里尼確實在晚年患有多種疾病，其中最嚴重、最持久的恐怕就是痛風。1570年 12 月18 日，他口述了最後一份遺囑，在此之前的四年之中，他曾經立了好幾份遺囑。後來他又先後在1571年 1 月 12 日、2 月 3 日和 2 月 6 日對遺囑進行了補充，並於 2 月 13 日撒手塵寰。15 日，他被隆重地安葬在報喜教堂。葬禮上，有人發表演說來讚美和紀念他的一生和作品，讚美他那非凡的體質和性格。

約翰·艾丁頓·西蒙茲

The Autobiography of Benvenuto Celini

Translated by John Addington Symonds

New York,P. F. Collier & Son Company,1910

根據紐約柯賴爾父子出版公司1910年版譯出

國家圖書館出版品預行編目（CIP）資料

切里尼自傳 / 本韋努托.切里尼（Benvenuto
Cellini）著；王憲生譯. -- 初版. -- 臺北市：信實文
化行銷, 2014.10
面；　公分--（What's Art）
ISBN：978-986-5767-38-9（精裝）

1. 切里尼（Cellini, Benvenuto , 1500-1571）
2. 傳記　3. 義大利

784.58　　　　　　　　　　　　103018757

What' s Art
切里尼自傳

作者　　　本韋努托·切里尼（Benvenuto Cellini）
譯著　　　王憲生
總編輯　　許汝紘
副總編輯　楊文玄
編輯　　　黃暐婷
美術編輯　楊詠棠
行銷企劃　陳威佑
發行　　　許麗雪
出版　　　信實文化行銷有限公司
地址　　　臺北市大安區忠孝東路四段 341 號 11 樓之三
電話　　　（02）2740-3939
傳真　　　（02）2777-1413
網址　　　www.whats.com.tw
E-Mail　　service@whats.com.tw
Facebook　https://www.facebook.com/whats.com.tw
劃撥帳號　50040687 信實文化行銷有限公司

印刷　　　上海印刷廠股份有限公司
地址　　　新北市土城區大暖路 71 號
電話　　　（02）2269-7921

總經銷　　高見文化行銷股份有限公司
地址　　　新北市樹林區佳園路二段 70-1 號
電話　　　（02）2668-9005

2014 年 10 月 初版
定價　新臺幣 580 元

更多書籍介紹、活動訊息，請上網輸入關鍵字　華滋出版　搜尋